Praktische Phytotherapie
Die Arzneipflanze in der Medizin
Walther Zimmermann

Praktische Phytotherapie

Die Arzneipflanze in der Medizin

Dr. med. Walther Zimmermann

4 Abbildungen

41 Tabellen und Übersichten

JYS Sonntag Verlag Stuttgart

Die Deutsche Bibliothek – CIP-Einheitsaufnahme

Zimmermann, Walther:
Praktische Phytotherapie : die Arzneipflanze in der Medizin ;
41 Tabellen / Walther Zimmermann. – Stuttgart : Sonntag, 1994
ISBN 3-87758-026-2

Dr. med.
Walther Zimmermann
Edmund-Müller-Str. 4
82041 Deisenhofen

Wichtiger Hinweis

Wie jede Wissenschaft ist die Medizin ständigen Entwicklungen unterworfen. Forschung und klinische Erfahrung erweitern unsere Erkenntnisse, insbesondere was Behandlung und medikamentöse Therapie anbelangt. Soweit in diesem Werk eine Dosierung oder eine Applikation erwähnt wird, darf der Leser zwar darauf vertrauen, daß Autoren, Herausgeber und Verlag große Sorgfalt darauf verwandt haben, daß diese Angabe dem Wissensstand bei Fertigstellung des Werkes entspricht.
Für Angaben über Dosierungsanweisungen und Applikationsformen kann vom Verlag jedoch keine Gewähr übernommen werden. Jeder Benutzer ist angehalten, durch sorgfältige Prüfung der Beipackzettel der verwendeten Präparate und gegebenenfalls nach Konsultation eines Spezialisten festzustellen, ob die dort gegebene Empfehlung für Dosierungen oder die Beachtung von Kontraindikationen gegenüber der Angabe in diesem Buch abweicht. Eine solche Prüfung ist besonders wichtig bei selten verwendeten Präparaten oder solchen, die neu auf den Markt gebracht worden sind. Jede Dosierung oder Applikation erfolgt auf eigene Gefahr des Benutzers. Autoren und Verlag appellieren an jeden Benutzer, ihm etwa auffallende Ungenauigkeiten dem Verlag mitzuteilen.
Geschützte Warennamen (Warenzeichen) werden nicht besonders kenntlich gemacht. Aus dem Fehlen eines solchen Hinweises kann also nicht geschlossen werden, daß es sich um einen freien Warennamen handele.

ISBN 3-87758-026-2

Gesamtherstellung: Pustet, Regensburg
Grundschrift: 9/10 Times (Linotype-Hell)

Inhaltsverzeichnis

II. Anwendung phytotherapeutischer Externa

III. Anwendung phytotherapeutischer Interna

IV. Phytotherapie der Kinderkrankheiten und Altersbeschwerden

V. Anhang

Vorwort

Diese Zusammenstellung von der Arzneipflanze in der ärztlichen Praxis geht über die normale Zielsetzung eines Lehrbuchs hinaus und sollte die Beziehung zwischen den therapeutischen Möglichkeiten der Pflanze in der Volksmedizin, Selbstmedikation und Ernährung aufzeigen. Von diesem Gesichtspunkt aus gelingt es besser, eine botanische Taxonomie und pharmazeutische Biochemie für die tägliche Praxis sichtbar zu machen. Pharmakologie und Pharmazeutik versuchten, die Beziehung von Mensch und Pflanze herzustellen, doch blieb irgendwo die Lücke des Erlebnisses.

Ein Teil der pharmazeutischen Merkmale unserer Heilpflanzen wurde bereits von der Industrie bearbeitet und ist in einer Vielzahl von Spezialitäten sichergestellt. Doch reicht die spezielle Auseinandersetzung mit einem Wirkstoff nicht aus. Vielmehr muß der Pflanzenkomplex als Ganzes erfaßt werden. Dieses Merkmal zeichnet die Phytotherapie in besonderem Maße aus und unterscheidet sie deutlich von einer Phytopharmakologie.

Ein weiteres Kennzeichen war für den Verfasser richtungweisend: Es geht dabei um die Tatsache, daß die Homöopathie in den tiefen Potenzen einer Phytotherapie sehr nahe steht und stärker auf die Toxikologie hin betrachtet werden muß. Andererseits führt uns die Forderung der Homöopathie, die Prüfungsphänomene am Menschen zu beobachten – im Gegensatz zum pharmakologisch orientierten Tierversuch – zu einer neuen Bewertung von heilpflanzlichen Merkmalen.

Die Einteilung nach klinisch-praktischen Aspekten trägt für den Leser zur Orientierung und Vertiefung des Verständnisses bei. Dabei ließ es sich erklärlicherweise nicht vermeiden, daß Wiederholungen und Überschneidungen in den einzelnen Kapiteln zutage treten. Dies möge der Leser als Sicht aus einem anderen Betrachtungswinkel verstehen.

Schließlich sei dem Sonntag Verlag in der Hippokrates-Gruppe, vor allem Herrn Lückenhaus, für die Wegbereitung dieses Buches gedankt. Meiner Tochter Flavia darf ich für die Sichtung und Schreibarbeiten an dieser Stelle danken.

Deisenhofen, Oktober 1993

Dr. med.
Walther Zimmermann
emer. Chefarzt des Krankenhauses für Naturheilweisen
München-Harlaching

I.

Grundlagen und Zusammenhänge

1. Zur Geschichte der Heilpflanzen

1.1 Die Ursprünge in der Frühzeit

Der Beginn der Heilpflanzengeschichte ist zugleich der Anfang der Geschichte der Menschheit. Keine neue Pflanze ist für den Gebrauch des Menschen gefunden worden, die nicht schon in der Urzeit bekannt gewesen wäre. Dabei haben zivilisierte Kulturen jeweils von Ureinwohnern und Naturvölkern den Nutzen gelernt. Der reine Pflanzenanbau, wie er etwa von den Japanern, die keine Viehzucht kannten, betrieben wurde, führte in ihrer Geschichte zu einer hohen Zivilisation, zur Kunst, zur Wissenschaft und literarischen Hochkultur. Damit konnten sich Seßhaftigkeit und Heimatgefühl entwickeln, ähnlich wie in China, dem wir die älteste Pflanzensammlung verdanken. So wurde die Pflanze sowohl im Wildvorkommen als auch im Anbau die wichtigste Bezugsquelle bei der Nahrungsbeschaffung.
Während in den gemäßigten Zonen die reine Pflanzennahrung mit Wurzel, Blatt und Frucht dominiert, finden sich bei den Polarvölkern der Aufguß von Pflanzen, die Gärung sowie andere Verarbeitungsformen. Von Sibirien kommen die Zwiebel- und Liliengewächse; in klimatisch günstigeren Gegenden hat sich dagegen die Fladenaufbereitung durchgesetzt, was schließlich zu Getreide- und Brotnahrung führte.
Erst die Differenzierung der Pflanzennahrung ließ an eine *Heilkraft* denken, und mit dem Glauben an die Heilkraft, der seinen Ursprung in der heiligen Scheu vor den Wunderkräften der Natur hatte, fand die Heilpflanze ihren Niederschlag zunächst in Mythen, in Sagen und magischem Denken.

1.2 Kräuterbücher – Tresore der Kundigen

Das erste chinesische Kräuterbuch geht auf den sagenhaften Huang Ti zurück; es ist zugleich das älteste Kräuterbuch überhaupt, um einige Jahrtausende älter als die ersten Aufzeichnungen über die Akupunktur. Auch in der späteren indischen Vedaphilosophie, etwa 2000 v. Chr., besteht der Heilschatz nur aus Pflanzen, ähnlich wie es im Papyrus Ebers, etwa 1600 v. Chr., aufgezeichnet ist.
Die europäische Heilpflanzengeschichte beginnt im 5. Jahrhundert v. Chr. bei Hippokrates. Er hat 268 Pflanzen beschrieben und auch entsprechend angewandt. Dioskurides im 1. Jahrhundert n. Chr. wurde der meistkopierte Kräuterkundige nach der Zeitrechnung. Ausführlich hat er z. B. über die Meerzwiebel berichtet, von der er wissen wollte, daß sie »zu Tränken und aromatischen Mitteln diene, auch für die, bei denen viel Harnen bewirken wollen.«
Die Heilkunde des Mittelmeerraumes fußt auf griechischen und arabischen Quellen, wie z. B. den richtungsweisenden Werken eines Aristoteles oder Galenos.

Im Mitteleuropa der Karolingerzeit sind der Fuldaer Abt Hrabanus Maurus (776–856) sowie sein Schüler Strabo von der Reichenau mit seinem Wörterbuch für Heil- und Kräuterkunde (829 n. Chr.), genannt »Hortulus«, erwähnenswert; nicht zuletzt die bekannte Äbtissin Hildegard von Bingen aus dem 12. Jahrhundert.
Bei ihr findet sich z. B. in der Beschreibung der Mariendistel (Vehe-distel – Vehe-bunt), »daß sie nützlich sei gegen Stechen am Herzen«. Sie teilt die Pflanzen in warme und kalte ein, wobei der Meerrettich als warm, die Minze als kalt nachempfunden werden können. Hier zeigen sich bereits Ansätze für eine *»Signatur«,* die bei Paracelsus ihren Höhepunkt findet. Einen weiteren Schritt zu wissenschaftlicher Fragestellung tut Paracelsus (1493–1541), wenn er sagt: »es ist nicht wichtig zu wissen, daß Rhabarberum purgiert, es erfordert mehr not zu wissen, *was* das sei, was so purgiert.«
Bernhard Aschner hat sich ausführlich mit der Pflanzenpharmakologie des Paracelsus auseinandergesetzt und sah darin eine Fundgrube für wertvolle, zu Unrecht in Vergessenheit geratene Heilmittel.
Das 16. Jahrhundert, das mit Recht das »druckfreudige« genannt wurde, produzierte die meisten Kräuterbücher, von denen Matthiolus (Pietro Mattei, 1500–1577), ein italienischer Arzt, wohl am meisten verbreitet war. Bei ihm findet sich die Mariendistel wieder, deren »Blätter gut hilft, wider das Seitenstechen« – immerhin schon ein Schritt näher zur Leber, für die sie heute empfohlen wird.
Otto Brunfels (1489–1534) war neben Leonhart Fuchs und Hieronymus Bock der bedeutendste Botaniker des 16. Jahrhunderts. Er sprach in seinem Kräuterbuch vom Baldrian, der »holdselig eins und friedsam macht«; Leonhart Fuchs (1501–1566) berichtet von der Tollkirsche, die »schellig und unsinnig« mache.
Die Kräuterbücher dienten zunächst dem gelehrten Volk, wurden aber später volkstümlich gestaltet: Mit der Erfahrung von Schäfern, Hirten und Lehrern, nicht zuletzt auch von den schreibkundigen Pfarrern ausgestattet, bereichern sie bis zum heutigen Tage die Volksheilkunde. Dies gilt für Pfarrer Künzlis Kräuterbuch ebenso wie auch für die Herrgottsapotheke der Frau Treben, die in den letzten Jahrzehnten sehr gefragt war; obwohl mit Fehlinterpretationen behaftet, wird sie trotzdem gelesen und nachvollzogen.
Soviel über den volkstümlichen Anteil der Kräutermedizin. Die ersten wissenschaftlichen Ansätze sind, wie erwähnt, bei Paracelsus zu finden.

1.3 Die Signaturenlehre des Paracelsus

Um dessen Bedeutung für die Systematik der Pflanzenwelt zu ermessen, möchte ich an den schwedischen wissenschaftlichen Botaniker Carl von Linné und sein 1781 (also ca. 200 Jahre später) erschienenes Werk »Supplementum plantarum systematis vegetabilium« erinnern.
Der Begriff der Signatur geht zurück auf die philosophischen Schriften von

Paracelsus, wo es heißt: »Die Pflanze zeigt in ihrer äußeren Gestalt das in ihr verborgene Wesen, die Form oder Farbe der Blüte oder des Blattes setzen Zeichen für ihre medizinische Verwendbarkeit.«
Die Signatur war eine Möglichkeit, die Pflanze wissenschaftlich einzuordnen entsprechend dem medizinwissenschaftlichen Stand der damaligen Zeit. Sie beruht auf dem Grundsatz der Anteilnahme und gehört zum alten Volksgut. Kein Kulturkreis kann darauf verzichten, sich einer Signatur zu bedienen. »Also die Distel – stechen ihre Blätter nicht wie Nadeln?« fragt Paracelsus. »Dieses Zeichen halber ist durch Magie gefunden worden, das kein besseres Kraut ist gegen inwendiges Stechen.«
Selbst Linné hat im aufgeklärten 18. Jahrhundert noch an die Signatur geglaubt, indem er sagt, daß *rotblühende* Pflanzen Styptica sind, *gelbblühende* auf die Galle einwirken und *schwarzblütige* Blutflüsse stillen.
Dieser Ähnlichkeitszauber hat bis in unser Jahrhundert geblüht, und ein nicht geringer Teil der Pflanzenwirkungen wurde in der Volksmedizin mangels anderer Kriterien so zugeordnet. So erklärt sich z. B. die ursprüngliche Verwendung des Schöllkrauts bei Gallenleiden, weil sein gelber Milchsaft darauf hinweist.
Selbst der Erfahrungslehrer Karl Rademacher steht trotz kritischer Beobachtung in einer Zeit der Aufklärung unter derartigen volkstümlichen Zwängen.

2. Der Begriff der Phytotherapie

Die Frage nach der Definition von Phytotherapie kann mit WEISS so beantwortet werden, daß es sich um eine *Therapieform mit pflanzlichen Arzneimitteln* handelt. Sie umfaßt sinngemäß sowohl die stark wirkenden Alkaloide als auch die schwachen Pflanzenstoffe, die aus Volksmedizin und Selbstmedikation bekannt geworden sind. Schwach heißt dabei *keineswegs schwachwirksam:* Sie sind vielmehr in ihrer Wirkungsweise nicht unmittelbar intensiv, sondern weniger toxisch; während die starkwirkenden einer Dosierungsvorschrift unterliegen und längst in die wissenschaftliche Pharmakologie übernommen wurden.

Das »Phytotherapeutikum« oder die »Arzneipflanze« liegt mit

- Hauptwirkstoffen
- Nebenwirkstoffen
- teilweise sogar mit Begleit- und Ballaststoffen

vor.

> Die *Wirkungsqualität* ist eine Einheit, das heißt, die Summation *aller* Stoffe, die im Komplex einer Pflanze beinhaltet sind.

Bei DRAGENDORF findet sich eine weltweite Darstellung von 13 000 Heilpflanzen der verschiedenen Kulturbereiche.

In China werden in der neuzeitlichen, europäisch beeinflußten Medizin etwa 80, in der Volksheilkunde oder traditionellen Medizin 3000 Pflanzen gebraucht. In Deutschland sind unter Einbeziehung der Homöopathie etwa 500 Heilpflanzen gängig, wobei die Zahl sehr schwankt, da die überwachenden Behörden jeweils intercurrente Toxizitätszwischenfälle sorgfältig registrieren und immer wieder entsprechende Ge- und Verbote erlassen. (Bekanntestes »Opfer« ist z. B. der hochwertige Huflattich, der seit HIPPOKRATES in der Arzneikunde Verwendung fand.)

3. »Die Küche als Apotheke« Eine Überlegung zur Pflanzenernährung

3.1 Der Dualismus Pflanze – Mensch oder Nahrung und Heilkraft

»Macht euch die Erde untertan« sagt die Bibel und meint, der Mensch solle sich der Pflanzen bedienen zur Nahrung, zur Kleidung, zum Schutz, zur Wohnung und zur Arznei. *So ist der Dualismus Pflanze und Mensch Gesetz.*

Die Ernährung des Menschen wäre ohne Pflanze nicht denkbar. Waren es auf der Kulturstufe der Jäger und Sammler in erster Linie die Früchte, so hat sich der Mensch mit fortschreitender Zivilisation die Erde und auch die Pflanze untertan gemacht: Zunächst waren es Grassamen, später alle möglichen Variationen eines Getreidekorns oder etwa die Wurzel Topinambur oder auch die Kartoffel, die in gezieltem Anbau Verwendung fanden.

Was die Hirse den Afrikanern ist der Reis den Asiaten und das Getreide den Europäern, vom eiweißarmen Korn der Polenta bis zum Dinkel einer HILDEGARD VON BINGEN und dem kleberreichen Weizen unserer Tage.

Von der Grütze zum Fladen und schließlich zum Brot reicht die Geschichte unserer Hauptnahrungsmittel; nicht zu vergessen die Kartoffel, die seit FRANCIS DRAKE in Europa Einzug hielt und dem Preußenkönig FRIEDRICH II. dazu diente, den schlesischen Bauern »die Bäuche zu füllen« und Hungerkatastrophen abzuwenden. Sie ist vielerorts in Europa in guten wie in schlechten Zeiten das Grundnahrungsmittel Nummer eins geworden.

Die Kartoffel

Es lohnt sich, noch ein wenig bei der Kartoffel zu verweilen. Obwohl der Kaloriengehalt von 100 g Kartoffeln nur 85 beträgt, besitzt sie als basisches Nahrungsmittel einen hohen Wert, trägt ausreichende Kalium- und Magnesiumwerte in sich und ist vor allem wertvoll an essentiellen Aminosäuren. Jene Eiweißstoffe, die täglich dem Organismus durch Nahrung zugeführt werden müssen, sind schon in 150 g Kartoffeln enthalten. So erklärt sich die *Kartoffel-Ei-Diät nach Kluthe* für Nierenkranke oder die *Kartoffeldiät nach Zimmermann,* die eine Ration von 500 g pro Tag zugrunde legt. Bedingt durch Zufuhr einer ausreichenden Menge von Kalium und Entzug von Kochsalz hat sie sich als entwässernde Kur bei Herzkranken klinisch und auch in der häuslichen Praxis außerordentlich bewährt. Der Magnesiumgehalt hat zudem an eine sedative Komponente denken lassen. Bei einem abendlichen Kartoffelgericht kommt dies zum Tragen.

Bleiben noch die geringen Alkaloidbestandteile dieses Nachtschattengewächses zu würdigen, die Solanine und deren Verwandte. Sie sind es neben den Schleimstoffen, die den rohen Kartoffelsaft (morgens ein Zahnglas nüchtern getrunken) für den kranken Magen bekömmlich machen und wie keine andere Arznei auf Magengeschwüre und Gastritiden einwirken. Auch bei Kataplasmen auf entzündliche Gelenke und Hautpartien wirkt sich offensichtlich eine entzündungswidrige Komponente dieses Nachtschattengewächses heilsam aus.

Der Tip:

> Entwässerungskur bei Herzkranken
> Sedative Wirkung
> Magengeschwüre und Gastritiden
> Kataplasmen (Gelenke, Haut)

Der Paprika

Aus der gleichen Familie ist der Paprika bekannt, der besonders in Südeuropa und Südosteuropa angebaut wird. Er gehört mit zu den hochwirksamen Arzneimittelträgern, nicht nur in Form des sog. ABC-Pflasters als externes Mittel, um eine künstliche Entzündung in Gang zu setzen, sondern auch innerlich als Entwöhnungsmittel für Alkoholiker mit einer deutlich harntreibenden Wirkung, mit der Anregung der Verdauungssekrete aufgrund seiner *Capsaicinanteile.*

Auf nervalem Wege wirkt Paprika über die Papillen der Zungenschleimhaut zur Herz- und Kreislaufanregung.

Der Tip:

> ABC-Pflaster
> Entwöhnung bei Alkoholikern
> Harntreibend
> Verdauungsfördernd
> Herz- und Kreislaufanregung

Die Auberginen

Ebenfalls zur Familie der Solanazeen gehören die Auberginen, die besonders in Indien als Mittel gegen Bronchitis und Asthma bekannt sind. Sie wirken schleimfördernd und sind, ähnlich wie die Kartoffel, außerordentlich kalorienarm. 100 g Auberginen enthalten 24 Kalorien. Der Phosphor-Kupfer-Gehalt und der Gehalt an Vitamin B_1 bis B_6 neben Bitterstoffen ist wesentlich und heilbringend für Diabetiker und Rheumatiker.

Der Tip:

> Asthma
> Bronchitis
> Diabetes
> Rheuma

Kürbis

Von den Kürbisgewächsen (Cucurbitaceae) ist der Kürbis in den letzten Jahren besonders beachtet worden aufgrund seines *Sitosteringehaltes,* damit wird die Wirkung auf die Prostatadrüse verständlich.

Der Tip:

Prostatadrüse

Die Gurke

Die Gurke mit ihrem Basenüberschuß und ihrem geringen Kalorienanteil (100 g = 13 Kal.) gehört ebenfalls zu den kalium- und magnesiumhaltigen Gemüsesorten; ein *insulinähnliches Hormon* wird als wassertreibend bezeichnet. Bei Obstipationen und Appetitlosigkeit hat sich die Gurke bewährt.

Der Tip:

Appetitlosigkeit Obstipation Wassertreibend

Die Melone

Auch die Melone ist als galleanregender Saft und (der wassertreibenden Anteile wegen) zur Verbesserung der Diurese bei Gicht in der Volksmedizin beliebt.

Der Tip:

Galle Gicht Wassertreibend

Die Artischocke

Die Artischocke hat sich mit ihrem *Cynaringehalt* längst einen Platz in der Pflanzenheilkunde geschaffen. Sie wirkt auf Leber, Galle und Pankreasdrüse, wobei eine cholesterinsenkende Wirkung bekannt wurde.

Der Tip:

Cholesterinsenkend Leber-Galle Pankreasdrüse

Der Löwenzahn

Bei den Compositen ist der Löwenzahn, der noch zu den Wildkräutern zählt, erwähnenswert als Galle-, Leber- und Diuresemittel. Er eignet sich besonders als Frühjahrskur für eine Nieren- und Blasenreinigung. Eine deutliche cholesterinsenkende Wirkung durch das dem Cholesterin nahestehende *Taraxacol* und eine Anregung der Gallensäureproduktion aus der Leber sprechen dafür, daß hier geeignete Bestandteile einen Eingriff in den Stoffwechsel vollziehen.

Der Tip:

Cholesterinsenkend Diuresemittel Gallensäureproduktion Leber Nieren-Blasen-Reinigung

Der Feldsalat

Der Feldsalat ist eisenhaltig und damit unter den Gemüse- und Salatsorten nahezu einmalig, während der Kopfsalat als Lattichgewächs nervenberuhigend wirkt.
Als Bitterstoffkonzentrat entfaltet er andererseits auch anregende Wirkungen. Die Entdeckung des Chloroforms wird auf den Bitterstoffgehalt des Kopfsalates zurückgeführt.

Der Tip:

Feldsalat: Eisenhaltig Kopfsalat: Nervenberuhigend

Der Spargel

Der Spargel, der sehr kalorienarm ist (12–20 Kal. pro 100 g Rohgewicht) enthält hohe Anteile an Eisen, Jod und K-Vitamin neben dem *Asparagin,* das sich im Spargelwasser durch den Geruch anzeigt. Der Spargel gehört zu den *Ayurveda-Geheimrezepten:* 5–10 g Pulver mit Milch gelöst, 20 Tage eingenommen, sollen nach dieser Rezeptur die Potenz des Mannes wesentlich verbessern.

Der Tip:

Kalorienarm Potenzsteigernd

Senföl-Pflanzen

Die Zwiebel

Eine große Gruppe unserer einheimischen Gemüsesorten bilden die Senföl-Pflanzen. Meist sind sie der Familie der Liliengewächse (Zwiebel, Knoblauch etc.), aber auch der Familie der Kreuzblütler zugehörig. Bei den Liliengewächsen ist vor allem die Zwiebel zu erwähnen. Sie wirkt bronchosekretolytisch, auch bei Asthma, bei Pankreas, bei Verdauungs- sowie bei Nieren- und Blasenfunktionsstörungen. Die bakterizide Wirkung ist seit langem in der Volksmedizin bekannt, ebenso die antirheumatische oder die antiallergische. So behandelt man kranke Gelenke mit Auflagen von Zwiebelscheiben. Desgleichen werden Zwiebelauflagen in der balkanischen Volksmedizin bei chronischer Bronchitis der Kinder angewandt. Auch Wespenstiche lassen sich durch den Saft oder die Auflage einer Zwiebel schnell bessern.

Der Tip:

Antiallergisch Antirheumatisch Bakterizid Bronchosekretolytisch
Asthma, Bronchitis Blase, Nieren Bronchitis Pankreas Verdauungsstörung Wespenstich

Der Knoblauch

Beim Knoblauch, über den in den letzten Jahren sehr viel geschrieben und gearbeitet wurde, sind hämorrheologische Wirkungen nachgewiesen, insbesondere Einfluß auf die Senkung des Blutdruckes aber auch des Cholesterins. Knoblauchöl hat antivirale und antimykotische Eigenschaften. Wie bei der Zwiebel ist auch beim Knoblauch eine Besserung der Bronchosekretolyse festzustellen.

Der Tip:

Antiviral Antimykotisch Blutdrucksenkend Cholesterinsenkend Besserung der Bronchosekretolyse

Die Kreuzblütlergewächse

Hier nennen wir Meerrettich, Kapuzinerkresse, Brunnenkresse, Gartenkresse, den heimischen Rettich, das Radieschen, den Raps sowie alle Kohlpflanzen. Sie sind benzyl-senföl-haltig und *wirken auf* die *Verdauung,* die *Diurese* und den ganzen *Metabolismus.*

Daß alle Kreuzblütler angeblich das Krebsrisiko mindern, ist in letzter Zeit des öfteren erwähnt worden. Dies gilt auch für den Wirsing und die Kohlsorten, von denen das Sauerkraut als *bakterientötend* besonders bei Typhusepidemien geholfen haben soll. Als Kreuzblütler empfiehlt sich zudem:

Der Rettich

Rettich macht schlau, sagt eine alte volksmedizinische Weisheit. Deswegen bekommen die Schulkinder am ersten Schultag eine Rettichmahlzeit. Chronische Rettichesser leiden weniger an Gallensteinen. Die Saftkur nach Mai-Methodik (100 g pro Tag) ist ein gutes Bronchosekretolytikum auch in Verbindung mit anderen Kreuzblütlern. Ein altes Sprichwort: »Wer Rettich ist, hustet nach unten und nach oben« deutet auf die Möglichkeiten der Senfölapplikation im Bereich des Entoderms.

Der Tip:

Bronchosesekretolytikum Entoderm Gallensteine

Schirmblütler
Der Sellerie

Der Sellerie, der zu den Schirmblütlerrn zählt, ist eine uralte Heilpflanze und Nahrungsmittel zugleich. Bei den alten Römern sagt man »er braucht Sellerie«, um von Jemands Tod zu sprechen; nach dem Tode nämlich wurde der Selleriezweig ins Haar gelegt. Die *Apiole,* die ätherischen Öle der Selleriepflanzen, wirken auf die Diurese stark anregend und damit auch blutdrucksenkend, wobei insulinähnliche Hormone neben einem hohen Kalziumgehalt diskutiert werden. Bei Zahnleiden und Osteoporose wird er deshalb in der Volksmedizin empfohlen. Eine negative Seite hat der Sellerie, indem er über 40% der Nahrungsmittelallergien verursacht. Deshalb ist eine besondere Vorsicht bei dieser Pflanze, aber auch bei der nächstverwandten, der Petersilie, geboten.

Der Tip:

Blutdrucksenkend Bei Diurese anregend Osteoporose Zahnleiden Vorsicht: Häufiges Allergen

Der Fenchel

Der Fenchel, der ebenfalls noch mit seinen ätherischen Ölen zur Familie der Schirmblütler zählt, hat einen hohen Vitamin C-, B- und Kohlehydratgehalt, was veranlaßt, daß das Kochwasser auch noch Verwendung finden kann. Er besitzt den höchsten Eisengehalt aller Gemüsesorten und einen hohen Gehalt an *ätherischen Ölen,* die *Fenchone* und *Fenchelöle.* Diese sind bakterizid, können aber auch Östrogene stimulieren, was sich bei der Milchproduktion der stillenden Frauen auswirkt.

Der Tip:

Bakterizid Östrogen stimulierend Höchster Eisengehalt

Die Karotte

Von der Karotte schreibt MATTHIOLUS, daß sie eine »freudige und anmutige Speis sei, die den Ehemann lustig macht, leicht verdaut wird und den Stuhlgang fertig macht . . .«. Vitamin D, E und vor allem K sind neben dem Betakarotin und anderen Karotinvorstufen des Vitamin A die Hauptträger solcher Wirkungen.

Die Karotte gilt heute als hochwertiges Gemüseprodukt, sie zählt zu den *Krebsschutzfaktoren,* oder wie die Amerikaner sagen, den »Cancer-fightern«. *Pektin* zeigt sich in seiner Bedeutung als Darmschutzstoff, wenn die Karotte als Durchfallnahrung Verwendung und Empfehlung findet. So gibt es bei Durchfalleiden bestimmte Karottentage. Aber auch bei Kindern sind antibakterielle Wirkungen zu schätzen, die sich besonders im Darm, aber auch auf der Haut, der Schleimhaut, bei Vergiftungen jeglicher Art sowie in Verbindung mit Asthma und Erkältung als positiv erwiesen haben. GLATZEL hat ätherische Öle festgehalten und näher untersucht, sodaß heute ein großer Trend in der arzneilichen Herstellung von karotinähnlichen Substanzen besteht.

Der Tip:

Antibakteriell
Asthma, Erkältung
Darmschutzstoff
Durchfall
Krebsschutzfaktor
Vergiftungen

3.2 Diuresewirkung von Obst und Gemüse – Schematische Übersicht

Tab. 1 Gemüse mit Diuresewirkung

Art	Pflanzenteil	Rohkost	Kochform	Andere Wirkungen
Brunnenkresse	Blätter	+	–	Haut, Bronchien
Fenchel	Sprosse	+	++	Verdauung
Gurke	Samen	+	+	Harnsäure, Nierensteine
Kartoffel	Knolle	(+)	+++	Magen, lokal
Kürbis	Frucht, Samen	(+)	+++	Prostata
Petersilie	Knolle, Kraut	++	+	
Sellerie	Knolle, Kraut	++	++	Allergie!
Spargel	Saft, Stengel	++	+++	Rheuma, Gicht

Tab. 2 Obstsorten mit Diuresewirkung

Obstart	Inhaltsstoffe	Diurese	roh	gekocht	andere Wirkung
Ananas	Säuren, Bromelin	++	++	–	antiphlogistisch
Banane	KH, Minerale	+	+		Gicht
Birne	org. Säuren, K^+, Arbutin	+++	++	++	antiinfektiös
Eberesche	Sorbin, Vit. C, Sorbit	++	–	++	Gicht, Rheuma
Erdbeere	Zucker, Säuren, Minerale	+++	++	+	Gicht, Steinleiden, Sprue
Hagebutte	Säuren, Zucker, Pektine, Minerale	+++	(+)	+++	Ruhr, Steinleiden
Hollunder	äth. Öle, Säuren, KH, Basen	+++	++	+++	äußerl. + innerl. schweißhemmend
Schlehe	Gerbstoff, Zucker	++	–	++	Magen-Darm
Zitrone	Säure, Vit. C	+++	+	–	Gicht, Steinleiden

3.3 Die stabilisierende Wirkung der Ballaststoffe

Obwohl später noch ausführlich zu berichten sein wird, soll an dieser Stelle im Zusammenhang mit dem Thema Nahrungsstoffe auch die Ballaststoffwirkung der Pflanzen erwähnt sein. Der bekannte Leinsamen, die Weizenkleie, das Sojamehl, der Buchweizen, der Bockshornklee, Flohsamen aus dem maritimen Wegerich, nicht zuletzt die Chufas- oder Erdmandel, auch die Körner von Mais und Getreide: Sie alle gelten als *zellulose- und ballaststoffreiche Kost,* die notwendigerweise für den Darm Füllstoff ist und eine solide Darmtätigkeit zur Folge hat. Die Wirkung betrifft nicht nur das Stuhlvolumen und damit eine bessere Ausnutzung der Nahrung. Vor allem beim obstipierten Stuhl verbessern die Ballaststoffe auch die Gleitfähigkeit und wirken als Schleimhautschutz, bei Durchfallerscheinungen dagegen wird die Passage im Sinne einer Retardierung des Speisebreis verlangsamt. Wer sicher gehen will, sollte verschiedene Ballaststoffe in einem Gemisch zu sich nehmen, um zu vermeiden, daß einseitig säuernde Getreideelemente zusätzlich eine pH-Wirkung auf den Darm ausüben.
Eine große Fülle von Anregungen in Bezug auf Arznei und Nahrung könnte vor allem aus der asiatischen und indischen Naturmedizin kommen. Dort finden z. B. der Reis, die Sojabohne und viele andere Alltagsnahrungsmittel in verschiedenen Variationen sowohl in der Volksmedizin als auch der sogenannten traditionellen Medizin Verwendung, wie dies kürzlich I. MÜNZING-RUEF dargestellt hat.
Diese kurzen Ausführungen über Nahrungsmittel sollen als Anregung dienen, ihren Wert auch im arzneilichen Sinne zu würdigen und zu beachten.

4. Gewürze und Arzneiwirkungen

Anders als die Nahrungsmittel sind die Gewürze einzustufen. Sie stellen Zutaten zur Alltagsernährung dar und können aufgrund besonderer, sowohl geschmacklicher als auch wirkungstechnischer Einflüsse einen hohen Beitrag für Ordnung und Harmonie leisten. So ist das Thema Gewürz *zwischen* Diätetik und Arzneipflanzentherapie angesiedelt und fußt auf einer alten Erfahrungsgrundlage. Ein chinesisches Sprichwort sagt z. B.: Drei Zehntel heilt die Medizin und sieben Zehntel die Ernährung. Nahrungsmittel können nicht nur sättigen, sondern auch zum Wohlbehagen, genauso aber auch zum Mißbehagen beitragen. Genußmittel, Vitamine und Fermente, aber auch Gewürze und Ballaststoffe sind ständige Gesundheitsquellen unserer Alltagsernährung.
Bemerkenswert ist, daß Kultur- und Wildpflanzen als Magentonica oder als Getränke und Aperitifs nicht nur Geschmackseffekte, sondern auch immunologische Wirkungen erzeugen. So läßt sich die Rolle der Pflanze in der Menschheit nur schwer verdrängen. So wie das kranke Tier instinktiv nach einem bestimmten Kraut sucht, hat der Mensch durch jahrhundertealte Tradition und praktische Erfahrung gelernt, sich der Vielfalt der Pflanzen zu bedienen.

4.1 Exotische Gewürze

Von den exotischen Gewürzen ist bekannt, daß jedes Land seine spezifischen Würzstoffe besitzt. Sie sind dem Klima, der Ökologie, den Eßgewohnheiten und der Kultur jeweils angepaßt. Hauptbestandteile sind meist ätherische Öle, Senföle, Aroma- und Bitterstoffe. Sie können so stark sein, daß der Eigengeschmack der Speisen überdeckt wird, wie von vielen Würzen bekannt ist. Von 3500 Tonnen im Jahr 1950 sind derzeit die Würzstoffe auf über 50 000 Tonnen im jährlichen Import angestiegen.

Der Pfeffer

Mit einem Importanteil von 65–70% steht er unbestritten an der ersten Stelle. Hufeland hat ihn bekanntlich als das beste Magenmittel bezeichnet. Je nach Erntezeit wird er im Handel grün, weiß, rot oder schwarz angeboten. Die Geschichte des Pfeffers könnte man als eine Kulturgeschichte des Mittelalters bezeichnen. Seine Arzneianwendung ist heute nur noch im Orient üblich. Ältere Menschen bevorzugen ihn bis in unsere Tage als schwachen Säureproduzenten.
Der Volksmeinung, daß zu viel Pfeffer schade, sind kürzlich Graham und Lacey-Smith entgegengetreten. Sie haben endoskopisch 30 g Pfeffer auf die Magenschleimhaut gebracht und nachgewiesen, daß keinerlei Reizerscheinungen zu beobachten sind. Die Wirkung geht auf das *Piperidin* zurück und muß als eine Ganglienwirkung, ähnlich wie bei Nikotin, verstanden werden.

Der Tip:

Keine Arzneianwendung

Die Nelken

Dieses altbekannte Gewürz kann zu einer Verbesserung der Verdauung beitragen und Übelkeit und Sodbrennen vorbeugen. Bekannt ist die Verwendung von Nelken als *Antiseptikum* in der Zahnheilkunde. Nicht nur bei Mundwasser und Zahncremes, sondern auch bei Rheumasalben spielen die *antiphlogistischen Eigenschaften* des Nelkenöls eine Rolle.

Der Tip:

Verdauung: Übelkeit, Sodbrennen Zahnheilkunde: Antiseptikum Antiphlogistische Wirkung

Der Zimt

Schon vor 5000 Jahren taucht er in chinesischen Kräuterbüchern auf. Das Schälprodukt aus der Innenrinde der entsprechenden Bäume ist zunächst Geschmacks- und Geruchskorrigens, z. B. in den Cola-Getränken. Die Zimttropfen gewinnen jedoch zunehmend in der Volksmedizin bei der Behandlung der Dysmenorrhö oder als vielseitiges *Styptikum* an Bedeutung. Diese Wirkung läßt sich auf die *Zimtsäure* (Zimtaldehyd) und die *Cassiaöle* zurückführen.

Der Tip:

Dysmenorrhoe Styptikum

Die Muskatnuß

Sie ist die Frucht eines bis zu zwölf Meter hohen Baumes und war bereits vor christlicher Zeitrechnung bekannt. Im Mittelalter galt sie als Aphrodisiakum, als Blähungs- und Durchfallmittel, als schleimlösend und als Inhalativum. Besonders bei Morbus Crohn soll sie hilfreich sein. Ein Übergenuß kann allerdings Halluzinationen auslösen. Muskat galt lange Zeit als das Gewürz der reichen Leute und wurde deshalb entsprechend teuer gehandelt und sparsam verwendet.

Der Tip:

Blähungen Durchfall Morbus Crohn Aphrodisiakum

Ingwergewächse oder Zingiberaceen
Ingwer

Gerade diese Pflanzenfamilie hat in letzter Zeit vielfach neue Therapiemöglichkeiten gebracht. Zunächst ist es der Ingwer selbst, der als kandierte

Süßigkeit genascht wird. Der Wurzelstock, als Pulver gemahlen, dient als vielseitiges Gewürz.
Als Bestandteil vieler exotischer Gemische (Curry) regt die Würze den Magen an und hilft bei der Verdauung. In Asien ist Ingwer seit langem als Mittel gegen Reisekrankheit bekannt. Auf dieser Basis beobachtete W. ZIMMERMANN klinisch, daß Ingwer *vagolytische Eigenschaften* besitzt. Im Rahmen dieser Wirkung erweist er sich nicht nur bei allen Formen von Nausea als hilfreich, er kann auch als wirksame Arznei bei Dumpingbeschwerden des operierten Magens eingesetzt werden.

Der Tip:

> Anregung der Verdauung
> Dumpingbeschwerden des operierten Magens
> Nausea
> Reisekrankheit

Curcuma longa
Curcuma xanthorrhiza

Die *Gelbwurz* ist ein naher Verwandter des Ingwer. Sie findet sich als Hauptbestandteil der Curry-Mischungen, die bekanntlich in Indien zur Familientradition gehören. Ihre Wirkung ist *choleretisch und cholokinetisch.* Die Beobachtungen vor allem der letzten Jahre ergaben die *stark cholesterinsenkende Wirkung* der Curcuma. Dies geschieht aufgrund des Reizes auf die Gallensäureproduktion in der Leber.
Auch bei Dyspepsien in der Folge von Pankreas- und Gallendysfunktionen hat sich die Curcuma longa bewährt.
Kardamom, eine Staude, die der Ingwerfamilie zugezählt wird, war ebenfalls schon vor der Zeitenwende bekannt. Von den Karawanenstraßen Babylons bis nach Nürnberg zu den Tuchers und zum Lebkuchengeschäft des Mittelalters hat dieses Gewürz seine Geschichte gemacht, eine Geschichte, die heute in den guten Restaurants Indiens als Gegenmittel gegen den Knoblauchgeruch noch ein bescheidenes Dasein führt.

Der Tip:

> Cholesterinsenkend
> Dyspepsien bei Pankreas- und Gallendysfunktion

Der Safran

Man kann die exotischen Gewürze nicht aufzählen, ohne an den Safran zu denken, jene Blütenteile des Krokus, von denen hunderttausend handgepflückt werden müssen, um ein einziges Kilo aufzuwiegen. Dies soll allerdings im alten Rom den Kaiser Nero nicht abgehalten haben, sein Badewasser damit zu würzen, galt es doch als einzige Möglichkeit, einen Potentaten in den Stand zu setzen, einem großen Harem gerecht zu werden.
Crocetinester, dem Vitamin E nahestehend, verursachen eine *Tonisierung der Gebärmutter* bis zur Abtreibung. In diesem Fall ist jedoch die Menge das

wesentliche Element der Wirkung. Der teure Preis diktiert die Nachhaltigkeit der tonisierenden Eigenschaft wie etwa bei der Bouillabaisse.

Die Vanille

Bleibt noch die Vanille, eine Schote aus Südamerika, die auf die Bestäubung durch Kolibris angewiesen ist. Im ausgehenden Mittelalter als Mitbringsel aus den Aztekenländern in Europa eingeführt, würzt sie die Süßspeisen und hat – neben den bekannten Aromawirkungen – den Ruf als »Liebeswürze« erlangt. Die Vanille ist eine der wenigen Würzen, die in der Medizin noch keinen gesicherten Platz als Arzneimittel gefunden haben. In letzter Zeit gibt es jedoch Hinweise, daß die Vanille *bronchosekretolytisch* anzusehen ist.

Der Sesam

Ein kurzes Wort noch zum Sesam, der aus Afrika als Pedaliacee jenes Öl liefert, das mit hohen Anteilen von Linolsäure und Vitamin E die sogenannten *Verjüngungskuren des Rasayana* in Indien unterstützt. In Mitteleuropa wäre diese Frucht und deren Öl fast in Vergessenheit geraten, wenn nicht die Biowelle neue Sesamprodukte auf den Markt gebracht hätte.

4.2 Einheimische Würzstoffe

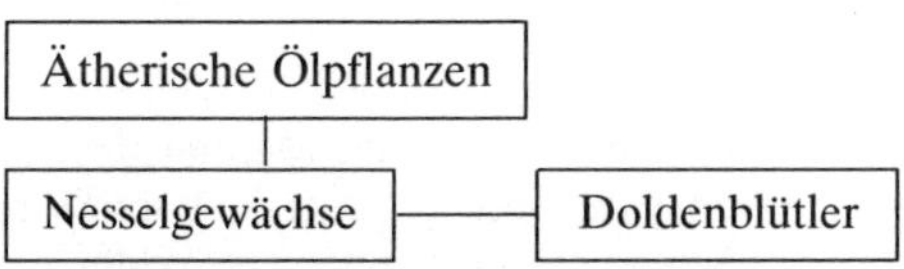

Von den einheimischen Würzstoffen sind vor allem die ätherischen Ölpflanzen zu nennen. Deren Botanik beschränkt sich vorwiegend auf zwei Familien: Die Nesselgewächse (Lamiaceen) und die Doldenblütler (Apiaceen). In den Drüsenhaarpapillen und Drüsenschuppen sind die Exkretionsorgane oft schon auf dem Blatt sichtbar, dort, wo das Öl als Schutz gegen Insekten und Duftstoffe für Bestäuber funktioniert.

4.2.1 Eigenschaften ätherischer Öle

- Beruhigend, in kleinen Dosen (Melisse)
- Spasmolytisch, dosisabhängig (Eugenol)
- Entzündungswidrig = Desinfektionsmittel (Kamille, Schafgarbe)
- Sekretionsfördernd, cholagogisch (Mentha)
- Antidyspeptisch (Artemisia)
- Immunmodulatorisch, teilweise (Thymian)
- *Antibiotisch*

Die antibiotischen Eigenschaften sichern die Pflanze vor Insektenfraß und Schmarotzerbefall. Diese Verwendung ist überaus vielseitig als:

- Abortiva
- Amara
- Aphrodisiaka
- Cholagoga
- Karminativa
- Stomachika
- Tonika

Eine besondere Eigenschaft ist die *Ausscheidung über die Lunge* (Eukalyptus, Latschenöl, Myhrre) *und den Harn- bzw. Urogenitaltrakt* (Petersilie, Paprika, Sellerie usw.). Damit kann eine *antibiotische Wirkung in diese Körperregion projiziert* werden: Petersilie als Abortivum, Thujaöl als Desinfizienz. Der *Desinfektionsstandard* wird mit Phenol gleichgestellt, bei dem der Thymian mit Thymol den höchsten Wert zeigt. Nicht zu vergessen ist die *hautreizende Eigenschaft* der ätherischen Öle, die im Liniment offenkundig wird.

4.2.2 Die immunstimulierende Wirkung ätherischer Öle

Ein Beispiel für die Wirkung von Gewürzen ist der Wermut (Absinthium), der in seinen Unterarten Estragon und Beifuß (Artemisia vulgaris) für die verdauungsfördernde Wirkung von Gewürzstoffen prototypisch ist. So hat sich bei der Verabreichung des *Absinthtees* (Artemisia absinthium) eine *Verbesserung der immunologischen Situation* im Sinne eines Anstiegs der T 4 (Helferzellen), also auch eine positive Veränderung des sekretorischen IGA gezeigt und damit Möglichkeiten in der vergleichenden Wirkung mit der exotischen Chinarinde bestätigt (WASTLHUBER).

Für die Klinik wird diese Einwirkung besonders im *oberen Dünndarm* relevant, während in den tieferen Bereichen des Darmes die Mentha piperita (bzw. piperascens des asiatischen Raums) Bedeutung hat. Die Voraussetzung ist eine darmlösliche Kapsel bei Kolon irritabile sowie Dysbiosen.

Dünndarmwirksam sind zudem die Doldenblütler wie Fenchel und Kümmel, wogegen die in den Doldenblütlern wirksamen *Apiole* (Sellerie, Petersilie und Engelswurz) sowie Wacholder im urologischen Bereich als Ausscheidungsreiz *antiseptische* Bedeutung haben können.

Einige ätherische Öle, wie Eukalyptus und Thymian, werden bekanntlich über die Lunge ausgeschieden.

*Damit ist auch im Sinne eines Badezusatzes die Wirksamkeit nachgewiesen (*DREXEL *et al.).*

Diese Erkenntnisse machen klar, welche Bedeutung den Würzstoffen im Erfahrungsgut der Volksmedizin zukommt. Dies kann in einer Zeit, in der man sich auf Naturheilmittel besinnt, auch Konsequenzen für die Arzneimittel haben.

4.2.3 Beispiele für die Wirkung ätherischer Öle

Die Mentha piperita

Diese Pflanze kennen wir als Bastard aus Mentha aquatica und Mentha spicata. Sie zeigt sich mit rötlichem Stengel als »blackmind« oder mit hellgrauem als »whitemind«. Erstere Art gilt in England als Mitcham-

Minze, die letztere aufgrund ihres Anbaugebietes als »Pfälzer Minze«. Die japanische Minze ist eine Sonderform (Mentha piperascens) mit einem hohen Anteil (8%) an ätherischem Öl. Daneben kommen in der Minze D-Menthon, Limonen, Pullegon und Menthofuran vor. Die Geruchsqualität hängt von den Mentholäthern ab und nimmt mit steigenden Menthofuranen zu.

Eigenschaften im Überblick:

- Antibakteriell — auf die pathologische Darmflora
- Spasmolytisch — auf die pathologische Darmflora
- Kühleffekt — bei äußerlicher Anwendung (Kopfschmerz)
- Cholagogewirkung — bereits bei Teeanwendungen
- *Inhalativer Effekt*

Der inhalative Effekt in Form des sekretorischen IGA wurde von uns geprüft und die Vermehrung im Tränensekret nachgewiesen. Die Dauer beträgt 2–3 Tage. Damit erklärt sich die Wirkung auf die oberen Luftwege.

Der Tip:

> Besonders günstig bei Blähungen
> Bei Erkältung der oberen Luftwege (inhalativ)

Diverse:

Salbei wirkt im *Rachenraum.*

Absinth – *Fenchel* – *Kümmel* – *Koriander*

sind *dünndarmassoziiert.*

Artischocke das Nahrungsmittel

Löwenzahn das Wildgemüse

haben *Dünndarmwirkung,* sogar mit Richtung auf Pankreas.

Sellerie – Petersilie – Liebstöckl – Engelswurz – Pastinak

Die apiolhaltigen Würzstoffe sind *nierenwirksam* bis zum pathologischen Blasenreiz und eventuell einer bekannten *abortiven* Wirkung.

4.2.4 Anwendungsbeispiele bei Senföldrogen

Die Senföldrogen stehen einem gewissen phytotherapeutischen Arzneimittelstandard wohl am nächsten. Demzufolge entfalten Mono- und Polysulfide immer Wirkungen im biologischen Bereich.

Prototyp ist hier der *Knoblauch*.
Daneben stehen u. a.:

- Senf
- Zwiebel
- Kresse
- Lauch
- Rettich

Wir wenden äußerlich an:

- Senfmehlkataplasmen.
- Fußbäder mit Senfmehl bei Glaukom oder Nervenreizungen durch Axonreflexe (Cholezystokininfreisetzung im Kapillargebiet und Schleimhautreiz sind Erklärungen hierfür.)
- Zwiebelauflagen bei bronchitischen Kindern.
- Senfmehlauflagen bei arthritischen Veränderungen der Haut.
- Senfmehlbäder bei hohem Blutdruck oder Glaukom.

Diese Anwendungen deuten auf den obigen Wirkungscharakter. (Ausführlichere Darstellung im klinischen Teil.)

Innerliche Wirkung:
Ganz allgemein: Sie wird vom Gewürz abgeleitet.

Senf

Eine Tasse Boullion mit 2 Eßlöffeln Senf bewährt sich in der Volksmedizin als abendliche *Bronchienbefreiung*.

Meerrettich Kapuzinerkresse

Ihre *antibiotischen* Eigenschaften bei grampositiven aber auch gramnegativen Keimen sind längst bekannt.

Knoblauch-Senf-Öle

Wir wenden sie bei *Mykosen* an. Nachdem sie bereits in der Mundschleimhaut resorbiert werden, erreichen sie auch nicht mehr die physiologische Darmflora. Sie lassen sich also nicht anreichern. Dies erschwert die natürliche Anwendung. Die Senföle stören keineswegs die Immunbildung im Organismus, sie sind daher durchaus auch in einer physiologischen Darmflora akzeptiert.

Das Rettichwasser – Rettich

Wir kennen es als eines der ältesten *Bronchialmittel* der Volksheilkunde. Rettich mit Honig wurde als *Hustenmittel* in der Selbstmedikation bekannt.
Zudem ist die Stoffwechselalkalisierung besonders bei Rettich bedeutsam. Dies eröffnet Anwendungsmöglichkeiten bei *Gicht, Diabetes* und in der Urologie bei Wechsel des alkalischen und sauren Milieus in der sogenannten *»Schaukeldiät«*.

Die Wegrauke

Das Mittelalter schätzte die Sisymbrium officinale in seiner Heilkräutermedizin als eines der ältesten Mittel bei *Arteriosklerose.*

Der Knoblauch

Selbst bei neueren Entdeckungen und Erfahrungen mit dem Knoblauch bleibt die Verbindung mit der Volksheilkunde aktuell. Der Knoblauch, der in China den Namen Hu-Suan oder Ta-Suan trägt, wurde dort schon früh bei Geschwüren und innerlich bei *Darmparasiten* verwendet.

Starke individuelle, vorwiegend anbaubedingte Unterschiede des Allicinanteiles haben zu gewissen Schwierigkeiten in der Einordnung der Wirksamkeit geführt. Man ist heute bestrebt, bestimmte Frischdrogen standardisiert zu verarbeiten und damit Wirkungen auf den Kreislauf zu diskutieren. Bekannt ist der *erhöhte Blutdruck,* die Fließeigenschaften des Blutes, die damit *nachweislich verbessert* werden (E. ERNST). *Triglyzeride* und *Cholesterin* lassen sich *deutlich senken* (B. und W. ZIMMERMANN).

Dies ist eines von vielen Beispielen, wie Pharmazie und moderne Arzneimittelforschung durch Anregungen aus der historischen Volksmedizin zu Ergebnissen kommen können.

Die Bitterstoffe

Sie bilden eine Gruppe, welche sowohl bei exotischen als auch einheimischen Gewürzen eine spezielle Rolle spielt. Bei den einheimischen in den Getränken oder in den reinen Gewürzstoffen. Dies fand teilweise den Weg in die Pharmazie.

Die Bitterstoffe sind insbesondere bei den exotischen Gewürzen (Curcuma, Ingwer) an den Gaumen und die Zunge fixiert und weisen sehr viele *sensorische* Eigenschaften auf.

> Bitterstoffe stellen auch heute noch sowohl einen Großteil der angewandten Volksmedizin als auch der arzneilich wissenschaftlich nachgewiesenen Phytotherapie dar.

Von tausend Arzneigemischen aus der Pflanzenkunde sind circa 33% Amara-Gemische, sei es in Form von Getränken (Bier oder Aperitifs) oder als Würze, wie etwa der Paprika. Einziger Leitfaden dieser chemisch recht uneinheitlichen Stofform ist der bittere Geschmack. Davon ausgehend werden die vielfachen *sekretorischen Leistungen* des Speicheldrüsensystems, der Magenschleimhaut, aber auch *motorische* Leistungen des Magens und der Gallenblase beobachtet. Immunologische Aspekte im Bereich des sekretorischen IGA, von Ganglienwirksamkeit und Transmitterfunktion sind in der Diskussion. Wie von der Chinarinde in einer Verdünnung von 10^{-5} bekannt ist, werden Bitterstoffe in abnorm niedrigen Dosen wahrgenommen.

Neben den Enziangewächsen (der gelbe Enzian, das Tausendgüldenkraut, der Fieberklee u. a.) sind es vorwiegend die Piperidinverwandten wie Pfef-

fer, die Nikotinverwandten wie Paprika und Conium, die über periphere autonome Ganglien die nodulären Zentren beeinflussen. Beim Paprika werden über die Haut Somatostatine freigesetzt, die ähnlich dem Senfmehl Organbezüge anfachen. Bezüglich der *Transmitterfunktion der Haut* ist diese Eigenschaft bereits *wissenschaftlich nachgewiesen.*
Dagegen scheint die Frage nach den fiebersenkenden Eigenschaften der Bittermittel, wie sie vom Fieberklee, der Chinarinde, der Schafgarbe und dem gelben Enzian bekannt sind, noch nicht völlig gelöst – obwohl Wirkungen dieser Art seit HIPPOKRATES immer wieder erwähnt werden.
Ähnliches gilt von Gallenwirksamkeiten und Pankreasbeeinflussungen z. B. beim Löwenzahn, der Artischocke oder dem Schöllkraut. *Nachweislich* gibt es Organbezüge auf den oberen Dünndarm mit *vagolytischen Aspekten,* choleretische und bei Taraxacum *Gallensäure produzierende Eigenschaften.*
Letztlich kennt man bei Bitterstoffen interessante *Doppelwirkungen,* die ihren Ursprung im Geschmack haben, Nervenreize, Transmitterfunktion und immunologische Erweiterungen mit einschließen und eine echte Verbindung von

Nahrung ▶ Würze ▶ Tonikum ▶ Arznei

darstellen. Dies zeigen die »Theriaks« des Altertums bis zum heutigen »Schwedenbitter« beispielhaft auf (W. ZIMMERMANN – M. GAISBAUER).

4.3 Welche Gewürzstoffe sind gleichzeitig Phytotherapeutika?

Tab. 3

Allium cepa	Zwiebel	Levisticum off.	Liebstöckel
Allium sativum	Knoblauch	Majorana hortensis	Majoran
Angelica arch.	Erzengelwurz	Melissa off.	Melisse
Artemisia vulgaris	Wermut	Origanum vulgare	Origanum
Artemisia abrotanum	Eberraute	Pimpinella anisum	Anis
Capsicum annuum	Paprika	Mentha pip.	Minze
Carum Carvi	Kümmel	Rosmarinus off.	Rosmarin
Curcuma xanthorrh.	Gelbwurz	Ruta graveolens	Raute
Cynara scolymus	Artischocke	Salvia off.	Salbei
Foeniculum vulgare	Fenchel	Thymus vulgaris	Thymian
Juniperus comm.	Wacholder	Zingiber off.	Ingwer
Lavandula off.	Lavendel		

5. Die Pflanze in der Kosmetik

Wie könnte es anders sein, als daß der Mensch auch für seine Schönheits- und Körperpflege pflanzliche Bestandteile nutzte? Seit altersher gelten Düfte und gute Gerüche als Zeichen der Ästhetik. So fand die Menscheit schon frühgeschichtlich zu den ätherischen Ölen, die solchen Düften meist zugrunde liegen.

5.1 Pflanzliche Kosmetikrezepte

In einer kurzen Überschau stellen sich nachfolgend einige der vielen, meist aus der Volksheilkunde abgeleiteten Kosmetikrezepte vor. Auf diesem Gebiet sind vor allem die Arbeiten und Erfahrungen des französischen Botanikers MESSÉGUÉ richtungweisend geworden.

Die Gartenrose

Die einfache Gartenrose ist ein altbewährtes Schönheitsmittel:

Rp.	2 Handvoll Rosenblätter in 1,5 Ltr. kochendem Wasser ziehen lassen.

Damit gewinnen wir ein Mittel für das Dampfbad oder einen Badezusatz.
Der Tee aus den getrockneten Blütenblättern schmeckt blumig zart und wirkt, wie es die Erfahrung zeigt:

- *Blutreinigend*
- *Herz- und nervenstärkend.*

Das Gänseblümchen

Zur häuslichen Therapie von *Akne* und *Seborrhoe* (äußerlich).

Rp.	100 Köpfchen in 100 ccm eines 45- oder 70%igen Alkohols; 3 Wochen in verschlossener Flasche an der Sonne stehen lassen, dann abseihen.

Das Schafgarbenkraut

Es steht botanisch oder pharmazeutisch dem Gänseblümchen nahe. Gekocht oder als Tinktur angesetzt, wirkt es bei allen *Hautkrankheiten, Blutungen,* bei *rissiger Haut* oder bei *Brustwarzenentzündungen.* Die Anwendung erfolgt in Form von Waschungen, Bäderzusätzen und – wie beim Gänseblümchen – als Gesichtswasser.
Aus der gleichen Familie der Korbblütler stammt:

Der Huflattich

Man setzt ihn wie das Gänseblümchen an und nutzt ihn in ähnlicher Weise bei *vermehrter Talgdrüsenaktivität.* Die äußerliche Anwendung dürfte, im Gegensatz zur innerlichen, problemlos und nicht im Sinne einer Intoxikation aufzufassen sein.

Brennessel und Klettenwurzel

Als wirksam sind die Lamiaceen zu bewerten. Von diesen Nesselgewächsen zählen die Haarwasser von Brennessel- und Klettenwurzel zu den wirksamsten *Haarkosmetika.*

Haarwasser:

> Rp. 1 Teil Klette (ganze Pflanze)
> 3 Teile Brennessel
> 3 Teile Salbei
> 3 Teile Ysop
> in 60%igem Alkohol angesetzt,
> nach 10 Tagen abgeseiht.

Gegen *Tränensäcke* hilft der schwarze Tee. Die abgeseihten Blätter werden über die Augen gelegt. Seine Gerbstoffwirkungen sollen Tränensäcke verhindern oder beseitigen helfen.

Die Malve

Der Malvensud oder die Malventinktur wird gegen *Altersflecken* der Haut verwendet. Doch Vorsicht: Die Malventinktur darf nicht allzu stark konzentriert sein, sonst entstehen unter Umständen andere Hautflecken, die dann nur schwer zu beseitigen sind.

Stiefmütterchen oder Ackerveilchen

Der Stiefmütterchentee wird als Badezusatz bei allen *nässenden Ekzemen* verwendet und hat sich in der Kinderheilkunde ausgezeichnet eingeführt. Sowohl das einfache Märzveilchen *(Viola odorata)* als auch das Ackerveilchen *(Viola tricolor)* gibt man in Form eines Teesudes in das Badewasser. Bei Kindern, die nicht so aufwendig gebadet werden müssen, hat sich bei lokalisierten Formen des trockenen, selbst des nässenden Ekzems, die Anwendung als Auflage bewährt.

Lindenblüten und Zinnkraut

Der Lindenblütentee soll bei beginnenden *Falten* der Haut, bei *Haarausfall* und *Sommersprossen* äußerlich und innerlich wirksam sein.
Zinnkraut-Badeaufguß nutzt man bei Teilwaschungen und Teeauflagen bei *fetter Haut* und *unreinen Poren.* Pfarrer KNEIPP hat den Zinnkrauttee besonders bei offenen Füßen hervorgehoben, aber auch als Badezusatz zur Tonisierung der Haut empfohlen.

Potpourri oder Faultopf

Dieser wird als universelles Schönheitsmittel gepriesen und besteht aus:

Rp. Rosen, Lavendel, Waldmeister, Zitronenmelisse dazu 1 Tl Kochsalz 1 Muskatnuß 50 g Borax 6 g Schwertlilienwurzel ½ Tl Gewürznelken ½ Tl Nelkenpfeffer 25 ccm Bergamottöl

Alles zusammen 6–8 Wochen faulen lassen, anschließend den Sud abseihen. Das Resultat wird bei Bädern oder als Auflage für die Haut verwandt.

Augenpflege

Gerstenkörner	Vorsichtig aufgelegte Zwiebelschnitten
Lidentzündungen	Kornblumen- und Königskerzensud
Bindehautentzündungen	Augentrost, sein Tee ist als Augenbad wirksam Wegerichblätter Schachtelhalm Malve Fenchelsamensud
Leicht ermüdete Augen	Fencheltee
Neigung zu tränenden Augen	Fencheltee
Leicht entzündete Augen	Fencheltee

Hautpflege

Bei Hautbädern handelt es sich meist um kosmetische Anleitungen.

Trockene Haut	Kleie
Nässende Haut	Viola tricolor
Fettende Haut	Haferstroh

Welke Haut	Heublüte
Tonusarme Haut	Meersalz
Durchblutungs- und Kreislaufstörungen in den Wechseljahren und bei älteren Menschen	Rosmarin, tonisierende Wirkung
Akne	Aloe, Blätter in Scheiben schneiden und auflegen Saft der angeschnittenen Aloeblätter auf die Haut auftragen, die Haut mehrfach benetzen Gänseblümchenspiritus Ringelblumen
Alte Narben	Gepreßte Kohlblätter auflegen. Vorsicht bei Augennähe wegen reizender Senföle

Spezielle Hautrezepte

Das Roßkastanienbad

Es kommt bei *Venenleiden* und *Durchblutungsstörungen* zum Einsatz und zählt zu den wirksamsten Mitteln.

Rp. 1 kg Roßkastanien geviertelt
1 Stunde in Regenwasser aufkochen, durch ein großes Sieb passieren und in das Badewasser geben.
2× wöchentlich.

Das allgemeine Kräuterbad

Rp. 1 Handvoll Rosenblätter
1 Handvoll Rosmarinblätter
1 Handvoll Lavendelblüten
1 EL Jasminblüten
2 kleine Lorbeerblätter
Schale einer ½ Zitrone
6 Tropfen Zitronen- oder Lavendelöl

Das Ganze gibt man in 1 Liter Wasser, läßt 20 Minuten sieden und 10 Minuten ziehen. Wir erhalten ein *Blitzerfrischungsmittel* sowohl kosmetischer als auch tonisierender Wirkung.

Allgemeine Hautpflege

Rp. 4 El Lavendelblüten
30 ccm 70%iger Alkohol
70 ccm destilliertes Wasser
20 Tropfen ätherisches Lavendelöl
10 Tropfen Kamillenöl

So erhält man eine wirksame Einheitslotion.

Die Gesichtsmaske

Rp. ½ Avocadofrucht mit
1 Eigelb zerdrückt und
1 Spritzer Zitronensaft zugeben.

Die Mischung wird vornehmlich bei *trockener* Haut aufgelegt und nach 32 Minuten abgewaschen.
Dagegen wird als Dauermedikation gegen *fette* Haut angegeben:

Rp. 4 El Huflattich als Tee
4 El Hamameliswasser
50 ccm destilliertes Wasser
10 ccm 70%iger Alkohol
1 Tl Apfelessig
1 Spritzer Zitronensaft

Sonnenöl und Sonnenschutzcreme

Rp. 1 Tl Sesamöl
1 Tl Erdnußöl
1 Tl Sonnenblumenöl

oder:

Rp. 50 ccm Rahm
1 El Blutwurz (Tormentillwurz)
1 Tl Walnußschalen
15 Tropfen ätherisches Zitronenöl

Die Kräuter werden im Mörser verrieben. Erst danach wird der Rahm zugegossen. Diese Creme hält sich nicht lange und muß relativ rasch verbraucht werden.

Die Haarpflege

Haare leiden meist unter dem seborrhoischen Status. Deshalb werden als Waschmittel Zitrone, Essig und Regenwasserspülung empfohlen.
Bei trockenem, sprödem Haar nehme man:

> Rp. 2 El getrocknete Klettenwurzel
> ⅛ Liter destilliertes Wasser
> 1 Liter Obstessig
> 20 Minuten kochen lassen

Anwendung als Nachspülung.
Aufhellende Wirkung erreichen wir mit einer Spülung von Kamillenblüten, wobei 1 El mit ¼ Liter Regenwasser ½ Stunde zum Kochen gebracht wird.
Allgemeine Empfehlung:

Braune Haare → Schwarzer Tee
Dunkle Haare → Walnußschalen
Blonde Haare → Rhabarberwurzel

Haarausfall

Gegen diese unerwünschte Entwicklung gibt es eine Vielzahl einschlägiger Mittel. Eines hiervon ist:

> Rp. Je 5 Tropfen Wacholderöl,
> Eberrautenöl, Brennesselöl,
> Lavendelöl;
> Auf 50 ccm Olivenöl geben

Die Mischung wird dann länger als ½ Stunde in die Kopfhaut einmassiert und danach mit einem milden, nicht seifigen Shampoo gelöst. Mit Wasser nachspülen. Diese Prozedur muß plausiblerweise mehrfach durchgeführt werden.

Mundwasser

Myrrhentinktur im Zahnwasser soll *bei Mundfäule, Salbei bei Schleimhautaffektionen* des Mundes helfen. Ein anderes Mundwasserrezept sieht so aus:

> Rp. 1 Handvoll Lavendelblüten auf
> 50 ccm 70%igen Alkohols
> 30 Tropfen ätherisches
> Lavendelöl

Man läßt das Gemisch in einer Flasche 3 Wochen stehen. 1 Teelöffel davon auf 1 Glas Wasser wirkt bakterienwidrig.

Zahncreme

Bei *Zahnfleischbluten* ist *Cistus canadensis D 4* in homöopathischer Dosierung zu empfehlen.
Als Zahncreme sei empfohlen:

Rp. 2 El Schlemmkreide
1 El Minzblätter
2 El Milchzucker
1 El Kieselerde
3 El Glyzerin
3 Tropfen ätherisches Eukalyptusöl

Diese Mixtur wird in einem luftdichten Gefäß aufbewahrt und zur Zahnpflege jeweils 1 große Messerspitze voll entnommen.
Diese Rezepte aus dem großen Bereich der Naturkosmetik sind Empfehlungen, die sich noch wesentlich erweitern ließen. Die genannten Beispiele mögen dazu dienen, das Ausmaß einer Pflanzentherapie im menschlichen Alltag zu ermessen und zu vervollständigen.
Denn die zurückliegenden Kapitel über die Küche als Apotheke, Gewürze und Arzneiwirkungen sowie Pflanzen in der Kosmetik illustrieren bereits umfassende Anwendungsbereiche, doch steht das zentrale Einsatzgebiet der medizinischen Pflanzenheilkunde noch vor uns.

6. Einführung in die Pflanzenheilkunde

6.1 Was ist Phytotherapie?

Für den Begriff »Heilpflanzenkunde« hat sich heute allgemein das Wort »Phytotherapie« durchgesetzt. Dies bedeutet wörtlich »Heilung mit Hilfe von Pflanzen«.
Phytotherapie im Sinne von Pflanzenheilkunde ist jedoch von der Pharmakologie der Heilpflanzen *wesentlich zu unterscheiden:*

Phytotherapie	Heilpflanzen-Pharmakologie
Beim Phytotherapeutikum handelt es sich immer um einen einheitlichen, mit mehreren Haupt- und Nebenwirkstoffen behafteten Pflanzenkomplex. Er kann durch Wachstum und Anbaugebiete in kleineren Bereichen variieren und sich unterscheiden, im wesentlichen ist er aus der Erfahrung als Pflanzenkomplex bekannt.	Hier liegt ein Wirkstoff vor, der als Phytopharmakon in einer Pflanze gefunden wird und in einem Gemisch als Haupt- oder Nebenstoff eine exakte Abgrenzung erfährt. Damit wird er zu einem Arzneimittel, das auch dem chemischen nahesteht.

Nach Kneipp sind es fünf Säulen der Therapie einer Naturheilkunde, zu denen neben der Diätetik, Bewegung und Wassertherapie wesentlich die Phytotherapie, das heißt, die Pflanzenheilkunde zu zählen ist.
Auch in den später von Demling aufgezeigten drei Säulenvarianten hat neben der Diätetik die Phytotherapie ihren wesentlichen Anteil.
Was ist nun Phytotherapie?

Sie ist als Lehre von der Anwendung pflanzlicher Arzneimittel am kranken Menschen aufzufassen.

Nach dieser Definition von Weiss umfaßt sie *starkwirkende* und *schwachwirkende Arzneistoffe*. Bei den schwachwirkenden handelt es sich nicht etwa um weniger intensiv wirkende, als vielmehr um weniger toxische.
In den letzten Jahren ist der Begriff »forte«- und »mite-Arzneien« zugunsten einer einheitlichen Begriffsbildung der Phytotherapie fallengelassen worden. Einer Unterscheidung zwischen Phytopharmakon im Sinne einer Spezifizierung innerhalb der Wirksamkeitsstruktur einer Pflanze und dem Phytotherapeutikum als dem Gesamtkomplex einer dargebotenen Pflanze, einerlei in welcher Form, wird das Wort geredet. Daraus leiten sich verständlicherweise Schwierigkeiten ab. Da bei Anwendung der Gesamtpflanze An-

bau, Provenienz, Standort, Jahreszeit und Pflanzenart wesentliche Unterschiede hervorrufen können, ist eine Standardisierung, d. h. eine Festlegung auf größenmäßig ausdrückbare Wirkstoffverhältnisse innerhalb des einzelnen Phytotherapeutikums, lange problematisch gewesen. Man hat jetzt mit modernen Geräten der Chromatographie solche Standardisierungseinheiten festlegen können und ist heute in der Lage, weitgehend *profilierte Arzneistoffe* auch vom *Gesamtkomplex* einer Pflanze anzubieten.

6.2 Die Darreichungsformen der Pflanzenstoffe in der Phytotherapie

Wir unterscheiden als wichtigste Varianten:

Nahrungsmittel

Frische Pflanze – Gemüse – Salat – Gewürz

Frischpflanzenauszüge – Pflanzensäfte

Bspw. Birkensaft – Goldrutensaft

Schlehdornsaft – Gemüsesaft

Brennesselsaft – Obstsaft

Sauer vergorene und denaturierte Säfte

(Gewonnen durch Gärungsprozesse)

Bspw. Sauerkrautsaft

Trockene Pflanze – Teegemische

Die Darreichung in Form der trockenen Pflanze hat zusehends an Bedeutung gewonnen und bietet sich bei den Teegemischen an. Haltbarkeit und Standardisierungsfähigkeit sind auf diese Weise wesentlich günstiger als bei Frischsäften.

Die Zahl der Pflanzen, welche getrocknet in Teegemischen verwendet werden können, ist unbegrenzt. Die Art der Pflanzen und die Zubereitung erfordert jedoch eine bestimmte Auswahl. So müssen beispielsweise Wurzel-, Stiel- und Rindenanteile (sogenannte »Holzanteile«) kalt angesetzt werden und erst danach aufgekocht, während die Blüte, das Blatt und der Samen als lebende Anteile heiß zu übergießen sind.

Tees wenden wir als Spülungen und Bäder an, doch eignen sie sich vorzugsweise als Getränke. Bei Teedrogen, die als Gemische vorliegen, herrscht zumeist eine sogenannte *»Leitsubstanz«* vor, wobei auch die *Farbe* eine gewisse Rolle spielen kann. Geschmacksbeimengungen sind möglich, wir nennen sie *»Hilfsdrogen«*.

Begleitstoffe entscheiden über die Bekömmlichkeit und die Compliance des Patienten und damit häufig über die Dauer der Anwendung.
Teeanwendungen werden in verschiedenen Formen dargereicht.
Gebräuchlich sind:

- Instants (sog. Extraktionspulver)
- Granulate
- Pulverisierte Teebeutel
- Gefriergetrocknete Produkte
- **Naturbelassene Droge = getrocknet**

Letzteres ist die häufigste Form.

6.3 Die Anwendung der Galenik

Nach dem Arzneibuch hergestellte Auszüge der *wirksamen* Pflanzenbestandteile werden als *»Galenik«* bezeichnet. Sie enthalten eine Wirkstoffanreicherung und eine Selektion der Wirkstoffe, entsprechend der Zubereitungsform.
Dazu gehören:

Extrakte

Darunter verstehen wir eingedickte Auszüge aus Pflanzenstoffen oder Pflanzensäften. Extraktionsmittel sind Wasser, Weingeist oder Äther. Die *Urtinkturen* sind Extrakte nach dem HAB mit vorgeschriebenem prozentualen Alkoholgehalt.
Die *dünnflüssigen* Extrakte werden in Form von Flüssigkeit eingenommen. *Dickflüssige* Extrakte dreht man mit Hefe, Glyzerin oder Bolus zu Pillen. Unter Umständen werden sie mit Lycopodiumsamen bestreut.

Fluidextrakte

Sie enthalten in 1 ccm die wirksamen Bestandteile von 1 gr Droge. 1 gr Fluidextrakt entspricht etwa 30 Tropfen. 1 gr Droge ist gleich 1 gr wirksamer Bestandteile.
Tinkturen sind im Gegensatz zum Extrakt nicht eingeengt. Das Verhältnis zur Droge ist 1:10, bei schwachwirksamen auch 1:5. Die starkwirksamen Tinkturen sind auf einen bestimmten Alkaloidgehalt eingestellt (Opium!).

Die Kolatur

Hier wird das Mazerat der Droge in Wasser oder Weingeist ausgezogen und dann durch ein Tuch abgeseiht.

Infuse

Das sind 10%ige Auszüge aus der Droge, die sich allerdings als wenig haltbar erweisen.

Dekokte

Die Droge wird mit kaltem Wasser übergossen, dann auf einem siedenden Wasserbad 30 Minuten unter Umrühren erhitzt und danach koliert. Dieses Verfahren empfiehlt sich insbesondere bei Hölzern, Rinden und Wurzeln.

Der Spissumextrakt

Es handelt sich um eine selten angewandte Form. Dabei entsteht der *Trockenextrakt* einer Pflanze, der in *Pulverform* gereicht wird.

Homöopathische Zubereitung

Entsprechend dem Homöopathischen Arzneibuch geht diese von der Urtinktur einer Pflanze aus und wird dann in entsprechenden Verdünnungsreihen im Dezimal-, Centesimal oder Q-Verfahren aufgearbeitet und entsprechend dosiert.

6.4 Die Wirkstoffe von Pflanzen

Primäre Wirkstoffe

Hierzu zählen wir die *wirksamen* Bestandteile, die auch in der Phytopharmakologie herausgearbeitet werden und Anwendung finden. Dazu gehören bspw. Alkaloide oder Glykoside, die zum Teil entweder in reiner Form aus der Pflanze, oder in chemischer Form hergestellt werden könnten.

Sekundäre Wirkstoffe

Hierbei handelt es sich um *Begleitstoffe* der Pflanze, wie

- Ätherische Öle
- Terpene
- Saponine
- Flavone
- Flavonoide
- Gerbstoffe.

Sekundärstoffe dienen zur Verbesserung der Resorptionsverhältnisse im Sinne einer Retardierung der Resorption oder wirken als Potenzierung bestimmter primärer Stoffe, wie es von den Flavonoiden bekannt ist.

Ballaststoffe

Daneben kommen Ballaststoffe vor, die in reichlicher Form die Pflanze begleiten und gerade in der natürlichen Anwendungsform der Pflanze viel zur Wirkung beitragen.
Bekannt sind:

- Zellulose
- Lipide
- Zucker
- Proteine.

6.5 Traditionelle Indikationen der Phytotherapie

Allgemeines

Was die Bedeutung der Phytotherapie angeht, so ist zuerst die *Forschung* zu nennen. Der Ursprung aller pharmazeutischen Präparate läßt sich aus der Pflanze ableiten und damit bleibt sie auch für die Zukunft eine Quelle der Erkenntnis und der Forschung.
Daneben wird die Phytotherapie als additive Form zu einer insgesamt pharmakologischen Therapie gesehen und im Bereich der Naturheilverfahren stellt sie sich als alternative Form dar, wobei die Lücken der Arzneitherapie hier viele Möglichkeiten bieten.
Eine andere Form der Phytotherapie liegt in der *Selbstmedikation.* Im Vorfeld der Krankheit werden einzelne Krankheitszeichen oder Befindlichkeitsstörungen im Sinne einer volksheilkundlichen Selbsthilfe behandelt. Beispiele sind Anwendungen von Salbeipräparaten bei Schleimhauterkrankungen des Mundes, Lindenblütentee bei Erkältungskrankheiten oder beginnender Grippe oder Kamillentee bei entsprechenden Entzündungserscheinungen. Dies liegt in der Kontinuität einer Volksmedizin, wie sie seit Jahrtausenden bekannt ist.

Allergien

Bei Empfindlichkeit gegenüber chemischen Stoffen hat die Pflanzenheilkunde gerade in neuerer Zeit eine größere Bedeutung erlangt. Dazu ist allerdings zu vermerken, daß auch Pflanzen Allergien *auslösen* können. Als gesichert kann dies von der *Arnika* und insbesondere vom *Sellerie* gelten. (Siehe Subkapitel »Nahrungsstoffe«.)
Als eine wesentliche neue Erkenntnis hat es sich herausgestellt, daß Pflanzen Aspekte der *Immunologie* berühren. Dies betrifft eine Vielzahl von Inducer-Stoffen, Neurotransmittern und Mediatoren wie bspw. Prostaglandinhemmer. Auch die *bakteriostatischen* und *bakteriziden* Wirkungen der ätherischen Öle sind hier zu nennen. Eine Reihe von Bitterstoffuntersuchungen führten W. Zimmermann und M. Gaisbauer durch, bei denen hohe Wirksamkeiten der Enziangewächse bei immunologischen Prozessen im Bereich des Darmes nachgewiesen werden konnten.

Verdauungsorgane

Hier liegt ein überaus gewichtiger Anwendungsbereich. So sind bis zu 90% aller *Gallenmittel* Phytotherapeutika, insbesondere Bitterstoffdrogen, die auch im Magen-Darm-Bereich als Aperitifs und als Gewürzdrogen bekannt wurden.
Zur Behandlung einer *Obstipation* sind Abführtees inzwischen beliebter als chemische Präparate. Die Wirkung ist vielschichtig und dadurch bspw. nicht ausschließlich auf einen Punkt der habituellen Obstipation zugeschnitten. In diesem Zusammenhang sind auch zahlreiche Gewürzdrogen und entsprechende Anwendungen von Bitterstoffgetränken zu nennen.

Bronchitis und Lungenaffektionen

Eine beliebte traditionelle Indikation bei diesem Formenkreis beruht auf der *mukolytischen* und der *Dyskrinie-Wirkung,* wie sie bspw. von der Malve, dem Isländischen Moos, Efeu und Sonnentau bekannt geworden ist.

Blase und Nieren

Auch als *Blasen- und Nierenmittel* kann die Pflanze noch nicht hinreichend ersetzt werden. Die Diureseanregung und die Ausscheidung von nierenpflichtigen Substanzen in Verbindung mit den in der Pflanze enthaltenen ätherischen Ölen und Terpenen beeinflußt im positiven Sinne die Nierensekretion und die Blasentonisierung. Hier nennen wir speziell:

- Liebstöckl-Hauhechel
- Goldrute
- Bärentraube
- Sellerie

Herz- und Kreislauferkrankungen

Bei diesem wichtigen Bereich wird immer noch auf traditionelle Mittel aus pflanzlicher Struktur, wie *Digitalis,* zurückgegriffen.
Bei Zirkulationsstörungen setzen wir *Strophantin, Rauwolfia, Scilla, Secale,* aber auch Flavone oder Glykoside zweiter Ordnung wie *Arnika, Ruta, Crataegus, Ginkgo* und andere Pflanzen ein, wenn es um Veränderungen der Rheologie des peripheren Kreislaufs geht.

Sonstige

Externa bei Hautaffektionen sind teilweise schon im Kapitel über »Kosmetik« aufgeführt. Ganz allgemein finden sich Bäderanwendungen bei den Naturheilmethoden in reicher Form, wobei nachgewiesen ist, daß die ätherischen Öle der Bäder sowohl auf inhalativem Wege als auch über die Haut zur Resorption gelangen können.
Die Bedeutung der Phytotherapie in der modernen Medizin wird also vorwiegend im Bereich der

- Choleretika
- Urologika
- Gastroenterologika
- Ballaststoffe

zu finden sein.
In zunehmendem Maße werden die Erkenntnisse der Immunologie sowohl im Vorfeld als auch im Bereich der Behandlung eine Anregung zur Forschung und der therapeutischen Weiterentwicklung nützlich sein.

6.6 Was führt die Menschen zu einer Pflanzentherapie?

Die Probleme einer immer mehr technisch orientierten Medizin, die Verunsicherungen durch Beipackzettel und Mediendiskussionen, bringen zweifellos einen Trend in Richtung naturbelassener Therapie. Aber es ist insbesondere die Nebenwirkungsquote, die man von chemischen und anderen Substanzen kennt, der man aus dem Wege gehen will.
So greift der Mensch zunehmend nach der Möglichkeit, zu volksmedizinischen Gebräuchen zurückzukehren und alte Hausmittel anzuwenden, die in den letzten Jahrzehnten weitgehend in Vergessenheit geraten waren.
So ist die Selbstmedikation im Vorfeld als additive und alternative Behandlung und nicht zuletzt auch als Nachbehandlung von schwereren Krankheiten im Bereich der Phytotherapie angesiedelt.

6.7 Kritische Ansätze gegenüber der Phytotherapie

Phytotherapie existiert seit dem Anfang der Menscheitsgeschichte. Sie ist im Verlaufe von Jahrtausenden gewachsen und hat sich geändert. Spricht man von Irrtümern in der Geschichte der Phytotherapie, handelt es sich oft um sprachliche oder definitorische Probleme, wie »Geschwür« gleich »Krebs« oder »Gicht« gleich »Rheuma« und umgekehrt. Dies führte zu einer Verunsicherung in den Texten der alten Kräuterbücher, so daß eine Überarbeitung der dort genannten Indikationen dringend erforderlich ist.

Die Komplexität der Wirkstoffe

Dieser Kritikpunkt wird innerhalb der Phytotherapie weitgehend akzeptiert. Man versucht jedoch, mit modernen chromatographischen Verfahren die inkonstante Menge der Hauptwirkstoffe mit einer *Standardisierung* im »Fingerpick-Verfahren« auszugleichen.

Zu weit gegriffene Indikationsbereiche

Diese Kritik zählt zu den traditionellen Ansätzen. Hier führt jedoch häufig mangelnde wissenschaftliche Erfahrung der Volksmedizin zu Irrtümern. Dies gilt für die alten Kräuterbücher ebenso wie für den Therapiebereich der Naturheilkundigen.

Subjektivität von Erfolgsbeurteilungen

Zu diesem breiten Diskussionsfeld ist lediglich festzustellen, daß natürlich der Glaube an eine Therapie, gerade wenn diese aus der Natur gegeben wird, schon eine gewisse Tendenz zu einer Erfolgsbeurteilung darstellen kann. Im Prinzip kommt es aber auf den Effekt an, inwieweit der Patient tatsächlich geheilt oder gebessert wurde. Dabei darf wohl auch der Glaube an die Natur eine angemessene Rolle spielen, ähnlich wie in der Schulmedizin der Glaube an den weißen Kittel oder an die moderne Wissenschaft eine Rolle spielen kann.

Der ökonomische Aufwand

Hier geht es um die Probleme des Raumbedarfs und der Menge des Ausgangsmaterials. Frischpflanzen benötigen einen großen Raum. So muß man bspw. beim wollblütigen Fingerhut fünf Tonnen Frischpflanzen ernten, um 1 kg Digitoxin bzw. Digoxin zu erhalten. Diese Menge entspricht in ihrer Anbaufläche der Größe eines Fußballplatzes.

Lange Zeitdauer bis zum Wirkungseintritt

Dies gilt als Negativum der Phytotherapie. Tatsächlich erschwert dieses Phänomen die Kontrolle der Wirkungsmöglichkeiten, wodurch auch der Wirkungsnachweis schwierig werden kann.

Die Placebowirkung

Placebowirkungen sind, wie in jeder anderen Therapieform auch, möglich und wahrscheinlich, insbesondere dort, wo nur Verhaltensstörungen und einfache Krankheitszeichen vorherrschen. Aber hier könnte man gegebenenfalls einwenden, daß durch eine einfache, unschädliche Pflanzentherapie weniger Schaden angerichtet wird, als durch eine chemisch supprimierende und stark sedative Therapie.

Die Bioverfügbarkeit

Sie ist verantwortlich für die Resorptionsrate. Tee, Tinktur und Infus haben *verschiedene Wirkstoffverteilungen,* von denen annähernd 50% resorbiert werden. Demgegenüber sind die Resorptionsraten bei intravenösen Applikationen = 100%. Unsicherheitsfaktoren gehen auf Nüchternheit, auf Verdauungssekrete und vor allem auf die Ballaststoffe zurück.

Die Negativliste – Gesetzliche Grenzen

Seit dem Jahre 1983 kennt die Gesetzgebung ein neues Arzneimittel-Gesetz, demzufolge alle Präparate und Neuzulassungen sowie Nachzulassungen bis 1990 darzustellen waren. Die Kritierien der

- Standardisierung
- Qualifikationskontrollen
- Unschädlichkeit
- Detaillierten Wirkungsnachweise

werden dabei in gleicher Weise für chemische Arzneipräparate als auch für Phytotherapeutika verlangt. Dadurch hat sich in den letzten Jahren eine *Negativliste* herausgebildet, die unter Umständen eine gewisse Einengung der Therapiefreiheit des Arztes bedeuten kann. Dies trifft speziell dann zu, wenn der Arzt über längere Zeit Erfahrungen mit dem einen oder anderen Mittel sammeln konnte.

6.8 Zur Praxis der Standardisierung

Isolierfähige Inhaltsstoffe bedingen eine chemische oder physikalisch wägbare oder meßbare Bewertung. Bei *Mischpräparaten* wird auf einen Hauptwirkstoff standardisiert, wobei die Chromatographie, Photometrie und Isotopentechnik neue Wege gewiesen haben.

Handelt es sich um *Arzneigemische,* so muß auf einen aus dem Gemisch herausragenden Bestandteil als Pars pro toto standardisiert werden. Das gilt auch für *ätherische Öle,* wenn die Wirkung daraus abzuleiten ist.

Bei *unbekannten Inhaltsstoffen* wird auf eine biologische Form der Standardisierung umgestellt. Viele Möglichkeiten bleiben hier noch offen, die sich der Pharmazeutik als Aufgabe stellen.

In der Praxis hat sich die Verwendung von *homöopathischen Urtinkturen* und *Dilutionen* bewährt, nachdem das Homöopathische Arzneibuch eine konstante Bearbeitung der Ursubstanzen vorschreibt. Zudem enthalten sie in den Dilutionen und Verreibungen D 1 bis D 3 noch **genügend Wirkstoffe,** um einen **phytotherapeutischen Behandlungsmodus** anzusprechen.

7. Die Pflanzenheilkunde im Wandel der Zeiten

7.1 Der Stellenwert in der therapeutischen Praxis von heute

Nach dem 2. Arzneimittelgesetz ist die Phytotherapie eine *selbständige Therapierichtung,* für die eine Expertenkomission »E« die Überwachung und Prüfungsbelange übernommen hat. Nach einer Umfrage eines großen Verlages bedienen sich der

Phytotherapie	
Ärzte	68%
Heilpraktiker	73%

Damit liegen diese Behandlungsformen an der Spitze der Naturheilverfahren.
Nach der gleichen Quelle behandeln innerhalb dieses Rahmens:
65% Neuraltherapie
63% Diätetik
44% Homöopathie
42% Hydrotherapie.
Hinsichtlich der Bevölkerung ergaben Umfragen zu Beginn der Neunziger Jahre, daß jeder dritte Bundesbürger seine Alltagsbeschwerden und Befindlichkeitsstörungen mit Tees und Tinkturen aus Pflanzenstoffen behandelt.
Dies gilt speziell für:

- Kopfschmerzen
- Magenverstimmung
- Verstopfung
- Ermüdung
- Schlaflosigkeit.

Die bevorzugte Form der Alltagsanwendung ist ganz eindeutig der *Tee.*
Die Vorstellung, daß Phytotherapeutika nur bei Bagatellerkrankungen und einfachen Befindlichkeitsstörungen geeignet seien, hat sich inzwischen wesentlich gewandelt. Dies geschah nicht zuletzt im Hinblick auf neue Behandlungsmöglichkeiten im Entzündungsbereich, in der sogenannten *Umstimmungstherapie.* Gerade hier kommt es speziell auf den Wirkstoffkomplex verschiedener Pflanzen an, auch in Verbindung mit Tierstoffen. In diesen Fällen denken wir im wesentlichen an:

- Prostaglandinhemmer
- Makrophagenstimulation
- Pflanzliche Lektine
- Polysaccharide der Korbblütler.

Dabei ist keineswegs die Monosubstanz nach pharmakologischem Muster der wirksame Ansatz, sondern vielmehr der *gesamte Pflanzenkomplex*.

7.2 Was ist anders in der Phytotherapie gegenüber der Pharmakologie?

Diese häufige Frage muß mit der Antwort quittiert werden:

> Es ist nichts anders, aber es ist mehr, was daraus gemacht wird.

Meist schließt sich als weitere Frage an, ob es notwendig sei, zum bereits bestehenden Therapiepool noch andere, zumeist ungeprüfte oder nur der Erfahrung entstammende Mittel aus der Volksmedizin hinzuzufügen. Dazu gibt es eine Vielzahl von Antworten, hier die wichtigsten:

Balance der Heilverfahren

Die WHO will bis zum Jahr 2000 allen Menschen auf der Erde eine ausreichende medizinische Versorgung zugänglich machen. Dazu ist es erforderlich, eine Balance zwischen westlichen und östlichen, meist traditionellen, Heilverfahren zu finden.

Der Grundstoff: Pflanze

Die Arzneien aus den traditionellen Medizinen der außereuropäischen Länder, nicht zuletzt aus denen der Dritten Welt, bestehen zu 90% aus Pflanzen. Die hier verwendeten Arzneimittel gelten nicht nur in ihren Entstehungsländern als effektiv, sondern können auch zu einer Bereicherung der westlichen Welt führen.
Die Volksmedizin in den mitteleuropäischen Ländern verfügt über ein schwer zu sichtendes heilkundliches Wissen, das eine Quelle für Selbstmedikation und Behandlung von Befindlichkeitsstörungen darstellt. Die Aufgabe der Phytotherapie ist es, diese Anwendungen zu prüfen und effektiv zu machen. Die Pharmazeutik kann auf die Pflanze als Quelle neuer Wirkstoffe nicht mehr verzichten. *Cortison* und *Digitalis* sind hierfür stellvertretende Beispiele.

Die therapeutischen Lücken

Die Medizin in ihrer heutigen Form weist zweifellos eine Fülle von therapeutischen Lücken auf und zwar insbesondere dort, wo es um Arznei geht. Allergien, chronische Krankheiten, Rheuma und nicht zuletzt der Krebs – neben den noch inkurablen Infektionen wie Aids – sind dafür ein Beweis.
Fast 90% der *Cholerese-* und *Cholokinese-Behandlungen* sind pflanzlichen Ursprungs. Vielversprechende Aspekte künden sich für die Hepatitisbehandlung an; die Bronchologie, Gastroenterologie und besonders die urolo-

gischen Erkrankungen sind immer noch auf einfache Teeanwendungen angewiesen. Immunologische Möglichkeiten wurden bereits erwähnt. Bei den Kreislauferkrankungen hat die Therapie durch die Erkenntnis von mikrozirkulatorischen Aspekten im Refluxbereich des Kreislaufs neue Impulse erfahren.
Anders als in der Pharmakotherapie, die vorwiegend mit standardisierten Monosubstanzen arbeitet, muß man bei den Mite-Substanzen einer Phytotherapie *untoxische Wirkungen* im Mediatoren- und Transmitterbereich ins Auge fassen. Somit können neue biochemische Erkenntnisse auch die Erfahrung volksheilkundlicher Anwendungen verstehen helfen.

7.3 Geschichtlicher Wandel – Integriertes Wissen

Man kann den Wandel der Therapieauffassungen in der Medizin leicht an den geschichtlichen Merkmalen der Medizin beobachten. Wenn im Jahre 1543 der »Arzneidocktor« Leonhard Fuchs in seinem Kapitel 344 und 345 des wohl berühmtesten Kräuterbuches zwei Pflanzen seine Aufmerksamkeit gewidmet hat:
Einmal der *Küchenschelle* oder *Pulsatilla* ... »der Saft der Wurzel in die Nasen getan, reinigt das Haupt, in die Augen getropft, macht es ein klar Gesicht, das Kraut mehret die Milch, das Kraut grün zerstoßen und auf die Brust gelegt, reinigt es die wehe Brust, in Wolle getunkt und in die weibliche Scham gelegt, hilft es gegen Frauenkrankheit ...«, so handelt es sich hier um eine Indikation, die heute nicht besser zu beschreiben ist (wenn auch die Pulsatilla in die Homöopathie hinüber wechselte).
In einem anderen Kapitel heißt es vom *Fingerhutkraut* – noch vor den bekannten historischen Ansätzen des Engländers Withering ... »in summa habe er es nicht übergehen können, weil es so lustig anzusehen sei, daß es noch in keinem Gebrauch als Arznei sei, soviel ihm bekannt« ... Bekanntlich schätzte Withering die wassertreibende Wirkung des Fingerhutes hoch ein, während das folgende Jahrhundert die Bedeutung als Herzdroge herausgestellt hat. Heute findet neben einer geringgradig spezifischen Glykosidwirkung in der Herztherapie mehr der biochemische Sektor von Nitriten, von Beta-Blockern, bei den Calciumantagonisten Beachtung. Es scheint jedoch, daß neuerdings die Procyanidine und Flavone die Betrachtung auf die kapillären Regulative der terminalen Strombahn lenken werden.
Was ist aus dem Mutterkorn, der »weißen Frau« heute geworden: Eine Selektion von Monosubstanzen der 52 Secaledrogen, die nach vielfachen Erfahrungen jetzt wieder zu einzelnen Komplexen drängen.
Durch die Kommunikation weltweiter Heilverfahren und die vielfachen Einblicke in andere Kulturbereiche, wie dies im vergangenen Halbjahrhundert möglich war, haben sich viele Ansätze gebildet, auch exotische Pflanzen in den einheimischen Arzneischatz zu integrieren. Als beachtenswert hat sich dabei die Aktivität von Willmar Schwabe gezeigt, der auf den Spuren

der mittel- und südamerikanischen sowie afrikanischen Volksheilkunde eine Vielzahl von interessanten Pflanzen dem mitteleuropäischen Bereich zuführte. Wenn auch die Philosophie nach TAO bei den Mitteleuropäern nur unvollständig verstanden wird, so läßt sich die Erfahrung mit ostasiatischen Panaceen nach pharmazeutischer Sichtung auch auf den europäischen Bereich gut übertragen.
So wurde dem traditionellen europäischen Pflanzengebrauch ergänzend afrikanische und asiatische Erfahrung an die Seite gestellt. Dementsprechend ist die Liste der gebrauchten Arzneipflanzen einem steten Wandel, einem Wegnehmen und Hinzufügen unterworfen, wobei bestimmte bewährte Pflanzen trotz stetiger behördlicher Sichtung ihren Spitzenplatz behaupten.

7.4 Dokumentation des Wandels: Die seit 25 Jahren gebräuchlichsten Pflanzen in der »Roten Liste«

Anmerkung: In homöopathischen Gemischen sind nur diejenigen Pflanzen berücksichtigt, die im Dosierungsbereich bis D 4 noch als *»modifizierte Phytotherapie«* anzusprechen sind.
Die Pflanzen nach »Bach-Blütenmuster« sind dabei ausgeschlossen.
Die Liste berücksichtigt nur Pflanzen, die mehr als zehnmal vorkommen.

Tab. 4 Arzneipflanzen nach der »Roten Liste«, zusammengestellt für die Jahre 1969–1992

Pflanze	1970	1979/80	1985	1992
Aconit				30
Adonis		70		22
Aesculus	158	182	209	90
Agnus castus				7
Aloe	93	99	56	24
Allium sat.				23
Angelica		59		4
Anis	119	125	89	16
Arnica		90	174	70
Artemisia	51	63		18
Aurantia		61		9
Belladonna	97	119	92	29
Betula	56	56	55	37
Berberis				16

Tab. 4 (Fortsetzung)

Pflanze	1970	1979/80	1985	1992
Cactus gr.	75	65		24
Calamus	62	55		4
Calendula				21
Camphora	150	276	238	88
Carum carvi	63	90	65	10
Capsicum				10
Carduus mar.		113	181	62
Chamomilla	161	192	216	80
Chelidonium	124	134	129	60
China	52	58	50	18
Convallaria	134	122	48	50
Crataegus	337	311	247	152
Curcuma	60			48
Echinacea	86	123	129	91
Equisetum	82	85	78	41
Eucalyptus	156	190	129	64
Foeniculus	155	169	144	37
Frangula	136	134	130	37
Gentiana	74	77	73	37
Ginkgo				22
Ginseng				22
Hamamelis	112	97	94	42
Humulus lup.	116	105	98	52
Hypericum	95	92	100	46
Juniperus	94	97	89	43
Khellin			61	18
Lavandula	68	51		13
Liquiritia	73	136	105	42
Melissa	99	106	102	36
Mentha pip. Menthol	211	280	240	132
Millefolium	74	77	74	22
Ononis spin.			42	5

Tab. 4 (Fortsetzung)

Pflanze	1970	1979/80	1985	1992
Passiflora	57	57	49	29
Pinus pum.	89	80		55
Primula		72		18
Rauwolfia	54		44	11
Rheum	75	88	55	17
Rosmarin	109	104	104	44
Sabal serr.				26
Salvia		86		14
Scilla		50	38	22
Senna	120	50	105	45
Solidago			61	40
Spartium			35	15
Taraxacum		95	97	47
Terebinthina	62	95	82	20
Thymian	192	222	169	80
Urtica urens			44	17
Uva ursi			49	21
Valeriana	274	219	212	91
Viscum album	65	111	62	28

Tab. 5 Pflanzen, die in den letzten Jahren neu bearbeitet wurden und auf den Markt kamen:

Agnus castus Allium cepa Allium sativa Capsicum annuum Cynara scolymus Dulcamara Eleutherococcus	Fumaria Ginkgo biloba Ginseng Harpagophytum procumbens Kawa-Kawa Orthosiphon Stam.	Ruscus aculeatus Rubia tinct. Umckaloabo Vinca major Zedoarica Zingiber

Auswertung:

Mit den in den letzten Jahrzehnten vermehrt angewandten Arzneipflanzen sind zum Teil neue Erkenntnisse bewertet, aus anderen Kulturbereichen Erfahrungen übernommen und zum anderen Teil für bestimmte Krankheitsmuster aus dem Volksschatz neue Anwendungsmöglichkeiten erkannt wor-

den. So versteht sich das Interesse für den *Knoblauch,* der als Lebenselixier gegen die Folgen von Zivilisationskrankheiten und gegen Alterserscheinungen zugleich helfen sollte. Die Industrie hat sich dieser Aufgabe gestellt und die Forschung mit mehrfachen Prüfungsvorhaben diesem Projekt gedient.
Aus der Zahl der von 1970 bis 1990 gebrauchten Arzneipflanzen, die man nach vorstehender Liste etwa mit 5000 bewerten kann, ist in der letzten »Roten Liste« von 1992 nur noch die Hälfte übrig geblieben, während sich die Zahl der auf dem Markte befindlichen Arzneimittel mit ca. 80 000 nicht verändert hat. In der sogenannten »Negativliste« haben die Bundesbehörden an der Zusammensetzung, an der Zahl der zur Therapie angebotenen Komplexe den Griffel angesetzt, jedoch ohne auf die Erfahrung und die differenzierte Vielfalt in einer individuellen Therapie Rücksicht zu nehmen.

7.5 Panazeen, Wunderdrogen und Lebenselixiere aus der Pflanzenwelt – Mythos, Aberglaube und Wirklichkeit

7.5.1 Wunder und Magie

Von Wunder sprechen wir dann, wenn eine Erscheinung die Grenzen der Naturgesetze überschreitet und unser Geist keine Deutung mehr zu geben vermag. Der Begriff »Wunder« fällt mit dem Übermenschlichen und Transzendenten zusammen und ist ein Korrelat der Entwicklung der Wissenschaft, die viele Geheimnisse zu lüften vermochte. Dabei werden die Kausalitätsbedürfnisse unserer Vernunft befriedigt, so die Wissenschaft uns die Erscheinungen erklären kann. Gelingt dies aber nicht, so blühen Aberglaube und Unvernunft und sie können zu den schlimmsten Feinden des Menschen werden.
Die Medizingeschichte ist voll von mystischen Denkweisen, die Begriffe des Lebens sind in einen magischen Schleier gehüllt. Die Not des Alltags und der Selbsterhaltungstrieb des Menschen haben immer nach Lösungen gesucht und in der Erfahrung oft gefunden. Wo die Ursache einer Krankheit wahrnehmbar ist, und damit Ursache und Wirkung einander unmittelbar folgen, gab es Möglichkeiten, Erfahrungen anzuwenden. Wo dagegen ein Mißverhältnis zwischen Ursache und Wirkung bestand –, und das war bei einem Großteil aller Erkrankungen der Fall – war die Krankheit Ausfluß eines bösen Willens, einer dämonischen Macht, und damit Zauberei.
Als die Jakuten, ein sibirischer Volksstamm während einer bei ihnen grassierenden Pockenepidemie zum erstenmal ein Kamel erblickten, reichte die Duplizität der Ereignisse aus, um dieses Tier zur feindlichen Gottheit zu stempeln, das die Seuche ins Land gebracht hatte.
»Kamele« dieser Art sind bis heute modern geblieben. »Wenn Zauber die Ursache einer Krankheit ist«, folgert man, »so muß diese auch durch Gegenzauber behoben werden.« Anstatt die Naturgesetze auf dem Wege der

Erkenntnis zu erforschen, ist es einfacher, sich die Natur durch übernatürliche Mittel dienstbar zu machen.
Zunächst waren es Auserwählte, das heißt »Zauberärzte«, die sich durch »unheimliche« Fähigkeiten, insbesondere durch den Gebrauch von Giften auszeichneten und erzürnte Götter damit versöhnen konnten. Zudem lernten sie rasch, auch natürliche Heilkräfte anzuwenden. Später wurden Pflanzen, ihre Gemische und Mineralien sowie Tiergifte zu Zaubermitteln, von denen sich jeder bemühte, möglichst viele zu kennen und zu nutzen.

7.5.2 Amulette und Orakel

Das Amulett ist die älteste Form der Krankheitsprophylaxe und ging von der Idee aus, durch den Besitz fremder Körperteile auch in den Besitz ihrer Funktionen zu kommen. Anfänglich wurden Organe verzehrt (Zelltherapie!), später nur noch Körperteile wie Knochen etc. am Leibe getragen und schließlich lediglich als Symbole verwendet. Traum und Orakel sowie die Eingeweideschau (der Ursprung einer Anatomie) bis hin zu imaginären Pfeilschüssen auf die Dämonen sind mit diesem Grundprinzip vereinbar. Es ist wenigen bekannt, daß der Ursprung der Akupunktur durch Tontafeln, auf denen Pfeile abgebildet waren bzw. eingeritzt waren, seinen Anfang nahm. Diese Pfeile sollten dort angewandt und aufgelegt werden, wo Schmerzen waren. Die Belege sind heute noch im Nationalmuseum in Peking einzusehen.
Dennoch hat die moderne Pharmakologie allerhand aus dem pflanzlichen Arzneischatz der Volksheilkunde »entliehen«:

- Abführmittel
- Brechmittel
- Narkotika
- Stomachika
- Wurmmittel
- Aphrodisiaka.

In Räucherungen wurden nicht nur heilsame Harze verduftet, sondern auch den Göttern Opfer dargeboten, wie aus dem Weihrauchkult bekannt ist. Mit dem Einsammeln von Drogen, dem Zubereiten und Einnehmen waren eine Menge mystischer und absonderlicher Gebräuche gekoppelt. Dies entsprach ganz dem primitiven Glauben, die Dämonen müßten daran teilnehmen.

Das Mittelalter – Die Pflanze als Gottesgabe

Erst im Mittelalter, als man begann, die Pflanze als Gottesgabe zu verehren, übertrug sich dieser Glaube im Positiven auf das *Aussehen* der Pflanze. Mit den Zeichen, die in der Gestalt der Pflanze von Gott gesetzt wurden, hat er den Menschen angedeutet, wie sie eine Arznei gebrauchen sollten. Dies nannte man die *Signatur*. Die ersten Anfänge dieser Denkweise gehen bis in die Zeit Karls des Großen zurück und haben sich – mehr oder weniger – bis ins 19. Jahrhundert hinein erhalten.

7.5.3 Die Panazeen und Lebenselixiere

Bisher ging es primär um die Arznei, die man aus der Tiererfahrung auf den Menschen übertragen hatte und bei bestimmten Krankheiten anwandte. Bei den *Panazeen* handelt es sich um Pflanzen, denen man so starke Heilkräfte zumessen wollte, daß sie gar einen uralten Traum der Menschheit erfüllten: Die ewige Jugend und Gesundheit. *Lebenselixiere,* die sich nicht mit den kleinen Krankheiten und alltäglichen Übeln aufhielten, sondern die das Leben erhalten, schützen und verlängern helfen sollten. Hierfür gab es keine wissenschaftliche Grundlage. Der Tod war noch von keinem besiegt worden. Umso geheimnisvoller, obskurer und undurchschaubarer waren die Bräuche und die Arten von Arzneien, die man mit den Elixieren verband. Die Auswahl solcher Mittel geschah wiederum nicht ganz ohne Erfahrung, hatte aber stets die Beziehung zum Religiösen und Mystischen.
»Panazeen« nannte man jene Arzneien, die dafür in Frage kamen. *Pan* = alles, *akeistei* = heilen, d. h. *alles heilend.* Man verband diese Wunderkräuter der Antike mit den Halbgöttern und nannte die Tochter der Hygieia, der Göttin der Gesundheit, Panakeia. Wenn eine asklepische Panacee ausgegraben wurde, so mußte man an die Stelle der Wurzel einen aus Früchten zusammengesetzten Honigkuchen in das Loch legen – sozusagen als Versöhnungsmittel. Die in der Antike als Panazeen bezeichneten Pflanzen kamen durchwegs aus der Familie der Doldenblütler, wie das dem HERAKLES geweihte

- Herakleum
- Die Bärentatze
- Das Ferkelkraut

und wahrscheinlich auch der Schierling.
Den »Panax Chironium«, das Chironkraut, nennt DIOSKURIDES das heutige Pastinakkraut. Bei PLINIUS, CELSUS und THEOPHRASTUS wechseln die Kräuter, um im nachfolgenden christlichen Zeitalter als heidnisch rasch in Vergessenheit zu geraten.

Panax Ginseng

Lediglich in fernöstlichen Medizinschulen hat sich Panax Ginseng bis heute erhalten und wurde sogar zum großen Handelsobjekt des Fernen Ostens. Wenig bekannt ist, daß die erste Panazee der *Granatapfel* war, den man in Gräbern Ägyptens als Grabbeigabe vorfand. In Persien, in Arabien und in China wurden Wurzel und Frucht zur Verwendung angeboten. Es handelte sich um einen geheimnisvollen Liebeszauber, der auch aus der Bibel bekannt war. Der Apfel, den Eva dem Adam reichte, läßt sich als Granatapfel deuten. Heute weiß man, daß dieser Apfel reich an Östrogenen ist und deshalb dieser Rolle besser gerecht wird, als ein Apfel der heutigen Kulturen.
In diese Betrachtung gehört verständlicherweise auch *Panax Ginseng,* dessen Stammpflanze *Panax Quinquefolium* aus der Familie der Araliaceen ist, also einer Familie der Efeugewächse zuzuschreiben wäre. Über diese Droge, die man auch als Verjüngungsmittel gedeutet hat, können wir im Kapitel

Geriatrie mehr sagen. Die wesentlichen Eigenschaften seiner Wirkung weisen auf adaptogene Merkmale hin, die im Alter des Menschen bedeutsamer sein können, als in der Jugend, die den Angleich an die Umgebungswelt leichter vollzieht.
In der Homöopathie sind neuerdings Versuche angelaufen, die die Ginseng-Wirkung auf das Vegetativum, bei Anspannung und Schwächezuständen, Ischialgie, Migräne und Impotenz untersuchen. Zur Anwendung kommt dabei eine Dosierung von Urtinktur bis D 4 in Dilution oder Tablettenform. Mit Ginseng hat sich, wie mit keiner anderen Droge seit etwa 1000 Jahren vor der Zeitwende, bis heute eine wahre Wunderdroge gezeigt, die auch noch hält, was man sich von ihr erwartete. Keine Droge konnte sich im östlichen Kulturbereich so lange und wirksam durchsetzen wie die Ginsengwurzel.

Lycium chinense

Ein Kraut aus der Familie der Nachtschattengewächse ist hierbei noch zu erwähnen, weil es in China eine ungleich größere Rolle spielt, als in der westlichen Pharmazie, nämlich der *Bocksdorn-Lycium chinense.* Er zählt zu den großen Tonikmitteln der Chinesen, die in jedem Haushalt parat gehalten werden. Die Früchte dieses Bocksdorns haben sowohl tonisierende, als auch entspannende Eigenschaften und sind heute im Volksglauben der Chinesen nicht mehr wegzudenken.

Die Alraune – Königin der Zauberpflanzen

Aus der talmudischen, ägyptischen, antiken und abendländischen Medizin bis ins ausgehende Mittelalter reicht der Ruf einer Wurzel, die fast noch die Bedeutung des Ginseng übertraf: Die *Mandragora* oder *Alraune* aus der Familie der Nachtschattengewächse.
Auch die Heilige Schrift belegt ihren Ruhm: Nachdem Lea dem Jakob vier Söhne geboren hatte, hörte sie auf, Kinder zu gebären. Einen Grund nennt die Bibel nicht, aber es scheint, als habe sich die Neigung Jakobs ihrer Schwester Rachel zugewandt. Zur Zeit der Weizenernte findet Ruben, Leas Erstgeborener, auf dem Felde Dudaim und bringt sie seiner Mutter. Rachel bittet ihre Schwester darum, ihr die Droge zu überlassen. Diese gibt sie unter der Bedingung her, daß Jakob ihr – Lea – eine Nacht widme. Gott erhörte Lea, daß sie schwanger wurde und sie gebar dem Jakob einen fünften Sohn, dem später sogar noch ein sechster Sohn und eine Tochter folgten. So folgerten die Exegeten, daß Dudaim das Mittel gegen Unfruchtbarkeit sei; nun mußte nur noch erforscht werden, welche Pflanze hinter dem Dudaim steckt. Die Wirkung der Mandragora auf die Unfruchtbarkeit ist auch aus arabischen Schriften, parallel zu den biblischen, abzuleiten. Sie ist auf den Gewändern der Pharaonen abgebildet. Die Römer nannten sie Mandragora circeum, da sie annahmen, daß die zaubermächtige Circe die Gefährten des leidgeprüften Odysseus mit dem Saft der Pflanze in Schweine verwandelt hatte. Der Wurzelstock veranlaßte den Begriff *»Erdmännchen«*. Das Ausgraben in hellen Mondnächten mußte aus Vorsichtsgründen durch einen Hund erfol-

gen. Gruseliger wurde später die Tatsache, daß die Alraune am Richtplatz unter dem Galgen aus dem Samen gehenkter Verbrecher sprießen sollte. Geschäftstüchtige Henker und fahrende Apotheker verkauften denn auch die Alraune, deren Menschenähnlichkeit Nachhilfe mit dem Messer erfuhr, für teures Geld. PARACELSUS benutzt dafür das Wort »Bescheißerei«. Das Mittelalter, mit seiner strengen Kontrolle durch kirchliche Instanzen, sah in dem Alraunenglauben einen Pakt mit dem Teufel. Es ist überliefert, daß man der berühmten JEANNE D'ARC den Prozeß machte, weil man in ihrem Besitz eine Alraunenwurzel fand.

Die Wirkung der Mandragora beruht auf den Inhaltsstoffen der *Hyoscyamine,* die als Narkosemittel bekannt wurden. Die Wurzelextrakte kamen früher bei

- Asthma
- Koliken
- Keuchhusten
- Heufieber

zur Anwendung.

Lange nahm man an, daß Hexensalben Alraune enthielten, doch wissen wir heute, daß es sich dabei vorwiegend um *Bilsencreme* (Bilsenkraut = *Hyoscyamus niger*) als Nachtschattenextrakt gehandelt hat.

Bis in die Neuzeit war die Alraune die berühmteste aller Zauberpflanzen. Der menschenähnliche Wurzelstock gab Anlaß zu allerlei Aberglauben und Zauberei. Man trug ihn, in menschliche Kleidung eingehüllt, als Gegenmittel gegen Zauberei, als Glücks- und Gesundheitsbringer. Hatte jemand besonderes Glück, so galt das geflügelte Wort: »der muß eine Alraun im Sack gehabt haben«.

In der Zeit der Aufklärung wird es recht still um die Alraune. Tierkreiszeichen oder Kleeblatt werden am Anhänger getragen. Der Glaube blieb, nur der Talisman wechselte. Matryguna war in der slawischen Volksmedizin das Synonym für Mandragora. Dann aber hat man einige andere Pflanzen, wie die Tollkirsche, das Bittersüß als Solanacee und die Bryonia in diesen Begriff mit hineingenommen und damit – wie so häufig bei Pflanzennamen – Verwirrung geschaffen.

Heute hat die Wurzel ihren Schrecken und ihre Wirkung verloren. In der Homöopathie wird sie noch als zuverlässiges Mittel bei Magen- und Duodenalgeschwüren mit nächtlichem Heißhunger verwendet.

Nachtschattengewächse – Mord- und Zauberdrogen

Im mitteleuropäischen Bereich wurden andere Nachtschattengewächse mehr angesprochen. Die *Tollkirsche,* das *Bilsen-* oder *Hexenkraut* sowie der *Stechapfel,* zählen – neben der Mandragora – zu den beliebtesten Zauber-, Hexen- und Liebestränken.

Die Geschichte der Nachtschattengewächse ist eine Geschichte der Zauberkräfte der Natur, aber auch eine Geschichte des Verbrechens. Es waren die Waffen der Mörderinnen.

Traurige Berühmtheit erlangte im 17. Jahrhundert die MARQUISE DE BREVILLIÈRES, die mit Hilfe eines Apothekers die Morddrogen erst an Armen und Kranken untersuchte und dann hintereinander ihren Vater, die beiden Brüder und ihre Schwester vergiftete. Nach der Hinrichtung betrachtete sie das Volk als Märtyrerin und Heilige. Ihre Mixturen wurden geheimgehalten und noch lange Zeit gehandelt.

Theriak – Gegen- und Allheilmittel

König ATTALOS (171–133 v. Chr.), der letzte König von Pergamon, legte einen eigenen Giftgarten an. In ihm züchtete er Eisenhut, Schierling und Bilsenkraut, die Tollkirsche und die Nieswurz, aber auch Mandragora und Schlafmohn zu Versuchszwecken, um ein *generelles Gegengift* zu finden. Dieses Gegenmittel und Lebenselixier wurde schon frühzeitig als *Theriak* bezeichnet. Er soll aus nicht weniger als 50 Bestandteilen zusammengesetzt worden sein. Als Erfinder vermutet man Mithridates, einen König aus Kleinasien. Er soll die Beobachtung gemacht haben, daß Enten und andere Vögel besonders gegen die Gifte der Nachtschattengewächse immun seien. Deshalb wurde Entenblut als Bestandteil des Theriaks mitverwendet.
Theriakrezepte wurden ständig erweitert und verbessert. Nürnberg war die Hochburg solcher Apothekenkünste. Noch vor 100 Jahren war der Theriak Bestandteil der Deutschen Pharmakopöe. Reduziert auf restliche 12 Bestandteile finden wir dort:

Rezept vom Schwedenbitter nach Dr. J. HJÄRNE 1648	
In 100,0 ml wässrig-alkoholischem Auszug sind enthalten:	
Extr. Aloes aq.	0,90 g
Fol. Sennae	2,00 g
Manna cannelata (Mannit 80%)	1,00 g
Myrrhae	0,30 g
Rad. Angelicae	1,25 g
Rad. Carlinae	µ,00 g
Rad. Gentianae	0,50 g
Rhiz. Rhei	1,20 g
Rhiz. Zedoriae	1,20 g
Camphora	0,04 g
Crocus sat.	0,01 g
Elect. Thericale s. op.	0,30 g
Vitamin C	0,30 g

Auch in der Julius-Spital-Apotheke zu Würzburg wurde ein Theriakrezept noch 1736 unter feierlichen Zeremonien bereitet.

Theriak-Rezept – Julius-Spital-Apotheke 1736	
1 : 100 enthält die Mischung Opium	
Opiumpulver	1 Teil
Span. Wein	3 Teile
Engelwurz plv.	6 Teile
Schlangenwurz plv.	4 Teile
Baldrianwurz plv.	2 Teile
Meerzwiebel	2 Teile
Zittwerwurz plv.	2 Teile
Zimtrinde	2 Teile
Cardamomfrüchte	1 Teil
Myrrhe	1 Teil
Schwefeleisen plv.	1 Teil
gereinigter Honig	72 Teile

Im Theriak findet sich auch die Pharmakopöe des Orients und des Mittelmeerkulturbereichs.

Opium – Arzneimittel und Traumdroge

Um die letzten Geheimnisse zu lüften, muß der Mohn erwähnt werden. Mit Recht können wir ihn als die älteste vom Menschen gebrauchte Pflanze ansprechen.

Was ist dem Menschen heiliger als der Schlaf und welche Pflanze bringt diesen Schlaf zuverlässiger als der Mohn? Darüberhinaus gibt es keine Heilanzeige, bei der Mohn nicht wirksam gewesen wäre – so wirksam, daß den Menschen die Sucht überfiel, wenn er darauf verzichten mußte! Plinius verfaßte im 1. Jahrhundert n. Chr. 38 Bücher der Naturgeschichte, die bis ins 17. Jahrhundert Wissensgrundlage waren. Er beschrieb bereits 3 Mohnsorten, von denen heute noch der Klatschmohn bekannt ist.

Opium ist ein Arzneimittel, das bereits 2000 v. Chr. bekannt war und bis zum heutigen Tage vielseitig gehandelt wird. Indien, ein Hauptanbaugebiet, hat ihn nach China und in die Türkei gebracht. In China fanden zwei Kriege statt, die den Engländern das Monopol bringen sollten. Im Orient gehört das Opium zu den heimlichen und öffentlichen Lastern. Nur ein Bruchteil der nach Tausenden von Tonnen zählenden Opiummenge dient der Medizin. Paracelsus zog mit seinem Geheimmittel, das für alle Krankheiten galt, durch die Lande und hatte Erfolg. Er nannte es Laudanum und es war schlicht der Opiumsaft. Das Tschandu ist geknetetes Rohopium zum Rauchen. Der notorische Raucher, dessen Gehirn süße, meist erotische Träume erlebt, benötigt davon ca. 10 gr., um in Trance zu verfallen. Er ist dann allen Problemen weit entrückt, nichts kümmert ihn mehr und er ist gesättigt wie nach einem Mahl. Ebenso geht es den Opiumessern in der Türkei, die ihre Pillen kauen und Stunden nach der Euphorie einen erheblichen Katzenjammer durchmachen müssen. 1811 hat SERTÜRNER aus dem Mohnsaft das Morphium analysiert, neben fast 30 anderen Alkaloiden, von denen Codein als Hustenmittel heute noch gebraucht wird und Heroin der Nachfolger des Opiums wurde. In den USA schätzt man heute zwischen 200 000 bis ½ Million Heroinsüchtige, bei denen die Todesrate besonders hoch liegt. Es ist davon auszugehen, daß diese Zahl ununterbrochen im Steigen begriffen ist, wie auch neueste Erhebungen in Europa bestätigt haben.

Eleutherococcus senticosus

Er zählt zum ostasiatisch-chinesischen Bereich. Bekannt sind seine *glykosiden* und *adaptogenen* Eigenschaften. Diese Taigawurzel oder der Taigaextrakt hat immunmodulatorische Wirkungen nachweisen lassen.

Kombucha

Bekannt, aber weniger zuverlässig ist der sogenannte Kombucha, Teepilz, der Fungus japonicus, ein *Pilzgemisch* mit Bakterien. Es wird auf einem süßen Teeaufguß gezüchtet und enthält nach zwei Wochen einen Schimmelansatz mit etwa 1% Alkohol, Zucker, Essig, Milchsäure und Invertase.

Die Indikationslyrik geht vom Tonikum bis zur ewigen Jugend und ein Dr. SKLENAR hat den Pilz standardisiert bzw. die Wirkungen beschrieben und erforscht.

Die Geschichte des Kombucha-Teepilzes beginnt damit, daß eine Frau im Alter von mehr als hundert Jahren auf einer Insel nahe Japans ein Kind geboren hatte und damit unter Beweis stellen wollte, daß sie unter dem Einfluß des Teepilzes nicht gealtert sei.

Ginkgo

Ginkgopräparate zählen wir heute nicht mehr zum Alltagsbereich der traditionellen chinesischen Medizin, nachdem die Wirkungen pharmazeutisch und pharmakologisch im Sinne von Ginkgoliden und Ginsengkoiden weitgehend bekannt geworden sind.

Ihre *durchblutungsfördernde Wirkung* im Gehirn, die *Toleranz* gegenüber *Sauerstoffmangel,* die *zytotoxischen* Wirkungen und die *Hemmung der Thrombozytenaggregation* sowie die mögliche Wirksamkeit bei *Morbus Alzheimer* haben bereits den ersten Schritt zu einer soliden Pharmakologie gemacht.

Lotuswurzel

Aus dem ostasiatischen und chinesischen Kulturbereich ist noch die *Lotuswurzel,* Nelumbio nucifera oder Liemgu, zu nennen. Sie wirkt mit ihren Wurzeln *blutreinigend, stillt Blutungen* und *entgiftet* den Körper. Sie ist vor allem auch ein mystisches Kraut, das man den Jungvermählten zueignen möchte.

Cannabis sativa

Das im Chinesischen »Ta-Ma« genannte Gewächs gehört zu den erhabenen Drogen. Der Saft der weiblichen Pflanze erzeugt jedoch Halluzinationen und ist giftig.
Dagegen wirkt der in ihr enthaltene weiße Samen *stärkend,* kräftigt die Muskeln und *regt die Darmtätigkeit an.* Auch die Bekämpfung diverser Alterserscheinungen soll nachgewiesen sein.

Angelica sinensis

Die chinesische *Engelswurz* ist das Arkanum vitae der Frau bei *Menstruationsbeschwerden.* Das Schriftzeichen bedeutet sowohl »Rückkehr zum Manne« als auch »Rückkehr der Menstruation«.

Der Tigerbalsam

Ihn kennt in China fast jeder, in Westeuropa ist er schon gut eingeführt. Es handelt sich um ein Minzöl aus der Mentha piperascens, das man in China als *Stärkungsmittel* in allen Variationen gebraucht. In Mitteleuropa erlangte es als Allerweltsmittel seine Bedeutung.

Der Eukalyptus

In Australien und Neuseeland erfolgte die Aufnahme der Flora und die Sichtung der Volksmedizin der Aborigines durch die zahlreichen Einwanderer. Im Vordergrund steht der Eukalyptusbaum, dessen Vielfalt und Artenreichtum eine Differenzierung der Anwendung mit sich bringt. Der hohe Standard einzelner pharmakologischer Institute, insbesondere in Australien, hat weitgehende Analysen und Zuordnungen gebracht.
Unser einheimischer Eukalyptus globulus kann wohl als Stammpflanze angesprochen werden. Die Australier unterscheiden jedoch zwischen einzelnen Arten und deren Anwendung. Der Eukalyptus gilt dort als »die« Pflanze schlechthin und wird, ähnlich dem Sandelholz (Santalum lanceolatum), sowohl purgativ als auch als Arzneimittel gebraucht.
Anwendungen:

- Blasenerkrankungen
- Nierenkrankheiten
- Infektionen.

Der Kawastrauch

Er ist aus der polynesischen Flora bekannt. Die Pflanzenauszüge des Piper methysticum oder Kawastrauchs werden sowohl kulturell als zu rituellen Handlungen vielseitig gebraucht. Die Einwohner der Inseln konnten bei rituellen Handlungen eine angenehm leibliche und seelische Entspannung beobachten. Die Zustände waren verbunden mit Angstfreiheit.
Pharmakologisch wirkt sich dies zur *Krampflösung, Narkoseverstärkung,* bei erhaltener Aufmerksamkeit und erschlafften Muskeln, aus. Die vielfachen

Untersuchungen ergaben *Vigilanzbesserung,* Aufmerksamkeit, Ausgeglichenheit mit einer Stabilisierung der allgemeinen Leistungsfähigkeit. Man kann sagen, daß der Kawastrauch längst aus dem Bereich der Panazeen herauszunehmen ist und sich einer zunehmenden pharmakologischen Bedeutung erfreut. (Siehe auch bei »Sedativa«.)

Thylophora indica Rasayana

Ähnliches gilt für die aus Indien bekannte Thylophora, die sich bei Asthma und als neues Bronchitismittel auch unsere Breiten erobern konnte.
Das Rasayana ist das *ayurvedische Lebenselixier.* Dazu wird eine spezielle Hütte eingerichtet, in der ein Patient leben und wohnen muß. Der bei ihm stationierte Heiler behandelt ihn vorwiegend mit Salben und Ölen, mit Schwitzkuren und Einreibungen, bei denen Curcuma, Pfeffer und Ingwer eine Rolle spielen. Die begleitende Diät besteht aus Gerstenschleim, die Salbungen aus Balsam bzw. Sesamöl.

Umckaloabo

Mit ihr beziehen wir die Panazeen Afrikas ein. Die Umckaloabodroge wurde von den Eingeborenen Afrikas zur Behandlung der *Tuberkulose* verwendet. Stevens führte sie 1897 unter der Bezeichnung »Stevens-Kur« in England ein. Er selbst war seinerzeit an Tuberkulose erkrankt und von einheimischen Heilern mit dieser Droge erfolgreich behandelt worden. Die vielfachen Untersuchungen ergaben eine Identität der Pflanze mit der Wurzelrinde von Pelargonium reniforme. Spätere Analysen isolierten:

- Cumarine
- Zimtsäurederivate
- Flavonoide
- Gerbsäure
- Gerbstoffverbindungen
- Biogene Amine
- Sterine und Aminosäuren.

Auffallend war bereits bei der Behandlung die Beziehung zu Schleimhautblutungen der oberen Luftwege. In späteren Antibiotikatests fanden sich Wirkungen gegenüber:

- Streptokokken
- Bacillus cereus
- Mykobakterium tuberkulosis.

Während heute niemand mehr an die Behandlung der Tuberkulose mit Umckaloabo denkt, hat sich in einer Vielfalt von klinischen Untersuchungen gezeigt, daß bspw. die *Marcumarisierung* ohne Rebound-Effekt abgesetzt werden kann. Zudem lassen sich leichte Formen des *Sludge-Effektes* mit Umckaloabo behandeln (nach W. ZIMMERMANN).
Andererseits hat sich in der *Nachbehandlung von bakteriellen Lungenbehandlungen* im Anschluß an eine Antibiose zur Stabilisierung und schnelleren Rekonvaleszenz die Umckaloabodroge bewährt. Hier sehen wir eine

Indikation, die abgewandelt und nach modernen pharmakologischen Gesichtspunkten mit einer volksmedizinischen Droge heute möglich ist. Man kann sagen, daß diese Pflanzen durch sorgfältige pharmazeutische Untersuchungen aus dem Bereich der volksmedizinischen »Wunderdrogen« herausgehoben wurden und in moderne Behandlungsmöglichkeiten eingeflossen sind. Das Gleiche gilt für die:

Teufelskralle (Harpagophytum procumbens)

Diese, der Volksmedizin entstammende Pflanze, wurde erstmals 1865 von J. Decainsen systematisch eingeordnet und von den Soldaten der ehemaligen deutschen Schutztruppe bei

- Blasenerkrankungen
- Arthritis
- Entzündungen
- Nierenbeschwerden
- Gicht
- Rheuma

angewandt. In der Volksmedizin genießt diese Pflanze den Ruf als *Geriatrikum.*

Die Teufelskralle wächst in der Kalahari-Wüste, ihre Wurzeltriebe erreichen eine Länge von 1 bis 1,5 Meter. Sie blüht leuchtend rot, aus der holzigen Frucht entwickeln sich krallenartige Ausläufer. Man sammelt die Luftwurzel und verwendet sie als Tee. In ihrer pharmakologischen Wirkung ist die Pflanze noch nicht völlig ausgelotet. In den seit 1953 veröffentlichten Untersuchungen wird von

- Diabetes und Fettstoffwechselstörungen (H. Hoppe)
- Hypercholesterinämie und Hyperurikämie (Grünewald)
- Rheuma und Arthritis (Schmidt, Zorn, Beham, Möse u. a.)

berichtet. Unterstellt man das Bitterstofflakton als Hauptwirkstoff, so überzeugen die Wirkungen bei *exsudativer Enteropathie.* Dort dürften auch die immunologischen Merkmale der Droge verankert sein.

Während die Anwendungen am kranken Gelenk oft nur an den Reizeffekt der Quaddel denken lassen, ist die Wirkung über den Magen-Darmtrakt zweifellos günstiger und auffallend. Die in der Klinik beobachteten Besserungen z. B. bei der *Gluthenallergie,* lassen an einen Umstimmungseffekt an der Immunschranke des Dünndarms denken (W. Zimmermann).

Nicht alles, was aus fernen Ländern kommt, hat sich wissenschaftlich bestätigt und so bewährt, wie es im Ursprungsland beobachtet wurde und Verwendung fand. Je größer die Ansprüche an die Pflanze in Bezug auf Lebenselixiere gestellt wurden, umso enttäuschender waren sie meist. Panazee nannte man jene Arzneipflanze, die *alles heilen* mußte. Diese Wunderkräuter sollten Leben erhalten, schützen und verlängern. Der Tod war noch von keinem besiegt worden, umso geheimnisvoller und undurchschaubarer sind die Bräuche um dieses Bemühen. Wenn eine Panazee ausgegraben wurde, so mußte erst der Gott der Gesundheit versöhnt werden, so wollte es Panakaia, die Tochter der Hygieia. Ein Hinweis, daß auch die antike Mystik verlangte, daß der Mensch etwas dazu beiträgt. Die erste Panazee war der Granatapfel, die letzte wird mit der Menschheit aussterben, trotz Wissenschaft, Erkenntnis und Fortschritt. Es wird aber nie eine Maschine oder ein Gerät sein, sondern immer eine Pflanze aufgrund ihrer *Symbiose mit dem Menschen,* von dem auch der mystische Anteil verstanden sein muß.

8. Die Taxonomie der Heilpflanzen

Bei der Taxonomie handelt es sich um ein Ordnungsgefüge, das innerhalb der Pflanzensystematik eine Klassifikation ermöglicht. Es sind nicht nur die äußeren Merkmale einer Pflanze, die eine Verwandtschaft zeigen, sondern auch gleichsinnige Chemismen und Wirkungsmerkmale, von denen die Volksmedizin sehr viel mehr Gebrauch machte, als die wissenschaftliche Forschung dies zunächst ansprach. So kommt es nicht von ungefähr, daß zahlreiche Trauma- oder Wundmittel aus der Korbblütlerfamilie stammen (*Arnica, Calendula, Chamomilla, Achillea millefolium* u. a.), die Kürbisgewächse sich in ihrer Wirksamkeit auf den oberen Dünndarm und die Gallenwege, während die Mohngewächse mit ihren beruhigenden Eigenschaften sich auf das Nervensystem konzentrieren. Von solchen Zusammenhängen ist in der Phytotherapie bislang zu wenig Gebrauch gemacht worden.
So sind die ätherischen Öle der Nesselgewächse mehr darmwirksam, während die der Doldenblütler sich mehr auf den Blasen-Nierenbereich auswirken. Auch toxische Pflanzen, z. B. die Nachtschattengewächse, haben in ihrer anticholinergischen Eigenschaft gleichsinnige Bezüge zum vegetativen Nervensystem und den dort abhängigen Funktionen.
In den folgenden klinischen Kapiteln wird nach den *Gesichtspunkten der Wirkungsvielfalt* eingeteilt. Dabei sollte die Suche und Neubewertung von pflanzlichen Arzneistoffen über die Taxonomie der Systematik erleichtert werden. Dies gilt verständlicherweise nicht für Einzelpflanzen aus dem Anbaugebiet exotischer Kulturen, bei denen der Wirkcharakter primär meist aus volksmedizinischer Erfahrung abzuleiten ist.

II.

Anwendung phytotherapeutischer Externa

1. Therapeutisch bedeutsame allergische Reaktionen beim Einsatz von Heilpflanzen

Zu beachten: Die Verwendung von Heilpflanzen ist durch *Giftwirkungen belastet.* Diese können direkt oder in versteckter Form manifest werden. Es kann zu Empfindlichkeitsreaktionen über die Kontaktbelastung wie etwa bei der Brennessel kommen, oder durch nutritive Reaktionen, die von der empfindlichen Darmschleimhaut ausgelöst werden.

Das Substrat von Wirkstoffen in der Pflanze ist nicht nach der Summe der Einzelwirkungen zu bewerten, sondern als Komplex, der im Tee, der Tinktur, dem Extrakt oder auch im Wildgemüse auftritt.

Die wünschenswerte Aufwertung der Pflanze in der Therapie und Ernährung unserer Tage bringt aber zugleich eine vermehrte Produktion mit sich, die oft eine naturbezogene Umgebung des Anbaugebietes in Frage stellt oder zu künstlichen klimatischen und wachstumsbiologischen Maßnahmen führt, deren Auswirkung auf den Wirkstoffkomplex noch keineswegs ausreichend durchschaut werden kann.

Hinsichtlich der Beziehung allergischer Reaktionen sind folgende klinischen und praktischen Gesichtspunkte zu berücksichtigen:

1.1 Dermatitis als Ausdruck einer Typ-I-Allergie

Der Prototyp ist die *Brennessel.* Histamin und Azetylcholin verursachen hierbei die unangenehme Erscheinung. Dabei wird keine Bereitschaft im Sinne einer Allergie vorausgesetzt. Auch die sogenannte Hopfenzupferdermatitis ist durch Lupulon und Humulon ausgelöst und kann mehr als eine phototoxische Erscheinung gewertet werden. Bekannt sind hierbei auch die Senfmehl-führenden Pflanzen wie *Rettich, Senf, Kapern* und *Lauche,* die eine Dermatitis verursachen können. In 2–3000 Senfmehlbehandlungen waren 2 Fälle mit Blasenbildung und verzögerter Hautberuhigung. Hier dürfen auch das *Crotonöl* (Baunscheidtbehandlung), die *Euphorbiaceen* (z. B. Weihnachtsstern), der *Seidelbast* und *Capsicum* (Pflaster) erwähnt werden, die zudem noch *Cocarcinogene* darstellen.

Der Tip:

Allergiegefahr: Dermatitis	
Brennessel	Seidelbast
Crotonöl	Senf
Kapern	Capsicum
Lauche	Weihnachtsstern
Rettich	

1.2 Photoallergische Wirkungen

Bei der Photoallergie besteht eine Allergie vom *verzögerten Typ*. Nach einer Erythemphase kommt es nach 12–24 Std. zu einer Ödem- oder Blasenphase, die je nach Zeit der Lichtexposition bis zu 14 Tagen anhalten kann. Dabei ist der Kontakt und die Lichteinwirkung an den UVA-Bereich gebunden ohne weitere immunologische Reaktion. Die bereits erwähnten Psoralene bei der Vitiligo oder Psoriasisbehandlung sind hier angesprochen. Der wirksame Faktor ist das Furocumarin. Zu den entsprechenden Pflanzen zählt das *Johanniskraut* (Anthrachinonderivat), die *Citrusfrüchte* mit dem *Bergamottöl* (Berloque-Dermatitis), die Psoralene der *Ruta graveolens,* fast alle *Schirmblütler* (Kerbel, Pastinak, Liebstöckel, Sellerie u. a.) sowie der *Buchweizen* Fagopyrum esculentum. Auch die Cumarin-haltigen Pflanzen des Kneipp'schen Heusackes sind wohl teilweise in die photoallergischen Reaktionen einzuordnen, die inhalativ im Sinne eines Asthmas bei Bädern und Heusäcken bedeutsam sein können. Die verantwortlichen Pflanzen sind das *Wiesen-Ruchgras* (Anthoxanthum odoratum) und das *Wiesenlabkraut* (Galium verum).
Beim *Sellerie* kommen, ähnlich wie bei der Khelladroge (Ammi visnaga) geringe Mengen von Psoralen vor. Bekannt ist darüberhinaus, daß der Kontakt mit dem Pilz *Sclerotinia sclerotiorum* eine um das 200fache stärkere allergische Reaktion verursacht, als die geringen Mengen des Sellerie-Psoralens.

Der Tip:

Vorsicht: Photoallergien
Buchweizen
Citrusfrüchte mit Bergamottöl
Johanniskraut
Kerbel
Liebstöckel
Pastinak
Ruta graveolens
Sellerie
Sclerotinia sclerotiorum
Wiesenlabkraut
Wiesen-Ruchgras

1.3 Kontaktallergien

Die Kontaktallergie ist wohl die häufigste Form der Allergie mit Heilpflanzen, wobei die Korbblütlerfamilie besonders beteiligt ist. Es handelt sich dabei um eine Allergie vom verzögerten Typ- bzw. Spätallergie mit vorheriger Sensibilisierung. Wenn bei der Pollinosis ein Bevölkerungsprozentsatz von 1% unterstellt wird, so schätzt man den Anteil der Kontaktallergie auf der Haut mit 10%.

Meist sind mit solchen Kontakten berufliche Beziehungen verknüpft, wie Gärtner, Apotheker und Hausfrauen, wenn an Primeln, Tulpen und Narzissen gedacht wird. Bei der Primel ist es weniger die Schlüsselblume (Primula vera), sondern mehr die Zierart *Primula obconica* (Becherprimel). Eine besondere Form der Kontaktdermatitis ist die aerogene Form durch den Kontakt mit Luftpartikeln.

Von den Compositen sind es die *Schafgarbe* (Achillea millefolium), die Hundskamille (Anthemis tinctoria), der *Beifuß* (Artemisia absinthium) und die Arnica (Arnica montana). Die *Arnica* wird als uraltes Hausmittel in nahezu 200 Fertigpräparaten angeboten. Bei den Allergien sind es meist selbstgefertigte Präparationen, bei denen die Verunreinigung durch eine Fliegenmade möglicherweise den Auslöser darstellt. Diese Made wird in Höhenlagen über 1000 m nicht mehr in die Blütenkörbchen abgelegt. Pflanzen, die oberhalb von 1000 m geerntet werden, das hat die Erfahrung gezeigt, lösen keine Allergien aus. Diese Beobachtung hat eine weitere Untersuchung verdient.

Die Nachfrage nach der Arnica ist allerdings so groß geworden, daß inzwischen nicht mehr die Arnica montana Verwendung findet, sondern die amerikanische Zuchtform *Arnica chamissonis.*

Die der Arnica nahestehende *Calendula* verursacht bekanntlich keine Empfindlichkeitsreaktionen.

Über die Kamille liegen zehn Berichte aus der Weltfachliteratur vor, nach denen die in Europa angebaute Pflanzenform keine Reaktionen auslöst. Die dafür verantwortlichen Anteile sind die Sesquiterpenlactone.

Cynara scolymus, der vielfach auch als Likör verarbeitet wird, löst in Frankreich gelegentlich die *Artischockenallergie* aus. Aus Italien wird dies ebenfalls berichtet. Das Cynarapikrin ist die hierfür verantwortliche Verbindung.

Als Allergen des *Efeu* (Hedera Helix), der gerne in Hustenmitteln verarbeitet wird, identifizieren wir das Falcarinol. Weniger der Extrakt, als die Blätter sind hautreizend.

Auch der *Lavendel,* beliebt in Badezusätzen und Gesichtswassern, kann Allergiereaktionen auslösen. Hierbei geht es offensichtlich um das Öl.

Ähnliches kann man von der *Minze* annehmen, die im *Tigerbalsam* weltweit verwendet und besonders nachgefragt wird. Für Empfindlichkeitsreaktionen ist dabei das Carvon verantwortlich.

Der Prototyp für Kontaktallergien muß bei den Sumach-Arten gesucht werden. Die Anacardiacee *Rhus toxicodendron* ist in den USA als »Poison ivy« die häufigste Quelle von Kontaktallergien. Auch andere Anacardiaceen einschließlich der *Mangofrüchte* zählen hierzu.

Der Tip:

> **Vorsicht: Kontaktallergien**
> Arnica
> Becherprimel
> Beifuß
> Cynara scolymus
> Artischockenallergie
> Efeu
> Hundskamille
> Lavendel
> Mangofrüchte
> Minze
> Rhus toxicodendron
> Schafgarbe

1.4 Nutritive Allergien vom Spättyp

Auch hier ist eine *vorherige Sensibilisierung* erforderlich. Verglichen mit den Kontaktallergenen kommen die nutritiven Allergene seltener vor.
Die bekanntesten Vertreter sind:

- Artischocken
- Citrusfrüchte
- Petersilie
- Spargel
- Sellerie.

Meist sind es *Irritationen im Dünndarm,* wie etwa Divertikel und Ulcerationen, die zu solchen Allergenfreisetzungen auf der Schleimhaut führen. Die klinische Beobachtung hat uns gelehrt, daß die intensive Behandlung oder etwa die Operation in den befallenen Darmabschnitten zugleich den Patienten von seiner Allergie befreit.

> Allergiebeobachtungen müssen nicht automatisch zur Ablehnung einer Heilpflanze oder Heilnahrung führen. Vielmehr sollten sie Anlaß sein, die Zubereitung und die Provenienz des Anbaugebietes zu revidieren.

2. Traumatologika oder Wundheilungsmittel

2.1 Zur Physiologie der Wundheilung

Bei dieser Gruppe von Heilpflanzen sind die Bezüge zu den seit Jahrhunderten gebrauchten Volksmitteln am stärksten. Die Wundheilung ist für Mensch, Tier und auch Pflanze ein natürliches Phänomen, das in bestimmten zellulären und biochemischen Heilreflexen abläuft. Der menschliche Eingriff versucht die Blutung zu stillen, die Vernarbung zu beschleunigen, die Keloidbildung zu beeinflussen, Verwachsungen zu vermeiden und Strikturen zu verhindern. Nicht zuletzt spielt dabei auch die Kosmetik der Wunde eine Rolle.

Die Wundbehandlung zielt im wesentlichen darauf hin, Komplikationen, die den natürlichen Heilungsablauf stören würden, zu vermeiden oder vorzubeugen. Dies gilt für Blutungen, Defekte mit großen Wundflächen und vor allem Infektionen und schließlich Narbenstrikturen.

In der Physiologie der Wundheilung lassen sich 3 Phasen abgrenzen:

2.1.1 Die Substratphase oder entzündliche Phase

Sie beginnt mit der Verletzung und bringt den Gefäßprozeß in Gang. Dabei sammeln sich die für eine Heilung notwendigen Zellsubstrate an. Typisch ist das *Ödem,* das nach der Verletzung mehr oder weniger stark auftritt. Gleichzeitig beginnt die *Epithelisierung,* das heißt, die Bereitstellung von Epithelzellen auf der Wundoberfläche.

2.1.2 Die proliferative oder fibroplastische Phase

Nach 2–3 Wochen setzt sich die Wundheilung mit dieser Phase fort. Dabei wird das für die Narbenbildung notwendige *Kollagen* bereitgestellt. Über eine Kapillarproliferation bildet sich Granulationsgewebe mit spezifischen Zellen, den *Myofibroblasten.* Letztere verursachen die zentripedale Kontraktion der Wundränder.

2.1.3 Die rekonstruktive Phase

Sie dauert am längsten. Diese Phase beginnt etwa drei Wochen ab eingetretener Verletzung und kann sich bis zu einem Jahr erstrecken, nämlich dann, wenn eine feste Narbe ausgebildet und quervernetzt ist.

Andere Hilfen bei der Wundheilung sind *Vitamine* – vor allem C und Pantothensäure. Von den *Mineralstoffen* hat das Zink eine Bedeutung. Viele Medikamente können die Phasen beschleunigen oder beeinflussen. So ist z. B. das *Penicillamin* bekannt für die Blockierung der Quervernetzung des

Kollagens, was eine Keloidbildung und Narbenhypertrophie verhindern hilft.

2.1.4 Volksmedizinische Besonderheiten

In der Volksmedizin ist bereits seit Hippokrates der Alkohol zu Reinigungszwecken bekannt. Man hatte damals den Wein verwendet, doch stets davor gewarnt, daß eine trockene Behandlung einer Infektion wirksamer vorbeuge als die feuchte.
Erst im Mittelalter wandte man Balsame, Wundwässer und Salben an. Häufige und vielfach berühmte Zubereitungen waren:
- Johanniskrautöl
- Leinöl
- Ringelblumensaft
- Wegerich.

Als beliebteste Wundkräuter nutzte man:

Ehrenpreis Enzian Eschenrinde Fetthenne Hauswurz Holunderblätter	Huflattich Malvenblätter Sanikel Schafgarbe Waldmeister

und zwar als Sud, Salben- oder Pflasterauflagen.
Bei den *Blutungen* unterschied die Volksmedizin deutlich zwischen der *arteriellen* und *venösen* sowie der sogenannten *»Gewebsblutung«*. Die Anwendung von Essig, Galläpfeln und Akaziensaft war schon bei den Römern üblich. Im frühen Mittelalter war dagegen in Deutschland bereits das »Taschenkraut« *(Capsella bursa pastoris)* bekannt. Die Wurzel der Kornblume und das Auflegen von Schafgarbenkraut bei Blutungen war lange Zeit üblich. Letzteres galt als das »Soldatenkraut« der alten Römer, die es im Marschgepäck auf ihren Kriegszügen mit sich führten.

2.2 Die Taxonomie der Wundkräuter

Der bereits von Linné vermutete Zusammenhang zwischen der Formverwandtschaft von Pflanzen in ihrer Systematik und der Ähnlichkeit ihrer Inhaltsstoffe bzw. pharmazeutischen Wirkstoffe hat sich sowohl biochemisch als auch pharmakologisch vielfach bestätigen lassen. Aber auch in der volksmedizinischen Anwendung finden sich rein empirisch solche Zusammenhänge, die in einer modernen Phytotherapie praktisch und klinisch nachvollziehbar sind. Hier liegen sogar die Quellen für eine moderne Sichtung einer Phytotherapie.

In den folgenden Kapiteln werden solche Zusammenhänge aus der Systematik der Pflanzenfamilien und aus ihrer empirischen Anwendung vorangestellt, wobei besonders auf den Ursprung empirischer Beobachtungen mit ihrem jeweiligen Kulturkreis verwiesen sein soll. Die Grundlagen sind dabei die Auflistungen bei GEORG DRAGENDORFF, welche zwar auf Erkenntnisse des vorigen Jahrhunderts zurückgreifen, trotzdem aber interessante Einblicke zulassen. Dabei ist verständlicherweise ein Anspruch auf Vollständigkeit auszuschließen.

Die Wirkstoffe der Pflanze bieten sich, wie bereits erwähnt, als *Komplex* an. Dabei muß eine Differenz zwischen experimentellen Befunden und empirischen Beobachtungen in einer Therapie vorausgesetzt werden. Vielfach mangelt es an den experimentellen Grundlagen *einzelner Wirkstoffverbindungen.* Der häufige Gebrauch in verschiedenen Kulturbereichen, die auch oft klimatisch bedingte Variationen des Beobachtungsgutes verursachen, wird sozusagen aus dem Alltagsgebrauch naturverbundener Völker gesichtet.

Wundkräuter sind wohl am meisten von allen anderen mit der täglichen Selbstmedikation verbunden. Je nach Erfahrung des Behandlers kann hier der Rahmen von der banalen Verletzung bis zum schwer heilenden Geschwür gesetzt werden. Alle Handlungen müssen jedoch dem heutigen Wissensstand entsprechen.

2.3 Zusammenstellung der Wundkräuter aus den Kulturbereichen der Welt

FAMILIE COMPOSITAE – ASTERACEAE

Tab. 6

Lateinischer Name	Volksname	Kulturkreis	Volkstümliche Anwendung	Phytotherapie Homöopathie
Achillea millefolium	Schafgarbe	Europa Orient	Wunden, Tonikum, Entzündungen Hämorrhoiden	Vielfache Spezialitäten
Antennaria dioica	Katzenpfötchen	Amerika Südeuropa	Contusionen Geschwülste	Volksmedizin
Arctium lappa	Klette	Amerika, Asien Europa	Hautkrankheiten Geschwüre, Verbrennungen Diaphoretika	Kosmetik Volksmedizin
Arnica montana	Bergwohlverleih	Europa	Fieber, Wunden, Quetschungen	Phytotherapie Homöopathie Volksmedizin
Artemisia vulgaris + absinthium	Wermut	Europa Nordafrika	Rheuma, Würmer, Antisepticum Tonikum	Phytotherapie Homöopathie Nahrungsmittel
Bellis perennis	Gänseblümchen	Europa, Asien, Südamerika	Wundkraut blutstillend	Kosmetik Volksmedizin Homöopathie
Calendula officinalis	Ringelblume	Orient Südeuropa	Diaphoreticum Geschwüre, Pest	Phytotherapie Homöopathie Volksmedizin

Tab. 6 (Fortsetzung)

Lateinischer Name	Volksname	Kulturkreis	Volkstümliche Anwendung	Phytotherapie Homöopathie
Carduus marianus	Mariendistel	Südeuropa	Gelbsucht, Leberkongestion, Pfortaderstau, Hämorrhoiden	Phytotherapie Monotherapie
Carlina acaulis	Karlsdistel	Europa	Diureticum Pest, Typhus, Diaphoreticum	Volksmedizin
Centaurea cyanus	Kornblume	Europa	Augenwasser, Stichverletzung, Diureticum	Volksmedizin
Chamomilla matricaria	Kamille	Europa Asien	äußerlich: Entzündungen; innerlich: Fieber	Volksmedizin Phytotherapie Homöopathie
Chrysanthemum segetum	Wucherblume	Südost-Europa	Augenwasser	Volksmedizin
Cnicus Benedictus	Benediktenkraut	Süd- und Mitteleuropa	Febrifugum, Leber, Amaradroge	Phytotherapie Volksmedizin
Doronicum grandiflorum	Gemswurz	Asien Europa	Fieber, Wunden, Quetschungen	Volksmedizin
Echinacea purpurea	Igelkopf	Amerika Südeuropa	Wundkraut, Fiebermittel, Entzündungen	Phytotherapie Volksmedizin Homöopathie
Erigeron canadensis	Kanadisches Berufskraut	Nordamerika	Wundkraut, Diarrhöe, Blutungen	Phytotherapie Homöopathie Volksmedizin

Eupatorium cannabinum	Dost-Kunigundenkraut	Europa Asien	Fieber, Wunden, Schlangenbisse	Phytotherapie Homöopathie
Hieracium glaucum	Habichtskraut	Europa	Wundkraut	Phytotherapie Volksmedizin
Inula helenium	Echter Alant	Deutschland	Hautausschläge Hämorrhoiden	Volksmedizin
Lactuca sativa	Lattich	England Europa	Augenwasser, Hypnoticum	Volksmedizin
Petasites albus	Pestwurz	Europa	Beulen, Fieber, Geschwüre	Volksmedizin Phytotherapie Homöopathie
Senecio Fuchsii	Kreuzkraut	Europa Asien	Verhärtungen, Mensesbeschwerden, Karbunkel	Volksmedizin Phytotherapie Homöopathie
Solidago virgaurea	Goldrute	Europa, Asien, Amerika	Wundmittel Diuretikum	Phytotherapie Volksmedizin Homöopathie
Taraxacum officinalis	Löwenzahn	Europa Asien	Leber, Galle, Diurese	Phytotherapie Volksmedizin
Tanacetum vulgare	Rainfarn	Südeuropa	Antisepticum Rheuma	Volksmedizin Phytotherapie

2.4 Über die Inhaltsstoffe der Wundkräuter

2.4.1 Die Flavonoide

2.4.1.1 Definition

Seit SZENT-GYÖRGYI ist das Interesse von Biochemikern und Pharmazeuten an den Flavonoiden gestiegen. Es sind die Flavonoide, die in erster Linie für die Wundwirkung verantwortlich gemacht werden können und denen, in der Zusammenstellung der Compositen bzw. Asteraceen, eine tragende Bedeutung zukommt. Dabei zeigte sich anfangs zunächst eine Fehlbewertung des sogenannten Vitamin P (= Permeabilitätsvitamin), doch führte dies zu vermehrtem Interesse und verstärkter Forschung im Bereich der Flavonoide.

Heute sprechen wir von Flavonoiden, wenn folgende Voraussetzungen gegeben sind:

a) Sie besitzen eine Gruppierung von C_6–C_3–C_6.

b) Sie können aneinandergereiht werden als:

- Flavone
- Flavonole
- Flavanole
- Flavanonole
- Anthozyanidine
- Flavane
- Hydro- und Dihydrochalkone
- Isoflavone
- Aurone.

c) Sie können abgewandelt und eingeordnet werden als:

- Rhamnose
- Hesperidine
- Naringine
- Rhamnoglukose
- Rutine.

2.4.1.2 Flavonoide als Hemmstoffe und Stimulantien

Flavonoide wirken als Hemmstoffe der *Hyaluronidase.* Diese Wirkung ist auch an der Kapillarwand beteiligt und stellt bspw. in vitro einen Schutzeffekt von Zellkulturen gegenüber Virusinfektionen dar. Damit begründet sich die *Adjuvanswirkung* bei der Behandlung von *Infektionskrankheiten.*

Außerdem wirken sie:

- Diuretisch
- Blutdrucksenkend
- Herzstimulierend (bspw. Crataegusprocyanidine).

Daneben werden:

- Spasmolytische

- Cholagoge
- Choleretische

Eigenschaften erwähnt.
Nachdem zahlreiche Flavonoide in unserer täglichen Ernährung vorkommen, werden sie auch als *semiessentiell* bezeichnet. Der Körper baut sie mühelos und schnell ab, sie sollen daher zum Wohlbefinden beitragen.
Das *Rutin* ist das im Pflanzenreich weitestverbreitete Flavonolderivat. Erstmals aus Ruta graveolens isoliert, kommt es im *Buchweizen* (Fagopyrum vulgare) und in *Sophora japonica* (Japanischer Schnurbaum) vor. Rutin nutzt man bei:

- Hämorrhagien
- Allergien
- Serumexanthemen
- Hypertonie
- Infektionskrankheiten (als Adjuvans).

Der spasmolytische Effekt ist gemessen an Papaverin ca. 1/100, bei Quercetin 1/25.

2.4.1.3 Flavonoide als Regulative

Nach K. Böhm erweisen sich die Flavonoide als Regulative bei:

- Selektiver Änderung der Permeabilität, die den Transport eines Substrates zu einem Enzym limitiert.
- Änderung der Aktivität eines Enzyms, das ein bestimmtes Substrat umsetzt; ohne Veränderung der vorhandenen Enzymmenge.
- Selektiver Änderung der Enzymmenge.

2.4.1.4 Herz-Kreislaufwirkungen der Flavonoide

Charakteristische Eigenschaften des Rutins oder Quercetins sind die *Kapillarwirkungen.* Eine erhöhte Kapillardurchlässigkeit wird reduziert. In einer sorgfältig angelegten Studie von Griffith wurde nachgewiesen, daß der Kapillartod im Sinne einer *Apoplexie* durch Rutin eindeutig verzögert werden konnte. In der behandelten Gruppe ließ sich innerhalb von zehn Jahren die Mortalität nach Apoplexie bei 88 von 100 Kranken verhindern.
Die Wirkungen im Überblick:

- Antiödematös
- Blutdrucksenkend
- Cholesterinhemmend
- Coronardilatatorisch
- Diuretisch
- Hämostyptisch
- Hemmung der Erythrozytenaggregation
- Kapillarprotektiv
- Sedativ
- Steigerung der peripheren Durchblutung.

Der Tip:

> Wasserlösliche Rutinpräparate bei Erkrankungen mit verminderter Kapillarresistenz.

2.5 Die wichtigsten Heilpflanzen der Wundbehandlung

Arnica montana

Der *Bergwohlverleih* enthält Polyine und Xanthophylline (granulationsfördernde Helenaline), die nach WILLUHN (1981) eine deutliche *antiphlogistische* und *antiödematöse* Eigenschaft besitzen. Außerdem wird der Arnika auch eine *fungostatische* Wirkung nachgesagt, neben der bekannten Bakteriostase. An ätherischen Ölen sind Thymole beteiligt, die man für die Verhinderung einer Wundsepsis verantwortlich macht.

> Vorsicht: 70 g der Arnikasubstanz sind toxisch. Es können gelegentlich allergische Nebenerscheinungen auftreten.

Wie bereits an anderer Stelle erwähnt, wird diese Wirkung der Made von Phytomyxa arnicae – der Schaufelfliegenmade zugeschrieben, die nicht selten im Blütenkörbchen der Arnika abgelegt wird.

Der Tip:

> Alte Verletzungen
> Blutdruckfehlverhalten
> Cerebrale Durchblutungsstörungen
> Entzündungen
> Gefäßerweiterungen
> Quetschungen
> Traumen
> Überanstrengung
> Verletzungsfolgen

Diese Formenkreise gehören zu dem weiten Bereich der Anwendung zu einer besseren *Rheologie*. Anwendung als:

- Tee
- Saft
- Tinktur.

Achillea millefolium

Die *Schafgarbe* ähnelt der Kamille in ihren Wirkstoffen und im Gebrauch. Sie enthält *Azulene* und *Achillicin*. Trotz ihrer historischen Vergangenheit als »Soldatenkraut« der Römer wurde sie in der Wundbehandlung von der Kamille verdrängt. Heute vorwiegend in der *Kosmetik* gebraucht.

Der Tip:

> Bei Akne rosacea als Tee oder Tinktur.

Bellis perennis

Das *Gänsefüßchen* ist eine typische Saponindroge, die vor allem in der Homöopathie wie Arnica gebraucht wird, also bei Wundblutungen und Folgen von Überanstrengung. Phytotherapeutisch:

> Kosmetik bei Keloiden und Leberflecken, Status seborrhoicus der Haut und juveniler Akne.
> Bei Tabernamontanus zur Knochenbehandlung.

Chamomilla officinalis

Bei der echten *Kamille* überwiegen entzündungswidrige Eigenschaften, was auch bei allergischen Exanthemen Besserung bringt. Die Wundbehandlung stützt sich auf die antiphlogistische Wirkung.

Der Tip:

> Entzündungen
> Allergisches Exanthem

Calendula officinalis

Die *Ringelblume* ähnelt in den Inhaltsstoffen und demnach in der Wirkung der Arnika. Als Gartenpflanze ist sie allgegenwärtig und kann als:

- Tee
- Tinktur
- Salbe

gebraucht werden.

Flavonoide und Triterpensaponine sind für die oft erstaunliche Besserung von:

- Alten Geschwüren (Decubitus)
- Karzinomulzerationen
- Quetschungen
- Schlecht heilenden Wunden

verantwortlich.

Neben der *Granulationsförderung* wird die *Diurese* angeregt.

Echinacea angustifolia
Echinacea purpurea

Der aus Nordamerika stammende *Sonnenhut* hat sich in den letzten Jahrzehnten einen festen Platz in der Immunologie, Infektions- und Wundbehandlung erworben.

Eine Vielfalt von Wirkungen wurde zwischenzeitlich nachgewiesen, wobei auch Virostase und Bakteriostase – neben dem immunmodulatorischen Gebrauch – bekannt wurden.

H. J. KINKEL et al. haben den Heilungsprozeß standardisierter, chirurgisch gesetzter Hautwunden mit Echinacinsalben beschleunigt. Die behandelten Wundflächen waren am neunten postoperativen Tag deutlich kleiner als die unbehandelten. Die Wundtemperaturen stiegen dabei schneller an und erzielten höhere Werte, was als Ausdruck einer besseren Wunddurchblutung und eventuellen Stoffwechselaktivierung gedeutet werden konnte. Das klinische Wundbild wurde bereits drei Tage nach der Echinacea-Behandlung besser beurteilt als bei der Kontrollgruppe.

In der Wundbehandlung hat sich Echinacea nach *Ulcerationen* bewährt, wenn es um:

- Schmierige
- Reaktionsarme
- Chronifizierte Wundflächen

ging. Dabei kam es weniger auf die Ätiologie der Wunde an, sondern mehr auf die schlechte Granulation und Ausheilungstendenz.

Der Tip:

> Immunmodulation
> Infektions- und Wundbehandlung
> Die verdünnte Tinktur äußerlich, die Salbenanwendung und die zusätzliche parenterale Applikation können kombiniert werden.

Erigeron canadensis

Das kanadische *Berufskraut* soll über Getreidesendungen aus südlicheren Teilen Nordamerikas eingeschleppt worden sein. Das Kraut folgt strikt menschlichen Siedlungen, außerhalb findet man es nie. Flavone, ätherische Öle und Gallussäuren sowie Cholin und Diterpene sind nachgewiesen worden.

Der Tip:

> Blutungsmittel bei Magengeschwüren und Zahnfleischbluten
> Myomblutungen

Senecio Jacobaea

Das *Jakobskreuzkraut* ist aus dem Altertum als heidnisches Wundkraut bekannt, bei den Eklektikern Nordamerikas spielte es einst eine große Rolle. Eine Variante, das *Fuchs'sche Kreuzkraut,* wurde als Blutungsmittel bei *gynäkologischen Blutungen* beschrieben (SCHLÜREN), ebenso als Antidot bei *Antikoagulantien-Therapien.* Die für die Hämostyptik verantwortlichen Anteile kennt man als Oxypyrolizidine. Letztere können Leberschädigungen verursachen und wurden daher aus dem Handel genommen.

Der Tip:

Vorsicht: Leberschädigungen möglich

2.6 Mittel bei Schleimhautblutungen

Cistus canadensis

Bei Blutungen des *Zahnfleisches* und der *Mundschleimhaut* homöopathisch in D 4 bewährt.

Capsella bursa pastoris

Das *Hirtentäschelkraut* enthält Tyramin, Cholin und andere Amine. Es ist als *Wundkraut* der Hirten bekannt und ähnelt dem Secale. Die Wirkung hängt weitgehend von der frischen Zubereitung ab, da die Amine schnell abgebaut werden.

Hamamelis virginica

Die *Zaubernuß* enthält freie Gallussäure und Tannine, ätherische Öle und Flavone, Saponine und Cholin. Nach NEUGEBAUER besitzt die Droge gerinnungs- und blutungszeitverkürzende Eigenschaften. Sie wird verarbeitet in:

- Hämorrhoidalsalben
- Venenmitteln
- Wasserlösung äußerlich.

Myrrhe

Sie wirkt als ätherisches Öl antiseptisch und antiviral sowie astringierend.

Der Tip:

Gingivitis Stomatitis Zahnwasser

Ratanhia

Stammt von *Krameria triandra,* einer Cesalpinacee aus Bolivien. Als Strauch wegen seines hohen Gerbstoffgehalts im Sinne eines Hämostypticums und eines bewährten Hämorrhoidalmittels bekannt. Die Wirkung beruht auf den Anteilen von Catechin-Gerbsäuren (oligomere Proanthozyanidine).

Der Tip:

Blutstillung Hämorrhoiden

Potentilla erecta

Die *Blutwurz* wird, aufgrund des hohen Gerbstoffanteils, in Teeform bei *Darmblutungen* zu Einläufen empfohlen.

Crocus sativus

Der *Safran.* Ein besonders in der Homöopathie bewährtes Blutungsmittel bei *Nasenbluten* in Vikariation *mit gynäkologischen Blutungen.*

Lilium candidum

Die weiße *Lilie.* Ein in der bayerischen Hausapotheke viel gebrauchtes Mittel bei:

- Verbrennungen
- Oberflächlichen Verletzungen.

Die Blüte wird in Olivenöl angesetzt und nach einem Monat abgeseiht und gebraucht.

Hydrastis canadensis

Die *Blutwurz,* eine Ranunculacee aus Kanada, enthält Berberinalkaloide und bewährt sich bei:

- Colitis
- Darmblutungen.

2.7 Mittel bei inneren Blutungen

Cephaelis ipecacuanha

Die *Ruhrwurz* aus dem Mato Grosso, auch *Brechwurz* genannt. In der Rindenschicht ihrer Wurzeln sind zahlreiche Emetinalkaloide enthalten, die sich in Tinkturen, Infusen und Sirup verarbeiten lassen. Neben einer zuverlässigen schleimlösenden Wirkung bei Bronchitis gilt die Droge in der Volksmedizin Brasiliens als Antiseptikum bei Ruhr und wurde zunächst über die Homöopathie auch bei Darmblutungen erfolgreich empfohlen.
Die *Dosis* sollte bei Erwachsenen *50 mg nicht* überschreiten, bei Kindern entsprechend weniger. Am einfachsten ist die homöopathische Zubereitung (D 3, D 4).

Der Tip:

Antiseptikum bei Ruhr
Bronchitis
Darmblutungen

Secale cornutum

Das *Mutterkorn,* ein Getreidepilz, enthält zahlreiche Alkaloide. Diese konnten 1918 von STOLL isoliert werden und finden selektiv bis heute in der Pharmazie Anwendung.

Ergotamin

Von den 30 bekannten Alkaloiden ist das Ergotamin wohl das wichtigste. Es verfügt über *uteruskontrahierende* Eigenschaften, macht eine langanhal-

tende Kontraktion der Gefäße und dämpft die zentralen Funktionen neben *spasmolytischen* Wirkungen. Abhängig von der Dosierung kann sich dies sowohl fördernd als hemmend auswirken.
Die Anwendung der *galenischen* Präparate gilt heute *nicht* mehr als empfehlenswert, da der Wirkstoffgehalt nach KUSCHINSKI schwankt und damit therapeutisch unsicher wird.

Ergometrin und Methylergometrin
Diese Präparate sind mit ihrer Wirkung auf die *Nachgeburtsperiode* orientiert. Blutungen des nichtgraviden Uterus werden durch Secale nur gering beeinflußt.

Secalysat und Cefadysbasin
Diese Phytotherapeutika sind noch im Einsatz bei:
- Peripheren Durchblutungsstörungen
- Morbus Raynaud
- Ulcus cruris.

Viburnum opulus
Der *Schneeball* aus der Familie der Caprifoliaceen ist ebenfalls aus der Homöopathie abgeleitet. Er hat sich dort bei *Metrorrhagien* und allen Formen *gynäkologischer Blutungen* bewährt.
Die Dosierung muß allerdings in homöopathischer Dilution D 4 erfolgen. Seine Wirkstoffe sind Catechine und Gerbstoffe.

2.8 Cumarine und photosensibilisierende Stoffe

Cumarinhaltige Drogen leiten sich im wesentlichen von den Apiaceen ab. Chemisch handelt es sich um 1,2 Benzopyrone, also zyklische Laktone, die sich in Lauge unter Bildung wasserlöslicher Natriumsalze öffnen. Cumarine können in zwei Polaritätsstufen auftreten, als Glykoside von Hydrocumarinen und als lipophile Cumarine, die durch terpenoide Reste substituiert sind.

2.8.1 Die wichtigsten Cumarin-Pflanzen und ihre therapeutische Anwendung

Tab. 7

Botanischer Name	Deutscher Name	Familie	Inhaltsstoffe	Arzneiverwendung und Arzneibeziehung
Achillea millefolium	Schafgarbe	Compositae	Blausäureglykosid Furocumarine	Verantwortlich für Wiesendermatitis Teebestandteil
Ammi visnaga Ammi maius	Knorpelmöhre	Apiaceae	Khellin Visnagin	Coronarerweiterung
Angelica archangelica	Engelwurz	Apiaceae	Umbelliferon	Hautreizmittel-Photosensibilisierung
Anthoxanthum odora-tum	Ruchgras	Poaceae	Cumaringlykosid	Bestandteil der Heuanwendung
Asperula odorata	Waldmeister	Rubiaceae	Cumaringlykosid	Antispasmodicum-Venenmittel
Coronilla glauca	Kronwicke Schaflinse	Fabaceae	Coronillin, Pseudocu-marine	Früher als Herz- und Asthmamittel
Chamomilla off.	echte Kamille	Compositae	Umbelliferon	Äußerlich und innerlich als Entzün-dungsmittel
Herniaria glabra	Bruchkraut	Caryophyllaceae	Saponine und Hernia-rin	Früher als Bruchkraut in Salben Diureticum – fragl. Lebermittel
Levisticum off.	Liebstöckel	Apiaceae	Cumarine	Diureticum-Würzkraut
Lavandula angustifolia	Lavendel	Lamiaceae	o-Cumarsäure Cumarine	Migräne, Neurasthenie-Kosmetik

Melilotus off.	Fieberklee	Fabaceae	Melilotin	Entzündungswidrig, periphere Durchblutung Fast bei allen Venenmitteln
Peucedanum off.	Haarstrang	Apiaceae	Peucedanin	Hautaffektionen, Ekzeme
Pimpinella anisum	Anis	Apiaceae	Pimpinellin	Angina, Laryngitis, Pharyngitis
Petroselinum crispum	Petersilie	Apiaceae	Apiole, Furanocumarine	Diureticum
Ruta graveolens	Gartenraute	Rutaceae	Cumarine, Furanocumarine, Bergapten	Lichtdermatitis, Abortivum Antioedematös, antiphlogistisch
Sophora japonica	Schnurbaum	Fabaceae	25% Rutin	Hauptlieferant für Rutinherstllg.
Viola tricolor	Ackerstiefmütterchen	Violaceae	Rutin und Saponin	Antiphlogistisch bei Hautkrankheiten Äußerlich

2.8.2 Die Wirkungen der Cumarine

2.8.2.1 Die Resorptionsbereitschaft

Bei den Cumarinen handelt es sich um *lipophile* Substanzen, die vom Magen-Darm-Trakt gut resorbiert werden. Nach der Resorption gelangen sie in das Zentralnervensystem, wo sie unspezifische Wirkungen entfalten.

2.8.2.2 Gefäßspasmolytische Eigenschaften

Diese Wirkungen lassen sich von den Cumarinen ableiten. Außerdem werden sie auch in der Haut abgelagert und gespeichert. Daraus wird nachfolgend verständlicher:

2.8.2.3 Die Photosensibilisierung – Phototoxizität

Photosensibilisatoren absorbieren Lichtquanten des UV-Bereichs 320–400 und wandeln dabei nach Hänsel nicht die absorbierte Lichtenergie in Wärme um, sondern induzieren chemische Reaktionen. In der Dermatologie ist die Photosensibilisierung definiert als die Herabsetzung der Lichtreizschwelle der Haut durch endo- oder exogene Einlagerung lichtsensibilisierender Stoffe. Es kommt dabei zu *erwünschten* und *unerwünschten* Erscheinungen auf der Haut.
Erwünscht ist die Hautbräunung unter Lichteinfluß.
Dagegen können die phototoxischen Stoffe einiger Pflanzen unerwünschte *Hautschäden* verursachen. Die **Wiesen-Dermatitis** ist am meisten bekannt, wenn nach starker Sonnenbestrahlung auf entsprechenden Liegewiesen Kontakte der Cumarine mit der Haut zustandekommen.
Auch die **Berloque-Dermatitis** entsteht als phototoxische Reaktion, die vom Bergamottöl verursacht wird, das in manchen Parfums und Hautwassern verwendet wird.
Durch die Furanocumarine kommt es, in Verbindung mit Lichteinflüssen, zu einer Melaninstimulierung der Haut. Dies steigert bei mäßiger Dosierung den Bräunungseffekt und hat in der Therapie bei *Vitiligo* und vor allem als *PUVA-Therapie* im Rahmen der *Psoriasis*-Behandlung Bedeutung erlangt. Außerdem führt die PUVA-Therapie zu einer Stimulierung der T8-Suppressorzellen des Immunsystems. Ein negativer Aspekt dieser Therapie ist eine **vermehrte Karzinogenese.**

2.8.2.4 Lymphokinetische und antibiotische Effekte

Cumarine zeichnen sich nicht nur in der Oberflächenwirkung aus, etwa bei Verletzungen und Blutungen, sondern auch auf den Lymphkreislauf und bewähren sich bei Ödemen. An dem noch später zu besprechenden Heusack Kneipp's hat sich der lymphokinetische Effekt ebenso bestätigt wie auch bei Heublumen- und den neuerdings beliebten Heubädern. Cumarine sind

natürliche Antiallergika, die mit Schwermetallen Komplexe bilden, antioxydativ wirken, Fett stabilisieren und die Oxydation von Ascorbinsäure in Pflanzenprodukten verzögern.
Vielfach sind in den Pflanzen Rutin *und* Cumarine enthalten, sodaß dabei die unterschiedlichen Angriffspunkte, nämlich am Gewebe und am Gefäß, in der Wirkung angesprochen werden. Dabei kommt die gefäßabdichtende Wirkung resp. gefäßprotektive Eigenschaft des Rutins zum Tragen. Demgegenüber bewirken Cumarine spezifisch eine Proteolyse und Lymphokinesesteigerung. So hat sich diese Kombination mehrfach pharmakologisch dokumentieren lassen, besonders bei den Präparaten des *Steinklees* (Melilotus) und des *Buchweizens* (Fagopyrum). In der Potenz ihrer Wirkungen lassen sich diese Präparate sogar als nichtsteroidale Antiphlogistika bezeichnen (G. Uhlig).

2.8.3 Bekanntere Cumarinpflanzen

Die Khelladroge

Sie gehört zu den bekanntesten Cumarinpflanzen. Khellin wirkt *spasmolytisch* und *gefäßerweiternd.*

Ruta graveolens

Sie kann auf eine gewisse historische Bedeutung verweisen und hat sich als Bestandteil des sogenannten »*Vierräuberessigs*« einen Namen gemacht. In Pestzeiten benetzten sich Räuber mit einem Auszug von Ruta, um während ihrer Raubzüge Pestinfektionen zu entgehen. Weitere Anzeigen:

Der Tip:

Augenentzündungen
Hämorrhoiden
Gelenk- und Sehnenschwäche
Ulzerationen der Beine
Venöse Stauungen

Sonstige

Der *Waldmeister* (Asperula odorata) machte sich als Waldmeister-Aromatikum einen Namen und hat sich in Gemischen zur Venenbehandlung bewährt.
Auch *Zitrusarten* und vor allem das *Steinkleekraut* (Melilotus officinalis) werden – mit der *Roßkastanie* – bei Venenbelastungen verordnet.

Der Tip:

Venenbehandlung mit
- Waldmeister
- Roßkastanie
- Steinkleekraut
- Zitruspflanzen

Die verbesserte Rheologie kombiniert sich hierbei mit einer

- antiödematösen
- antiphlogistischen
- endothelprotektiven
- lymphokinetischen

Wirkung, was die Wundheilung fördert.

Andererseits sind es *Capsaicin-* oder *Pfeffersubstanzen, Terpentin, Terpenen, Terpentinöl* und nicht zuletzt *senföltragende Pflanzen,* die im Bereich der Wundheilung in der Volksheilkunde Anwendung finden.

2.8.4 Der Kneipp'sche Heusack

Die einfache Form einer antiphlogistischen Behandlung ist durch KNEIPP bekannt geworden und hat sich mittels des Kneipp'schen Heusacks vielfach bewährt.

2.8.4.1 Worauf beruht die Wirkung?

Der Kneipp'sche Heusack beruht auf dem Wärmehaltungsvermögen des Wärmeträgers Heu. Von Bedeutung ist außerdem die Wasseraufnahme, die durch die Präparation des Heusackes erreicht wird. Schließlich kommt noch eine möglicherweise direkte pharmakologische Wirkung durch das Cumarin hinzu, ein chromatographisch identifizierbarer Bestandteil des Heus. So eignet sich der Heusack besonders für *Arthrosen* und *Spondylosen.*

Die Toleranzgrenze der Haut gegen thermische Reize liegt bei 44°; der Heusack wird bei 42° angewandt. Er kann, wenn dies vom Patienten vertragen wird, ca. 40 Minuten liegenbleiben, wobei in den ersten 15 Minuten eine Steigerung der Wärmeentwicklung festzustellen ist. Der gekochte Heusack kann weitere 15 Minuten liegenbleiben, wenn der Patient diesen Modus verträgt, während die Peloide im Vergleich dazu sehr viel weniger Wärmehaltungsvermögen aufweisen. So ist der Heusack einer Wärmeflasche oder einem Wärmekissen eindeutig überlegen.

Beim Dämpfen des Heusacks werden Cumarine freigesetzt (Anthoxanthum odoratum und Galium verum sind die beiden Hauptbestandteile des Frühjahrsheus). Die Cumarine sind gefäßwirksame Stoffe, die zu nachhaltiger Rötung und Durchblutungsverbesserung anregen. Nach dem Verhalten der Wasseraufnahme kann der Heusack nach zweimaliger Verwendung kein Wasser mehr aufnehmen, so daß er nicht öfter als 4–5mal benutzt werden sollte.

Streng genommen gehört der Heusack, der eine Kerntemperatur von 37° erzeugt, zu den *Phlogistika.* Bei einer Thermotherapie führt die Anwendung zu einer besseren Durchblutung des Organs, eventuell sogar zu einer lokalen Fieberwirkung. Erst wenn der Wärmenachschub größer, länger und breiter ist, wird die Wirkung umgekehrt und der Fluß geht von außen nach innen.

2.8.4.2 Ausgelöste Wirkungen – praktische Anwendung

Nach Müller-Limmroth sind folgende Wirkungen abzuleiten:

- Beeinflussung der Hautnerven und Lokalreflexe
- Beeinflussung der Spinalnervenreflexe
- Bildung gefäßaktiver Stoffe
- Bluttemperatur verhält sich schwankend
- Durchblutungsfördernd
- Fluxionsvermehrung
- Hypothalamus-Zentralwirkung
- Gefäßwirkung.

Wesentlich ist, daß die Wärmewirkung des Heusackes aufgrund der Blutveränderung und der Zirkulationsveränderungen durch die Cumarine sehr in die Tiefe geht und zugleich bis zur doppelten und dreifachen Tiefenwirkung reicht als andere Peloide. Die Wirkung ist *sedativ* aber auch *spasmolytisch.* Bei Arthrosen *antiphlogistisch* und *phlogistisch* zugleich, aber in jedem Fall stark durchblutungsfördernd.

Fangopeloide, Gummithermophor und ähnliche Mittel erreichen nur circa die Hälfte bis zwei Drittel der qualitativen Wirkung eines Heusacks.

Zur Anwendung:

Nach DAB 7 beträgt die Größe des Heupartikels 2–4 mm^2. Je feiner der Blütenpartikel, umso stärker die Wasseraufnahme. Bei 2 mm^2 ist die Sättigung schon nach 80 Minuten erreicht.

> Je kleiner der Heuschnitt, desto größer die Wasseraufnahme.
> Mit Abdeckung: 50 Minuten.
> Ohne Abdeckung: 40 Minuten.
> Verwendung in der Praxis: 4–5mal
> Höchstens jedoch: 6mal.

2.8.5 Das Heubaden

Eine Variante des Kneipp'schen Heusacks ist das Heubaden, u. U. haben sich beide Methoden gegenseitig beeinflußt. Das Heubaden stammt aus der Südtiroler Geschichte. Man wußte, daß sich Bauern nach einer harten Heuernte auf dem Heu liegend gesundgeschlafen haben, sodaß dieses Heubad etwa seit dem 19. Jahrhundert in den ersten Berichten aus Südtirol bekannt geworden ist. In der Nähe von Trient war die Heukur weit verbreitet. Heute wird das Heubaden nur noch in den Bädern von Völz, Jochgrimm, am Bodone und im Lungau betrieben. Im Gegensatz zu einem Bad in der Badewanne wird der Patient hier in einen dampfenden Heuhaufen eingebuddelt. Er fühlt sich dabei wohl und kommt konstant in dieser Art Bett zu einem Schweißausbruch und zu einer 43° Hitze. Bei *Allergikern* kann diese Form des Heubadens sehr *gefährlich* werden im Sinne von Allergien gegen bestimmte Kräuter und ätherische Öle.

3. Antiphlogistika – extern angewandt

Der Leinsamen

Den Leinsamen, Semen lini, gewinnt man aus *Saatlein* (Flachs – Linum utisatissimum aus der Familie der Linaceen). Lein ist eine sehr alte Kulturpflanze, die zur Faser- und Ölgewinnung in fast allen Teilen der Welt kultiviert wird. Hauptlieferanten der Drogen sind Argentinien, Marokko und Rußland. Der Schleim, der 3–6% des Samens ausmacht, ist der Zellwand der Samenschalenepidermis aufgelagert. Er liefert als Hydrolyseprodukt a-Galaktose, l-Arabinose, d-Xylose, l-Rhamnose und a-Galakturonsäure. Neben fettem Öl und Eiweiß enthalten die Samen 0,3% zyanogene Glykoside, die bei Hydrolyse etwa 30 mmg HCN pro 100 g Samen liefern können.

Da zur Gewinnung des Leinsamenschleimes und zur Verwendung als Volumenabführmittel die unzerkleinerten Samen eingesetzt werden, dürfte nur ein Bruchteil der Glykoside gespalten werden. Leinsamenpulver oder die Preßrückstände der Leinölgewinnung (Placenta seminis lini) dienen zur Herstellung von *Kataplasmen.*

Der Tip:

Auflage bei Magen-Darm-Beschwerden und bei Adnexitiden

Der Bockshornsamen

Der Semen foenum graeci wird von der kleeartigen Pflanze Trigonella foenum graeci aus der Familie der Fabaceen geliefert. Die 10–15 cm hohe Pflanze ist vom Mittelmeerraum bis nach China verbreitet. Hauptangebiete sind Indien und Marokko, aber auch in Mitteleuropa gedeiht die Pflanze. Der Schleimgehalt des Samens beträgt 20–30%, daneben kommen Eiweiß, fettes Öl, sogenanntes Trigonellin, Bitterstoffe und Steroidsaponine vor. Der Saponingehalt liegt bei 0,8 bis 1,5%.

Der Bestandteil *Foenogracin* soll:

- antiphlogistisch
- hypoglykämisch
- kardiotonisch

wirken. Es wurde auch schon versucht, die Droge zur *Steroid-Hormon-Synthese* zu benützen.

Verwendung findet der gepulverte Samen. Er dient innerlich als Roborans und äußerlich zur Herstellung von Kataplasmen. Die Anwendung bei *Furunkel, Ulcus cruris* und *Drüsenschwellungen,* auch bei *Krebsgeschwülsten* ist seit Jahrhunderten bekannt. Innerlich ist die Droge ein ausgezeichnetes *Roborans,* dessen Geruch nicht jedermann gut verträgt. Der Samen hat eine ausgesprochen *entzündungswidrige* Eigenschaft. Akute solitär belastete Arthritiden können u. U. durch eine Auflage über Nacht bis zum Morgen zur Abschwellung gebracht werden. Aus diesen Wirkungen können wir eine

Vielzahl von Möglichkeiten im Sinne des antiphlogistischen Eingriffes ableiten:

Der Tip:

Drüsenschwellungen Furunkel Krebsgeschwülste Ulcus cruris Arthritiden Innerlich: Roborans Äußerlich: Auflage

Auflage:	Den pulverisierten Samen mit heißem Wasser anrühren und messerrückendick auf einen Mullstoff auftragen. Über das entzündete Gelenk legen. – Gelegentlich kommt es zu allergischen Reaktionen!

Adstringentien

Zu den Antiphlogistika gehören auch sogenannte Adstringentien wie die:

- Arnikablüte
- Eichenrinde (als Pulver)
- Kamillenblüte
- Mäusedornwurzel
- Roßkastaniensamen.

Speziell das Pulver der Eichenrinde findet zu Kataplasmen Anwendung.

4. Phlogistika – moderne Therapiemittel

4.1 Eigenschaften und Wirkungen

Die Phlogistika haben sich in der Medizin von heute ebenso Platz und Geltung geschaffen wie in der alten, aus der sie teilweise abgeleitet werden. Es handelt sich um das *Anbringen eines Entzündungsreizes,* der aufgrund vielfacher, häufig nachweisbarer, Effekte *Fernwirkungen* erzielt. Charakteristisch ist dabei:

A. Am lokalen Infekt sind zahlreiche körpereigene Mediatoren beteiligt: Bradykinin, Histamin, Somatostasin, Prostaglandine. Es kommt zu einer Rötung und Hyperämie.
B. Alle entzündungswidrigen Eigenschaften der Phlogistika werden über humorale Mechanismen gesteuert, besonders über Immunglobuline und Mediatorenfreisetzung.
C. Der Reiz auf der Haut wird über kutiviszerale Reflexe auf innere Organe projiziert.

Ein Begriff, der erst in den letzten Jahren mehr von sich reden machte, ist der *Counterirritant-Effekt.* Er wurde erstmalig studiert und beschrieben bei der Resorption eines Pleuraergusses durch die Injektion von Gummi arabicum, in der Pleura ausgelöst. Diese Resorption beschleunigt sich, wenn beim gleichen Versuchstier Gummi arabicum in das Kniegelenk injiziert wird. Es handelt sich hier um eine Vielzahl von interessanten, hormonähnlichen Wirkungen, die nicht nur auf Hypophyse und Nebenniere, sondern auch auf Mediatorensysteme im Bereich des Immunsystems zurückgeführt werden können. Die Rötung auf der Haut beruht auf einer Vasodilatation, die alle drei Mediatoren, nämlich Catechin, Histamin und Prostaglandin freisetzen. Außerdem löst Catechin beim Auftragen in minimaler Konzentration auf ein vorgeschädigtes Endothel, aber auch bei intrakutaner Indikation, einen brennenden Schmerz aus. Es wird daher für die Schmerzempfindung bei der Entzündung verantwortlich gemacht. Insgesamt entstehen also in rascher Folge auf den Primärreiz sekundäre biochemische Prozesse, welche das örtliche Geschehen mitbestimmen und formen.

Allen Deutungsversuchen dieser phlogistischen Wirkungen liegt zugrunde, daß die Hautreizstoffe endogene körpereigene Substanzen freisetzen oder binden, welche auf hormonalem Wege in das örtlich ferngelegene Geschehen eingreifen und auf diese Weise über Reizeffekte entzündungshemmend wirken. Solche Effekte können in ähnlicher Weise z. B. auch durch *Mistelextrakte* erreicht werden, die intracutan gequaddelt werden (PLENOSOL). Sie können erreicht werden durch *Kartoffelauflagen* und ähnliche Stoffe wie sie bereits in vorherigen Kapiteln erwähnt wurden.

4.2 Antirheumatische Phlogistika

Hierzu zählen vorweg die bereits erwähnte Mistel und die Rosmarinblätter, die bspw. auch im Kneipp-Rosmarinbad Anwendung finden.

4.2.1 Antipruriginosa

Im Sinne der Anthiphlogistika und Phlogistika sind die Antipruriginosa zu erwähnen. Hier nennen wir in erster Linie:

- Bilsenkrautöl (Hyoscyamus niger)
- Kampfer
- Menthol
- Thymol.

Narbenmittel sind:
- Arnika
- Hydrocotyle asiatica
- Kamillenöl.

4.2.2 Die Auflagen

Kohlblätterauflagen

Hierbei handelt es sich um eine alte volksmedizinische Methode, die bei:

- arthrotisch veränderten
- ödematösen
- entzündlichen

Gelenken eine große Rolle spielen kann.
In den letzten Jahren wurde die Methode insbesondere von RAUHE propagiert und so wird es gemacht:

> Ein Kohlblatt vom Weißkohl wird von der sogenannten »holzigen Ader« befreit, mit einem Nudelholz etwas gepreßt und dann auf die Haut gelegt und mit einem Tuch umbunden.

Bei diesem Verfahren kommt es, ähnlich wie bei den nachfolgenden Senfauflagen, zu einer erheblichen Rötung der Haut, die bei empfindlicher Haut unter Umständen zur *Blasenbildung* führen kann.

Senfauflagen

Senfauflagen sind in ähnlicher Weise zu verstehen wie die Senfölfreisetzung durch das Ferment Myrosinase, was eine Aktivierung der Senfölwirkung bedingt. Alle senfölhaltigen Pflanzen sind in dieses Funktionsschema einzubeziehen, vor allem:

- Senföl
- Senfsamen von Brassica nigra
- Senfsamen von Sinapis alba
- Zwiebelauflagen bei Bronchitis auf den Rücken bei Kindern.

Tiefenwirkungen werden erzielt, wie das auch bei Senffußbädern bei:

- Akuten Erscheinungen von Blutdruckkrisen
- Glaukom (in der Krisenphase als Selbstmedikation nur als Lösung im Notfall anzuraten)

als Ergebnis feststellbar ist.
Während die Capsikumpflaster und Pfefferanwendungen nur Hautreize lokaler Natur entfalten, können die Senföle sehr *starke Blasenbildungen* bei empfindlicher Haut herbeiführen.

Der Tip:

> Senfwickel rasch, nach wenigen Minuten ab Beginn des Brenngefühls der Haut absetzen!
> Vorsicht bei reizenden Dämpfen für die Augen: Bei Anwendungen zur Nasennebenhöhlenaffektion Augen mit einer einfachen Fettsalbe abdecken!

Terpentinöl

Dieses Mittel gewinnt man aus Kiefernarten durch Wasserdampfdestillation. Das Harz ist als Kolophonium bekannt. Die übliche Art der Ernte erfolgt durch V-Schnitte in die Kiefern. Ein Baum liefert 1,5–4 kg pro Jahr. Terpentinöl wird als Zusatz zu *Linimenten,* aber auch zu Zugpflastern und Abszeßsalben verwendet. Früher wurde es, ähnlich der Senfanwendung, zu umstimmenden Therapien gebraucht.

Der Kampfer

Dieses Produkt entsteht gleichfalls durch Wasserdampfdestillation des Kampferbaumholzes. Diese Substanz gehört zu den Grundlagen jeglicher *Linimente* gegen:

- Rheuma
- Neuralgien
- Örtliche Entzündungen
- Innerlich als Analeptikum und Sekretolytikum.

Baunscheidt-Öle

Das früher als Baunscheidtöl bekannte Crotonöl hat ebenfalls eine hautreizende Funktion. Neuere Erfahrungen mit *Karzinomgefährdungen* im Sinne der Kokarzinogene für den Baunscheidtismus, der in den ausleitenden Naturheilverfahren noch ausgeübt wird, erlauben die Anwendung dieses Mittels nicht mehr.

Der Tip:

> Crotonöl = Karzinomgefährdung
> Nicht erlaubt!

Dagegen werden bei der Baunscheidtanwendung heute noch eingesetzt:
- Cajeputöl
- Erdnußöl
- Lorbeeröl.

Die *Cantharidenpflaster* gehören zwar zu den tierischen Substanzen, aber sie sind als blasenziehende Mittel ähnlich zu gebrauchen.

4.2.3 Die Zugpflaster

Im Sinne einer externen Anwendung und Hautbeeinflussung sind die Zugpflaster auf pflanzlicher Basis ein wichtiger Bestandteil. Hierzu zählen bspw. die *Paprikafrüchte,* die in Form eines Zugpflasters (ABC-Pflasters), Entzündungsbereitschaft auf der Haut signalisieren und damit aus der Tiefe des Organsystems die Entzündung ableiten.

4.2.3.1 Übersicht über die pflanzlichen Bestandteile von Zugpflastern

Tab. 8

Hahnenfuß	Ranunculus acer	Ranunculaceae
Kartoffel	Solanum tub.	Solanaceae
Paprika	Capsicum annuum	Solanaceae
Zwiebel Schnittlauch Knoblauch	Allium cepa Allium Schoeneprass. Allium sativum	Liliaceae Liliaceae Liliaceae
Senfmehl Meerrettich	Sinapis erucae Amoratia	Brassicaceae Brassicaceae
Geißfuß Bibernelle Meisterwurz	Aegopodium podagraria Pimpinella saxifraga Imperatoria obstruthium	Apiaceae Apiaceae Apiaceae
Leinsamen	Linum usitatissimum	Linaceae
Bockshornklee	Semen foenigracum	Fabaceae

5. Bäderbehandlung mit Heilpflanzen

5.1 Therapeutischer Stellenwert von Kräuterbädern

Kräuterbäder spielen in der großen Kneipptherapie eine nicht zu unterschätzende Rolle. Dabei sind es nicht nur die hydrostatischen Elemente des Wassers, die von außen her auf die Haut und auf das durch die Haut regulierte vegetative Nervensystem einwirken. Vielmehr ergänzen diese Funktionen *Kräutermischungen.* Diese sind in der Lage, sowohl externe Wirkungen auf der Haut selbst zustande zu bringen, als auch im übertragenen Sinne über inhalative und resorptive Möglichkeiten Heileffekte zu erzeugen.
Es müssen keineswegs Vollbäder sein, die zur Anwendung kommen. Gerade im Sinne KNEIPPS bieten sich auch Teilbäder und Halbbäder wie etwa Hand- oder Fußbäder an.
Dazu kommen:
- Abreibungen
- Feuchte Umschläge mit Zusätzen von Heilkräuterauszügen
- Waschungen.

5.2 Wie wirkt das Kräuterbad?

Durch zahlreiche Arbeiten aus den letzten Jahren wurde nachgewiesen, daß es sich hier nicht nur um einen physikalischen Reiz eines einfachen Süßwassers handelt. Vielmehr lassen sich die im Wasser verbreiteten ätherischen Öle und Tenside in ihrer Wechselwirkung auf die Haut belegen. Badeextrakte lassen auch unspezifische Reizwirkungen auf den Organismus nachweisen.
Die *pharmakologischen Angriffspunkte* von Badeextrakten können im wesentlichen zusammengefaßt werden:

(A.) Auf, in oder durch die HAUT

ADSORBATION – PENETRATION – PERMEATION

(B.) Über die:

NASE ALS GERUCHSORGAN

▼ ▲

LUFTWEGE DURCH INHALATION

Diesen Effekt konnte gerade DREXEL in seinen Untersuchungen deutlich nachweisen.

(C.) Über das:

AUGE

als Sinnesorgan des Farbwahrnehmens und des ästhetischen Urteils.

Die Haut des Menschen bietet auf einer Fläche von ca. 1,5 bis 2 qm dem Bad und den darin befindlichen Inhaltstoffen eine gut funktionierende Grenz- und Schutzfläche, sodaß auf diesem Wege die *Tiefensensibilität* und die *vegetative Nervenregulation* auch in Verbindung mit dem Wärmehaushalt und dem hydrostatischen Druck angeregt wird.

5.3 Extern wirkende Badeextrakte

5.3.1 Die Gerbstoffdrogen

5.3.1.1 Die Eichenrinde

Diese Form entspricht dem Hauptanteil. Neben ca. 46% Extraktivstoffen werden 26–35% Gerbstoffe auf die Haut aufgebracht. In diesen Konzentrationen verbindet sich der Gerbstoff mit dem Eiweiß der oberflächlichen Gewebskonstruktion zu einer Schutzmembran.

Der Tip:

> Akut entzündliche, nässende juckende Hauterkrankungen
> Bestes Adstringens der Phytotherapie bei nässenden Ekzemen und Schweißfüßen
> Bei Proktitis als Klistier
> Bei Hämorrhoiden als Sitzbad

5.3.1.2 Die Fichtenrinde

Hier finden sich 52% Extraktsubstanzen und 28% Gerbstoffe, die auf die Haut aufgebracht werden können. Die Funktionsweise folgt analog der Eichenrinde.

Der Tip:

> Akut entzündliche, nässende und juckende Hauterkrankungen

5.3.1.3 Extrakte der Latschenkiefer, Lärche und Whymutskiefer

Sie kommen als Badezusätze zum Einsatz bei:
- Rheuma und Neuralgien

Inhalativ bei:
- Bronchitis
- Atemwegserkrankungen.

5.3.1.4 Die Walnußblätter

Diese besitzen neben Gerbstoffen auch *hautreizende* Elemente.

Der Tip:

> Status seborrhoicus
> Psoriasis
> Hautreizung beachten!

5.3.2 Das Rosmarinöl

Es ist weitgehend identisch mit dem *Kampferöl* und ein beliebtes , altbewährtes *Kneippmittel* mit tonisierendem Effekt auf Kreislauf und gynäkologische Erkrankungen. In der Rekonvaleszenz, vor allem auch als Geriatrikum erfreut sich der Rosmarinspiritus bei Rheuma großer Beliebtheit.

Der Tip:

> Kreislauf-Tonikum
> Frauenkrankheiten
> Geriatrikum
> Antirheumatikum
> Unbedingt nachfolgende Bettruhe bei stark vegetativer Unruhe!

5.3.3 Heublumen

Sie wurden bereits besonders herausgehoben. Das Hochgras mit cumarinhaltigen Ölen hat eine Tiefenwirkung, die bei *Arthrosen* und *Ischias* Hilfe bringt.

5.3.4 Baldrian

Meist auch mit einigen Tropfen *Johanniskraut* werden die wasserlöslichen Valerate und fettlöslichen Valpotriate, mit Tensitiden gemischt, verabreicht.

Der Tip:

> Typisches Sedativbad

5.3.5 Kalmus

Neben Rosmarin kennen wir Kalmus als tonisierendes Bad bei:

- Hypotonie
- Appetitlosigkeit
- Rekonvaleszenz.

Bei den beiden letzteren meist in Verbindung mit Steinsalzbädern. Ansonsten:

- Erschöpfung
- Magenschwäche.

Der Tip:

> Die Badezeit muß unbedingt morgens liegen!

5.3.6 Lavendel

Der Lavendel wird als *Nervinum* bei Kneipp angewandt. Ähnlich dem Rosmarin konzentriert er mehr Wirkung auf das *Vegetativum* und wirkt durch seinen Geruch wohltuend und belebend.

Der Tip:

> Klimakterium der Frauen

5.3.7 Kieselsäurebäder

Zinnkraut und Schachtelhalm

Beide repräsentieren typisch die Kieselsäurebäder und enthalten etwa 7% lösliche Kieselsäure neben Bitterstoffen und Flavonen. Innerlich verabreicht ist der Typus Bestandteil des *Kobert'schen Lungentees,* früher bei TBC häufig angewandt.

Der Tip:

> Stimulans für das Bindegewebe bei Frostbeulen,
> schlecht heilenden Wunden, Dekubitalgeschwüren,
> Ulcerationen
> Pelvipathia spastica der Frauen, als Sitzbad

5.3.8 Weizenkleie

Kennzeichnend ist der *Schleimstoffgehalt.*

Der Tip:

> Hauterkrankungen
> Neurodermitis der Kinder
> Dermatitiden (in der Kombination mit Molke)
> Beruhigt nächtlichen Juckreiz

5.3.9 Weidenextrakt

Salicylhuminsäure als Weidenextrakt zeigt eine milde Wirkung bei *Erkältungskrankheiten.*

Der Tip:

> Rheuma

5.3.10 Haferstrohbäder

Bei KNEIPP sind sie als *Tonisierungsmaßnahme* sehr beliebt.

Der Tip:

Ekzeme Hauterkrankungen

5.3.11 Thymolhaltiges Fußbad

Bei Pilzerkrankungen, in Form von thymolhaltigen Fußbädern, erweisen sich ätherische Öle als bewährte Helfer. Mit Rückfettungsanteilen gibt es eine Kräftigung der Immunität der Haut (nach NOLTING) und verleiht eine stark desinfizierende Kraft.

Der Tip:

Fußpilz

5.3.12 Retterspitzwasser

Retterspitzwasser ist eine Kombination von Citrat, Tartrat und Sulfat als Anion, Kalium und Aluminium als Kation mit einem stabilen pH-Wert von 2,65. Dazu kommt ein Eiweißkomplex, der kolloidal aufgespalten ist und ein pflanzliches ätherisches Öl sowie Arnika.
Zum Gurgeln, zur *Wickeltherapie,* Kataplasmen wirkt es stark *entzündungswidrig* und ist ein beliebtes Volksmittel. In Salbenform ebenfalls möglich, es kann auch innerlich verabreicht werden.

6. Die ätherischen Öle

6.1 Entstehung und Vorkommen

Sie stammen aus den Exkreträumen der Pflanzen und stellen sowohl hinsichtlich des Geruchs, als auch der Heilwirkung spezifische Eigenschaften einer Pflanze dar.
Von Monoterpenen über bicyklische, Sesquiterpene, Di- und Triterpene (Isoprenrest mit C-Atomen) stellen sie in der organischen Chemie bisher 1500 Verbindungen. Ätherische Öle kommen bei etwa 30% aller untersuchten Pflanzen vor. Sie schwanken in den Pflanzen mehrfach und sind vielen Wandlungen ausgesetzt. Die ökologische Bedeutung ist vielseitig: Insektenlockstoffe, Fraßschutz gegenüber Insekten, die Wasserverdunstung und Transpiration der Pflanze zu schützen und schließlich ihre antibiotische Eigenschaft, von der auch in der Phytotherapie Gebrauch gemacht wird.

6.2 Pharmazeutische Nutzung

Ätherische Öle werden vielfach in der Pharmazie gebraucht, in der Kosmetik, Lebensmittelindustrie und in der Technik. Ihre Produktion wird in der Welt auf 20 000 Tonnen geschätzt, neben 250 000 Tonnen Terpentinöl. Die Herstellung erfolgt mittels Wasserdampfdestillation oder -extraktion.
Ätherische Öle haben eine *hautreizende* sowie eine mehr oder weniger starke *desinfizierende Wirkung*.
Die keimwidrige Eigenschaft wird mit Phenol verglichen. Thymol bspw. hat eine 30fache Phenolwirkung.
Neben der Hautreizung verfügt bspw. Bisabolol über eine typisch entzündungswidrige Eigenschaft, die sich, benachbart dem Chamazulen der Kamille, bewährt.
Ätherische Öle wirken diuretisch durch Nierenreize und damit auch harnantiseptisch.
Als *Antiphlogistika* gelten:

- Kamillenöl
- Arnikaöl
- Calendulaöl.

Kamille: 0,5–3% ätherisches Öl, α-Bisabolol, Chamazulen 1–20%, Flavonoide u. a.
Ätherische Öle werden in folgenden *Formen* verwendet:

SALBEN → (Verbrennungen, Wundbehandlung)

AUFGUSS

UMSCHLAG

BADEMEDIUM

TEE

ROLLKUR

Arnika liefert nur wenig ätherisches Öl für antiphlogistische Umschläge bei Wundbehandlung, ebenso wie Calendula. Letztere ist jedoch leichter anzubauen und zu kultivieren.
Zusammenfassung der Eigenschaften:

Antibiotisch	Antiphlogistisch
Desinfizierend	Diuretisch
Entzündungswidrig	Harnantiseptisch
Hautreizend	Keimwidrig

6.3 Ätherische Öle zur Schleimhautbehandlung

Hierher gehören die:

Borneole – Cinneole – Gerbstoffe – Kampfer – Thujone

Gefordert wird die *adstringierende* Eigenschaft.

Bademedien

Badezusätze in Form ätherischer Öle sind seit langem bekannt. Erst in den letzten Jahren ist durch die Anwendung gaschromatographischer Trennmethoden ein Nachweis über die Resorptionsgröße möglich gewesen.
Die Bademedien müssen mit sog. Tensitiden emulgiert werden. Die ersten Spuren der Badezusätze werden nach 20 Minuten in der Atemluft wiedergefunden, bei kontinuierlichem Anstieg zeigt sich die Hauptmenge an Terpenen nach 50 bis 75 Minuten. Spuren der Ausscheidung sind nach 24 Stunden noch nachweisbar. **Coniferenextrakte** (Picea excelsa), die Nadelholzteere, waren früher wichtige Dermatologika – auch das Quajakholz gehört hierher. Heute bedeutsam ist der:

Fichtennadelextrakt

Von Fichtennadelzusätzen werden 1–5% der perkutan aufgenommenen Menge abgeatmet, etwa 95% werden metabolisiert. Von dieser größeren Menge wird ein Teil als Glucuronsäure in der Leber gebunden, ein weiterer Teil in die Galle ausgeschieden, ein anderer Teil wirkt diuretisch über die Niere.

Die Resorptionszahlen von ätherischen Ölen sind sehr hoch und liegen über Sauerstoff und CO_2. Dabei ließ sich errechnen, daß von einem Erwachsenen während eines 20-Minuten-Vollbades rund 0,04 Milligramm ätherisches Öl eines Fichtennadelextraktes aufgenommen werden. Diese Menge ist nur gering, weniger als die mögliche Tagesdosis einer oralen Anwendung.

Der Tip:

> Atemwegs- und Lungenerkrankungen
> Vorsicht: Allergiegefahr

7. Dermatologika

7.1 Therapeutische Zuordnung

Therapeutisch müssen die reinen Dermatologika von den Externa unterschieden werden. Bei den Dermatologika geht es um Reaktionsweisen der Haut mit Entzündung, Bläschen- und Schuppenbildung und anderen metabolischen Funktionen, bei den Externa um die Durchblutung sowie die Einflüsse der Haut auf Organe oder tiefere Bindegewebsschichten, Knochen etc. Schmerzableitung bzw. Traumatologie betreffen die Wundheilung und die Blutung.

7.2 Die Funktionen der Haut

- Kontaktorgan zur Umwelt
- Schutzorgan (Austrocknung, UV-Strahlung, Schmutz und Bakteriengifte)
- Wärmeregulator (Kreislauforgan)
- Atmungsorgan (1% des Gasaustausches der Lunge)
- Depotorgan für Fett, Wasser und Blut
- Ausscheidungsorgan für Salze und Stoffwechselprodukte im Sinne der Ausleitung
- Signalorgan über Segmente zu inneren Organen
- Träger lebenswichtiger Anhangsgebilde

Bei der Zerstörung von mehr als ⅓ der Haut kann der Körper nicht mehr existieren.

7.3 Die Hautallergien

Eine der wichtigsten Hautfunktionen, von denen das Wohlbefinden abhängt, ist der **Kontakt** – psychisch und körperlich – mit Umweltnoxen, Bakterien und Reizen jeglicher Art. Aus dieser Situation resultiert die Allergie, d. h. eine Reaktionsweise, die anders ist, als es der natürlichen entspricht.

Mit der Allergie tritt ein Naturphänomen auf, das erst unter bestimmten Umständen, die vom Menschen weitgehend beeinflußbar sind, zu Krankheitserscheinungen führt. *Idiosynkrasie, Eukrasie* und *Dyskrasie* waren für die Antike wichtige Begriffe, die im Sinne der Säftelehre jeweils die Empfindlichkeit ableiteten.

Erst in neuerer Zeit hat PIRQUET den Allergiebegriff geprägt, den er als Ausdruck für eine veränderte Reaktionsfähigkeit des Individuums vorschlug. Für die allergische Reaktionsbereitschaft sind zwei Allergietypen besonders ausschlaggebend:

7.3.1 Soforttypus oder Typ-I-Allergie

Er entspricht der Sofortreaktion auf eine Noxe mit Rötung, evtl. Schwellung und zeichnet sich durch Freisetzung von Histamin, Bradykinin und Acetylcholin aus. Die Sofortreaktion kommt humoral durch B-Lymphozyten zustande – dem Soforttypus entsprechen die Pflanzen mit nachweislicher *Erythembildung*.

7.3.1.1 Pflanzen mit Erythemwirkung

Tab. 9

Aconit	Hydrastis canadensis
Aristolochia	Hydrocotyle asiatica
Asarum europaeum	**Hyoscyamus niger**
Belladonna	Juglans regia
Bellis perennis	Ledum palustre
Copaifera	Phytolacca decandra
Crocus sativus	Primula obconica
Daphne mezereum	Pulsatilla pratensis
Delphinium Staphisagria	Stramonium
Dulcamara	**Urtica urens et dioica**
	Viola tricolor

7.3.2 Der Spättypus oder Typ-IV-Allergie

Hier liegt eine Reaktion vor, die über Mediatorstoffe an das immunitäre Zellsystem gekoppelt ist, also erst nach einer Stimulierung des lymphatischen Gewebes und zwar speziell der T-Lymphozyten, auftritt. Sehr häufig kommt es dabei zu Bläschenausschlag. Dieser Typ entspricht den Pflanzen mit *Bläschenbildung*.

7.3.2.1 Pflanzen, die Bläschenallergien auslösen

Tab. 10

Ailanthus glandulosa	Grindelia robusta
Anacardium orientale	**Hura Brasiliensis**
Arnica montana	Iris versicolor
Artemisia	**Hippomane mancinella**
Capsicum annuum	Mandragora officinarum
Cicuta virosa	**Mezereum**
Clematis recta	**Ranunculus bulbosus**
Comocladia dentata	**Rhus toxicodendron**
Croton tiglium	**Rhus venenata**
Cyclamen europaeum	**Robinia pseudacacia**
Euphorbia resinifera	Sarsaparilla
	Stillingia silvatica (Euph.)

7.3.3 Metabolisch bedingte Hautveränderungen

Hier geht es vor allem um:
- Fetthaut oder Seborrhoe → Akne vulgaris
- Seborrhoische Exantheme
- Psoriasis
- Warzen
- Basaliome
- Hautkarzinom.

Diese Erscheinungsformen verstehen sich auf dieser Entwicklungsstufe als metabolische Hautveränderungen.
Hierzu haben sich in letzter Zeit Kosmetika aus der Pflanzentherapie herausentwickelt (MESSÉGUÉ).
Im weiten Sinne gehört zu den Stoffwechselveränderungen der Haut auch die *Vitiligo*.

7.4 Die entzündlichen Hauterkrankungen

Nach dem Klagebild in der Klinik unterscheiden sich als Phasen der Hautaffektionen:
- Juckreiz
- Rötung und Schwellung
- Exazerbation.

Exazerbation versteht sich im Sinne von erweiterten Effloreszenzen wie:
- Pusteln
- Nässendes Ekzem
- Exanthem
- Exkoriation mit Borken und Krusten
- Bakterieller, viraler, mykotischer Befall.

7.4.1 Der Juckreiz

Am lästigsten ist für den Patienten der Juckreiz, der auch mit Schmerzen verbunden sein kann, sodaß er vom Arzt den sofortigen Einsatz verlangt. Die Salben haben meist palliativen Charakter; im Zweifelsfall muß *Cortison* helfen. Der Juckreiz hat eine Vielzahl von Ursachen, dabei ist der *psychische Faktor* nicht unbedeutend. Aber auch *Stoffwechselanomalien* wie Gicht und Diabetes, Fettsucht und Störung der inneren Sekretion bzw. des *Hormonhaushaltes* können mitspielen.
Aus der Pflanzenwelt sind einige Stoffe bekannt, die den Reiz deutlich reduzieren, wie beispielsweise Menthol 2%ig. Die besten Wirkungen bei Juckreiz werden jedoch mit Salben und Ölen (1%ig) erreicht. Auch Thymol 1,5–2%ig entfaltet eine abgeschwächte Ansprechbarkeit auf Temperatur und Schmerzreize und eignet sich als juckreizstillende Komponente.

7.4.1.1 Juckzreistillende Pflanzen

Tab. 11

Juckreiz	Wirksphäre	Besonderheit	Pflanze oder Wirkstoff
Allgemein		2%ig	Menthol
Allgemein		1%ige Salben und Öle	Menthol
Allgemein	Abschwächung der Ansprechbarkeit auf Temperatur und Schmerzreiz	1,5–2%ig	Thymol
Allgemein		Puderform	Reisstärke
Allgemein		Puderform	Kartoffelstärke
Allgemein		Puderform	Weizenstärke
Allgemein		Puderform	Bärlappsamen
Allgemein		Pulverisierte Blätter	Himbeerstrauch
Allgemein	Gallensekretion		Schöllkraut
Folge von Mykosen	Fußzehen	Ätherisches Öl 8fache Phenolwirkung	Nelkenöl
Folge von Mykosen	Fußzehen	Ätherisches Öl	Lavendelöl Thymianöl Kampferöl
Dermatophyten		Nach LUTOMSKY	Chelidoninalkaloide
Dermatophyten		Sud	Viola tricolor
Dermatophyten			Menthol
Mykosen	Auch Darm	Öl	Knoblauch
Mykosen	Auch Darm	Mindesteinnahme 3 Zehen täglich, über mindestens 3 Wochen	Knoblauch pur

7.4.2 Rötung und Schwellung

Der Großteil aller Hauterkrankungen beginnt mit einer Rötung und Schwellung, d. h. mit einer vermehrten Kapillaraktivität. Je nach Umfang, Verteilung, Lokalisationsmuster und weiterem Verlauf werden die Merkmale zu symptomatischen Zeichen der Krankheit. Mit ihren verschiedenen Schmerzen und Farbqualitäten bieten bspw. das

- Erysipel
- Erythem
- Exanthem

ein vielfältiges Bild.

Bekannteste Entzündungsmittel

Dazu gehören:
- **Arnika**
- **Calendula**
- **Johanniskraut**
- **Kamille.**

Entzündung im Anfangsstadium

In dieser Phase sind die Alkaloide der Solanaceen besonders wichtig. Wir verwenden:
- **Belladonna**
- **Dulcamara**
- **Hyoscyamus.**

Saponinhaltige Drogen

Wichtigste Pflanzen bei solchen Entzündungen sind saponinhaltige Drogen, die mit zu den zuverlässigsten Wirkstoffen im Pflanzenreich gehören. Ihre Eigenschaften sind die Schaumbildung, die emulgierende Wirkung auf Öl und die Stabilisierung von Suspensionen. Sie besitzen eine nachgewiesene *Affinität zu Cholesterin* und bilden damit Komplexe – man leitet davon auch die Stimulierung der Cortison-Produktion ab. Im toxischen Versuch führt die Permeabilitätserhöhung zur Haemolyse.
Von der Schleimsekretion macht man in der Bronchologie Gebrauch, von der diuretischen in der Nephrologie *(Herniaria, Equisetum, Solidago* und die *Quecke*), bei den Steroidsaponinen besteht eine deutliche Ähnlichkeit mit dem C 27-Gerüst. (Ein typisches Beispiel ist Ruscus aculeatus, der *Mäusedorn.*) Fragliche Resorptionsverhältnisse sind hier möglicherweise Ursache von **weniger starker Wirkung,** so bei *Smilax sarsaparilla, Solanum dulcamara, Tomatine, Viola tricolor, Bellis perennis, Aescine, Ruscogenine, Bockshornklee.*

Der besondere Tip:

Die Judenkirsche Physalis Alkekengi

Mit ihr verfügen wir über eine weitgehend unbekannte Möglichkeit, Hautentzündungen zu beeinflussen. Die Judenkirsche kann in reiner Form genossen werden und bringt eine deutliche Abschwächung der Entzündung und des Juckreizes.

7.4.3 Exazerbation

Begrifflich verstehen wir darunter vor allem erweiterte Effloreszenzen.

7.4.3.1 Heilpflanzen nach Lokalisation von Hauteffloreszenzen mit Bläschencharakter

Tab. 12

Pflanze	Lokalisation
Anacardium orientale	Interdigitalekzem
Anagallis arvensis	Handrücken
Capsicum annuum	Gesichtsbereich Trigeminus I–III
Cicuta virosa	Munddreieck
Clematis recta	Augen und Handflächen
Comocladia dentata	Periorales Ekzem
Croton tiglium	Hodenekzem, Leistengegend
Dulcamara	Nasolabialfalte, Brustrinne
Euphorbia	Herpes labialis Herpes genitalis
Hippomane Mancinella	Fußsohlenbefall
Hura brasiliensis	Multilokulär in einzelnen Haufenanordnungen
Mezereum	Generalisiert am ganzen Körper mit starker Rötung
Ranunculus bulbosus	Segmentär im Bereich der Thoraxsegmente
Thuja occidentalis	Balanitis

Die Anwendung empfiehlt sich mit einer homöopathischen Dosierung (D2–D4 – 2× tägl. i.o.u.).

7.4.3.2 Bewährte Mittel bei erweiterten Hauteffloreszenzen

Tab. 13

Mittel	Wirkung	Anmerkungen
Echinacea	Umstimmend	Auch s. Injection
Mistel	Umstimmend	Auch s. Injection
Elagengerbstoffe		
Pyrogallol-Gerbstoffe		
Quercus ruber		Als Teesud
Eichenrinde	Adstringens	Als Teesud
Hamamelisrinde	Adstringens	Als Teesud u. Tinktur
Tormentillwurz	Adstringens	Als Teesud u. Tinktur

Tab. 13 (Fortsetzung)

Mittel	Wirkung	Anmerkungen
Sempervivum tectorum		Altes Volksmittel Tropfenweise den Saft aufgetragen
Ulme		
Walnuß		Als Blätter oder Schale
Agrimonium eupatorium	phlobaphen	

Erwähnenswert aus dem Bereich der homöopathischen Anwendung:

Anagallis arvensis (D4 – innerlich)	Bläschenausschlag auf dem Handrücken Primelallergien
Capsicum annuum in Verbindung mit Melissensalbe (Lomaherpan)	Herpes labialis

7.4.4 Heilpflanzen mit entzündungswidriger und abschwellender Wirkung

Cholesterinkomplexe in der Haut, Dysseborrhoisches Ekzem und Kälteurticaria können hiermit behandelt werden. Russische Autoren berichten über eine Anschwellung der Nebennieren nach längerem Gebrauch. Die Desensibilisierung ist hier u. U. wichtig.

7.4.4.1 Vitiligo und PUVA-Therapie

Vitiligo ist eine der schwierigsten Hauterscheinungen. Man kannte sie schon im alten Ägypten. Zwar stört diese Erkrankung den Patienten wenig, bewirkt jedoch einen einschneidenden kosmetischen Effekt.
Eine Zunahme der Pigmentation wird durch die photosensibilisierende Wirkung der *Furo-Cumarine* erreicht. Solche Stoffe enthält die in der Mittelmeerregion vorkommende *Ammi-maius*-Frucht und auch die *Pastinakwurzel.*
In sonnenarmen Ländern muß der Patient zusätzlich zu dem gelben Pulver **Meladinine** eine UV-Bestrahlung durchführen; dieses 8-Metoxysporalen trägt zur Melaninbildung in der Haut bei. Man nennt diese Behandlung auch PUVA.

Der Tip:

> Das Mittel ist nicht ungefährlich
> Nebenbefundlich können sich Haarausfall, Karzinomgefährdung, mutagene Wirkungen, Nausea und Schlaflosigkeit einstellen

Es werden aber auch andere Mittel versucht wie:

- **Engelswurz**
- **Gekochte Walnußschalen**
- **Johanniskraut**
- **Sellerie.**

7.4.4.2 Die Psoriasisbehandlung

Furocumarine

Bei der Psoriasis wird mittels der Furocumarine im UV-Licht die Epidermopoese aufgrund von Einflüssen auf die DNS-Spirale reduziert.

Der Tip:

> Furocumarine können Wiesendermatitis auslösen

Chrysarobin und Psoralen

Chrysarobin ist ursprünglich ein gelbes Pulver *(Goapulver),* das in den Spalten des in Brasilien heimischen Baumes *Andira araroba* (Familie Fabacee) vorkommt. Es ist ein Gemisch von Anthronen und Anthrachinonen mit zellteilungshemmenden Eigenschaften, die sich bei der Psoriasis hemmend auf die Schuppenbildung auswirken (die Wäsche wird dabei braun gefärbt). Als Salbe und Paste wird es auch bei Mykosen verwendet. Eine dianthronhaltige Salbe ist das Psoralen.

Sonstige Psoriasismittel:

Berberis aquifolium	Echinacin
Berberis vulgaris	Hydrocotyle asiatica
Dulcamara	Sarsaparilla

Der Tip:

> Eine Eigenbluttherapie mit Acidum formicium ist oft ebenso erfolgreich wie eine diätetische Schrothkur.
> Sehr bewährt auch:
> **Psorifugsalbe u. Rubisansalbe**

8. Ophtalmika

Die Ophtalmika sind über die Pharmakologie in die pflanzliche Arzneiverwendung »eingeschleust« worden, wobei es sich hier vorwiegend um alkaloidhaltige Pflanzen, vorwiegend der Nachtschattengewächse handelt.

Belladonna und Physostigma venenosum

Belladonna mit den Atropinestern, Scopolamine im Sinne der Innervationsbeeinflussung, Pilocarpine, ebenfalls auf die *Innervation* einwirkend und Physostigmin, aus dem Physostigma venerosum, einer Fabacee.

Der Tip:

> Physostigmin

Berberis vulgaris

Ein etwas weniger bekanntes Mittel aus der Familie der Berberidaceen.

Der Tip:

> Berberil-Augentropfen bei Schleimhautaffektionen und Entzündungen der vorderen Augenabschnitte

Digitalis

Die Digitalisdroge aus der Familie der Scrophulariaceen hat ebenfalls, sowohl im Sinne der Durchblutungsanregung, als auch der Innervation eine gewisse Bedeutung erlangt. Mehr jedoch die einfachen, aus der Volksmedizin abgeleiteten Mittel wie:

Euphrasia

Der Augentrost, eine Scrophulariacee, bringt sowohl auf die Schleimhautaffektionen als auch auf die Augenmedien und die Durchblutung eine sehr *ausgleichende* Wirkung.

Der Tip:

> Ermüdung der Augen:
> Solan-Augentropfen
> Ophtol-Augentropfen
> Jso-Augentropfen

Foeniculum

Aus dieser Apiacee leitet sich das *Fenchelwasser* ab, ein altes Hausmittel.

Der Tip:

> Fenchelwasser als Tee zu Augenbädern bei Übermüdungserscheinungen und Altersentzündlichkeit

Ruta graveolens

Weniger bekannt ist die Ruta graveolens. Ruta-Augentropfen sind allerdings in rein phytotherapeutischer Form nicht im Handel erhältlich. Deshalb müßte hier *peroral* auf die homöopathische Tinktur in D2, D3 oder D4 ausgewichen werden.

Der Tip:

> Durchblutungsaffektionen der vorderen Augenabschnitte
> Ruta graveolens D2 oder D3 oder D4 homöopathisch

Cineraria maritima

Diese Composite kennen wir aus der Volksmedizin. Sie wirkt sowohl auf die Medien der Augen als auch auf die Schleimhaut und erfreute sich früher großer Beliebtheit. Innerhalb der Volksmedizin bestand die Anweisung, die Cineraria als Pflanzensaft bei beginnendem Grauen Star in die Augen zu träufeln. Die Möglichkeit, hier an reine Präparate zu kommen, besteht nicht, so daß man auf die einfache Tinktur ausweichen muß, die innerlich genommen wird.

Der Tip:

> Einfache Tinktur, innerlich, flankierendes Hilfsmittel bei Grauem Star

Prunus spinosa

Der *Schlehdorn,* eine Rosacee, ist in einigen volksmedizinischen Augenwässern und als Schlehenblütentee bekannt geworden.
In der Homöopathie wenden wir Prunus bei Augenverletzungen und bei Innervationsstörungen der Augen in niedriger Dosis oral an. Diese Anwendung entspricht analog den Mitteln Ruta graveolens und Platanus.

Hamamelis

Hamamelis virginica, eine Droge, die eher homöopathisch bei venösen Belastungen zum Einsatz kommt, versteht sich phytotherapeutisch als alkoholische Lösung.

Der Tip:

> Venöse Stauungen und Verletzungen der Augen
> Augenstörungen
> **Hamameliswasser**

Sonstige

Clematis recta D4 homöopathisch	Allergische Ophtalmien
Chamomilla **Efeu** **Gamander** **Luffa operculata** (Gurkengewächs mit Helix) **Teucrium marum verum**	Für Allergie-Behandlungen, die in Verbindung mit Nasenbehandlungen auch Augen beeinflussen können

Der Tip:

> Sowohl äußerlich als auch in homöopathischer niedriger Dosierung D3 oder D4

Wichtiger Hinweis: Aus dieser kurzen Zusammenstellung kann eine Hilfe bei Augenerkrankungen erwartet werden. **In jedem Fall den Augenarzt hinzuziehen!** Speziell auch bei den Senffußbädern zur **Glaukombehandlung.** Es handelt sich hier um Volksheilmethoden, die nur im **Akut- oder Notfall** legitimiert sind, während die exakte Diagnostik und nachfolgende Therapie in die Hände des erfahrenen Augenarztes gehören.

8.1 Übersicht über die Ophtalmika pflanzlichen Ursprungs und ihre Indikationen

Tab. 14

PHYTOPHARMAKA

Name der Pflanze	Familie	Wirkstoffe	Indikationen und Anwendungsform
Atropa Belladonna	Solanaceen	Atropinester	Anticholiergisch, mydriatisch, entzündungswidrig
Physostigma venenosum	Fabaceen	Physostigmin	Miotikum bei Grünem Star

PHYTOTHERAPEUTIKA

Name der Pflanze	Familie	Wirkstoffe	Indikationen und Anwendungsformen
Berberis vulgaris	Berberidaceen	Berberin-Alkaloide	Antiinfektiös bei Schleimhautreizung, Tropfen
Cineraria maritima	Compositen	Flavone	Volksmittel
Euphrasia	Scrofulariaceen	Aucubin Catalpol Euphrosid	Konjunktivitis, Keratitis, in zahlreichen Tropfen
Foeniculum	Apiaceen	Anethol Fenchon	Aqua foeniculi – Augentropfen auch als Tee zum Bad bei Infekten und Schwäche
Hamamelis virginica	Hamamelidaceen	Gerbsäure Tannine	Aqua Hamamelidis als Adstringens bei Blutungen

Tab. 14 (Fortsetzung)

HOMÖOPATHIE

Name der Pflanze	Familie	Wirkstoffe	Indikationen und Anwendungsform
Allium cepa	Liliaceae	Senfölglykoside	Brennender Tränenfluß, D4
Arnica montana	Compositae	Flavonoide	Traumatische Augenleiden
Clematis recta	Ranunculaceae	Protoanemonin	Rheumatische Iritis, allergische Liderkrankungen
Digitalis purpurea	Scrofulariaceae	Digitoxin	Photopsien Akkomodationsstörungen
Prunus spinosa	Rosaceae	Rutin	Ziliarneuralgie, Trigeminusneuralgien
Platanus occidentalis	Platanaceae	Hypoxanthin Guanin Allantoin	Chalacion und Hordeolum, Glaskörpertrübungen
Staphisagria **Delphinium**	Ranunculaceae	Diterpene Delphenin	Lidrandentzündungen, Hordeola-Siccasyndrom

Anmerkung: Die homöopathischen Verordnungen werden alle in einer Dosierung von D4–D6 und ausschließlich peroral verabreicht.

III.

Anwendung phytotherapeutischer Interna

1. Phytotherapie bei Störung des Immunsystems

1.1 Grundlagen und Zusammenhänge

Das Immunsystem schützt den Organismus gegen körperfremde Strukturen, gegen sogenannte *Antigene.* Das können Bakterien, Viren oder andere Krankheitserreger sein, aber ebenso auch tierische oder pflanzliche Gifte, oder jegliches fremdes Eiweiß. Das Anliegen der Therapie ist es, unter dem Begriff *Immunstimulierung* oder *Immunpotenzierung* ein prophylaktisches oder therapeutisches Vorgehen herbeizuführen, bei dem versucht wird, durch Pharmaka eine Steigerung unspezifischer oder spezifischer körpereigener Abwehrmechanismen in Gang zu bringen. Eine solche Reaktion des Körpers geschieht mit Hilfe der *Antikörper* oder *Immunglobuline,* die aufgrund verschiedener Reizmechanismen freigesetzt werden. Die wesentlichen Anteile dabei sind die **Lymphozyten,** die verschiedene Spezifitäten bereithalten, um die antigene Außenwelt zu neutralisieren. Die Antikörperproduktion wird von den verschiedenen Determinanten in Gang gesetzt, wie etwa Zucker (Polysacchariden), Fettsäuren und Aminosäuresequenzen. Daneben gibt es aber auch Verbindungen, die eine unspezifische Abwehr induzieren, die man nach den Arbeiten von MEIER und STICKL als **Paramunitäts-Inducer** genannt hat.

1.2 Zelluläre Mechanismen der Immunabwehr

Hierzu wurde eine Reihe immunstimulierender Wirkungen von Wirkstoffen bekannt, die in der Pflanzenwelt reichlich vorkommen:

- Glykoproteine
- Lipopolysaccharide
- Polysaccharide
- Proteine
- Nucleotide.

Lectine sind es in Pflanzenstoffen, die Blutzellen agglutinieren können.
Phythämagglutine haben die Eigenschaft, sich an T-Lymphozyten zu binden und eine Lymphozytenmitose auszulösen. Auch zytotoxische Eigenschaften im Sinne einer Killerzellenaktivierung lassen sich daraus ableiten.
Beispiele:

- Mistel
- Phytolacca americana.

1.3 Humorale Mechanismen der Immunabwehr

Neben den zellulären Mechanismen, also Komplementbindungen an die Oberflächenantigene der Bakterien und den Phagozytosereaktionen kennt man auch humorale Wirkungen. Diese lassen sich zurückführen auf:

Lysozyme
Fermentative Einwirkungen auf die Bakterienwände und das Immunglobulin A.

Interferon (A+B)
Virushemmsubstanzen = ein Protein, das nach einem durchgemachten Infekt einen neuen, gleichen Virusinfekt verhindert. Masern verhindern bspw. Röteln oder Pockenimpfungen vermögen einen **Herpes zoster** zu beeinflussen.

Properdine
Es handelt sich um Serumsubstanzen, die in Anwesenheit von Magnesiumionen Viren abtöten. Spezifische Aktivierung durch Immunkomplexe und unspezifische Aktivierung durch Endotoxine und Polyanionen.

C-reaktives Eiweiß
Ein Eiweiß, das in Anwesenheit von Calciumionen mit gruppenspezifischen Kapselpolysacchariden reagiert.

1.4 Immunabwehr des Hormonsystems

Das Hormonsystem ist ebenfalls in die Mechanismen der Immunabwehr einbezogen. Im Vordergrund stehen die Reaktionen der
- Hypophyse
- Nebenniere
- Sexualdrüsen.

Nicht nur die *Cortisonfreisetzung* wirkt immunsupprimierend, sondern auch eine Reihe von Mechanismen, die im *Regelsystem* des Hormongeschehens manifest werden können. Beispiele:
- Nebenniere
- Schilddrüse
- Sexualdrüsen.

Die vom Cholesterin abgeleiteten **Steroidsaponine wirken immunmodulatorisch.** Hier sind die Pflanzenstoffe der:
- Dulcamara
- Ginseng (im weiteren Sinn)
- Glycyrrhiza glabra
- Lycium chinense
- Smilax sarsaparilla
- Withania somnifera

zu nennen.

Was versteht man unter Immunmodulation?
Eine Stimulation in einem Wirkbereich von 10^{-4} bis 10^{-12} bis in den Nanogramm-Bereich.
Dabei handelt es sich um:

- Synthetika (Levamysol)
- Interferone (8-alpha, beta und gamma)
- Mikroorganismen (BCG, Pindavis, Paspat, Vaccineurin)
- Phytotherapeutika (Echinacin, Eupatorium und diverse Stoffe aus der Kompositenfamilie.

1.5 Die Immunologie der Schleimhaut

Bitterstoffe haben wesentliche Einflüsse auf die Schleimhaut. Über die Geschmacksknospen der Zunge werden zunächst die Rezeptoren der Sekretion auf nervalem Wege gereizt. Über den Vagusnerv wird das gesamte Potential der Magen-Darm-Schleimhaut freigesetzt. Appetitanregung, Verdauungsförderung und vor allem die Anregung des darmassoziierten Abwehrsystems, das konsensuell bereits im Mund gereizt werden kann und zur Produktion angeregt wird.
Mit Hilfe des sekretorischen IGA läßt sich die Einwirkung von Bitterstoffen auf dieses Darmpotential nachweisen. Bedeutsam für die quantitative Bestimmung des sekretorischen IGA oder sIGA ist die Tatsache, daß bei unterschiedlichen Sekreten des Magen-Darm-Traktes ein unterschiedliches Profil der Immunglobulinverteilung vorliegt. So ist der Anteil in der Galle sehr gering und stammt zum Großteil aus dem Serumpotential des Blutes. Lediglich die Verknüpfung zur dimeren Form mit Hilfe der sekretorischen Komponente findet im Epithel der Gallenwege statt.
Im Speichel stammt das sIGA zu 90% aus der schleimhautbezogenen Produktion und nur zu 1–5% aus dem Plasma. So kann man ein verläßliches Bild aus dem Nüchternspeichel gewinnen.
Bestandteil: Radiale Immundiffusion auf Partigenplatten und Bezug auf einen Standard. Das monomere sIGA kann vom dimeren sIGA durch Reduktionsmittel gespalten werden.

1.5.1 Konsequenzen der Immunologie der Schleimhaut

A. *Erhöhung der sekretorischen IGA bei:*

Colitis
Chronischer Enterocolitis
Morbus Crohn

Der Tip:

Gentiana Artemisia-Derivate

B. *Senkung des sIGA bei:*

Atrophischen Tendenzen der Schleimhaut Kollagenosen Lupus erythematodes Morbus Becet Morbus Sjögren Panarteriitis Polymyositis Mischkollagenosen Vasculitis Atrophie der Mund- und Ösophagusschleimhaut Dysphagie Gingivitis

Oft kann übrigens eine *antirheumatische Therapie* arzneiliche Ursache der Entwicklung von Kollagenosen und Atrophieerkrankungen sein.

Der Tip:

Oberer Dünndarmbereich: **Aloe und Teufelskralle** (Harpagophytum procumbens) Mittlerer und unterer Dünndarmbereich: **Gentiana bzw. Chinaderivate**

1.6 Immunstimulation oder Umstimmung

1.6.1 Begriffsklärung und Grundlagen

Mit dem Begriff Umstimmung ist eine Therapie angesprochen, die einen chronischen Krankheitsprozeß in eine andere Verhaltensform und Reaktionslage versetzen soll. Früher wurde dieser Begriff mit unspezifischer Methodik oder unspezifischem Reiz verallgemeinert. 1887 hat WAGNER-JAUREGG mit Hilfe der Fiebertherapie Malaria geheilt. 1950 hat FERDINAND HOFF die vegetative Gesamtumstimmung geprägt und beschrieben und mit sog. Reizkörpern die Abwehr angefacht. 1980 wird von einer **Immunstimulation** gesprochen, die mit Hautreizstoffen, mit phytomitogenen und polymeren Verbindungen *(Pflanzenextrakten)* möglich ist.

Umstimmung ist aber auch die Wandlung eines Krankheitsprozesses im Sinne von Selbstheilungsbestrebungen – eine Änderung physiologischer Reaktionsweisen und Funktionen von vegetativen, endokrinen, immunologischen, exogenen und psychischen Reizen zum Zwecke einer andersartigen Reaktion.

Die Möglichkeiten einer Umstimmung wurden erstmals von H. K. Königer (1928) zusammengestellt. Damals wurden die Beobachtungen an den Folgen parenteraler Proteininjektionen gemacht.
F. Hoff hat in den 50iger Jahren gefolgert, daß die Umstimmung grundsätzlich ein einheitlicher Vorgang sei, der immer in gleichen Gesetzmäßigkeiten abläuft. Diese Gesetzmäßigkeit nennt er *vegetative Gesamtumschaltung*. Er folgert, daß die Umstimmung keine spezifische gegen eine bestimmte Krankheit gerichtete Therapie darstellt, was zu dem Beinamen »unspezifisch« führte – die Gegner sprachen deshalb von »wirkungslos«. VGU sind Abläufe von Leukozyten, myeloische und lymphatische Reaktionen des Blutbildes.
Myelose = Acidose, lymphatische Reaktion = Alkalose.
Auch diätetische Überlegungen haben dabei Platz, wenn man weiß, daß die Rohkost mit ihren alkalischen Tendenzen auch eine Umstimmung erbringt. Das gleiche gilt vom Fasten, von Schaukeldiät u. ä., wie es B. Zimmermann nachgewiesen hat. Pischinger sprach vom *Grundsystem,* das gelähmt werden kann und damit eine Blockierung bringt, die zu Malignität führen kann.

1.6.2 Formen der Umstimmung

Heilfieber – Überwärmung

»Gebt mir Fieber und ich heile alle Krankheiten«, ist ein alter hippokratischer Satz. Wagner-Jauregg heilte mit Malaria die progressive Paralyse. Heilfieber wird also bei *intercurrenten* Erkrankungen, aber auch bei *allergischen* Erkrankungen und *Asthma* sehr hilfreich eingesetzt. Das gleiche gilt für die Überwärmung, für den früher sehr bekannten Terpentinabszeß, für das heutige Vaccineurin, Paspat und andere Bakterienautolysaten, die im Sinne des Impfmechanismus appliziert werden.

Tiergifte

Von den Tiergiften sind Ameisen- und Schlangengifte neben den Bienengiften bekannt.

Hormonverbindungen

Hormonverbindungen der Extrakte aus Plazenta, Thymus, Thyreoidea, Hypophyse (ACTH) und entsprechende Seren.

Pflanzenmittel – Phytotherapeutika

- Aconit
- Belladonna.

Phytotherapeutisch stehen Kompositen im Vordergrund.

Der Tip:

Baptisia	Eupatorium perfoliatum
Bryonia	Thuja
Echinacea	Viscum album

Umstimmung ist Abkehr von monokausalem Denken, eine Therapieform mit System. Nicht das kranke Organ, sondern der ganze Mensch wird dabei behandelt. Die Umstimmung ist eine Antwort auf die symptomatische Therapie nach Krankheitsbegriffen und deshalb für unsere Zeit modern.

1.6.3 Die häufigsten Arzneipräparate zur Umstimmungstherapie aus dem Pflanzenreich

Tab. 15

Chamomilla Matricaria	Echinacea angustifolia
Aconitum napellus	Eupatorium cannabinum
Althaea officinalis	Eupatorium perfoliatum
Aristolochia clematitis	Euphrasia officinalis
Arnica montana	Gelsemium sempervirens
Baptisia tinctorica	Marubium vulgare
Bryonia dioica	Pneumus boldus
Calendula officinalis	Phytolacca americana
Carex flavus	Phytolacca decandra
Centaurium minus	Scrophularia nodosa
Cynanchium vincetoxicum	Thuja occidentalis
Echinacea purpurea	

1.6.4 Mindestanforderungen der WHO beim Einsatz von Pflanzen bei Immunstimulation in Prophylaxe und Therapie

Hinsichtlich der Brauchbarkeit werden an Eigenschaften verlangt:

a) Chemisch rein, bzw. chemisch definierbar
b) Biologisch rasch abbaubar
c) Nicht cancerogen oder *cocarcinogen*
d) Akut und vor allem chronisch: Nicht toxisch
e) Ohne nachteilige pharmakologische Nebenwirkungen
f) Weder zu geringe noch zu starke Stimulation
g) Keine »Kaskadeneffekte«, das heißt, daß sie nur einen Teil des Immunsystems betreffen

2. Phytotherapie bei Infektion, Entzündung und Rheuma

2.1 Mechanismen und Funktionen

Wohl in keinem Bereich divergieren die medizinischen Meinungen so stark wie in dem der Behandlung von Infekt und Entzündung. Unterscheidet sich doch die natürliche Therapie gerade dadurch von anderen Methoden, daß sie die *Fieberreaktion nicht unterdrückt,* sondern sogar bis zu einem gewissen Grad *pflegt,* während die Pharmako-Therapie eine Vielzahl von »Antimitteln« bereithält:

- Antibiotika
- Antiphlogistika
- Antipyretika

usw.

Dies gilt natürlich nur dort, wo die Biologie und die Abwehrkraft des Organismus und auch das Kräfteverhältnis des Organismus diese Zumutung an die Reaktionsfähigkeit des Körpers entscheiden und zulassen.

Die Argumente der Naturheilweisen und damit der Phytotherapie sind:

- Kräftigung der Körperabwehr
- Immunstimulation
- Resistenzverbesserung
- Umstimmung.

Die Immunstimulation kommt zur Anwendung, soweit die immunologischen Einflüsse bekannt sind. Die Resistenzverbesserung empfiehlt sich insbesondere nach vorheriger Antibiotika- oder immunsupprimierender Behandlung.

Es sind also insgesamt sowohl *unspezifische* wie *spezifische Umstimmungsmethoden,* die eine *Immunantwort* im Sinne einer vermehrten Abwehrbereitschaft induzieren. Dies geschieht unabhängig von der Art der zu behandelnden Reaktion wie bspw. der Infektion.

2.1.1 Spezifische Umstimmung

Bei dieser Therapieform wird versucht, mit abgetöteten Keimen auf die Bildung von **Antikörpern** gegen diese Keime einzugehen.

Dieser Vorgang ist vom Impfen her bekannt. Seit 1925 zeigte Gaston Leon Ramon, daß man die Titer von Antitoxin-Antikörpern gegen Diphtherie vermehren kann, wenn man Stoffe wie Agar, Lecithin, Tapiokastärke, aber auch Saponine zuführt. Man nannte dieses Prinzip das **Adjuvanzprinzip,** wovon das *Freund'sche Adjuvanz* (eine Wasser-Öl-Emulsion) das bekannteste wurde. In Ergänzung hierzu ist auf zahlreiche Pflanzenstoffe zu verweisen, von denen die *Saponine* am interessantesten sind. Neben den isolierten Stoffwechselprodukten wie Dextrane, Glukane, d. h. Polysacchariden, auch aus der Bakterienhülle und BCG-Stoffen, an die man neuerdings wieder vermehrt denkt, obwohl sie nicht ungefährlich sind *(Tuberkulin-Reaktionen!)*.

2.1.2 Die Erkältung – eine Begriffsklärung

Ein Vorgang des Krankseins, der zu Infektion und Entzündung führt, ist die Erkältung mit einer Schädigung im physikalischen Sinne bei physischer und organischer Schwächung, d. h. Minderung der körperlichen Abwehrlage. Hier unterscheidet sich die Volksmedizin von der Schulmedizin. Ein Zeichen der Erkältung ist die Entzündung und ein Ausdruck dafür ist das Fieber. So sind die Entzündungsreaktionen des Körpers *in ein System eingebunden,* das wiederum in prinzipiellen Reaktionen abläuft.

2.2 Entzündungsreaktionen und Pathogenese des Fiebers

2.2.1 Was ist Fieber?

Fieber ist eine Erhöhung der Kerntemperatur des Körpers und tritt nur dann auf, wenn weniger Wärme abgegeben als produziert wird. Dies kann Folge einer Steigerung der körperlichen Arbeit sein oder durch psychische Erregung (Lampenfieber) entstehen. Im Fieber als Entzündungsreaktion besteht eine *Störung des hypothalamischen Temperaturregulationszentrums durch pyrogene Substanzen.* Dabei kommt es zur Erhöhung der Reizschwelle für die Auslösung der physikalischen Wärmeabgabe. Die Wärmeproduktion selbst ist also im Fieber nicht wesentlich erhöht.

2.2.2 Fieberhemmende Stoffe aus der Pflanzenreihe

2.2.2.1 Aconitum napellus – der Eisenhut

Er ist die zuverlässigste Pflanze für die Behandlung von Fieber. Zwar wirkt sie zunächst nur symptomatisch, doch stört sie den geregelten Ablauf der Fieberproduktion so sehr, daß damit das Infektionsgeschehen blockiert wird.

Vorsicht:

> Das Aconitalkaloid ist so giftig, daß sich die therapeutische Breite außerordentlich reduziert.
> Selbst in homöopathischen Dosierungen besteht Gefahr, insbesondere bei Kindern und empfindlichen Patienten.
> Die **tödliche Dosis kann schon bei 0,1 mg** (normal bei 0,3–0,5 mg) liegen. Diese entspricht homöopathisch der D2 bis D3.

Deshalb ist Aconitum in der Homöopathie als *»Separandadroge«* gekennzeichnet.
Das Vergiftungsbild zeigt eine Parästhesie bis zur Anästhesie der Schleimhäute und der Haut, sowie einen abrupten Abfall der Körpertemperatur.
Aconit ist in zahlreichen galenischen Mixturen enthalten, die als **Grippekomplexe** im Handel sind:

- Contramutan
- Gripp-Heel
- Influex
- Toxiloges.

Die Leichtfertigkeit, mit der man solche Gemische anfertigt, läßt sich damit rechtfertigen, daß das Aconitum bei den meisten galenischen Zusammensetzungen während des Lagerns zu Pikrakonitin und Benzoesäure abgebaut wird, was etwa 50mal schwächer ist.
Auch *Napellin* und *Methylalkohol* und *Aconin mit Essigsäure* sind solche Abbauprodukte des Diterpenalkaloids. Nachdem der Abbau auch in wässrigen Lösungen vor sich geht, ist anzunehmen, daß homöopathische Mischungen mit D1 nicht voll wirksam werden können.
Aconitum bleibt eine wertvolle Droge, auch zur Rheuma- und Schmerzbekämpfung. Nach den Aussagen der chinesischen traditionellen Medizin gehört Aconitum zu den häufigst angewandten **Schmerzdrogen** in der Medizin Chinas.
Die homöopathische Behandlung mit Aconitum D4 ist unter diesem Gesichtspunkt noch eine *echte Phytotherapie.* Die Literatur ist voll von interessanten Berichten über Aconitum bei **Trigeminusneuralgie,** bei **Zosterneuralgien** (wie auch der verwandte Ranunkulus bulbosus), bei **Erkältung** (die Homöopathie verlangt den kalten Ostwind), bei **Pleuritis,** bei **Pericarditis** und **Herzrhythmusstörungen.** Hierbei ist allerdings ein anderer Mechanismus im Gange (siehe dazu unter Herz- und Kreislauf-Krankheiten).

2.2.2.2 Belladonna, Hyoscyamus und Stramonium

Die Hauptpharmaka der Nachtschattengewächse sind *entzündungswidrige* Pflanzen und Bestandteile von *Grippemitteln.* Dabei geht es um die neurovegetative cholinergische Reaktion. **Atropin** ist ein Razemat aus dem L- und D-Hyoscyamin, das sich in den Tropanalkaloiden wiederfindet. Belladonnaextrakt bzw. Atropin verhält sich antagonistisch zu Azethylcholin, Pilocarpin und Physostigmin. Es ist ein Vagolytikum mit seiner Wirkung auf die *Haut* (Gefäßerweiterung), auf die *Schleimhaut* (Eintrocknung), auf das *Drüsensystem* (Sekretvermehrung).
Reizung und Lähmung wechseln im toxikologischen Bild, was sich am ZNS in Form von Ideenflucht, Halluzinationen, Bewegungsdrang bis zur Raserei auswirkt und später in Schlummersucht und Lähmung ausartet. Das Anfangsbild der Entzündung entspricht diesem Zustand mit hochrotem Kopf, sichtbarem Pulsieren des Gefäßsystems und dem Gefühl von Hitze und

Brennen. Man spricht dann von einer Entzündung, die sich zu lokalisieren beginnt.

2.2.2.3 Lycium chinense

Diese Pflanze, in etwas abgeschwächter Form auch der orientalische Bocksdorn (Lycium halamifolium) ist eine Solanacee, die in China und den orientalischen Ländern eine bedeutendere Rolle spielt als in Mitteleuropa.
Die traditionelle *chinesische Medizin* kennt Lycium als:
- Augenmittel (bei Dioskurides)
- Infektionsmittel
- Arznei bei Morbus Sjögren
- Rheuma- und Tumormittel.

2.2.2.4 Dulcamara

Dulcamara, das Bittersüß aus der Familie der Nachtschattengewächse, enthält ebenso Saponine und Sapogenine. LINNÉ hielt die Pflanze für die beste Rheumaarznei. Ihre Giftigkeit ist geringer als die von Belladonna. Als Tee werden die Rindenteile verwendet, neuerdings die Tinktur. Sapogenine bilden mit Cholesterinen Komplexe. Die glycosidische Komponente ist für die *hydrophile* Eigenschaft verantwortlich.
Dulcamara wirkt wahrscheinlich als Adjuvans, das immunbiologisch zu einer Stimulation führt.

Der Tip: Die Wirkungen bei Rheuma sind deutlich.

BUGLIARI und CANVERO, 1941, sowie W. ZIMMERMANN.

2.2.3 Die Mediatorstoffe

In einer weiteren Gruppe mit entzündungshemmenden Eigenschaften finden sich die sog. Mediatorstoffe, die sich von ungesättigten Fettsäuren, der Arachidonsäure ableiten und die Möglichkeit bieten, in Vorgänge therapeutisch einzugreifen, wie sich beispielhaft an der diätetischen und pharmakologischen Beeinflussung des Thromboxan-Prostaglandin-Systems zeigen läßt. Hemmung und Bildung solcher Stoffwechselprodukte der Fettsäuren sind mehrfach untersucht und mit vielen Wirkungen verquickt worden. Die erst in den letzten Jahren entdeckten Hemmstoffe der Prostaglandin-Synthese sind neben vielen anderen Eigenschaften als entzündungshemmende Stoffe erkannt worden, Prototyp davon ist die Salicylsäure als *Carbonsäure.*

2.2.3.1 Die Prostaglandine

Die Erkenntnisse der Prostaglandinforschung haben sich in den letzten Jahrzehnten immer mehr ausgedehnt und man geht nicht fehl, in den Wirkungen der Metabolite essentieller Fettsäuren elementare Stoffwechselvorgänge bei Entzündung und bei immunologischen Abläufen einen bedeutsamen Fortschritt zu sehen. Das gleiche gilt für das Zustandekommen der Arteriosklerose sowie der gastrointestinalen, der pulmonalen und urogenitalen Erkrankungen.

- Prostaglandine
- Prostazykline
- Thromboxane
- Leukotriene

gehören zur Gruppe der *Gewebshormone.*

Nach dem Oxydationsmuster werden *Buchstaben,* nach der Anzahl der Doppelbindungen *Zahlen* hinzugefügt. Hier interessieren vor allem die Prostaglandine PGE 1 und PGE 2, die in ihrer Wirkung antagonistisch sein können.

Typische Effekte der PGE 1-Serie:

- Hemmung allergischer Phänomene und Entzündungen auf direktem Wege.
- Steigerung der Sekretion von Hormonen, Hypophysen-Vorderlappen, Thyreoidea, Nebennierenrinde, Pankreas, Progesteron.

Typische Effekte der PGE 2-Serie:

- Indirekter therapeutischer Effekt der Zyklooxygenase- oder Synthetasehemmung mit Derivaten der Salizylsäure und Antirheumatika nichtsteroider Provenienz.

PGE 1 ist nach den Arbeiten von Zuriere u. a. ein *entzündungshemmendes* Prostaglandin, das in der Lage ist, die Adjuvans-Arthritis bei Ratten zu unterdrücken, T-Lymphozyten zu aktivieren und durch die Freisetzung lysosomaler Effekte beim Menschen zu steuern.

Der Zugang zu diesem PGE 1-Effekt ist die Ernährung. Das Öl der **Nachtkerze (Oenothera biennis)** enthält als wohl einziges in der Diätetik verwendbares Öl die *γ-Linolensäure,* die in der Leber zu PG 1 metabolisiert wird. Bekanntlich wird die Arachidonsäure zu PG 2 metabolisiert, während die Reihe 30 sich aus der Eico-Sapentaensäure entwickelt. Alle drei Säuren sind in Form von Phosphorlipiden in den Zellmembranen gespeichert. Zur Umsetzung in Prostaglandine müssen sie durch Phosphorlipase – Enzymkomplexe aus den Lipiden – freigesetzt werden und führen so zu den freien Säuren. Diese werden durch Zyklooxygenase-Enzymkomplexe in die entsprechenden PG umgewandelt. Für die Freisetzung der Linolensäure aus angebotenen essentiellen Fettsäuren der Nahrung benötigt der Körper:

- Magnesium
- Vitamin B6
- Vitamin C
- Zink.

Vielleicht liegt hier die Ursache für die allgemein tonisierende Wirkung von *Vitamin C bei Erkältung und Entzündung.*

2.2.3.2 Die Salizylsäure – Geschichte einer pharmakologischen Karriere

Die PGE-2-Reihe wird, wie erwähnt, von Carbonsäuren, dem Prototyp der Salicylsäure, gehemmt. Damit erklärt sich eine jahrhundertealte Erfahrung, die einen kleinen geschichtlichen Ausflug erforderlich macht.
Die spanischen Konquistadoren fanden in Mexiko zwar wenig Gold, dafür aber die **Chinarinde.** Nach der Gattin des amtierenden Gouverneurs nannten sie sie »Chinchona«.
Danach galt die Chinarinde im Übergang zur Neuzeit als *das* beliebte Fiebermittel, bis zur Kontinentalsperre unter Napoleon, der die Einfuhr untersagte.
Daraufhin besann man sich in Europa auf die alte volksmedizinische Überlieferung, nämlich die **fiebersenkende Weidenrinde.**
Von 25 einheimischen Arten war die Rinde zum Sud brauchbar. Auch das in der Mitte des 19. Jahrhunderts beliebte Carbol in der Wundbehandlung wurde schließlich von der Weide verdrängt. Von da ab war der Weg zur Entdeckung der Salizylsäure als dem Wirkstoff der Weide nicht mehr weit. Dies gelang 1870 KOLBE. Kurz darauf wurde daraus das ASPIRIN entwikkelt.
An diesem Beispiel ist der häufig gegangene Weg gegenseitiger Befruchtung von Volksmedizin, Naturmedizin und wissenschaftlicher Pharmazie deutlich erkennbar.
Der Eingriff der Salicylsäure in den Entzündungsablauf, im übrigen auch mit *analgetischer* und *antipyretischer* Wirkung – ging nicht ohne **unerwünschte Nebenwirkungen** vor sich:

- Asthmoidstörungen (»Aspirin-Asthma«)
- Gerinnungsveränderungen
- Kopfschmerzen
- Magenbeschwerden
- Ohrensausen
- Schwindel
- Schwangerschaftsunterbrechungen.

Alles Befunde, die in der Volksmedizin bereits registriert waren. HUFELAND sprach von der Weide als dem besten Rheumamittel und schon MATTHIOLUS kannte im Mittelalter die antikonzeptionelle Wirkung des Weidenextraktes.
Heute werden nicht nur die Salicylsäure in hohen Dosierungen, sondern auch noch die *Esterverbindungen* verwendet, die in allen Rubefazientien enthalten sind.
Hierzu zählen das:

- Gaultherin
- Wintergrünöl.

In Tees finden sich Verwandte der Salicylsäure, wie bspw.:

- Spiraein der Spiraea ulmaria

- Violutosid, ein Salicylmethylester mit Glukose
- Arabinose bei Kneipp, als Rheumamittel

sowie die entzündungswidrigen Verbindungen der *Pappel,*

- Populin
- Tremulazin.

2.2.3.3 Die Aristolochia – unverdiente Rote Karte?

Pflanzenstoffe, die eine Steigerung der Immunwirkung bringen, sind in der Zwischenzeit an allen einschlägigen Instituten bearbeitet worden. Speziell die *Phagozytoseaktivierung* wurde an verschiedenen Modellen studiert.

Über viele Jahrzehnte hinweg galt die Aristolochia als wertvolle Pflanze zur Verbesserung des Entzündungsprozesses und vor allem der chronischen Eiterung, verbunden mit einer Immunschwäche, das heißt, in der Folge von intensiven antibiotischen Maßnahmen.

Da sich an Ratten nach dreimonatiger Gabe von 1,0 und 10 mmg pro Kilo Körpergewicht bei Aristolochiasäure Magenpapillomatosen und gelegentlich Magentumore beobachten ließen, wurde die Aristolochia **aus dem Handel gezogen.** Diese Engstirnigkeit wird man in späteren Jahren belächeln, umsomehr als Aristolochia mit zu den meistgebrauchten Heilpflanzen der Jahrhunderte unserer Volksmedizin zählt.

Man steht erst am Anfang der Möglichkeit, mit Routinemethoden immunstimulierende Eigenschaften einer Arznei festzustellen und es wird noch eine Vielzahl von Pflanzen geben, die in die Therapie eingereiht werden können.

Dabei ist Immunstimulation oder Suppression oft eine *Frage der Dosierung.*

In klinischen Untersuchungen mit dem reinen Echinacea-Extrakt und seiner Verbindung mit Schlangen- oder anderen Tiergiften, konnte man klinisch solche *Wechsel der Eigenschaften* beobachten (M. Gaisbauer, W. Zimmermann).

Granulozytenstimulierende Eigenschaften finden sich auch bei Pflanzen mit phenolischen Verbindungen wie z. B. den Katecholgemischen, den Sumacharten, während das Gossypol aus Baumwollsamenöl die Interferonbildung stimuliert. In der Klasse der Lipide kommt den Ubichinonen eine immunstimulierende Aktivität zu. Verbindungen mit potentiell immunstimulierenden Wirkungen finden sich darüber hinaus in großer Zahl unter den Polysacchariden, Lipopolysacchariden, Proteinen, Glycoproteinen und Nucleotiden verschiedener Provenienz.

Neben dem **Echinacin,** dessen Wirkstoffe zu den sauren Heteroglukanen zählen und in der *Echinacea purpurea* bekannt wurden, sind *Lectine* zu erwähnen, die neben den Erbsen- und Linsenextrakten sog. *Pokeweedeffekte* zeigen im Sinne immunitärer Einwirkungen durch mitogene Substanzen.

2.2.3.4 Phytolacca americana – Phytolacca decandra

Phytolacca decandra, die afrikanische Droge sowie die amerikanische Phytolacca americana, die Kermesbeere, sind durch die Homöopathie bekannt geworden. Sie ist als Pflanze des Lymphatismus und der lymphatischen Reaktionen des Nasen-Rachen-Raumes schlechthin bekannt und hat auch in der Homöopathie bei Tonsillenbelastungen mit nachfolgendem Rheumatismus beste Erfolge gezeigt. STIEGELE hat mehrfach darauf hingewiesen. In Nordamerika ist der Saft bei Fettsucht und Lymphödem eingesetzt, während die Tinktur aus den Wurzelknollen gewonnen wird. Die afrikanische Droge ist volksmedizinisch beim Burkitt-Sarkom sinnvoll und erfolgreich angewandt worden, was auch eine Beziehung über die Lectine der Phytolacca zum Krebsgeschwür erkennen läßt.

Der Tip:

Lymphatische Reaktionen des Nasen-Rachen-Raumes
Tonsillenbelastung mit nachfolgendem Rheumatismus
Fettsucht
Lymphödem
Decandra:
Burkitt Lymphom

2.2.4 Spezialitäten zur Entzündungs- und Grippebehandlung

Tab. 16

Botanischer Name:	Spezialität:
Aconitum	**Aconitysat** **Contramutan**
Arnica	**Arnica-Oligoplex** **Arnica-Tinktur** (innerlich und äußerlich) **Pentarkan** **Regenaplex 41a**
Belladonna	**Belladonnysat** **Bellafolin** **Contramutan** **Influtruw** **Polyxan-Blau** **Regasinum antiinfectiosum**
Calendula	**Calendula-Salbe**
Chamomilla	**Azulon** **Chamobürger** **Kamillosan** **Rephalysin**

Tab. 16 (Fortsetzung)

Botanischer Name:	Spezialität:
Echinacea angustifolia Echinacea purpurea	**Biopyr** **Cefasept** **Contramutan** **Echinacin** **Echinatruw** **Echtrosept** **Esberitox** **Gripp-Heel** **Nisylen** **Toxiloges**
Eupatorium cannabinum	**Perdiphen**
Eupatorium perfoliatum	**Gripp-Heel** **Nisylen** **Oligoplex** **Pentarkan**
Gelsemium sempervirens	**Nisylen** **Gelsemium Oligoplex**
Tropaeolum majus	**Angocin**

2.2.5 Zusammenstellung der Entzündungs- und Fieberinfektionsmittel

Tab. 17

Schmerz- und Fiebermittel	
1. Eisenhutknollen	– Aconitum napellus
2. Tollkirschenblätter	– Atropa belladonna
3. Gelber Jasmin-Wurzeln	– Gelsemium sempervirens
4. Chinarinde	– Cinchona succirubra
Entzündungshemmende Mittel	
a) durch Hemmung von Entzündungsmediatoren	
1. Weidenrinde	– Salix-Arten
2. Spierblume	– Filipendula ulmaria
3. Pappel	– Populus nigra
4. Stiefmütterchenkraut	– Viola odorata
5. Kamille	– Chamomilla recutita
6. Arnika	– Arnica montana
7. weitere Flavonoid- und Aetherischöl-Drogen	
8. Bockshornkleesamen	– Trigonella foenum graecum
b) durch Auslösung von Entzündungen (z. B. Paprika, Senföle, Campher, Mistel)	– Phlogistika
c) durch Beeinflussung hormoneller und immunologischer Stoffwechselvorgänge	

Tab. 17 (Fortsetzung)

Entzündungshemmende Mittel	
hormonell:	
1. Süßholzwurzel	– Glycyrrhiza glabra
2. Bittersüßstengel	– Solanum dulcamara
3. Withaniawurzel	– Withania somnifera
4. Sarsaparill-Wurzel	– Smilax utilis
5. Teufelskrallen-Wurzel	– Harpagophytum procumbens
immunologisch:	
1. Zaunrübe	– Bryonia alba (dioica)
2. Giftsumach	– Rhus toxicodendron
3. Kermesbeere	– Phytolacca decandra
4. Sonnenhutwurzel/Kraut	– Echinacea purp./angustifolia
d) durch Proteolyse von Immunkomplexen (z. B. Papain, Bromelin, Trypsin oder Traumanase).	

2.3 Phytotherapie bei rheumatischen Erkrankungen

2.3.1 Therapeutische Ansatzpunkte

Zu den großen Lücken der Medizintherapie gehört die Behandlung des Rheumatismus. Keines der modernen Arzneimittel ermöglicht eine kausale Therapie. Jede Therapie beim Rheumatismus ist risikobehaftet, was sich zum Teil dadurch begründet, daß sie über lange Zeit durchgeführt werden muß. Auch für den Rheumatismus gilt die Einteilung wie beim Infekt und bei der Entzündung:

Die zentrale Beeinflussung von Fieber und Entzündung durch Alkaloide wie Aconitum und Belladonna.
Entzündungswidrige Wirkung der Prostaglandine und deren Hemmechanismus im Salicyltyp.
Humorale und zellgebundene Sapogeninwirkungen.
Immunbiologische Glykoproteinwirkungen.

Neben dem bekannten **Echinacea,** dem **Eupatorium cannabinum** und der **Mistel** hat sich vor allem **Dulcamara,** das Bittersüß, die Pflanze aus der Nachtschattenfamilie, bewährt.

2.3.2 Antirheumatische Pflanzenheilmittel

2.3.2.1 Die Kartoffel

Der weitaus größte Teil der Solanaceen kommt auf die Solanumarten, die man mit 1500 angibt. Die wichtigste und bekannteste ist die *Solanum tuberosum,* unsere Kartoffel. Die Hauptwirkstoffe sind sog. *Sapogenine,* d. h. Alkaloide mit saponinähnlichen Eigenschaften. Sie sind *hämolytisch* wirksam und zeichnen sich durch starkes Schaumbildungsvermögen aus. Mit Cholesterin bilden sie Komplexe, in ihrer chemischen Eigenschaft weisen sie gleichzeitig einen lipophilen und hydrophilen Anteil auf. Die glykosidische Komponente ist demnach für die *hydrophile Eigenschaft* verantwortlich. Die Toxizität der Kartoffel und auch der Dulcamara ist entschieden geringer als die der übrigen Solanaceen. **Kartoffelpreßsaft** ist bekanntlich bei Gastritis wirksam und beweist hierbei die Ähnlichkeit mit der Belladonnawirkung auf die Schleimhaut. Dagegen wird die **Kartoffelauflage** bei arthritischen Beschwerden über die Wärmewirkung hinaus eine antiödematöse Eigenschaft zeigen, die sich zugleich als *entzündungswidrig* erweist.

Der Tip:

Kartoffelpreßsaft bei Gastritis
Kartoffelauflage bei Arthritis

2.3.2.2 Dulcamara

Ähnliche Verhältnisse gelten für die Dulcamarawirkung. Lange Zeit nahm man an, daß die Saponine oral nicht genügend resorbiert würden, um eine echte Arzneiwirkung zu entfalten. Durch die Versuche mit Aescin konnte diese Meinung widerlegt werden. Die Dulcamarawirkung ist eng mit den Hahnemann'schen Arzneiprüfungen verbunden. Vor ihm hat CARRERE und nach ihm VON HALLACH die Droge bei feuchter und kalter Natur wirksam gefunden und die homöopathischen Prüfungen ergaben, bei ca. 250 Prüfungssymptomen am gesunden Menschen, allein 154, die sich auf **Rheuma** und **Schmerzen** bezogen. Wie ein roter Faden zieht sich durch die gesamte Literatur von Dulcamara die Beziehung zu den Folgen von Feuchtigkeit, Verkühlung und Näßeeinflüssen.
1963 wurde im klinischen Einsatz von Dulcamara in der Folge langwieriger Untersuchungen auch an der Gefäßgewebsschranke, als Schutzwirkung beim Histaminasthma und Hämolyseversuchen, die Wirkung bestätigt. Dabei ergaben sich Beziehungen zu *Aescin,* mit dem es chemisch zweifellos verwandt ist und ähnliche Wirkung zeigt. Der Hämolysetiter war mit 1:56 bei unserem Dulcamara geringer als beim Aescin, doch zeigten die Hauttests recht interessante *antiphlogistische* Eigenschaften. Dabei haben sich Verdünnungen bis 10^{-8} als wirksam gezeigt. Aufgrund dieser Beobachtungen konnte eine *Indikationstabelle* (nach W. ZIMMERMANN) erarbeitet werden.

Klinische Indikation von Dulcamara in der Reihenfolge der Wirkung:

Tab. 18

1.	**Rheumatische Affektionen** an Gelenken im Sinne von Kälte- und Nässeschäden.
2.	**Erythema nodosum** infolge von Nässe- und Kälteeinwirkung.
3.	**Neuroarthralgisches Syndrom** (von Bugliari und Canaverro 1941 beschrieben). Später als Folge von Tauch- und Surfingsport beobachtet.
4.	**Kälteurtikaria.**
5.	**Kältepurpura,** einschließlich der Erythrocyanosis puellarum.
6.	**Arthritische Beschwerden** an Händen von Kältearbeitern und Arbeitern, die mit tiefgefrosteten Nahrungsmitteln versorgt werden.

Alle diese Schädigungen sprechen dafür, daß unter dem Einfluß von Kälte und Nässe Veränderungen an der Zellmembran respektive am terminalen Reticulum stattfinden mit konsekutiven Exulzerationen und Verschiebungen des Zellmembrangleichgewichts.

2.3.2.3 Die Roßkastanie

Einer alten volkstümlichen Empfehlung zufolge bietet eine in der Hosentasche getragene Roßkastanie eine antirheumatische Wirkung und bringt Schutz vor Rheuma. Erklären läßt sich diese alte Weisheit nicht.
Historisch konkreter ist die ursprüngliche Anwendung bei den Türken gegen die Dampfigkeit der Pferde. Hiervon stammt wohl auch die Bezeichnung »Roß«-Kastanie.
Das bereits erwähnte *Aescin* hat entzündungswidrige Eigenschaften und eine antiödematöse Wirkungskomponente. Mit dieser Wirkung steht es sicherlich neben dem *Aesculin,* einem Dicumarolderivat mit der bekannten gefäßabdichtenden Cumarinwirkung. Die orale Resorbierbarkeit des Aescins – analog bei anderen Sapogeninen – wird durch eine einfache Maßnahme erreicht.
Das Kristall wird amorphisiert (Atommühle) und dadurch eine wasserlösliche Form des Aescins erreicht. Es entsteht das sogenannte »Micellar pestizid«. Ein ähnlicher Vorgang ist aus der Homöopathie bekannt. Dort spricht man von »Potenzieren« der Arznei und schafft damit – neben anderen Wirkungen – eine bessere Resorption.
Aesculus ist vielfacher Bestandteil von Cremen, Salben und Tinkturen, seine antirheumatische Wirkung tritt gegenüber der Gefäßwirkung sicherlich in den Hintergrund.

Der Tip:

Aescin: Entzündungswidrig
Antiödematös
Aesculin: Gefäßabdichtend

2.3.2.4 Echinacea

Zur Basistherapie des Rheumatismus gehört die **Echinacea,** die sich als **angustifolia** oder **purpurea** im Handel befindet. Insbesondere dort, wo noch keine Suppressionsbehandlung stattgefunden hat, korrespondiert der *rote Sonnenhut* mit dem Auszug von *Eupatorium cannabinum,* dem Wasserhanf, dessen Präparate in zahlreichen Prüfungen aus der Empirie in eine überschaubare Wirkung gebracht wurden.
Die Echinacea oder rote Rudbekia stammt aus Amerika und galt als indianische Wunderblume. Ihre Anwendung geht auf die Generation von Botanikärzten zurück, die volksmedizinische Beobachtungen sammelten und verwerteten. Ein Arzt beobachtete, wie eine Indianersquaw die Teile einer Pflanze mit Steinen zerrieb und als Wundauflage für die Männer benutzte. Später wurde in Amerika die Pflanze bei Sepsis, fieberhaften und septischen Prozessen mit großem Erfolg angewandt.
In Deutschland ergaben sich im Gefolge langjähriger und erfolgreicher Nutzung Erweiterungen der Indikation in Richtung der rheumatischen Erkrankung, besonders aber der vorausgehenden Entzündungsreaktionen.

Damit bestätigte sich der generelle immunitäre Einsatz von Echinacea.

Zahlreiche Untersuchungen erhärteten diese Erkenntnis. Auf die wichtigsten sei später hingewiesen.
Anwendung findet die Wurzel.
Sie enthält:
- Ätherisches Öl
- Phenolsäure
- ca. 10% Echinacin.

letzteres mit schwach antibiotischen Eigenschaften.

Die Bedeutung von Echinacea im Rahmen der Umstimmungstherapie und Immunstimulation:
Beim Echinacin handelt es sich offenbar um ein Polysaccharid oder Glykopeptid mit *fieberauslösenden Eigenschaften.* Bekanntlich ist die Fiebererzeugung bei einer Umstimmungskur, aber auch beim Rheumatismus von großer therapeutischer Bedeutung. Dabei kommt es zu einem spezifischen *Umschaltmechanismus,* den F. Hoff anhand der sogenannten »Vegetativen Gesamtumschaltung« beschrieb. Dies zeigte er auch hinsichtlich der ACTH-Wirkung und für die, damals noch gebräuchliche, Pyrifer-Umstimmung mit Elektroschock auf.
Wichtig ist:
Auch **virale Erkrankungen** sind auf diese Art zu behandeln. Dies läßt sich auf den Stoff *Properdin* zurückführen.

Mit Echinacea gelingt es, eine erhebliche Steigerung der Blutabwehr zu induzieren und die Ausbreitung einer Entzündung mittels Aktivierung des Blutfermentsystems (Hyalurodinase) einzuengen.

Der Tip:

Allergische, infektiöse, entzündliche und tumoröse Gewebsprozesse.
Basistherapie bei entzündlichem Rheumatismus, sowohl generell als auch lokalisiert an einzelne arthritische Gelenke.

Dosierungs-Hinweis:
Echinacea purpurea oder Echinacea angustifolia zählen zu den schwachwirkenden Pflanzendrogen, die keine Beachtung bei Einzeldosen verlangen, nicht giftig sind und als Tinktur oder Injektion selbst bei Überdosierung keinen Schaden anzurichten vermögen.

2.3.2.5 Die Ananas

Zur Komplettierung hochmolekularer Glykoproteide mit Auswirkung auf das immunitäre Geschehen bei der Entzündung muß noch eine Pflanze Erwähnung finden, die zwar seit 1891 als Heilpflanze bekannt ist, aber erst in den letzten Jahren in das Licht medizinischer Anwendbarkeit rückte.
Es handelt sich um die Wirkstoffe der Ananas.

Die Bromeline:

Ihre Struktur ist weitgehend aufgeklärt. Sie läßt an Fibrin- und Heparinähnliche Substanzen denken. Darüber hinaus besitzt sie einen **immunitären Stellenwert,** der aufgrund der chemischen Struktur an Blutgruppen-Eigenschaften denken läßt.
Nach DRAGENDORFF (1898) diskutiert man bei den Bromelaceen ein labartiges Ferment, welches peptonisierende Eigenschaften haben soll. In der Tat wurden proteolytische Fermente schon zur heilsamen Anwendung aus den Früchten und Strünken der Ananas gewonnen. Dabei schwanken die Angaben über das Molekulargewicht zwischen 19000 und 30000, was den Fermentcharakter unterstreicht.
Radioaktive Untersuchungen erbrachten Haftfähigkeit besonders an den *RES-Organen* und Anreicherungen in *entzündeten Gelenken,* wozu offenbar eine Art Affinität besteht.
Klinische Untersuchungen brachten übereinstimmend eine antiödematöse, entzündungshemmende Wirkung, aber **keine** deutliche **analgetische Komponente,** sodaß die Bromeline zu *potentiellen* Rheuma- und Arthritismitteln wurden.

2.3.2.6 Die Mistel – phytotherapeutisches Multitalent

Eine Pflanze, die erst in den letzten Jahren in den Brennpunkt des allgemeinen Interesses vorstieß und von der man weiß, daß sie zu den wenigen höheren Pflanzen zählt, die parasitisch leben, ist die *Laubholz-, Tannen-* oder *Nadelholzmistel.* In ihrer Verwendung unterscheiden sie sich nur unwesentlich.
Im vorigen Jahrhundert wurden Mistelauszüge als Hochdruckmittel verwandt, was heute in Zweifel gezogen wird.

> Dagegen hat sich die Mistel-Wirkung als Adjuvans in der Krebstherapie bestätigt.

Obwohl das eigentliche Tumorprinzip noch nicht bekannt wurde, steht die Mistel in einer engen Verbindung zwischen Tumor und Immunmechanismus.
Nach den Arbeiten von Vestner und Nienhaus weiß man, daß sowohl das tumorwirksame Prinzip, als auch die Bestätigung der seit langem bekannten Arthrosewirkung an das **Glykoprotein** gebunden ist. Dieses besitzt etwa 70% Anteile von basischen Aminosäuren, vorwiegend *Arginin.*
Die von Winterfeld 1940 vermuteten Wirkstoffe wurden von ihm als »**Viscotoxin**« bezeichnet, konnten jedoch später von der Arbeitsgruppe um Vestner als Aminosäure-Zucker-Verbindung identifiziert werden. Für den gesamten Mistelkomplex wurde ein Molekulargewicht von 60000 ermittelt. Die bereits von Koch identifizierte Mitoseeinheit der Mistel hat sich bei Plenosol für die Arthrosetherapie eingeführt.
Die Weiterführung der Empfehlung Rudolf Steiners erbrachte die Mistelanreicherung als Krebstherapie. Dazu zählen die nicht unbeachteten Drogen im Sinne der Kanzerostatik.

Der Tip:

> **Plenosol** bei Arthrose
> **Helixor** und **Iscador** zur Krebstherapie

Bei der **Arthrosebehandlung** geht man von der lokalisierbaren Entzündung in der Nähe der Gelenke aus und erreicht mit zunehmender Stärke eine Funktionsverbesserung und analgetische Wirkung nach anfänglicher Exazerbation der Beschwerden im Arthrosenbereich. Diese Behandlung im weiten Sinne bringt eine Verbesserung der Durchblutung, Entquellung des Gewebes und Aktivitätsanreicherung der Hyaluronidasetätigkeit im Gelenk. Dies gelingt offenbar im weitestgehenden Sinne mit der Mistelbehandlung.

2.3.2.7 Die Amarastoffe

Eine Gruppe, die botanisch und chemisch nicht einheitlich betrachtet werden kann, sondern lediglich geschmackliche, bittere Eigenschaften gemeinsam hat, sind die Amarastoffe.

Amarastoffe sind Arzneistoffe, die in verschiedenen Anwendungsarten verschiedenartige Wirkungen entfalten.

Dazu zählen:
- Chinarinde
- Enziangewächse
- Fieberklee
- Wermut.

Die **Chinarinde** wurde in ihrer tonisierenden Wirkung sowohl als appetitanregende Droge als auch als Malaria- und **Rheumamittel** bekannt.
Die seit HIPPOKRATES diskutierte fiebersenkende Wirkung der *Enziangewächse* oder des späteren *Fieberklees* findet seine gegensinnige Entsprechung in der Magen-Darm-Wirkung.
Schwache und starke Wirkungen vereinigen sich in *einer* Droge und geben so der Gruppe der Amaramittel einen interessanten Bezug. Dabei gilt grundsätzlich, daß *Wurzelanteile* solcher Pflanzen *stabileren Charakter* im chemischen Sinne aufweisen als die *oberirdischen Anteile.* So ist es auch mit dem *Wermut,* der bekanntlich zu den Amaradrogen gehört.

Die Monoterpenoide innerhalb der Amarastoffe:
Chemisch läßt sich eine Gruppe der Monoterpenoide zusammenfassen, zu denen:
- Enziangewächse
- Fieberklee
- Brechnuß

zählen.
In ihrer wirksamen Komponente sind sie *sauerstoffreich* und von cyclopentaner Anordnung. Dazu gehört die:

Die Teufelskralle – besonders starke Amaradroge
Die Harpagophytumpflanze aus der Familie der Pedaliaceen wächst in der südafrikanischen Kalahariwüste und wurde in den letzten Jahren aus der afrikanischen Volksmedizin eingeführt. Ihre Triebe liegen flach auf dem Boden und erreichen eine Länge von 1–1,5 Metern. Nach der Befruchtung bilden sich aus der holzig werdenden Frucht lange, krallenartige Ausläufer, die der Pflanze ihren Namen gaben. Gesammelt wird die sogenannte *»sekundäre Wurzel«,* sie wird geschabt, getrocknet, zerkleinert, fermentiert und schließlich in korkähnlichen Wurzelstückchen von bräunlicher Farbe in den Handel gebracht.

Der Tip:

Der heiß übergossene Wurzelsud bleibt über Nacht stehen und kann dann am Morgen, mehr oder weniger verdünnt, als sehr bitterer Sud genossen werden.

In der Volksmedizin Afrikas kam sie zur Anwendung bei:

- Arthrosen
- Behandlung einzelner Arthritisformen
- Gallenbeschwerden
- Gicht
- Nierenbeschwerden
- Rheuma.

Neuere wissenschaftliche Untersuchungen:
Zu einer ersten wissenschaftlichen Untersuchung kam es 1953/54 und 1958 durch B. ZORN im Pharmazeutischen Institut Jena. Versuchsmodell war die »Formaldehyd-Arthritis-Ratte«.

> Hierbei zeigte sich eindeutig die antiphlogistische und antiarthritische Eigenschaft der Droge.

In den folgenden Jahren wurden vorwiegend durch TUHRMANN, LUX und STIERSDORFER in Würzburg die Inhaltsstoffe isoliert. Dabei fanden sich glykosidisch gebundene Monoterpenoide, Harpagosid und Harpagid, ein Procumbid und das Tetrasaccharid Stachiose. Die folgenden Untersuchungen dienten der Toxizitätsprüfung (GALBUS) und der Konzentration der Wirkstoffe neben den notwendigen Standardisierungen der Droge. Im Jahre 1971 wurde in der Klinik erstmals eine Ampullencharge, die im Gefriertrocknungsverfahren ohne Gewebsreize periartikulär anwendbar war, geprüft. Die damaligen Ergebnisse haben zur Anwendung 3 Kategorien geschaffen:

Ergebnisse für die Anwendung:
1. PCP mit positivem Immuntest.
2. Degenerative Gelenkerkrankungen der Extremitäten und der Wirbelsäule.
3. Extraartikulärer **Rheumatismus.**

Eindeutig wurde die Wirksamkeit beim *degenerativen Gelenkleiden* nachgewiesen. Auch die peri- und extraartikulären *Rheumatoide* sprachen gut an, weniger dagegen der immunpositive Gelenkrheumatismus.
In den Folgejahren wurden die Beobachtungen auf die orale Applikation, den *Tee,* erweitert. Dabei stellte man fest, daß die Teufelskrallenwurzel zu den stärksten Amaradrogen zählt, in einer Reihe mit der Chinarinde, der Enzianwurzel und dem asiatischen Ginseng. Auch der südamerikanischen Condurangowurzel ist sie ebenbürtig.
Zudem stellte sich die »Janusköpfigkeit« der Amaradrogen heraus, die an dieser Stelle einen Ausflug von wenigen Zeilen – vom rheumatischen Formenkreis weg – zuläßt.

Stoffwechselwirkungen der Teufelskralle:
Auffällig war die eindeutige *Senkung der Harnsäurewerte* im Blut, die *Cholerese* und *Cholekinese* und die *Flatulenzwidrigkeit.*

Eine selektive Wirkung der *oberen Dünndarmbereiche,* wie bei den Sprue-ähnlichen Erkrankungen und allergischen Dispositionen wie Milch- oder Kohlenhydratallergien (Gluten) im Sinne einer *exsudativen Schleimhautentzündung,* war offensichtlich.
Interessant war auch, in diesem Zusammenhang die *Normalisierung der erhöhten Bilirubinwerte.* Klinische Beobachtungen entsprechen einer Aktivierung der Gallensäuren, der Darmfermenttätigkeit und einer Verbesserung des *enterohepatischen Kreislaufs,* des Bilirubins.
Von den Amaradrogen sind daher in Zukunft sicherlich noch positive therapeutische Überraschungen zu erwarten (W. ZIMMERMANN).

Der Tip:

Arthritis, Arthrose
Gallenbeschwerden
Gicht
Nierenerkrankungen
Rheuma
Exsudative Schleimhautentzündung
Senkung erhöhter Harnsäurewerte
Normalisierung erhöhter Bilirubinwerte

2.3.3 Rheumabehandlung mit pflanzlichen Dyskrasiemitteln

2.3.3.1 Die »Unstimmigkeit der Säfte«

Eine besondere Bedeutung kommt in der Pflanzentherapie den sog. »Dyskrasiemitteln« zu. Der Begriff stammt aus der mittelalterlichen Medizin und besagt eine »Unstimmigkeit der Säfte«, was soviel bedeutet wie ein Stoffwechselleiden. Die entsprechenden Gegenmittel sind die antidyskratischen Mittel, von denen die Zahl der Empfehlungen nicht abzuschätzen ist. Auch den Rheumatismus sah man als eine Art der Dyskrasie, eine sog. Entmischung der Säfte, und die Empfehlungen gehen auf zahlreiche Mittel, welche die Entmischung wieder zurechtrücken sollten. Ein solcher Tee besteht aus einem *Abführmittel,* einem *Diuretikum* und einem *verdauungsfördernden* Anteil, etwa einem Karminativum. Interessanterweise sah man aber immer den Rheumatismus in Verbindung mit der Galle und Leber und der Niere als Ausscheidungsorgan.

2.3.3.2 Die Dyskrasiemittel

Zu den wichtigsten zählen:
- Berberis vulgaris (Sauerdorn)
- Betula pendula (Birke)
- Bryonia dioica (Zaunrübe)
- Phytolacca (Kermesbeere)

- Urtica dioica (Brennessel)
- Arctium lappa (Klette).

Die Brennessel

Sie ist reich an niederen Säuren wie Essig-, Butter- und Ameisensäure, Vitamin A und C und einem nicht näher definierten Stoff, der den Blutzukker zu senken vermag. In der Volksheilkunde als Wunderkraut bekannt, bei DIOSKURIDES als Krebsmittel beschrieben (Faber urtica pilolifera). Sie wirkt nierenanregend, also *diuretisch* und verdauungsfördernd.

Die Birke

Die Birke, *Betula pendula* (Hängebirke) hat ebenfalls eine alte volksmedizinische Bedeutung. Ihre Wirkstoffe sind ebenfalls Saponine, Vitamin C, Bitterstoffe und ätherische Öle. Ähnlich der Brennessel und dem anderen antidyskratischen Mittel, der Arctium lappae (große und kleine Klette) hat die Birke haarwuchsfördernde Eigenschaften.

Die Birke wird in letzter Zeit nicht nur als *Diuretikum* in Tropfenform, sondern auch als *stoffwechselanregendes* Mittel und *gegen Fettsucht* eingesetzt. Der Birkentee oder die Birkentinktur wird dabei sicherlich in erster Linie diuretische Effekte zeigen, jedoch auch hier vermutlich antidyskratische Eigenschaften, d. h. in den Stoffwechsel projizierbare Möglichkeiten aufzeigen.

Der Tip:

> Als Beimischung zu Blutreinigungstees ist die Birke das antidyskratische Mittel par excellence.
> Diuretikum in Tropfenform, Tinktur und als Birkentee.
> Gegen Fettsucht und zur Anregung des Stoffwechsels.

Der Sauerdorn

Berberis vulgaris, die Berberitze oder Sauerdorn stützt sich in seinem wirksamen Prinzip auf das *Berberinalkaloid.*

Es besitzt:

- Leber-,
- Nieren-,
- Rheumaspezifische

Eigenschaften.

Der Tip:

> Antibiotika bei tropischen Zoonosen (orientalische Aleppobeule).
> Als Tinktur oder Wurzelrindentee speziell gegen Rheumabereitschaft in Verbindung mit chronischem Leberorgan. .
> Die wichtigste Indikation ist die **harnsaure Diathese.**

Gerade die harnsaure Diathese ist als Stoffwechselanomalie und Vorstufe rheumatischer Erkrankungen Behandlungsziel.

Die Kermesbeere

Wenn an die Diathese gedacht wird, also an die Bereitschaft der rheumatischen Erkrankungen, so darf in diesem Zusammenhang die *Phytolacca* nicht vergessen werden.

Der Tip:

> Besonders angezeigt bei kindlichen Infektionsneigungen des Lymphatismus.

Die Zaunrübe

Sie enthält stark wirkende Glykoside neben Bitterstoffen. Die Wirkung bezieht sich auf alle serösen Häute, wie Synovia und Gelenkkapsel, Muskeln und fibröses Gewebe.
Bei einer Prüfung von PIRTKIN im doppelten Blindversuch konnte die *starke antirheumatische Wirkung* von *Bryonia dioica* einwandfrei nachgewiesen werden.

Der Tip:

> Tinktur Bryonia bei akutem Rheumatismus.
> *Vorsicht: Die Tinktur ist stark giftig.*
> Es empfiehlt sich die entsprechende homöopathische Verdünnung.

Sonstige

Eine Rolle spielen in diesem Zusammenhang die bereits unter den Externa erwähnten Pflanzen, die mittels lokaler Auflagen zum Einsatz kommen:

- Senfpflaster
- Ätherische Öle
- Capsikumpflaster

Letzteres verfügt über die entsprechenden Reizelemente im Sinne des Counter-Irritant-Effekts.
Hierbei teilt sich auch die Indikationsliste der Phlogistika und Antiphlogistika in der Rheumabehandlung.

Antiphlogistika	Phlogistika
Angezeigt bei akuten und chronischen Rheumatismen.	Anzusetzen bei arthrotischen Behandlungen. Bringen bei lokaler Anwendung: künstliche Entzündungsbereitschaft, bessere Gelenkdurchblutung, Anfachen des Stoffwechsels.

2.3.4 Bewährte Teerezepte bei Rheuma

Rp.	Fruct. Juniperi	2,0
	Stipit. Dulcamarae	
	Cort. Frangulae	āā 4,0
	Rad. Ononidis	
	Herb. Urticae	
	Herb. Millefolii	
	Lign. Guajaci	āā 10,0
	Herb. Equiseti	20,0
	Fol. Betulae	30,0
	M. f. spec.	
	D. S. 1 Eßlöffel voll mit ¼ Liter kochendem Wasser übergießen, 10 Minuten aufkochen. Mehrmals täglich 1 Tasse trinken.	

Rp.	Flor. Spiraeae ulmar.	
	Flor. Sambuci	
	Fol. Ribis nigr.	
	Herb. Veronicae	āā 25,0
	M. f. spec.	
	D. S. 1 Eßlöffel voll auf 1 Tasse kochenden Wassers zusetzen, aufwallen lassen, umrühren, 10 Minuten ziehen lassen. Mehrmals täglich 1 Tasse trinken.	

Rp.	Cort. Phaseoli fruct.	
	Cort. Salicis	āā 30,0
	Rad. Gentianae	10,0
	Herb. Callunae	
	Herb. Millefolii	āā 15,0
	M. f. spec.	
	D. S. 2 Eßlöffel voll auf 3 Tassen Wasser, einkochen auf 2 Tassen, morgens und abends 1 Tasse trinken.	

Rp. Cinnamomi ceylan.
Cort. Chinae ãã 10,0
Fol. Menyanthes trif.
Rad. Gentianae
Cort. Salicia ãã 20,0
M. f. apec. kalt ansetzen u. aufkochen
D. S. 2 Teelöffel auf 2 Glas Wasser

Rp. Flor. Spiraeae ulmar
Flor. Tiliae
Herb. Solidaginia virgaur.
Herb. Hyperici
Flor. Sambuci ãã 20,0
M. f. spec.
D. S. 1 Teelöffel voll auf 1 Tasse kochenden Wassers. Täglich 2 Tassen trinken.

Rp. Fol. Sennae 10,0
Fol. Betulae 40,0
Cort. Salicis 50,0
M. f. spec.
D. S. 1–3 Tassen täglich
1½ Teelöffel auf 2 Glas Wasser

3. Die Phytotherapie der Herz- und Kreislauferkrankungen

3.1 Generelle Therapieansätze bei Herzinsuffizienz

3.1.1 Digitalis – das Skalpell des Internisten

Vorgestellt seien drei beispielhafte Zitate:

a) Edens (1937): »Die Digitalis ist in der Hand des Internisten, was das Messer in der Hand des Chirurgen ist.«

b) Naunyn: »Ohne Digitalis möchte ich nicht Arzt sein!«.

c) Wenkebach: »Ein langes Leben ist zu kurz, um genügend über diese wunderbare Pflanze zu lernen.«

Das Postulat einer Herztherapie ist Digitalis in einer möglichst reinen und exakt dosierbaren Form. Sie ist in der Form von Lanata- oder Purpurea-Glykosiden das Mittel der Herzinsuffizienz und umfaßt von der Muskelzelle über die Durchblutung und Reizleitung, bis hin zu den extrakardialen Faktoren wie Leber und Niere *alle ätiologischen* Bereiche der Herzinsuffizienz.

Die Schwachstelle des Digitalis:

Es hat eine schmale therapeutische Breite mit dadurch bedingten subtoxischen und toxischen Belastungen des Patienten.

Das Ausweichen in eine Unterdosierung ist daher häufiger als die Überdosierung, umsomehr, als die *Compliance* gerade bei Digitalis besonders zu beachten ist.

3.1.2 Die Digitaloide

Wenn es – neben Digitalis – eine Therapie der Herzinsuffizienz gibt, so denkt man an die Gruppe der Digitaloide:

Adonis vernalis	Oleander nerium
Apocynum cannabinum	Scilla maritima
Convallaria majalis	Strophantus gratus

Keines dieser Digitaloide besitzt alle Eigenschaften am Muskel, am Reizleitungssystem oder an der Herzzelle, in dem Ausmaß wie Digitalis. So wird es erforderlich, entweder nach dem Schweregrad der Herzinsuffizienz auszuwählen oder zusätzliche therapeutische Maßnahmen zu ergreifen, um das Wirkungsspektrum zu erweitern:

- Coronare Durchblutung
- Betarezeptorenwirkung
- Antihypertonika
- Calciumantagonisten
- Entwässerungsmaßnahmen.

In der biologischen Therapie können wir auf eine Vielzahl von **flankierenden Hilfsmaßnahmen** zurückgreifen:

Kartoffeldiät	Zur Entwässerung mit gleichzeitiger Kaliumanreicherung und Natriumentzug.
Kemptner'sche Reisdiät	Mit selektivem Blutdruckabfall und Entwässerungseffekt.
Ansteigendes Armbad nach Hauffe	Anregung der coronaren Durchblutung.
Senffußbad	Bei hypertensiven Krisen.
Aderlaß	Bei drohendem Lungenödem.
Senfpackung an der Lunge	Bei Stauung.
Fasten und Hepatika	Beeinflussung der Pfortaderstauung.

Mit Hilfe dieser Kombinationen kann bei Herzinsuffizienzformen Digitalis teilweise umgangen werden. Dies hängt von der Erfahrung und Sicherheit des Behandlers ab.

3.1.3 Behandlung mit Crataegus oxyacantha

Nicht zuletzt nach jahrelangem Ringen mit dem BGA hat sich Crataegus oxyacantha unter den Phytotherapeutika einen festen Platz erworben. Folgende Eigenschaften und Wirkungen lassen sich beim Crataegusextrakt feststellen:

- Einfluß auf coronare Durchblutung
- Verbesserung der Kontraktivität des Herzmuskels
- Toleranzerhöhung im Sauerstoffmangelmyokard
- Antiarrhythmische Eigenschaften
- Senkung des peripheren Kreislaufwiderstandes.

Die Wirkprinzipien:

Hier handelt es sich nicht um Prägnanglykoside wie bei Digitalis und ihren Verwandten, sondern reine Flavone, die sogenannten »oligomeren Prozyanide«.

Es geht also um Stoffe, die eine *milde Kapillarregulation* bewerkstelligen. Eine *toxische Belastung gibt es dabei nicht.* Wenn in der Frühzeit des Crataegus, das bekanntlich aus der Homöopathie stammt und von ASSMANN (1930) sorgfältig beschrieben wurde, vom »Altersherzen« die Rede war, so bildete diese Bezeichnung wohl das größte Handicap für die weitere Anerkennung. Die Definition »Altersherz« – Schiene für Digitalis und sehr

schwache Wirksamkeit – verschuldete die langdauernden Diskussionen um dieses hervorragende Mittel.
In einer ausgedehnten Studie in Japan unter Iwamoto et al. einigte man sich bei den Untersuchungen auf die Schweregrade der Herzinsuffizienz I bis IV nach der amerikanischen Heart-Association. Sowohl im Hinblick auf das Ausmaß einer allgemeinen Besserung als auch die subjektiven und objektiven Befunde erwies sich Crataegus in den Schweregraden I und II gegenüber den Placebos überlegen. Lediglich die Ödemneigung und die Nykturie waren nicht eindeutig beeinflußbar, sodaß bei dieser Therapie die erwähnten zusätzlichen Maßnahmen erforderlich sind, insbesondere diätetische.

Kombinationspräparate:
In Verbindung mit diesen Arzneiformen hat die Pharmaindustrie durch Kombinationspräparate die Indikationsbereiche wesentlich vermehrt. Auf diese Weise gibt es eine Vielzahl von Crataegus-Verbindungen im Handel. Zum Beispiel:

- Kombinationen mit Digitaloiden der II. Ordnung
- Kombinationen mit Sedativarzneien ▶

Melisse
Hopfen
Baldrian

- Spezielle Verbindungen

mit ▶

Adonis vernalis	(bei Tyreotoxikose im Sinne eines leichten Betarezeptoreneffektes)
Cactus-Khella	
Rosmarin	
Lavendel	

- Kombinationen mit Terpenen wie

Rosmarin
Kampfer

In allen Fällen gilt die Erweiterung des Spektrums in der Therapie unter Außerachtlassung der Digitalismedikation.

3.2 Die Herz-Rhythmusstörungen

3.2.1 Drei wesentliche Merkmale der arzneilichen Beeinflussung

3.2.1.1 Die Einflußnahme auf die Erregungsleitung als Quelle der Störung

Hierbei geht es um die Wirkstoffe: **Ajmalin, Procain, Chinidin.**
Ajmalin ist ein Alkaloid aus der *Rauwolfiadroge* und gleicht in der Wirkung dem Chinidin und Procainamid. Während Chinin auch Membraneffekte

nachweisen läßt, wirken Ajmalin und seine Abwandlung Präajmalin parasympatikolytisch, besonders bei Vorhoftachykardien.

3.2.1.2 Beseitigung arrhythmischer Einflüße seitens des vegetativen Nervensystems

Diese Einflüsse schließen auch die Transmitterstoffe des vegetativen Nervensystems ein:

- Parasympathikomimetika
- Parasympatikolytika
- Betarezeptorenblocker
- Spartein.

Speziell in Frankreich und der Schweiz spielt das Alkaloid *Spartein* bzw. der Extrakt von *Sarothamnus scoparius (Besenginster)* bei der Behandlung von Arrhythmien eine große Rolle. Als Synapsengift, das mit seinem Nebenalkaloid Genistein auch periphere Einflüsse (z. B. am Venensystem) auslöst und mit seinem Oxythyramin blutdruckeffektiv sein kann, wirkt es sich breit auf die Herztätigkeit aus.

Pflanze	Indikation	Anmerkung
Sarothamnus scoparius (Besenginster)	Extrasystolen vom schnellen Typ Polytope Extrasystolen Hypotonie Venöse Insuffizienz	Breite Wirkung Blutdruckeffektiv
Gelsemium sempervirens (Gelber Jasmin)	Bradykardien Migräne bei Spastiken und Ungleichgewicht im Durchblutungsbereich des Kopfes Bei Beginn von Entzündungen und Erkältungen	Alkaloidpflanze

Gelsemium-Tip:

> Bei Bradykardie, Erkältung und Entzündung kombinieren mit Atropin oder Belladonna.
> Als Migränemittel am besten homöopathisch in D4 oder D6:
> 2× täglich und bei Bedarf je 10 Tropfen.

3.2.1.3 Beeinflussung von Faktoren, die über Herzleistung oder Elektrolytstörung beteiligt sind

Zu diesen Faktoren zählen: Kalium-Natrium-Kalzium, Säure-Basen-Gleichgewicht, besonders Azidose, Muskeldehnung. Das bedeutsamste Mittel ist das **Aconitum.**
Es konnte nachgewiesen werden, daß es vorwiegend an der Herzmuskelzelle wirkt und daß die Permeabilität des Repolarisierungsstroms abnimmt. Dies geschieht durch Zunahme der Natriumionen und Abnahme der Kaliumionen. Es kommt dabei zur Ausbildung eines Nachpotentials, wobei sich gleichzeitig die Tendenz zur Repolarisation verringert.
Durch Erregung myokardialer Chemorezeptoren über Vagusreizung kommt es gleichzeitig zu einem negativ dromotropen und chromotropen Effekt (Betzold-Jarisch-Effekt).
Die in der Crataegusstudie beobachtete Wirkung von Crataegus bei Rhythmusstörungen beruht u. U. auf der Verbesserung der *coronaren Durchblutung*. Dies gilt für alle anderen coronarwirksamen Phytotherapeutika.

3.2.2 Die Verbesserung der coronaren Durchblutung

Grundsätzlich gibt es zwei Möglichkeiten, die coronare Durchblutung therapeutisch zu beeinflussen:

a) Erweiterung der Herzkranzgefäße
b) Hemmung des Myokardstoffwechsels

Die Wirkung von Nitriten sei dabei unbenommen.

Visnadin Khellin

Ein Wirkstoff, der die obigen Forderungen weitgehend erfüllt, ist das Khellin, das in den Früchten der **Ammi visnaga** (Knorpelmöhre) entdeckt wurde. Neben den coronaren Visnadin-Khellinwirkungen ist die Droge spasmolytisch und war das Vorbild für die Chromoglycinsäure-Antiallergieeffekte. Mit der coronaren Wirkung verbindet sich eine Ökonomisierung der Myokardleistung.

Der Tip:

> Khellin kombiniert man gut mit Arnika oder Crataegus (Oxacant-Khella).

Cactus grandiflorus

Cactus grandiflorus, seit der Mitte des 19. Jahrhunderts in Italien gebraucht, hat in den Nachkriegsjahren einen neuen Wirkungscharakter erhalten, nachdem die Arbeiten von Koch eindeutig einen digitalisähnlichen Wirkstoff negiert haben.

W. ZIMMERMANN konnte 1950 anhand von kapillarmikroskopischen Untersuchungen den Nachweis erbringen, daß es sich um eine nitritähnliche Wirkung handeln muß, die in Abhängigkeit von den Herstellungen der Ausgangsdroge schwankt. Es wurde vermutet, daß es sich um histaminähnliche Substanzen handelt, die unterschiedlich von der Pflanze und vom Mazerationsgrad abhängig sind. WAGNER et al. haben 1982 endgültig nachweisen können, daß die Wirkung auf Amine bzw. Thyramin zurückgeführt werden kann. Dies erklärt auch die relativ starke periphere Wirkung auf den Kreislauf.

3.3 Die Beeinflussung des Kreislaufs durch pflanzliche Arzneien

Die Beeinflussung des Kreislaufs richtet sich nach den Erfordernissen des peripheren Durchblutungspools, des arteriovenösen und lymphatischen Systems. Als Modell dient hier die terminale Strombahn nach RIEKER. Diese terminale Strombahn ist ein Kompensationsmechanismus zwischen der Vergrößerung der Kontaktfläche von Kapillarwand und Gewebe, der Verlängerung der Kontaktzeit durch Strömungsverlangsamung des Blutes und einem vermehrten Zustrom venöser Bahnen zum rechten Herzen. Stase, Fluxion und Engstellung sind die Parameter dieses Mechanismus und dirigieren den gesamten Kreislauf.

3.3.1 Rauwolfia

Dieses wichtige Alkaloid in der alten indischen Ayurveda-Medizin wurde 1952 erstmals von MÜLLER bearbeitet.

> Die in der Pflanze nachweisbaren Wirkungen sind vorwiegend blutdrucksenkende.

Alle 52 Rauwolfia-Alkaloide sind weitgehend definiert, sie lassen sich in Kombination zueinander einsetzen, was eine Verstärkung der peripheren Wirkung zur Folge hat. Reserpin führt langsam zum Blutdruckabfall, was beim Hypertoniker deutlicher ist als beim Normotoniker. So verlangen *schwere Hypertonien* evtl. auch noch andere Maßnahmen wie z. B. Saluretika. Aber auch Gemütsleiden, Erregungszustände und Schlaflosigkeit gehören mit zu den Indikationen der Rauwolfiadroge, die in der Volksmedizin Indiens vorwiegend als Gesamtkomplex im Sinne eines Tees angewandt wird.

Der Tip:

> Als Dosis täglich 3 mg oder parenterl 5 mg für die Gesamtdroge.

3.3.1.1 Die drei Phasen der Rauwolfia-Wirkung

Nach BARSA zeigen sich folgende Wirkungsphasen:

Die Beruhigungsphase:
Sie dauert 3 bis 10 Tage.

Die Turbulenzphase:
Sinnestäuschungen und Wahnerlebnisse treten auf. Diese Phase kann sich über drei Wochen erstrecken.

Die therapeutische oder Integrationsphase:
In dieser Zeit wird der Patient freundlich und umgänglich und erschließt sich seiner Umgebung.

3.3.2 Secale cornutum – der Mutterkornpilz

Erstmals untersuchte ihn 1918 STOLL auf seine Alkaloide. Das in der Volksheilkunde als »Frauenkraut« bekannte Mutterkorn hat als Hauptbestandteil *Ergotamin.*

3.3.2.1 Ergotamin – Eigenschaften und Indikationen

Eigenschaften

Langanhaltende Uteruskontraktionen
Adreno-sympatikolytische Wirkung, sowohl sympatikusfördernd als hemmend
Vaso-Konstriktorische Eigenschaften
Dämpfende Wirkungen auf zentrale Funktionen

Aus diesen Kombinationen entwickelte sich die Gesamtdämpfung des vegetativen Nervensystems, bspw. im Bellergal.

Ergotamintartrat-Indikationen
Geburtshilfe Nervöse Tachykardien (Gynergen) Hyperthyreoidismus Magenatonie Sympatikotone Dermatosen Kopfschmerz bzw. Migräne

Der Tip:

> Migränebehandlung kann in Verbindung mit Koffein noch effizienter sein.

3.3.2.2 Besonderheiten beim Einsatz von Secale-Drogen

In der Phytotherapie zeigte es sich immer wieder, daß *Kombinationen* von alkohollöslichen Fraktionen und wasserlöslichen Anteilen der Secale-Drogen eine optimale Wirkung versprechen. Hindernd stand nur im Wege, daß der Wirkstoffgehalt einzelner Drogenanteile sehr schwankt. Demgegenüber fand sich die homöopathische Dosierung D1–D3 besonders konstant in der Wirkung, nachdem hierbei offensichtlich hydrophile und lipophile Anteile gleichmäßig verteilt sind.
In der Ableitung von dieser homöopathischen Dosierungsform ergeben sich folgende **Hauptindikationen:**
- Migräne
- Gefäßspasmen: Akroparästhesien, Digitus mortuus, Morbus Raynaud
- Diabetische Gangräne
- Innenohrschwerhörigkeit des Alters (Unseld)
- Brachialgia nocturna (Mössinger)
- Arteriosklerose mit Gangrän (Ritter, Stiegele)
- Hypertonie (Ritter),

wobei bei letzterer die blutdrucksteigernde Wirkung des Adrenalins aufgehoben wurde.
Die Hauptwirkung ist in der Kontraktionsfähigkeit der peripheren Arteriolen zu belegen, die mit Secale in toxischem Sinne induziert, in therapeutischem Sinne aufgehoben wird. Die wasserlöslichen Anteile sind Ergometrin, während das Ergotamin im Magen wenig löslich erscheint.

3.3.3 Veratrum album

Der *Weiße Germer* aus der Familie der Liliaceen enthält in allen Pflanzenteilen Alkaloide von:
- C27-Steroidgerüst
- Protoveratrin
- Rubijervin (dem Solanidin verwandt)
- Protoveratrin AB.

Die Alkaloide sind nicht nur von der Schleimhaut, sondern auch von der unverletzten Haut resorbierbar. An sensiblen Nervenendigungen erzeugten sie Juckreiz und Brennen, an Schleimhäuten heftige Rötung.
Im Vordergrund steht die *blutdrucksenkende Wirkung* und *Frequenzsenkung*. Die Wirkung erfolgt an den Blutdruckrezeptoren des Herzens, Karotissinus und den Lungen. Über Nervenreflexe wird der periphere Widerstand gesenkt, vergleichbar etwa mit dem Bezold-Jarisch-Reflex.

In der Heilkunde wird Veratrin besonders bei hypertonen Krisen angewandt. Dabei ist die Eklampsie eine wichtige zusätzliche Indikation.

Homöopathisch und damit im phytotherapeutisch milden Sinne wird Veratrum album D4 bei **Kollaps** infolge von choleratiformen Diarrhöen, bei **Krämpfen** und **Melancholie,** bei **Manie** und anderen psychischen Störungen empfohlen.

Der Tip:

Am Herzen ist Protoveratrin wirksamer als Veratrin. Nebenerscheinungen wie pektanginöse Zustände und Arrhythmien können mit Atropin aufgehoben werden.

3.3.4 Helleborus niger – Helleborin und Hellebrin

Die Pflanze kennen wir als *»Schwarze Nieswurz«* aus der Familie der Ranunculaceen. Aus dem Rhizom werden zwei Glykoside isoliert: Helleborin und Hellebrin, meist als Glykosidgemisch vorliegend.
Daneben enthält die Droge Saponine, die für die *Brechwirkung* verantwortlich sind. Die Glykoside sind *strophantinähnlich;* dabei ist das Gemisch wirksamer als das Einzelglykosid. Ein Milligramm entspricht 2500 der früher üblichen Froschdosen. Es ist gut haltbar und steht auch quantitativ dem Strophantin nahe. Der Extrakt besitzt eine starke *diuretische Wirkung,* die dem *Theobromin* überlegen ist. In der Homöopathie von Stauffer bei *Herzinsuffizienz* mit *hydropischer Stauung* empfohlen, außerdem bei Anurie im Wochenbett, bei Hydrocephalus und Meningitis in der Kindheit mit nachfolgender Gehirnschädigung.

3.3.5 Andromedotoxin – Andromeda-Kalmia-Arten

Familie: Eriaceen.
In diversen Ericaceenarten fanden sich Andromedotoxinsubstanzen, die zu den tetrazyklischen Diterpenen zählen. Es zeigten sich deutlich *blutdrucksenkende Eigenschaften,* die dosisabhängig sind. Bei der Wirkung werden sowohl vegetative Regulationsmechanismen als auch zentrale Einflüsse geltend gemacht.

Der Tip:

Bei Schwangerschaftshypertonie bewährt sich **Rauwoplant,** eine Mischung aus Rauwolfia, Crataegus und Andromedotoxin.
Rosmarin-Lavendel

3.4 Die Mittel des peripheren Kreislaufs

3.4.1 Flavonoidhaltige Drogen

Es handelt sich im wesentlichen um Flavone und Cumarine. Flavonoide wirken krampflösend und erschlaffend auf die glatte Muskulatur. Auffallend beeinflußt ist die *Diurese.* Nach Injektion von Flavonoiden werden die Nierengefäße zunächst verengt und dann für längere Zeit erweitert. Die Hubhöhe des Herzens wird durch kleine Dosen verbessert, das Schlagvolumen gesteigert. Man vermutet auch interstitielle Wirkungen auf das Mesenchym, während Digitalis direkt auf die kontraktile Substanz des Herzmuskels einwirkt. Die coronare Durchblutung wird verbessert. Außerdem werden dem Farbstoff hemmende Impulse auf Reizbildung und Reizleitung zugeschrieben. Wenn auch noch eine große Zahl von Fragen offen ist, so kann man doch sagen, daß die *Flavonoide* zu den *wichtigsten Wirkstoffen* in der *Phytotherapie* zählen, mit einer Vielzahl von nachweisbaren Effekten. Offenbar sind diese Effekte aber auch an die Nebenstoffe und Ballastmedien gekoppelt. Eine kurze Zusammenstellung der flavonoidhaltigen Drogen, die hier für die Kreislaufbehandlung in Frage kommen können:

Arnica montana

Angezeigt bei:
- Trauma
- Peripheren Durchblutungsstörungen
- Zustand nach Blutungen.

Ginkgo biloba

Der *»Japanische Tempelbaum«* oder *»Entenfuß«* zeigt deutliche Wirkungen der peripheren Durchblutung, besonders auf die zerebrale Durchblutungsgröße mit einem koffeinähnlichen Effekt der Gewöhnung. Gleichfalls wirkend bei **Rhinitis vasomotorica** und in der Frühphase des **postthrombotischen Syndroms.** Keine große Wirkung auf die Herzkranzgefäße, dagegen eine deutliche *stimulierende* Wirkung auf die *Gehirndurchblutung.*

Aesculus hippocastannum

Wir begegnen wieder der *Roßkastanie* der Volksmedizin aus dem Rheumakapitel. In der Erforschung ihrer Wirkung gab es interessante Aspekte:
Gelangt Aescin ins Blut, so wird es an Albumin gebunden. Die Membran überalterter Erys wird getroffen, die Membran ATP-ASE (Adenyltriphosphatase) wird gehemmt. Es kommt zum Austritt von Kaliumionen gegen Natriumionen und zum Austausch beider Ionengruppen untereinander. Dann muß das Natriumion seine Wassermäntel mit in die Erys einschleppen, was zu der bekannten sphärischen Umwandlung der Erys führt. Das Plasma wird eingedickt, der kolloidosmotische Druck steigt dadurch.
Aescin hat eine hirndrucksenkende Wirkung, es schwemmt Ödeme aus, die eventuell nach Hirntrauma den Zustand wesentlich beeinflussen können.

Unter den 80 Spezialitäten die sich auf dem bundesdeutschen Arzneimarkt bewegen, sind nahezu alle bewährt.

Der Tip:

> Die Roßkastanie hat nachweisbare Effekte bei der Behandlung von Hämorrhoiden und Krampfadern.

Hamamelis virginica

Volkstümlich heißt sie »Indische Zaubernuß«. Das Tannin ihrer Zweige hat eine vasokonstriktorische Eigenschaft und gilt als *mildes Hämostyptikum.*

NEUGEBAUER hat eine Verkürzung der Blutungszeit mit Hamamelisextrakt nachgewiesen sowie eine Beschleunigung der Blutgerinnung. Hamamelis gilt bei Augenkrankheiten, kombiniert mit Aesculus, Tormentill und Erigeron – auch bei Darmblutungen.

Der Tip:

> Hamamelis läßt sich kreislauftherapeutisch mit Arnica und Capsella bursa pastoris kombinieren.

Viscum album

Die *Mistel* hat sich in ihrer Gesamtheit wohl im onkologischen Bereich als Phytotherapeutikum milder Art bewährt. Auch im Rheumakapitel sind wir ihr bei der Behandlung der Arthrosen begegnet.

Diese uralte Pflanze hat auch eine cholesterinsenkende Wirkung, dagegen ist ihre blutdrucksenkende Eigenschaft nicht sehr bedeutsam. Proteinkomplex mit einem Molekulargewicht von 60 000.

Bekannt ist sie bei:

- Schwindel
- Leichten Hypertensionen
- Hypertensiven Krisen.

Gelegentliche Anwendungen erfährt man im Formenkreis des Asthmas. GLAUBER empfahl die Mistel und das Zinnkraut bei Blutungen im Wochenbett.

Der Tip:

> Viscum album soll das beste »**Frauenmittel**« sein.

Melilotus officinalis

Dahinter steht der *»Steinklee«* aus der Familie der Fabaceen. In der Volksmedizin bei Geschwüren, Hämorrhoiden und Migräne angewandt, galt er in Amerika als Auslöser der »Sweet clover disease«, einer Rinderkrankheit mit blutenden Klauen, die dort vorkommt, wo vermehrter Verzehr von Steinklee bei Rindern angenommen wurde.

In unserem Zusammenhang handelt es sich um ein *Dicumaronpräparat.*

Der Tip:

> Melilotustee ist eine Koagulantientherapie.
> Besonders: Behandlung von Lymph- und Venenstauungen.

Asperula odorata

In der Volksmedizin ist unser einheimischer *Waldmeister* bei Stauungen im Unterleib der Frauen sehr beliebt. Ansonsten hat er sich nur in einigen wenigen Präparaten im Gemisch bei Blutungsneigung bewährt.

Der Tip:

> Anwendung zur milden Kreislauftonisierung.

Ruta graveolens

Die *Gartenraute* enthält Vitamin-B und Rufin. Bei schmerzhaftem Menses gilt sie als Diuretikum, das Schutz- und Heilwirkung bei Membrandurchlässigkeit verspricht. Urtikaria und Strahlenschäden wurden damit behandelt.

Der Tip:

> Behandlung des Quinködems.

Allium sativum

Das ätherische Öl, das Benzylsenföl aus der *Knoblauchzehe*, kommt nochmals ausführlich im Kapitel ›Geriatrie‹ zur Besprechung.

Fagopyrum esculentum

Auch der *Buchweizen* ist aus der Volksmedizin bekannt. Die rutinhaltige Pflanze mit deutlich venösem, antiödematösem Effekt hat sich besonders bei *peripheren Durchblutungsstörungen* bewährt. Auch bei *Ulcus cruris* in Form von Tees oder Tropfen sind die Präparate in Gemischen bekannt und beliebt.

3.4.2 Die Digitaloide und die Strophantintherapie

Ohne die Digitaloiden ist jede Geschichte der Herz- und Kreislaufpflanzen unvollständig.

Strophantus gratus

Das G-Strophantin oder Quabain, das mehr als 80% des Gesamtglykosids enthält und Strophantus combé, ein amorphes Gemisch verschiedener Glykoside, haben heute noch Bedeutung in der parenteralen Strophantin- bzw. Glykosidtherapie der **Herzinsuffizienz.**
1858 wurden Strophantus als Pfeilgift von dem Botaniker Kirk auf der Sambesiexpedition Livingstones 1858–1864 entdeckt. Erst 1906 wurde Strophantin von Fränkl in die Therapie eingeführt. 1933 stellte Fränkl eine

Monographie über die Strophantintherapie im allgemeinen zusammen. 1937 wurde die Droge von STOLL chemisch aufgearbeitet. Seit dieser Zeit ist Strophantus ein kurzfristig wirkendes Mittel der Herzinsuffizienzbehandlung, ohne Nebenerscheinungen, aber grundsätzlich auf die parenterale Applikation angewiesen. Bei Extrasystolie und bei überwiegendem Sympatikotonus können hierbei Schwierigkeiten und Störungen in Form von Herzunruheständen und Tachykardien eintreten. Das unbehandelte insuffiziente Herz ist jedoch wohl die beste Indikation für eine parenterale Herztherapie, solange sie die Bedingungen erfüllt, daß eine gute Applikationsmöglichkeit besteht. Eine Therapie im Sinne einer Parainjektion wird große Probleme mit Entzündungen aufwerfen und die Therapie ziemlich rasch in Frage stellen. Eine bis heute noch nicht befriedigende Erklärung vermissen wir bezüglich der *oralen* Strophantingaben. In einigen Präparaten ist diese orale Applikation angegeben bzw. möglich geworden. Die Wirksamkeit fällt gegenüber der parenteralen bis 10% Leistungsvermögen ab, so daß diese Schwierigkeit in der Dosis vorbereitet und ausgeglichen werden muß. Die Dosierung betrifft demnach auch z. B. bei *Strodival* eine Dosis von 3,0 mmg G-Strophantin in oliophiler Phase. Auch bei *Isocomb,* das sich in der Therapie bewährt hat, ist die Dosis erheblich größer als die parenteral verabreichte Dosis eines ⅛ oder ¼ mmg Strophantin G.
Ein Gewöhnungseffekt kann mit diesem Mittel nach eigener Erfahrung *nicht* erfolgen. Es ist zugleich einsetzbar in Verbindung mit anderen Digitaloiden und anderen Möglichkeiten der Herzbeeinflußung wie Betarezeptorenblokker und Koronardilatatoren.

Scilla maritima

Die *»Meerzwiebel«* ist volkstümlich schon lange im Mittelmeerraum bekannt. STOLL arbeitete sie 1927, 1933 und 1951 auf und stimmte sie auf den wesentlichen Bestandteil Proscillaridin ab. In der alten Kräuterkunde verwendete man Scilla maritima als Venenmittel. Nachdem sie offensichtlich auch nierenreizende Elemente aufweist, wurde sie bei der sogenannten »feuchten Herzinsuffizienz« empfohlen. Scilla löst keine digitalisähnliche Bradykardie in der Sättigungstherapie aus.

Der Tip:

> Scilladroge bei bradykaren Formen der Herzinsuffizienz.
> Dosierung auf Proscillaridin abstimmen.

Convallaria majalis

Als Ausweichmittel für die Behandlung bradykarer Herzinsuffizienzen eignet sich auch das *Maiglöckchen.*
Es wurde 1929 von KARAB bearbeitet und pharmazeutisch auf *Convallatoxin* standardisiert. Die Convallaria ist ein Glykosid 2. Ordnung.

Der Tip:

> Wirkungsvoll bei Überleitungsstörungen in Verbindung mit Herzinsuffizienz leichten bis mittleren Grades.

Oleander nerium

Die *Oleanderstrauch*-Droge ist von der Homöopathie her bekannt und von dort abgeleitet.

Der Tip:

> Empfohlen bei arteriosklerotischen Veränderungen in Verbindung mit Herzinsuffizienz.

Apocynum cannabinum

Der *Wasserhanf* ist ebenfalls mit der Vermehrung der Diurese gekoppelt. Seine Beziehung zur Herzinsuffizienz hat sich in den einschlägigen Spezialpräparaten nicht deutlich durchsetzen können, sodaß Apocynum nur noch in der homöopathischen Verordnung zugänglich ist. Anders liegt das bei

Adonis vernalis

Das *Adonisröschen* kennen wir aus der sibirischen Volksmedizin. BECHTEROFF (Leningrad) hat es als pflanzliche, betablockerähnliche Substanz bearbeitet. Dabei entdeckte er die Anwendungsmöglichkeiten bei Tyreotoxikosen und funktionellen Herzbeschwerden.

Der Tip:

> Therapieren von Herzinsuffizienzen (selbst leichteren Grades) mit Adonis nur unter großem Vorbehalt!

Dagegen hat sich Adonis vernalis in Verbindung mit anderen Stoffen durchaus erhalten können. Doch konzentriert sich seine Bedeutung im wesentlichen auf die homöopathische Arzneimittellehre.

Evonymus europaeus

Das sogenannte *»Pfaffenhütchen«,* aus der Pflanzenfamilie der Celastaraceen, das aus der Volksmedizin stammt, ist innerhalb dieser Reihe sinngemäß hinzuzufügen.
Möglicherweise hat diese Pflanze Chancen für die Zukunft, wenn Vergleiche mit dem Strophantin und Helleborus möglich werden, denn sie ist leicht anbaufähig und reproduzierbar.

3.4.3 Zusammenfassende Therapiehinweise

Die Behandlung der Herzinsuffizienz der Schweregrade III und IV geht praktisch *nur* über die *Glykoside.*
Die Schweregrade I und II – und mit einigem Vorbehalt – auch III, können mit (nach früherer Einteilung) Mitesubstanzen umgangen werden, wenn zusätzliche Therapiemaßnahmen sie begleiten. Dies gilt für:

- Crataegus
- Digitaloide, inklusive analoger Saluretika
- Betablocker
- Calciumantagonisten.

Die geringe therapeutische Breite der Digitalistherapie ist ein Hindernis, die Beeinflussung der Nierenfunktion und die Notwendigkeit, eine korrekte Dosierung entsprechend der Muskelmasse bzw. des Insuffizienzgrades festzusetzen, ein weiterer Nachteil. Zudem erscheint bei der Digitalistherapie der Mangel an vasodilatatorischen Eigenschaften bemerkenswert genug, um die Begeisterung für einen Einsatz von *reinem Glykosid* weitgehend zu revidieren.

Die Abklingquote ist bei Strophantin 16 Stunden und bei Digoxin 25 Stunden, bei Digitoxin 102–160 Stunden, wobei die Nierenpflichtigkeit zu bemerken ist. 90–100% ist die Digitalisdroge bioverfügbar, jedoch spielt das Alter für den Einsatz eine nicht unerhebliche Rolle.

3.4.4 Herz- und kreislaufwirksame Teerezepte

Kreislauftee

Rp.	Rad. Valerianae	40,0
	Herb. Rutae hort.	30,0
	Fol. Rosmarini	25,0
	Flors. Arnicae	5,0
	M. f. spec. D. S. 1–3mal tgl.	
	1 Tasse des Aufgusses schluckweise.	

Schlaffördernder Herztee

Rp.	Strob. Lupuli	
	Herb. Millefolii	āā 20,0
	Rad. Valerianae	
	Fol. Melissae	āā 30,0
	M. f. spec. D. S. 1–2mal tgl. 1 Tasse	

Species antiscleroticae

Rp.	Herb. Visci	
	Flor. Crataegi	āā 25,0
	Hb. Rutae hort.	
	Hb. Equiseti	āā 20,0
	Hb. Bursae pastoris	10,0
	M. f. spec. D. S. 3×1 Tasse Tee trinken	

Teemischung bei Hochdruckneigung

Rp.	Flor. Crataegi	
	Fruct. Crataegi	
	Herb. Equiseti	
	Herb. Visci albi	
	Bulbi Allii sat.	āā 15,0
	Flor. Arnicae	5,0
	Herb. Millefolii ad 100,0	
	M. f. spec.	
	D. S. 1 Eßlöffel voll auf 1 Tasse Wasser kalt ansetzen, kurz aufkochen und einige Minuten ziehen lassen.	
	Tgl. 2 Tassen in kleinen Mengen trinken.	

4. Phytotherapie der Atemwegserkrankungen

4.1 Grundzüge der Pathogenese

4.1.1 Embryonale Zusammenhänge – lymphatische Diathese

Dieser Betrachtung müssen embryonale Zusammenhänge vorausgeschickt werden, die aus dem endodermalen Darmrohr durch die Abzweigung der endobronchialen Schleimhaut in der Larynxknospe zustande gekommen sind. Insgesamt steht dieser Bereich auch unter dem Einfluß der Kiemenbogen bzw. der Kiemenbogenanteile, insbesondere des 4. Kiemenbogennerves, des Nervus vagus. So läßt sich erklären, daß die Erkrankungen der oberen Luftwege mit dem Nasen-Rachen-Raum korrespondieren, daß sie Beziehungen zur Hypophyse, zur Schilddrüse sowie zum tonsillopharyngealen Rachen aufweisen.

Die **lymphatische Diathese,** die man schlechthin als eine *frühzeitige Fehlanlage* bzw. krankhafte Anlage der *Kiemenbogenentwicklung* betrachten muß, ist in der Kindheit meist der Usprung für Bronchialerkrankungen und nicht zuletzt für das Asthma bronchiale. Die Beziehungen zum sinusfrontalen System werden nicht nur über die Schleimhäute, über die Mukosebarriere festgehalten, sondern auch über die einschlägigen nervalen Bezüge untereinander, über die sehr aktive Tätigkeit des Nervus vagus in dem oberen endodermalen Bereich. Es gibt kaum eine Bronchialerkrankung, die nicht mit einer Fehlanlage im sinufrontalen Bereich korrespondiert, seien es nun die aus dem Schwächesystem der Schleimhaut entstandenen Polypen in den Nebenhöhlen, oder die hypertrophe Tonsille, die als Zeichen der Schwäche der tonsillopharyngealen Abwehr im immunologischen Sinne zu deuten ist.

Die Erkrankungen der Lunge sind im wesentlichen auf drei *Krankheitszeichen* zugeschnitten:

Atemnot — Husten — Sekretion

Die Atemnot definiert sich als Mißverhältnis zwischen Sauerstoffangebot und Sauerstoffbedarf. Die beiden anderen Krankheitszeichen führen wir etwas näher aus.

4.1.2 Der Husten

Der Husten stellt sich als Ausdruck einer reflektorischen Reinigung der Atemwege von Sekret oder Fremdkörpern ein. Der Husten funktioniert gleichzeitig als das Expektorans. Man kann nicht gleichzeitig husten und schlucken. Deshalb wirken:

- Tees
- Getränke allgemein
- Zuckerreflexe

- Honig
- Flüssigkeit

antitussiv, in gemeinsamer Applikation.
Die Speichelsekretion stillt den Hustenreiz, deshalb ist das Hustenbonbon angezeigt, um Hustenreize zu beruhigen.
Ein *langer Husten* erfordert stets eine Überprüfung sowohl der oberen wie der unteren Luftwege. Es kann sich schlicht um einen Karinareiz handeln, aber auch den Beginn einer malignen Erkrankung im Bronchialsystem signalisieren. Der Hustenreiz ist bei Herzkranken lästig und bringt eine Stauung im venösen Bereich der Pulmonaldurchblutung, sodaß der Hustenreiz zweckmäßig bei Herzkranken frühzeitig sediert werden muß. Bei Hustenreiz gilt *obligates Rauchverbot*, denn jeder Rauchpartikel und jeder Reiz wird als Fremdkörper registriert bzw. zur Reaktion gebracht. Hier ist den Anfängen zu wehren. Auch Antibiotika bedingen oft eine Immunschwäche des Schleimhautsystems, so daß man in den aetiologisch-diagnostischen Überlegungen eines Hustens eine einschlägige Vorbehandlung zu eruieren hat.

4.1.3 Die Sekretion

Sekretion bedeutet, in diesem Zusammenhang, das Zeichen für eine *gereizte Bronchialschleimhaut.* Sekretverflüssigung bedeutet dann, mehr Wasser aufnehmen, das heißt, viel trinken, am besten in Form eines Hustentees.
Das beste *Aerosol* ist Wasser und Kochsalzlösung in Form der Inhalation. Dabei kann Kochsalzlösung als hypertoner Reiz die Sekretion anregen.
Die *Ziliostase* wird durch schwefelhaltige Drogen, wie bspw. Senföle, gefördert.
Sekretolytisch wirken – häufig allein über den Wässerungsreiz – Gewürze und Genußmittel, wie:

- Anis
- Paprika
- Pfeffer
- Thymian.
- Kaffee
- Kakao
- Tee

Bademedien und *Einreibungen* wirken inhalativ:

- Bronchialsalben, inhalativer Effekt durch ätherische Öle
- Eukalyptus
- Fichtennadel
- Rosmarin
- Salbei
- Thymian.

Bewährte Brustpackungen:
Sie wirken über die funktionellen Sperrarterien oder über den Counterirritant-Effekt auf die Lunge ein. Die Anwendungen von Senföldrogen wie:

- Zwiebel-Rettich-Kresse, aber auch
- Menthol (Tigerbalsam)

werden volksheilkundlich viel geübt.

4.2 Der Einsatz der Phytotherapie bei Bronchialerkrankungen

4.2.1 Primäre Möglichkeiten der Anwendungen

Die Phytotherapie ist ein wesentlicher Faktor in der Behandlung von Atemwegserkrankungen. Der Markt gibt in etwa die Anwendungsbereiche wieder.
Es gibt circa **250 Phyto-Spezialitäten.**
▼

170 Hustenmittel, Tinkturen
15 Inhalationspräparate
60 Präparate zur externen Anwendung
05 Sonstige

Grundsätzliche Möglichkeiten der Anwendung:
a) **Immunitäre Maßnahmen**
Diese erfolgen über die endodermale Funktion der Schleimhaut als Immunsystem und das Innervationssystem von Vagus und Sympathikus.
b) **Sekretolyse oder Dyskriniebehandlung.**
c) **Antitussive Behandlung.**
d) **Atemnotbehandlung.**
In der Praxis verläuft sie allerdings meist als einschlägige Gymnastik im Sinne einer Atemtherapie.

4.2.2 Therapieprinzipien im Überblick

Tab. 19

Alkaloidsysteme	Belladonna, Stramonium, Opiumderivate → Morphin, Codein, Narkotin, Noscapin, Papavarin
Antihistaminika	Histamin-Antagonisten bspw. Khelladroge
Ätherische Öle	Meistgebräuchliche Arzneien. Bringen bis zu 40%ige Steigerung der Sekretion. Ansonsten: Hochgradig antibakteriell, sekretolytisch, teilweise bronchodilatatorisch wirkend
Senföldrogen	Im weitesten Sinne ätherische Öle, hier separat zu werten. Zwiebel, Tropaeolus majus. Alle Kressearten, bspw. Kapuzinerkresse. Meerrettich, Rettich, Brunnenkresse
Saponindrogen	Dienen der Oberflächenverteilung der Schleimhaut. Primel, Efeu, Succus liquiritiae (Süßholz)
Schleimdrogen	Sie fördern die Schleimsekretion. Malve, Eibisch, Verbascum, Isländisches Moos.
Bitterstoffdrogen	Familie der Kürbisgewächse, bspw. Luffa operculata

4.2.3 Allergische Atemwegserkrankungen

4.2.3.1 Therapie der Spastik

Die Spastik als *allergisches Krankheitszeichen* oder als *postinfektiöser Behandlungsrest* nach einschlägigen Antibiotikabehandlungen wird mit verschiedenen Methoden behandelt, die weniger dem Bereich der Phytotherapie als demjenigen der Pharmakologie entsprechen.
Dazu zählen:
- **H1-Antagonisten**
- **H2-Antagonisten**
- **Chromoglyzinsäure.**

Bei der letzteren erfolgt die Mediatorfreisetzung, wobei bekanntlich die Khellindroge das Vorbild war. Nebenerscheinungen wie Diarrhöe und Nausea können auftreten.

Weitere Ansätze:

Azetylcholinhemmer – Vagolytika
Aus den Atropinalkaloiden bei *Reflexasthma* oder mechanisch empfindlichen Rezeptoren.

Der Tip:

> Wegen der Austrocknung besser in Verbindung mit Sympathikomimetika wie **Ephedra vulgaris.**
> Zu beachten: **Tachyphylaxie** (Aufbau einer gegensinnigen Wirkung) kann im Verlauf der Behandlung auftreten.

Beta-1- und Beta-2-Rezeptoren
Meist in Form von Sprays, sind sie heute als Asthmatherapie die Mittel der Wahl.

Phosphordiesterasehemmung
Mit Theophyllin oder Methylxanthinderivaten: Koffein, Theobromin, Kaffee, Tee, in Verbindung mit Beta-2-Sympathikomimetika, mit denen ein gewisser Synergismus besteht.

Flankierende Mittel:
- Galphimia glauca (aus der Homöopathie bekannt)
- Luffa operculata.

4.2.3.2 Therapie allergischer Schleimhauterkrankungen

Allergische Erkrankungen der Schleimhaut basieren auf der *Störung des Immunsystems.* Beginn in der Bindehaut der Augen, Nase, bei einer Schwäche des IGA und Reaktion des IGE. Zumeist sind es *Inhalationsallergene* (Pollen, Hausstaub, Pilzsporen, Tierhaare und Tierepithelien), aber auch

Berufskontakte und in vermehrtem Maße *Umweltfaktoren*. Die früher jahreszeitlich hervortretenden allergischen Erscheinungen wie Heuschnupfen können heute zu einer ganzjährigen Belastung werden. Die Symptomatik ist das Brennen, die Rötung und Schwellung der Schleimhaut, der Juckreiz und die vermehrte Sekretion, die schließlich bis zur totalen Atemnot im *Status asthmaticus* führen kann.

Die allgemeine Therapie ist bei allen bekannten Allergenen die Impfung und Desensibilisierung, insbesondere aber die Expositionsprophylaxe.

- Antihistaminika
- Alphasympathikomimetika
- Glukokortikoide

sind oft letzte Möglichkeiten der Therapie.

Phytotherapeutische Anwendungen:

Mastzellenstabilisatoren

Die *Khellindrogen*. Die Chromoglyzinsäure hemmt die Medikatorfreisetzung der Mastzelle und erreicht dadurch eine schwache Spasmolyse.

Der Tip:

> Inhalative Anwendung von Intal.

Antiphlogistika

Die stärksten von ihnen sind die Glukokortikoide. Ergänzend werden allgemeine Fiebertherapien, wie sie in früheren Zeiten häufig waren, angewandt.

Der Tip:

> Echinaceaderivate, Gentianaceen oral
> Salizylate
> Sambucus
> Allium cepa

Anticholinergika

Zu nennen sind: Belladonna, Stramonium. Beide hemmen die Sekretion.

Ephedra vulgaris

Als frühe traditionelle chinesische Droge bekannt, ist Ephedra ein indirektes Sympathikomimetikum mit der negativen Erscheinung der bereits erwähnten Tachyphylaxie und auch Tachykardien.

Theopyllin-Purvin-Derivate

Phosphordiesterasehemmer, die eine Broncholyse herbeiführen. Dabei ist an Gefäßwirkungen im Lungenkreislauf zu denken.

Histaminantagonisten

Der Tip:

> **Hismanal.**

Lobelin

Dieses Mittel ist homöopathisch bewährt, auch Piperidin und Nikotin gehören hierher.

Der Tip:

> Lobelin in homöopathischer Verdünnung D4 ist auch ein Antirauchermittel. Bei Spastik und Brustschmerz schleimhautabschwellend wirken **Luffa operculata** oder **Galphimia glauca** (Heuschnupfenmittel).

4.2.4 Die Behandlung des Hustens

4.2.4.1 Beeinflussung des Hustenreizes

Der Husten ist Ausdruck einer reflektorischen Reinigung der Atemwege. Er soll Sekret, aber auch Fremdkörper entfernen. So bleibt der Husten das beste Expektorans. Die zentrale antitussive Wirkung wird auf die Opiumalkaloide zurückgeführt, von denen das Narkotin oder Noscapin eine Rolle spielen. Kodein und seine Derivate gehören zu den bedeutendsten Hustenmitteln mit zentralem Angriffspunkt. Es ist der Monomethyläther des Morphins. Die potenzierende Wirkung anderer Analgetika zeigt die Verwandtschaft mit Morphin. Die zentralsedierende Wirkung auf das Hustenzentrum ist genügend bekannt. Besonders bei Herzkranken sollte daran gedacht werden.

Ipecacuanha

Die Emetinalkaloide der Radix ipecacuanha aus dem Mato Grosso stehen chemisch dem Papavarin nahe. Die Wirkung jedoch beschränkt sich nicht ausschließlich auf die Hustendämpfung, sondern auch auf Asthma und Respirationsreflexe bei der Bronchitis. Die Zubereitungsformen sind Infustinkturen und Dekokte.

Der Tip:

> Bei höherer Dosierung kann es leicht zum Erbrechen kommen – vagale Beeinflussung ist daher zu erwägen.

Tylophora indica

Diese Pflanze weist Alkaloidwirkungen aus. Man kennt sie aus der Ayurveda-Medizin, dort werden die Blätter gekaut.

Der Tip:

> Die Funktion des Hustenreflexes ist immer mit Sekretion verbunden. Die Therapie sollte daher kombiniert werden.

4.2.4.2 Sekretolytika – Sekretomotorika, Mukolytika

Im therapeutischen Einsatz ist immer eine Kombination von:
- Schleimförderung
- Expektoration
- Antibakteriellen Wirkungen
- Bronchodilatatorischen Eigenschaften

anzustreben.
Dies geschieht in erster Linie mit **ätherischen Ölen.**

Anisöl

Dieses Öl ist mit 1–3% Anethol zugleich spasmolytisch und expektorierend. Zudem schreibt man ihm leichte östrogene Eigenschaften zu.

Asarum europaeum

Eine Pflanze aus den Aristolochiaceen. Ihr Hauptöl zu 30–40% ist das *Asaron.* Das ätherische Öl *(Escarol)* hat starke *antibakterielle* Eigenschaften, bspw. gegen Staphylokokken und Micrococcus catharalis.

Der Tip:

> Zu beachten: Asaron erzeugt Zungenbrennen, Magen-Darm-Reizung und wirkt in höheren Dosen zentrallähmend.

Eukalyptusöl

Vom Eukalyptus globulus. Enthält 3% Öle in Form von Cineol, Myrthol, Pinene und ähnliches.
In Australien wird das Eukalyptusöl als Krebs- und Malariamittel gebraucht, dort haben seine antibiotischen Eigenschaften volksmedizinisch den Begriff vom »Fieberbaum« geprägt. Als Volksmittel empfiehlt es sich gelegentlich bei Kindern gegen Keuchhusten.
Als Badezusatz mit inhalativem Effekt ist Eukalyptusöl bereits gut bekannt und vielfach wissenschaftlich untersucht, speziell bei Sinusitis äußerlich.
Die Empfindlichkeit gegenüber dem Eukalyptusöl ist allgemein größer als gegenüber anderen Ölen.
Das **Rödeeröl,** früher häufig zur Tonsillenbehandlung genutzt, besteht aus Kalium bichromicum, Teucrium Marum verum, Scorodinum sowie einem Auszug aus Eukalyptus.

Der Tip:

> **Rödeeröl** – eingerieben auch bei Lymphatismus und Tonsillenbehandlung. Cave Urticaria!

Myrtus communis

Der Myrrhenbaum. Schon in der alten ägyptischen und persischen Medizin kannte man die Myrrhe. Die Bestandteile sind:

- **Myrthol**
- **Myrthenol**
- Cineole
- Tannine
- Flavonoide

und werden seit 1898 angewandt, erstmals von EWALD bei der putriden Bronchitis. In der Ausatmungsluft ist es noch nachweisbar. Eine Kapsel des bekannten Myrthols enthält 0,12 mmg ätherisches Öl.

Der Tip:

> Im Magen schlecht verdaulich, muß **Myrthol** in Kapseln gereicht werden.

In der Homöopathie auch bei Lungentuberkulose empfohlen.

Thymus vulgaris

Thymus vulgaris, die Thymianblüte und -blätter der zahlreichen Arten, ist ein altes hippokratisches Mittel, das bei Magen-Darm-Erkrankungen, bei Nierenerkrankungen und zur Empfängnisverhütung gebraucht wurde. Erst seit dem 16. Jahrhundert ist es in den Apotheken als Husten- und Bronchitismittel gehandelt worden. HUGO SCHULZ empfahl es bei Lungenepidemien jeglicher Art. *Thymol-Karwacol-Pinen* und *Zymol* sind die ätherischen Öle dieses hochwirksamen Pflanzenextraktes.
6 g Thymol sind toxisch, bei Zahnpastabeigaben macht das Thymol gelegentlich Thyreotoxikosen.

Therapierezept:

> 1 Teelöffel auf 1 Tasse, Tagesdosis: 2 Tassen.
> Bei Bronchitis:
> Thymianöl 2–3 Tropfen auf 1 Stück Zucker, 3× täglich oder Tinktur bzw. Extrakt 3×10 Tropfen. Die Galenik ist ungiftig!

Rezept für Badezusatz:

> 100 g Blüten kochen und eventuell mit Rosmarin, Lavendel und Origanum mischen.

Hustenteerezept:

> Flores primulae, Herba thymi conzentrati āā 20,0
> Herbae Droserae-conc. 10,0
> M. f. sp. 1 Eßlöffel auf 2 Tassen Tee.

Weiteres Teerezept:

> Herba thymi conc. 30,0
> 3 Teelöffel auf 2 Glas Wasser, 10 Minuten ziehen lassen.

Der Tip:

> Handelsdrogen:
> Perdiphen-N Saft, Pertussin, Thymipin und Expectussin, auch in der Therapie bei Kindern bewährt.

4.2.4.3 Kiefernöle und Terpentinöl

Aufzuzählen sind: Picea pumilis, Pinus silvestris und Picea abies.
Kiefernharze werden in fast allen Volksmedizinen bei Rheuma, Harn- und Nierenerkrankungen und vor allem bei Hautausschlägen angewandt.
KAMMERER empfahl es bei Abszessen und zur Umstimmung bei Asthmatikern.
Bis zu 1 g täglich haben sich bei Bronchiektasen besonders bewährt.

Der Tip:

> Die volle Dosis ist erst erreicht, wenn der Harn den typischen Veilchengeruch aufweist.
> Als Latschenkieferöl zur Inhalation und zu Balsamen und Badezusätzen ebenfalls empfohlen.

4.2.4.4 Die Senföldrogen

Haus- und Volksmittel

Rettichwürfel	Kurz kochen und Honig zusetzen	Husten
Rettich, gerieben	Kandiszucker oder Honig zusetzen	Husten
Winterrettich	Ausgepreßter Saft	Bronchitis
Schwarzer und weißer Senf	in Bouillion	Husten
Knoblauchrauke Zwiebelsaft	 50–100 ccm	Husten Spasmus des Asthmatikers

Küchensenf	1 Tasse Bouillion + 1 Löffel Küchensenf, abends vor dem Einschlafen	Asthmaanfälle
Zwiebelauflagen	Wirken über funktionelle Sperrarterien, Wickel	Verbessern Atmungsfähigkeit von Kleinkindern
Senfwickel	Lokalisation: Nasennebenhöhlen, Augen abdecken!	Atmung bei Kleinkindern

Wirksam sind die *Dimethylthiosulfinate* des Senföles, die bekanntlich durch die Freisetzung der glykosidischen Bindung enzymabhängig sind. Myrosinase ist das Ferment, das die glykosidische Spaltung zustande bringt.

Tropaeolum majus

Die *Kapuzinerkresse* war in Form von *Tromacaps* oder *Tromhalat* vielfach in der Therapie eingeführt. Aus dem Glucotropaeolin wird durch die Myrosinase Benzylsenföl abgespalten, das virustatisch, antibakteriell und antimykotisch wirkt.

Der Tip:

> Bewährt bei chronischer Bronchitis.

In ähnlicher Form sind:

- Gartenkresse
- Brunnenkresse
- Rapskohl
- Rauke
- Knoblauch
- Zwiebel

anwendbar.

Drosera rotundifolia

Seit Jahrhunderten kennt die Volksmedizin den *Sonnentau* (auch »Bullenkraut«) als Lebenselixier. Im Goldwasser der Schweden, mit der Pinquecula als Zähmilch, ist er bei Schwindsucht häufig empfohlen.
Leclerque hat 1927 Drosera bei Keuchhusten erfolgreich eingesetzt und beschrieben. 1935 entdeckte Villanovski das **Drosaron,** ein Naphtochinonderivat mit Flavonglykosiden und Gerbstoffen. Im Pasteur-Institut wurden Versuche bei TBC durchgeführt. Ein Wirkstoff der Drosera ist das *Plumpagin.*

Der Tip:

> Die Tinktur mit Cetraria, Eukalyptus und Hyoscyamus hilft bei Pharyngitis, Kitzelhusten und Asthma.

4.2.4.5 Die Schleimdrogen

Diese definieren sich als Reservestoffe der Pflanzen im Sinne von **Pflanzenquellstoffen.** Zumeist handelt es sich um Viskosegemische von Polysacchariden. Die Wirkung ist so zu verstehen, daß sie den mukoziliaren Transport fördern oder hemmen. Hierzu Beispiele:

Hemmen	**Fördern**
Semen-Foenugraeci Verbascum Thymian	Anis Tussilago Foeniculum

Durch Gelbildung schwächen sie den Reiz auf der Schleimhaut im Sinne einer Pufferwirkung auf dem Epithel, deshalb ist eine Magen-Darm- und Bronchialwirkung gleichzeitig zu erwarten.

Die Malvengewächse

Die wesentlichen Pflanzen dieser Gruppe im Hinblick auf die Anwendung als Schleimdrogen sind:

- **Malva silvestris** (Käsepappel)
- **Althaea rosea** (Stockrose)
- **Althaea officinalis** (Eibisch)

Sie enthalten ca. 35% Schleim, 11% Stärke, 4% Pektin, Betain, 25% fettes Öl, 2% Asparagin und in der Wurzel bis zu 7% phosphatreiche Mineralstoffe.

Der Tip:

> Als Tee bei Husten, Bronchitis, Gastritis, Nierenbeschwerden.
> Als Gurgel- und Mundwasser bei Husten und Bronchitis.
> Als Zugpflaster bei Hauterkrankungen.

Verbascum

Sowohl Verbascum phlomoides, die *Königskerze,* als auch Verbascum densiflorum kommen hier in Frage. Fischer verwenden den Samen zum Fischfang und beweisen damit den Saponincharakter. Gelegentlich nennt man die Droge auch »Himmelsbrand«.

Der Tip:

> Berühmtes Lungenmittel nach Dr. Quinlon (England): Verbascumblüten- und -blätter in Milch mit Zusatz von Zuckerverbindung, Galaktose und Glukose, Karotin und Crocetin.

Plantago lanceolatus

Plantago lanceolatus, der *Spitzwegerich* enthält Aucubine und Schleimstoffe. Plantago psyllium, Plantago ovata, indica, maritima teilen die Quellfähigkeit und den hohen Anteil an Kaliumionen.

Cetraria islandica

Cetraria islandica, das *Isländische Moos,* enthält die antibiotische Cetrarsäure und eine Flechtenstärke, Lichenin. Es wird als Nahrungs- und Heilmittel empfohlen und war früher sehr beliebt zur Viehfütterung. Bei Appetitlosigkeit, bei Magen-Darm- und Ernährungsstörungen ist die Arznei bewährt.

Der Tip:

> Ein bekanntes Rezept:
> Lichem islandicus 50,0
> Radix liquiritiae und Radix althaea zu gleichen Teilen 25,0
> Spezies 6 Teelöffel auf 1 Glas Wasser.

Tussilago farfara

Der *Huflattich* war seit HIPPOKRATES eines der meistgebrauchten Hustenmittel der Volksheilkunde und galt der Menschheit seit 2000 Jahren unbeschadet als hilfreiches Heilmittel. Trotz seines geringen Pyrolizidingehaltes von 0,001 darf die Droge heute *nicht mehr gehandelt* werden.

4.2.4.6 Saponindrogen und kieselsäurehaltige Pflanzen

Im Altertum wurden Saponindrogen meist als Waschmittel oder Fischköder verwendet. Sie vermögen unlösliche Stoffe in Wasser zu dispergieren. Steroidsaponine bilden mit Cholesterin unlösliche Verbindungen. Gemeinsame Wirkungen auf Magen-Darm und Bronchien sind von mehrfachen einschlägigen Pflanzen bekannt. Saponine machen zunächst Nausea, eine Sekretsteigerung und Sekretverflüssigung.
Zu den saponinhaltigen Pflanzen gehören:

- Hedera helix (Efeu)
- Iris versicolor (Schwertlilie)
- Liquiritia – Glycyrrhiza glabra (Süßholz)
- Polygala amara (Kreuzblume)
- Primula vera
- Primula elatior
- Saponaria officinalis (Seifenkraut)
- Viola odorata (Geruchsintensives Veilchen)
- Viola tricolor (Ackerveilchen).

Der Tip:

> Hedera helix, jodhaltig, besonders bei kindlichem Keuchhusten bewährt (Prospan)
> Polygala amara zur Vermehrung der Milchsekretion.

Schließlich finden in der Bronchitistherapie gelegentlich noch die kieselsäurehaltigen Pflanzen Anwendung, vor allem:

- Equisetum arvense (Schachtelhalm), Kneipp'sches Heilmittel als Tee und Badezusatz
- Herba Polygoni avicularis (Vogelknöterich)

- Herba pulmonaria (Lungenkraut)
- Rhizoma graminis
- Agropyrum repens (Quecke).

4.2.5 Acht Teerezepte bei Bronchialleiden

Bad Lippspringer Tee

Rp.	Flor. Verbasci thaps.	
	Flor. Malvae	
	Flor. Papaveris rhoi.	āā 10,0
	Hb. Plantaginis	
	Lichenis islandic.	
	Rad. Althaeae	
	Rad. Inulae helen.	
	Rad. Liquiritiae	
	Frct. Foeniculi	
	Hb. Millefolii	āā 20,0
M. f. Spec. D. S. 4 Teelöffel auf 2 Glas Wasser		

Bronchialtee nach Teichmann

Rp.	Flor. Malvae	
	Hb. Galeopsidis	
	Frct. Anisi	
	Hb. Urticae urens	āā 15,0
M. f. Spec. D. S. 4 Teelöffel auf 2 Glas Wasser		

Eibischtee

Rp. Rad. Althaeae conc. 100,0
D. S. 4 Teelöffel voll mit 2 Glas Wasser kalt ansetzen, 8 Stunden ziehen lassen, tagsüber trinken.

Keuchhusten-Tee nach Villechauvaix

Rp.	Belladonna D1	gtt. XXV
	Droserae Ø	gtt. XII
	Coralli rubr. D1	0,5 g
	Aquae	250,0
D. S. im Wechsel mit		
Rp.	Ipecacuanha Ø	gtt. XII
	Hyoscyami Ø	gtt. XV
	Grindeliae rob. Ø	gtt. XX
	Aquae	250,0
M. D. S. alle 2 Stunden 1 Eßlöffel im Wechsel.		

Kneipp-Bronchialtee

Rp.	Flor. Sambuci	
	Hb. Droserae	
	Hb. Plantaginis lanc.	
	Flor. Violae tric.	āā 25,0

M. f. Spec. D. S. 2 Teelöffel auf 1 Glas Wasser.

Plantago-Teerezept 1

Rp.	Hb. Pulmonariae	
	Hb. Plantaginis lanc.	
	Rad. Liquiritiae	
	Hb. Violae odor.	āā 20,0

M. f. Spec. D. S. kalt ansetzen und 10 Min. kochen lassen.

Plantago-Teerezept 2

Rp.	Flor. Malvae	10,0
	Hb. Plantaginis lanc.	20,0
	Hb. Equiseti	30,0
	Flor. Primulae	40,0

M. f. Spec. D. S. kalt ansetzen und aufkochen. 3× täglich 1 Tasse.

Puhlmann-Tee

Rp.	Hb. Galeopsidis	60,0
	Hb. Pulmonariae	30,0
	Hb. Plantaginis	30,0

werden gemischt mit einer Lösung von:

Natrium benzoic.	5,0
Gummi arabic.	5,0
Aquae dest.	30,0

M. f. Spec. D. S. Von der Abkochung mehrmals täglich 1 Tasse heiß trinken.

5. Phytotherapie in der Urologie

5.1 Therapeutische Grundgedanken

5.1.1 Die Diurese

Keine Erkrankung bedarf des natürlichen Therapiegedankens mehr, als die Störungen des Urogenitaltraktes. Die Diurese, die als wichtigstes Symptom der Funktionen des Urogenitaltraktes steht, ist als Transport von Flüssigkeit aus dem Gewebe in die ableitenden Harnwege anzusehen. Dieses Prinzip ist mit Funktionen von Herz-, Nieren- und Leberkrankheiten verbunden.
Im Mittelalter galt für die Nierenwirksamkeit einer Pflanze die Beeinflussung der Diurese schlechthin. Erst im letzten Jahrhundert wurde aufgrund besseren Verständnisses der Nierenerkrankungen und des Wirkmechanismus von Diuretika eine Differenzierung möglich. Schließlich hat das *Biopsieverfahren* zum Verständnis viel beigetragen.
Die Phytotherapie ist bekanntlich die älteste Form der Heilbehandlung. 40% der bekannten Arzneispezialitäten aus dem Pflanzenbereich sind bekannt, davon sind fast alle in urologischen Präparaten verteilt. Das Trinken dient dem Gleichgewicht des Wasserhaushaltes, der Ausscheidung, dem Ausgleich und damit der Regulation.
Die Auseinandersetzung mit dem Thema Urologie beginnt schon bei der **Ernährung,** nachdem wassertreibende Gemüse- und Obstsorten bekannt sind:

- Kartoffel, mit hohem Kaliumwert
- Petersilie
- Sellerie
- Spargel.

Aber auch durch **Obstsorten,** wie:

- Birnen
- Erdbeeren
- Hagebutten
- Johannisbeeren

kann das pH-Milieu gewandelt werden.
Nicht zuletzt gilt die **Teedroge,** auf die wir in der Urologie nicht verzichten können. Sie ist *Arzneistoffträger und Spülmechanismus* zugleich.
Insgesamt bieten die Arzneipflanzen in der Urologie viele therapeutische Möglichkeiten:

- Anregung der Niere (pH-Veränderung)
- Verbesserung der Nieren-Durchblutung
- Desinfizieren der Harnwege
- Metabolische Wirkungen.

Bei den letzteren geht es bspw. um die Verhinderung von Harnsteinbildung oder den Eingriff in den Entzündungsmechanismus von Niere, Blase und Prostata.

5.1.2 Sind Pflanzenstoffe trotz wirksamer Antibiotika noch indiziert?

Hierfür sprechen eine Reihe von Gründen:

a) Nach längerer Gabe von Antibiotika tritt die *Immunschwäche* im Urogenitaltrakt häufiger auf, nachdem zahlreiche zusätzliche Erkältungsmöglichkeiten durch nervale Einflüsse bestehen.

b) Die *Rezidivfreudigkeit* urologischer Effekte erfordert besonders bei mechanischen Hindernissen einen Wechsel der Behandlungsprinzipien.

c) Die *Kombination* alternierender Prinzipien bringt die besseren Ergebnisse.
   Bspl.: Hormontherapie, diuretische Therapie, pH-Milieu- und Kreislauftherapie sowie metabolische Harnsäureeinflüsse.

d) Die *Konzentration* der Antibiotika im Harn ist oft zu gering.

e) *Unspezifische Faktoren* zur Umstimmung im Funktionsbereich der Schleimhaut abführender Harnwege wirken sich oft erfolgreich aus, bspw. Echinacea.

5.1.3 Weitere Therapieansätze

Immunologische Einflüsse:
Diese kann man mit Terpenen (Thuja) oder Polysacchariden (Echinacea, Eupatorium) erreichen.

Diätetische Einflußnahme:
Ansatz ist die pH-Milieu-Änderung der Harnflüssigkeit, an der auch die phenolhaltigen Pflanzenstoffe wie Arbutine bei Folia uvae ursi, Birnenextrakt und Senfölpflanzen beteiligt sind.
So ändert die sogenannte »Schaukeldiät« das pH-Milieu vom Stoffwechsel her, so daß spezifische Keime, die nur im sauren oder alkalischen Milieu wachsen, möglicherweise ausschließlich durch die pH-Änderung vertrieben werden können. Coliinfekte gedeihen bekanntlich nur im sauren Milieu, wogegen Proteus bspw. im alkalischen Milieu wachsen kann.

Ätherische Öle und Harze:
Eine Auswahl: Copaifera, Sandelöl, Terpentinharz oder die Apiole der Doldenblütler, wie Petersilie, Liebstöckl oder Pimpernellwurzel.

Tab. 20 Ätherische Öle als Diuretika:

Pflanze	Familie	Inhaltsstoffe	Pflanzenteil
Angelica archangelica	Apiaceae	Phellandren, äth. Öle	Kraut, Samen
Apium graveolens	Apiaceae	Apiol, Apiin, äth. Öle	Wurzel
Juniperus communis	Cuppressaceae	Harze, äth. Öle, Flavonoide	Beeren

Fortsetzung S. 172

Tab. 20 (Fortsetzung)

Pflanze	Familie	Inhaltsstoffe	Pflanzenteil
Levisticum officinale	Apiaceae	äth. Öle, Psoralen, Phtalide, Ligustilide	Kraut
Ononis spinosa	Fabaceae	äth. Öle, Ononid, Flavone	Wurzel
Petroselinum crispum	Apiaceae	äth. Öle, Apiol, Myristicin	Wurzel, Kraut
Pimpinella maior	Apiaceae	Pimpinellin, äth. Öle, Sap.	Kraut

5.2 Die therapeutische Praxis

5.2.1 Behandlung von Erkrankungen der Harnwege

5.2.1.1 Die Diurese – Möglichkeiten der Einflußnahme

Die bisher bekanntesten Einsatzformen bei der Diurese sind:

- Aldosteron-Antagonisten
- Anhydrasehemmer
- Kaliumsparende Diuretika
- Thiazide
- Osmotische Diuretika (Mannit, Sorbit).

Letztere werden nach der glomerulären Abfilterung nicht wieder rückresorbiert und schleusen so osmotisch gebundenes Wasser in den Urin aus.
Die mit der Phytotherapie mögliche Diurese ist meist aus verschiedenen Wirkkomponenten zusammengesetzt, von denen die *osmotischen* im Vordergrund stehen. Resorptionsverzögerer für Kalium sind ebenfalls anzunehmen, neben den kreislaufaktiven Flavonen und den oberflächenaktiven Saponinen, denen Hemmechanismus in der tubulären Rückresorption nachgesagt wird.
Neben dem bereits erwähnten diuretisch wirkenden Gemüse und Obst sind auch Gewürze wie

- Borretsch
- Lauch
- Liebstöckl
- Rosmarin
- Wacholder

wassertreibend.
Kreislaufwirkung und Diurese sind meist an *Digitalis, Scilla maritima* und *Crataegus oxyacantha* gebunden. Ergänzend:

- Apocynum cannabinum
- Ammi visnaga-Droge
- Koffein
- Thein

- Theobromin
- Gerbstoffe.

Hauptträger der Diurese im Pflanzenreich sind die *ätherischen Öle.*

Apium graveolens

Die Selleriewurzel enthält viel Apiole. Als *Abortivum* waren sie bereits im frühen Mittelalter bekannt.

Levistikum

Das *Liebstöckl,* auch bekannt als »Maggikraut«. Bei ihm nimmt man eine Beeinflussung der *Chlorausscheidung* an.

Pimpinella major

Die *Pimpernelle,* bei Bronchitis am meisten empfohlen, bringt eine vermehrte Schleimproduktion, was sich auch auf die *Blase* beziehen läßt.

Archangelica

Von der *Engelwurz* ist gleichfalls eine *abortive* Wirkung bekannt.

Heracleum sphondylium

Cumarine, die zusätzlich eine Photosensibilität auslösen können, werden volksmedizinisch parallel als Abortivum und *Diuretikum* verwendet. Hierzu zählt der *Bärenklau,* der aber pharmazeutisch nicht zum Einsatz gelangt.

Petroselinum sativum

Petroselinum sativum, die *Petersilie,* enthält neben den reichlichen Apiolen ein Myristicin, dabei ist bei **Überdosierung** sogar Nierenreizung bis zur Haematurie beobachtet worden. Bei Nephritiskrämpfen und Lähmungen ist es auch als Gewürz **mit Vorsicht** einzusetzen. Die Steigerung der Wasser- und Chlorausscheidungen steht der Wirkung voran. Als *Aphrodisiakum* und *Emmenagogum* versteht sich der Effekt durch Anregung der Durchblutung, jedoch im Sinne einer Reizvermehrung und einer Spasmolyse.

Juniperus communis

Die ätherischen Öle dieser Pflanze sind Pinene. Ihre Beeren waren im Altertum bereits als *Diuretikum* bekannt. Das Kraut wirkt desinfizierend, das Räucherwerk wurde bei Pest vielfach gelobt. Es wirkt 100%ig stärker auf die Diurese als z. B. Liebstöckl. Nicht nur Wasser, sondern auch Stickstoff und Chloride werden durch Juniperus eliminiert. Wacholder ist auch ein Stomachikum, durch die Anregung der Darmmuskulatur.

Ononis spinosa

Ononis spinosa, die *Hauhechel,* ein in der Volksmedizin beliebtes *Diuretikum,* wird in Wein angereichert. LECLERQUE hat in Frankreich bei dieser Pflanze eine desinfizierende Wirkung und eine deutliche Entzündungswidrigkeit festgestellt. Die Hauhechel ist fast in allen wassertreibenden Teesorten enthalten. Daneben enthält sie kreislaufwirksame Anteile in Form des *Ononidin.*

Senföle

Senföle wirken *mildreizend* im Sinne einer Stickstoffbilanzierung.

Saponindroge Agropyron repens

Hier begegnen wir der *Quecke* wieder. Als Brotersatz aufgrund des Kohlenhydratreichtums früher gelegentlich verwendet, erwähnt der Berner MONTANUS die Quecke als Frauenmittel, Drüsenmittel, als *Blasen-* und *Nierenmittel* mit breiter Palette der Wirkungen. Auch bei *Spastiken der Blase* ist sie erwähnt.

Saponindroge Radix primulae

Jeder kennt die *Schlüsselblume.* Als Beimischung für viele Teesorten ist sie auch in der Urologie bekannt.

Saponindroge Smilax Sarsaparilla

Wir erwähnen diese südamerikanische Droge als sehr wirksames *Steroidsaponin.*

Bei der früher häufigen Salyrgannephritis wurde die Quecksilberausscheidung mit einer erheblichen Diurese in Gang gebracht. Aus dieser Zeit stammt der volkstümliche Name »Syphiliskraut«.

Heute ist die Sarsaparilla bei der Behandlung der Psoriasis brauchbar. Dabei kann eine gute *Harnsäureausscheidung* beobachtet werden. Man spricht bei dieser Droge von einer Saponinwirkung des Sterosantyps.

Saponindroge Herniaria glabra

Volkstümlich *»Buchkraut«* genannt, weist es noch eine große Indikationsbreite auf.

Der Tip:

Einsatz bei Urolithiasis

Flavonoiddroge Solidago virgaurea

Ein saluretischer Effekt der *Goldrute* ist nachgewiesen. Neuerdings wird auch die **Solidago americana** oder **Solidago canadensis** anstelle der virgaurea gebraucht.

Birkenblätter

Enthalten sowohl Flavonoide, als auch – in geringerem Maße – Saponine. Sie wurden neu in der Volksmedizin entdeckt und mehrfach in sogenannten »Wundermitteln« angepriesen. Ihr Effekt ist, verständlicherweise, über die *Diurese* zu erklären.

Equisetum arvense

Der *Schachtelhalm* ist von Kneipp her bekannt und auch zu Bädern verwendet. Er ist kieselsäurehaltig.

Orthosiphon Stammineus

Im Vorderen Orient wird der sogenannte »Katzenbart« als *Javatee* häufig gebraucht. Auch ein Harnsäureeffekt wird diskutiert, neben der milden Diurese.

Bei Ortosiphon Stammineus auch Koemis Koetijing genannt, bedarf es noch einer eingehenden Erwähnung. Der 1905 in die holländische Pharmakopoe aufgenommene sog. **»indische Nierentee«** wurde eine beliebte Droge. Schumann und Westing haben die **diuretische Wirkung** nachgewiesen, bei der 11,5% Chloridausscheidung, 2% einer Verstärkung der Herzamplitude und Verkürzung des AV-Intervalls bewiesen wurden.

Dabei konnten Sekundäreffekte in Bezug auf Gicht und Diabetes beobachtet werden. Während Orthosiphon den *Blutdruck* anhebt, wird dieser durch das bekannte *Diuretikum* der Goldrute eher *gesenkt*. Auffallend ist die pH-Veränderung des Harnes, besonders bei der chronischen Herzinsuffizienz mit gestörter Pufferung.

Urtica

Die Brennessel wird häufig den urologischen Teegemischen als Krautwurzelsamen beigemischt. Auch bei Prostatabeschwerden bewährt (Bazoton).

Tab. 21 Saponindrogen als Diuretika in der Zusammenfassung

Pflanze	Familie	Inhaltsstoffe	Pflanzenteil	Anwendung
Agropyron repens	Poaceae	Saponine	Wurzel	Acorus
Betula pubescens	Fagales	Saponine, Flavone, äth. Öle	Blätter	Tee
Equisetum arvense	Equisetaceae	Kieselsäure, Flavone, Saponine, Alkaloide	Kraut	Tee
Herniaria glabra	Caryophyllaceae	Saponine, Flavone, Herniarin, Oxycumarine	Kraut	Urol
Orthosiphon stam.	Labiatae	Saponine, Glykoside, Gerbstoffe	Blätter	Ind. Nierentee
Smilax sarsaparilla	Liliaceae	Saponine	Wurzel	Homöop.
Solidago virgaurea	Compositae	Oceanolsäure, Bayogenin	Kraut	Cystinol, Solidagoren
Viola tricolor	Violaceae	Saponine	Kraut	Gemische

5.2.1.2 Pflanzenmittel bei Harnwegsinfekten

Chronisch rezidivierende Infekte der Harnwege sind ein alltägliches Praxisproblem. Verursacht werden sie durch anatomische Veränderungen von Beckenorgan und Wirbelsäule, aber auch durch hormonelle, psycho-vegetative und psychosexuelle Störungen.
Bei Unachtsamkeit gegenüber Kälte und Nässe sowie bei Bewegungsverarmung sind auch mechanische Traumen u. U. ätiologisch beteiligt. Bei einer Reizblase mit einer Keimzahl von 10^{5-6} Keimen pro mml, oder zur adjuvanten Therapie bei einer Antibiotikabehandlung genügen oft schon pflanzliche Mittel, während bei *Nierenbeteiligung* häufig zusätzliche Umstimmungsmaßnahmen mit immunologischen Stoffen unerläßlich sind. Auch die Gabe von Antibiotika muß hier mit Sorgfalt indiziert und abgestimmt sein.
Grundsätzlich kann bei der Harnwegsinfektion auf die **Teeform** nicht verzichtet werden. Die Prinzipien sind bereits erwähnt, nämlich die phenolhaltigen, arbutinhaltigen Pflanzen, die pH-Veränderungen und die ätherischen Öle mit deren spezifischen Wirkungen. Alle Prinzipien werden durch die schon vorher angeführte Schaukeldiät ergänzt.
Die Pflanzenmittel:

Arctostaphylos uvae ursi

Die *Bärentraube,* aus der Familie der Ericaceen, wächst als einheimischer Halbstrauch. In Asien und Europa gedeiht er auf trockenem Boden. Im 13. Jahrhundert wurde er erstmals in England erwähnt, als Arznei von dem Wiener Arzt de Haen im 18. Jahrhundert eingeführt.
Das Kraut war usprünglich Gerb- und Färbemittel für die Wolle, die Beeren wurden im Volk zu Sirup verarbeitet. In der Volksmedizin bei Zystitis, Nephritis, bei Strangurie, GO-Infekt und Nierensteinen empfohlen.
Die Verbindung mit *Steinleiden* ergibt sich aus der Tatsache, daß Steinleiden meist im sauren Milieu entstehen und einen alkalischen Urin fordern. Deshalb ist die Bärentraube immer an die Bereitschaft zu Steinen gebunden gewesen.
Die hydrolytische Spaltung der Glykoside setzt Hydrochinon bzw. Methylhydrochinon frei, was aber nur im alkalischen Milieu gelingt. Eiterbildung und Hämaturie bringen eine *alkalische Urinreaktion* und bieten damit eine Behandlungsgrundlage. Die Oxydierung von Hydro- bzw. Methylhydrochinon bedingt eine Braunfärbung des Harnes, die langsam wieder verschwindet, was ein Zeichen der Rückbildung ammoniakalischer Substanzen darstellt.

Der Tip:

> Aus diesem Grund wird die Zugabe von Natriumbicarbonat empfohlen.

Arbutinstoffe

Arbutus unedo
Pyrus communis (Birne)
Sie spielt in der traditionellen chinesischen Medizin bei Blasen- und Nierenerkrankungen eine bedeutende Rolle. Man nimmt frische Blätter, die vorher auf 100° erhitzt wurden.
Erica carnea (Fleischheide)
Erica vulgaris (Heide)
Chimaphila oder **Pirola umbellata** (Walddolde)
Vitis ideae.

5.2.1.3 Harze als Urodesinfizientien

Piper cubeba

Im Mittelalter von den arabischen Ärzten als Blasenmittel geschätzt, in der Salernoschule und von HILDEGARD VON BINGEN als »Cubebenpfeffer« vielfach verwendet.
Von den Engländern in der Kolonialzeit auf Java bei Go, bei Fluor, Blennorrhoe, sowie als Carminativum und Nierenantiseptikum erneut aus der Vergessenheit geholt.

Copaifera-Harze

Es handelt sich hier um Harze, die Cardinol und Cariophyllen über die Niere ausscheiden. Früher bei venerischen Erkrankungen angewandt, heute in Spezialitäten zur Unterstützung der Harndesinfektion gemischt.

Santalum album

Die Volksmedizin Mittelamerikas heilte damit bei Ruhr, Colitis und Asthma sowie Go und Blasenleiden. In Indien wird es als Kataplasma gereicht.
Streptokokken- und Staphylokokkenwachstum wird durch die Wirkstoffe *verhindert.*
Copaifera-Harze sind noch heute in zahlreichen Oligoplexen vertreten.

Der Tip:

> Es kann dabei zu Hautreaktionen wie Erythemen und Überempfindlichkeitsprozessen kommen.

Folia bucco – Barosma

Ein Thiophenol oder Terpinen-4-Öl. Ist aus verschiedenen Teesorten, *Buccotean* und *Buccosterin* im Handel erhältlich.

Tab. 22 Die häufigsten Urodesinfizientien

Art der Wirkung	Pflanze	Familie	Wirks. Bestandteil	Anwendung
Urodesinfizientien	Arctostaphylos uvae ursi	Ericaceae	Arbutin, Hydrochinon, Methylarbutin	Tee, Arctuvan
	Barosma betulina	Rutaceae	Phenolhaltige Substanzen, ätherische Öle	Tee
	Bergenia crassifolia	Saxifragaceae	Methylarbutin	Ø
	Copaifera coriaceae	Cesalpinaceae	Caryophyllen, Cadinol, Balsam aus Sesquiterpenen	Harnantisepticum
	Piper cubebae	Piperaceae	ätherisches Öl	Öle bzw. Harze
	Pyrus comm.	Rosaceae	Methylarbutin	Fol., Tee
	Santalum album	Santala	Lign. Santali	Öl

5.2.1.4 Die Therapie der extrarenalen Glomerulonephritis

Es handelt sich um eine spezielle Form der Antigen-Antikörperreaktion, die nicht am Nierenorgan, sondern extrarenal abläuft und deswegen zum klinischen Bild der Mikrohämaturie, Mikroproteinurie und zur Verlaufsform eines nephrotischen Syndroms führt.

Echinacea – Echinacin

Die Therapie mit Echinacinprodukten kann als wegweisend betrachtet werden, wenn innerhalb von 8 Tagen:

- Die Hämaturie bis auf einzelne Resterythrozyten
- Die Proteinurie nach 14 Tagen bis auf Spuren

beseitigt ist.

Echinacin wurde außerdem als Spezifikum bei der **Urethritis non gonorrhoica** bekannt.

Der Tip:

> Täglich 1–2 Ampullen bei Urethritis, auch in Kombination mit anderen Prinzipien wie bspw. Esberitox. Bei der nicht so häufigen Erythematodes-Niere geht es nicht ohne Apis, Lachesis und Echinacea in Kombination (= Echinacea-Komplex, Weber & Weber).

Lespedeza capitata

Den *»Buschklee«* aus der Familie der Fabaceen kennen wir aus der Pflanzenmedizin Nordamerikas. Dort wird er bei

- Urämie
- Niereninsuffizienz

gebraucht. Bei uns wurde die Pflanze in den letzten Jahren durch zahlreiche russische Studien bekannt.

Aufgrund des hohen Nährstoffgehalts spielt Lespedeza in den USA und in China als Futterpflanze eine Rolle. Aus Japan kamen 1932 beachtenswerte Studien über Erfolge bei Nephritiden und Diuresestörungen. HATTORI und HASEGAWA isolierten ein Flavonoid, das sie als Kämpferolglykosid erkannten. PARIS und CEVELLE entdeckten schließlich den Hauptwirkstoff, das **Lespecaitosid,** ein Flavonheterosid. Erste systematische Untersuchungen hinsichtlich der Nierenwirksamkeit kamen von MUSISASCO und Mitarbeitern.

Folgende Wirkungen ließen sich dabei beobachten:

- Steigerung der Diurese
- Verminderung des Harnstoffes und des Kreatinins
- Dabei Ausbleiben jeglicher Kumulation oder toxischer Wirkung auf die erkrankte Niere
- Nebenwirkungsfrei und absolut gute Verträglichkeit
- Hohe therapeutische Breite
- Keine Störung des Säure-Basen-Gleichgewichts
- Blutelektrolyte und einschlägige Parameter bleiben normal.

Insbesondere japanische Untersucher kamen jedoch zu dem Nebenbefund, daß bei Tierversuchen eine Lipidinfiltration in die Arterienwand unter dem Einfluß von Lespedeza weniger ausgedehnt war.

Lespenephryl:

Die zahlreichen Studien über dieses Präparat stammen von MERTZ und H. KLEINE sowie für die Niereninsuffizienz von H. P. GAU.

Der Tip:

> Es sind relativ hohe Dosen erforderlich. Therapeutische Kombination des *Lespedeza-Extraktes* mit anderen Prinzipien ist möglich.

5.2.1.5 Behandlung von Störungen nervaler Harnwegsfunktionen: Reizblase und Bettnässen

Das Überwiegen des Parasympathikus in der Nacht führt bei vegetativ labilen Personen zu einem vertieften Schlaf. Dementsprechend überwiegt dann auch der parasympathisch innervierte Nervus pelvicus. Hieraus resultiert eine Kontraktion des durch diesen Nerv beeinflußten Musculus detrusor vesicae. Gleichzeitig erfolgt eine Hemmung eines durch den Sympatikus regulierten Verschlußmechanismus des Sphinkter internus und des Blasenhalses. Es ist also erforderlich, das gestörte Gleichgewicht im Vegetativum zu einer normalen Funktion wieder herzustellen.

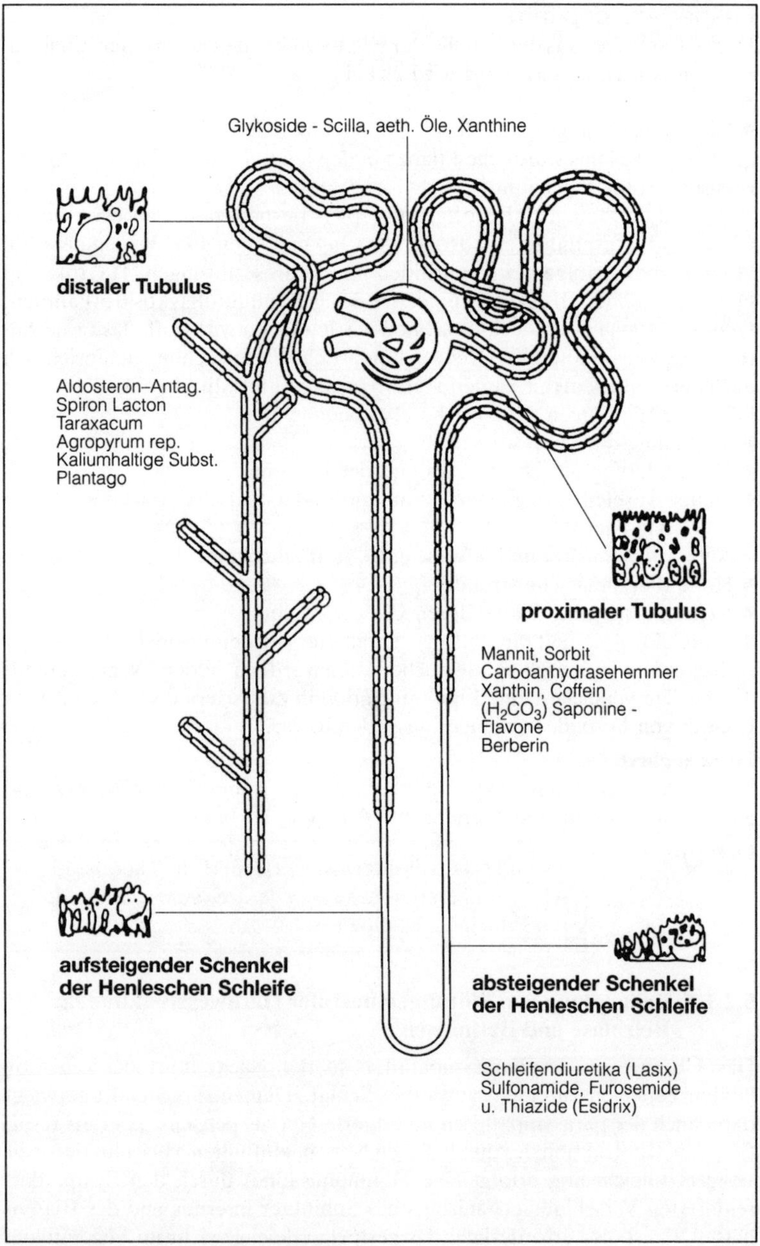

Abb. 1: Schema der Nephronanordnung

Grundprinzip (Noxenur): Ephedrinhydrocholoricum.
Parasympathikolytika: Atropinsulfat
Belladonna.

Tab. 23 Empfohlene Heilmittel bei Bettnässen:

Mittel	Anmerkungen
Achillea millefolium (Schafgarbe)	Volksmedizin
Agrimonia eupatoria (Odermennig)	Volksmedizin
Allium cepa (Küchenzwiebel)	Gewürz u. Volksmedizin
Arctostaphylos (Bärentraube)	Volksmedizin
Belladonna (Tollkirsche)	Vorsicht
Cestrum corymbosum	Solanacea Südamerika
Chamomilla (Echte Kamille)	
Curare	Strychninhaltig
Cortex quercus (Eichenrinde)	
Equisetum arvense (Ackerschachtelhalm)	Kieselsäurewirkung
Enuresistabletten	Enthalten meist: Ammi visnaga Chamomilla Equisetum arvense Hypericum
Fabriana umbricata	
Hypericum (Johanniskraut)	Volksmedizin
Hyoscyamus (Bilsenkraut)	Olren
Kawa-Kawa	Pflanze: Kawastrauch, Indonesien Wirkstoff: Kawalaktone Wirkung: Muskelrelaxierend Anwendung: Reizblase, Kombination mit Akupunktur und Inkonturina möglich
Pareira brava (Grießwurz)	Grießwurz Bei nervösem Harnzwang
Physalis alkekengi (Judenkirsche)	Altes Volksheilmittel Beeren als zusätzliches »Obstangebot«
Plantago major (Wegbreit)	
Polygonum (Knöterich)	Volksmedizin
Polygonum aviculare (Vogelknöterich)	Volksmedizin

Fortsetzung S. 182

Tab. 23 (Fortsetzung)

Mittel	Anmerkungen
Potentilla Tormentilla (Blutwurz)	Volksmedizin
Scopolia (Skopolie)	Solanacea
Yohimbin	Tonisierendes Element, verursacht Hemmung des Sympathikus Wirkstoff: Tonaton

Der Tip:

> Notwendig ist bei diesen stark wirkenden Mitteln ein langsames Aus- und Einschleichen der Therapie und eine Beachtung des vegetativen Spiels.

Ephedrin

Ephedrin setzt aus den Speichern des Sympathikus nur Adrenalin frei, wodurch eine Tonussteigerung des sympathisch innervierten Inkontinenzmechanismus herbeigeführt wird. Ephedrin zeigt darüber hinaus zentralerregende Eigenschaften. Dadurch wird die bei Bettnässer-Kindern beobachtete *abnorme Schlaftiefe* beeinflußt, so daß ein Aufwachen bei Miktionsreiz möglich wird.

Rhoival

Das Präparat besteht aus:
- Arnika
- Bursa pastoris
- Herba Argimoniae
- Rhus aromaticum
- Solidago
- Valeriana
- Gewürzsumach (flavon- und gerbstoffhaltig).

Der Tip:

> Anwendung bei Reizblase, die in Verbindung mit Prostatastörungen einhergeht.

Weitere Indikationen von Rhoival in diesem Zusammenhang:
- Kreuzbein-Wirbelsäulen-Schäden
- Veränderungen im gynäkologischen Bereich inklusive bei Hormonstörungen
- Venenstau, bspw. nach gynäkologischen Operationen und Konkrementen.

Es ist erforderlich, die nervale Funktion zu beeinflussen.

5.2.1.6 Die Urolithiasis

Auch im Zeitalter der Lithotripsie sollte die arzneiliche Prophylaxe oder Nachbehandlung nicht in Vergessenheit geraten. Rezidivneigung in Verbindung mit dem Eßverhalten innerhalb der heutigen Ernährungsweise führen immer häufiger zu Diskussionen einer möglichen konservativen Behandlung des Harnsteinleidens.

Wenn es um Kalziumoxalat und Harnsäuresteine geht, eignet sich zur Prophylaxe einmal eine *harnalkalisierende Kostform*. Durch den Kaliumgehalt einer laktovegetabilen Kost kommt es zu einem Kationenaustausch im distalen Tubulus und damit zur verstärkten Natriurese.

Der Tip:

> Einzuschränken sind kalziumhaltige Nahrungsmittel wie Milch und Milchprodukte sowie oxalhaltige Gemüsesorten wie Spinat und Rhabarber.
> Zusätzliche Gabe von Zitraten.

Mit den Zitraten läßt sich ein pH-Wert von 6,2 bis 7 erhalten. Dies reicht beim Uratstein *nicht mehr* und beim Kalziumphosphatstein *noch nicht* zur Sedimentation.

Der Tip:

> Flüssigkeitszufuhr – etwa ein Liter mehr als die tägliche Urinmenge!

Rubia tinctorum

Der *Färberkrapp* war eine seit dem Altertum bekannte und zur Steinprophylaxe bewährte Pflanze. Früher noch zum Färben verwendet, diente sie bis heute als Arzneidroge. Ihr roter Farbstoff ist das Alizarin, ein Atrachinonderivat.

Durch die hohe Affinität von Magnesium und Kalziumsalzen zur Ruberythrinsäure kommt es zu Chelatbildungen, was die *Auskristallisation verhindern* kann. Auch die Oberfläche von bereits gebildeten Steinen wird so verändert, so daß sie nicht weiter wächst und neu ansetzt.

Die Rubiadroge wurde mit Bescheid d. BGA vom 15. 3. 93 aus dem Handel gezogen.

> Für die Steinbildung ist die Höhe der Harnsäurekonzentration im Harn und nicht die des Serums verantwortlich.

Begleitende Empfehlungen:	**Berberitze,** die in einer Oxo-Zyklo-Tautomerie innerhalb der Niere den pH-Wert des Harnes wandeln kann. Den Teegemischen oder Tinkturen **Saponindrogen** beimischen, bspw. **Hedera helix** (Efeu) oder **Herniaria glabra** (Bruchkraut).

Der Säurewert des Harnes wird aber auch durch *Zitronensäure* und *Zitratgemische* beeinflußt. Dies bestätigt die volksmedizinische Empfehlung von Zitronensaft.

Sonstige Phytotherapeutika

Urikosurika	**Urikostatika**
= Mittel, welche die Harnsäureausscheidung fördern.	= Mittel, welche die Xanthinoxidase und die Harnsäuresynthese hemmen.
Berberitze **Orthosiphonkraut** (NIERAL) **Colchicin**	**Allopurinol**

Das **Colchicin,** die Droge der *Herbstzeitlose,* wird im allgemeinen bei *Gicht* in der ersten Stunde angewandt. Es kommt zu einer Lymphozytenansammlung und zu einem Absinken des Milchsäure-pH's und damit zum Ausfällen der Harnsäure. Bei Cholchicin werden leukotaktisch die Leukos reduziert.

5.2.1.7 Behandlung der Blasenblutung

Gemeint ist diejenige Form, die in Verbindung mit der Urolithiasis therapiert wird.
Die phytotherapeutischen Mittel:
- **Arnika**
- **Erigeron canadensis** (Kanad. Berufskraut)
- **Capsella bursa past.** (Hirtentäschelkraut).

Die Anwendung kann sowohl in Teeform, als auch eventuell in homöopathischer Dosierung von D1 bis D4 erfolgen.

5.2.1.8 Phytotherapeutika der Harnwegserkrankungen in der Zusammenfassung

Tab. 24

Art der Wirkung	Pflanze	Familie	Inhaltsstoffe	Anwendung
Hormonwirkung	Cannabis sativa	Moraceae	Glykoside	
	Cucurbita pepo	Cucurbitaceae	β-Sitosterin, Öl, Eiweiß	Samen
	Gossypium herbaceum	Malvaceae	Gossypin	männl. Antikonzipiens
	Nuphar luteum	Nymphaeae	sterinhaltige Inhaltsstoffe	Homöopathisch
	Orchis maculata	Orchidaceae	unbekannte Stoffe	Aphrodisiakum
	Sabal serrulata	Palmae	Sitosterin, Fettsäuren, Harze, Gerbstoffe	Fructus, Tinktur
Kreislaufwirkung und Diurese	Aesculus Hippoc.	Hippocastanaceae	Flavone, Saponine	Fructus
	Ammi visnaga	Apiaceae	Khellin, Chrom	Herba
	Apocynum cannabinum	Apocynaceae	Cymarin	Radix
	Crataegus oxyacantha	Rosaceae	Flavone	Folia, Fructus, Flores
	Scilla maritima	Liliaceae	Scillaglykoside	Wurzel

5.2.2 Bewährte Teerezepte

Blasentees bei Infekten der Blase und Nieren:

Rp.	Flor. Althaeae	10,0
	Fol. Uvae Ursi	
	Hb. Veronicae	
	Fol. Salviae	āā 20,0
	Hb. Equiseti	ad 100
	M. f. Spec.	
	D. S. 2× tgl. 1 Tasse der Abkochung	

Rp.	Fol. Betulae	
	Fol. Uvae Ursi	
	Stigm. Maidis	
	Rad. Liquiritiae	
	Rhiz. Graminis	āā 20,0
	M. f. Spec.	
	D. S. 2–3× tgl. 1 Tasse Tee	

Rp.	Hb. Herniariae	
	Frct. Petroselini	
	Fol. Menthae pip.	āā 10,0
	Rad. Ononidis	30,0
	Fol. Uvae Ursi	40,0
	M. f. Spec.	
	D. S. Morgens 1–2 Tassen	

Rp.	Hb. Violae tricol.	
	Flor. Lamii	āā 5,0
	Hb. Herniariae	
	Fol. Bucco	
	Hb. Galeopsidis	
	Frct. Juniperi	āā 10,0
	Fo. Uvae Ursi	ad 100,0
	M. f. Spec.	
	D. S. 1–2× tgl. 1 Tasse	

Wassertreibende Tees:

Rp.	Hb. Callunae	20,0
	Cort. Phaseoli frct.	
	Rad. Levistici	āā 10,0
	Frct. Petroselini	
	Hb. Equiseti	āā 20,0
	Hb. Solidaginis virg.	
	Strob. Lupuli	āā 10,0
	M. f. Spec.	
	D. S. 1 Eßlöffel z. Aufguß	

Rp. Rad. Levistici		
Rhiz. Calami		
Flor. Pruni spinosi	āā	20,0
Hb. Solidaginis virg.	ad	100,0
M. f. Spec.		
Kalt ansetzen und kurz aufkochen		
D. S. 2× tgl. 1 Tasse		

Rp. Fol. Rosmarini		
Fol. Rubi fruticosi		
Flor. Sambuci		
Hb. Solidaginis virg.		
Herb. Equiseti	āā	20,0
M. f. Spec.		
1–2× tgl. 1 Tasse des Sudes		

Rp. Herb. Thymi	10,0
Rad. Althaeae	20,0
Semen Lini	30,0
Hb. Violae tric.	40,0
M. f. Spec.	
D. S. 2–3× tgl. 1 Tasse der Abkochung	

Bei **Bettnässen:**

Rp. Flor. Arnicae	30,0
Hb. Agrimoniae	70,0
M. f. Spec.	
D. S. Abends 1 Tasse	

Bei **Steinleiden:**

Rp.	Fol. Hederae Hel.		
	Fol. Rosmarini		
	Fol. Uvae Ursi		
	Hb. Equiseti		
	Rad. Liquiritae	āā	0,0
	Frct. Carvi		
	Rad. Ebuli	āā	15,0
	Frct. Juniperi	ad	100,0
	M. f. Spec.		
	Kalt ansetzen und aufkochen		
	D. S. 1–2 Tassen tgl.		

5.2.3 Die Krankheiten der Prostata und ihre phytotherapeutischen Möglichkeiten

5.2.3.1 Die Prostatitis

Die Prostata entwickelt sich aus dem Kloakenentoderm unter dem Einfluß der fötalen Testosteronproduktion. Die Beziehungen zu Blase, Urethra und Mastdarm, aber auch zur Niere und zum Lymphbereich des Beckens sind embryologisch bedingt. Die Prostata wird als *akzessorische Geschlechtsdrüse* bezeichnet. Zwischen den Drüsenanteilen liegen reichlich Bindegewebe und Muskulatur, die das Sekret auspressen. Die Innendrüse ist östrogenabhängig und hypertrophiert unter diesem Einfluß. Die testosteronabhängige Außendrüse gilt als mitverantwortlich für das Karzinom. Hinsichtlich der benignen Prostatahypertrophie wird – neben den hormonabhängigen Drüsenveränderungen – auch ein separater endoprostatischer Hormonstoffwechsel diskutiert, die *Reduktase.*

Die Prostatitis ist als *männliche Adnexitis* aufzufassen. Sie bezieht in ihren Entzündungsmechanismus sowohl die Samenblase als auch die Urethra und den Blasenboden mit ein.

Die Infekte sind aus der Umgebung deszendierend, aszendierend oder aus dem Analbereich abzuleiten. Hierzu zählen:

- Divertikel
- Kreuzbeinanomalien
- Mykosen
- Rectumerkrankungen.

Der Tip:

> Pollakisurie
> Spasmenschmerzen im Mastdarm, beim Tasten im Mittelfleisch und in der Leistengegend.

Behandlungs- übersicht:		
Pflanzenmittel	Kombinationen	Anmerkungen
Echinacea	Sabal Salicylester (Prostagutt)	Umstimmend Entzündungswidrig
Echinacea Cepa Populus	Nomon	
Solidago Arnica Agrimonia Hypericum	Rhoival	
Sabal Aesculus Solidago	Cefasabal	
Pichi Pichi	Droge aus der Fabriana imbricata	Kreuzbeinmittel, Solanacee
Sabal Echinacea	Urgenin	

Ergänzende Therapien sind Eigenblut-Umstimmungsmaßnahmen, Überwärmungsbäder und Venenmittel.

5.2.3.2 Prostatahyperplasie – Ätiologie und Therapie

A. Ätiologie

Die Prostatahyperplasie ist die bekannte Alterskrankheit der Männer, von der angenommen wird, daß sie bereits im 40. Lebensjahr beginnt und mit 65 Jahren nahezu 100%ig nachzuweisen ist. Dabei bedingt die mit dem Alter einsetzende Testosteronverringerung im Plasma eine Verschiebung des Androgenquotienten, allerdings ohne das Auftreten einer Hyperplasie des Prostataorgans, so daß man eher von einer Altersveränderung der Funktion sprechen muß. Nach neuesten Forschungen werden dem Dehydrotestosteron (DHT) und dem daraus metabolisierten Androstandiol (Adiol) erhöhte pathogenetische Bedeutung bei der Entwicklung einer Prostatahypertrophie zugerechnet.
Hinzu kommt eine enge Beziehung der Wirkung von Steroiden, Prolaktinen und Prostaglandin in der Prostata. Prostaglandine und Leukotriene, die sich

bekanntlich von der Arachidonsäure ableiten, spielen auch beim Entzündungsmechanismus in der Prostata eine Rolle. Dies läßt sich jedoch erst beurteilen, wenn Prostaglandine gehemmt werden. Auch Cholesterin als Vorstufe des Testosterons wird für das Proliferationspotential bei der Entstehung einer Hyperplasie herangezogen.
So sind es also weniger altersbedingte Veränderungen der Hypophysen-Gonadenachse, sondern vielmehr *Veränderungen des Steroidstoffwechsels im Organ selbst.* Durch eine Aktivitätszunahme der 5-alpha-Reductase kommt es somit zu einer unphysiologischen Anhäufung von Dihydrotestosteron, während die Prostaglandine als Mediatorensubstanzen an der gesteigerten Zellproliferation beteiligt sind.

B. Therapie

Tab. 25 Therapiekonzept nach den Vahlensieck'schen Krankheitsstadien

Stadium	Kennzeichen	Behandlung
1	Sonographisch erfaßbar, subjektiv ohne Beschwerden Miktionsfrequenzvermehrung, Pollakisurie	Konservative Phytotherapie
2	Ohne Restharn, Miktionsbeschwerden, Drüse vergrößert, Uroflow	Konservative Phytotherapie
3	Miktionsbeschwerden zunehmend, Nykturie, Balkenblase, Restharn	Chirurgie
4	Stauung, Restharn, Dauerbeschwerden	Chirurgie

Für die Stadien 1 und 2 empfehlen sich die nachfolgenden Pflanzenstoffe:

Hypoxis Rooperi

Über diese südafrikanische Pflanze wurden in den letzten Jahren die meisten Erkenntnisse gesammelt. Sie enthält Betasitosterin in glykosidischer Bindung. Damit läßt bereits nach wenigen Tagen der Harndrang nach, der Harnfluß wird kräftiger und die Restharnmengen reduzieren sich nachweislich **(Harzol).**

Sabal serrulatum

Neben entzündungswidrigen Polysacchariden enthält auch die *Sägepalme* Sitosteringlykoside. Durch die schon erwähnte Hemmung der Alphareduktase bringen Sitosterine das sexualhormonbindende Globulin und Dihydrotestosteron ins Gleichgewicht **(Cefasabal, Prostagutt).**

Kürbiskerne

Hinsichtlich des volksmedizinisch lange schon verwendeten Kürbis unterstellt man in gleicher Weise die Wirkung von Sitosterinen. In letzter Zeit gibt es Untersuchungen, inwieweit vielleicht der Zinkgehalt, das Selen und die Tokopherole mitverantwortlich sind.

Urtica dioica

Während die Blätter unserer heimischen *Brennessel* bei der Diuresebehandlung eingesetzt wurden, enthält ihre Wurzel neben Lectinen und Polysacchariden auch eine Betasitosterinfraktion, die bei experimentellen Untersuchungen imstande war, das SHBG zu senken (Bazoton).

Pollenextrakt

Ähnlich ist die Wirkung des Pollenextraktes zu verstehen. Präparat: **Cernilton N.**

Populus

Pappelknospen, die, ähnlich den Salizyleffekten, den Prostaglandinhemm-Mechanismus beeinflußen, werden ebenfalls zugunsten der Entzündungswidrigkeit in Tees und Tinkturen verwendet.

Epilobium parviflorum

Das *Weidenröschen* empfiehlt sich durch seine schwache Wirkung auf Lipoxygenasehemmer und seine Gerbstoffe.

Echinacea

Auch hier begegnen wir dieser bereits vielfach genannten Pflanze, die aufgrund ihrer immunstimulierenden Eigenschaften in allen Phasen in der Kombination mit anderen Pflanzen verabreicht werden kann.

Ergänzende Therapiehinweise

Angesichts der noch immer steigenden Lebenserwartung des Menschen und der erforderlichen sorgfältigen Indikationsstellung für eine Operation am Prostataorgan sind die pflanzlichen Mittel eine ideale Möglichkeit, die lästigen Erscheinungen der zweiten männlichen Lebenshälfte zu bessern, evtl. sogar ganz zu beseitigen oder zu verhindern. Dies ist umso bedeutsamer, als keine toxischen Nebenwirkungen bekannt sind, die Lebensqualität erheblich verbessert wird und die Erlebnisfähigkeit erhalten bleibt.

In jahrelangen Erfahrungen hat sich gezeigt, daß eine alternierende Prostatatherapie aus dem Phytotherapiebereich bessere und langanhaltende Effekte bringt. Dazu zählt das **Harzol,** die Droge der Hypoxis rooperi, die nach 4 Wochen von einer Droge mit Sabal serulatum gefolgt sein sollte (wie z. B. **Remigeron**), oder Pollenextrakt **(Cernilton N)** und schließlich in der dritten Phase der Behandlung von einem Brennesselwurzel-Polysaccharidlectin in Form des **Bazoton**. Auch **Nettisabal, Cefasabal, Prostagutt** und **Noxenur** sind einzelne Präparate, die in diesen alternierenden Mechanismus der Prostatatherapie mit eingebaut werden können. Damit haben sich ungleich mehr Dauerbehandlungserfolge gezeigt als mit einer kurzfristigen und einseitigen Therapie, d. h. mit einem einzigen Präparat.

5.2.4 Männliche Sexualstörungen und ihre Therapie mit Andrologika

5.2.4.1 Aphrodisiaka

Seit altersher ist es ein menschliches Anliegen, das Triebleben im positiven wie negativen Sinne zu beeinflussen. Das besondere Anliegen der Männer richtet sich seit Jahrhunderten nach den sogenannten Aphrodisiaka, die eine Anregung und Steigerung des Geschlechtstriebs herbeiführen sollen.

Tab. 26 Allgemeine und volksmedizinische Aphrodisiaka

Mittel	Wirkstoff Wirkung	Anmerkungen
Petersilie	Apiol	Vorsicht
Sellerie	Apiol	Allergie
Spargel	Saponine	
Belladonna	Vegetativum	
Hyoscyamus	Vegetativum	
Mandragora	Vegetativum	
Stramonium	Vegetativum	
Pausinystalia yohimbe	Yohimbin Blutdruck sinkt, Durchblutung der Beckenorgane steigt, sexualorganische Wirkung	Afrikanische Rubiacee Sympathikolytikum
Aloe		Darmreiz
Folia Damiani (Turnera diffusa)	Arbutin, Gerbstoffe	Mexiko Tee
Nuphar luteum	Nupharoin Emmenagogum im Altertum	Gelbe Teichrose Verwandte des Granatapfels Homöopathie
Rosmarin	potenzierte Wirkung durch Lycopus virginicus (Wolfstrapp)	Auch angezeigt bei Therapie funktioneller Schilddrüsenerkrankungen
Lithospermum officinale	Contrazeptivum Antithyreotisch	Steinsamen Indianische Volksmedizin
Ginseng	Ginsenoiden-Saponingemische	Volksmedizin Geriatrika
Echium vulgare	Einst in der Volksmedizin Tirols verboten, da er »die Wollust fördere«	Natternkopf Familie: Boraginaceen
Borago officinalis	Fiebersenkend	Gewürzborretsch Volksmittel

Anmerkung: Alle Boraginaceen sind reich an Lithospermsäure, eine Phenol-Carbonsäure mit dem sogenannten antigonadotropen Prinzip. Mit dem Substitionsmuster des Adrenalins und Dopamins vergleichbar. Auch Lycopus virginicus, mit seinen antigonadotropen, antithyreotropen und antidiabetischen Eigenschaften muß dabei Erwähnung finden.

5.2.4.2 Herabsetzung des Geschlechtstriebs

Wie es Aphrodisiaka gab, so gab es auch entsprechende Gegenmittel. Das bedeutendste ist:

Agnus castus

Volkstümlich *Keuschlamm* oder *Mönchspfeffer* genannt. Seine Wirkung versteht sich über die gonadotropen Hormone des Hypophysen-Vorderlappens. Der erst später entdeckte Effekt macht Agnus castus zum Mittel beim prämenstruellen Syndrom, bei der hormoninduzierten Akne, bei Oligo- und Polymenorrhöen, bei Infertilität der Frau, bei Herpes gestationis, bei Mastodynie und Migräne.

5.2.4.3 Übersicht der androgenen Phytotherapeutika

Tab. 27

	Deutscher Name	Familie	Inhaltsstoffe	Präparate
Agnus castus (Vitex agnus castus)	Keuschlamm	Verbenaceae	Agnusid Casticin	Agnolyt
Damiana	Damianablätter	Turneraceae	Aeth. Öl Harze Bitterstoffe	Homöop. Prostagalen Fidesan
Orchis maculata	Salep.	Orchidaceae	Phytosterine	Volksmedizin (nicht mehr gebraucht)
Pausinystalia yohimbe	Yohimbe	Rubiceae	Alkaloid Yohimbin	Testifostan Tonöl Testasa E

5.2.5 Antifertilantien – sanfte Verhütung

1550 v. Chr. findet sich auf dem Papyrus Ebers ein einschlägiger Vermerk: *Akazienspitzen,* zusammengereiht und in ein Leinensäckchen mit Honig in die Scheide eingelegt, sollte eine Infertilität über zwei Jahre sichern.
In Tibet kennt man *Pisum sativum* als Antifertilans. Dort genießt man die

Erbse in reichlichen Tagesrationen und schafft auf diese Weise generell einen Ausgleich der Bevölkerungsdichte.
In China wurde in den Hauptanbaugebieten des Yangtse und Huan-Po-Flußes Baumwolle geerntet. Dabei zeigte sich, daß die Frauen gebärfähig blieben und die Männer fertilitätsgestört wurden – ähnlich wie bei unseren Hopfenanbaugebieten die Frauen amenorrhoisch wurden. Im pharmazeutischen Institut in Shanghai wurde dieser Beobachtung nachgegangen und es fand sich als Ursache das **Gossypol,** das in reiner Form bereits mit einem *zuverlässigen Wirkungsgrad* als Antifertilans eingesetzt wird. Eine ähnliche Beobachtung machte man bei der Hanfernte. Neben den vielen, teils berüchtigten, Wirkungen des indischen Hanfes besitzt der zu Bast verarbeitete Cannabis sativa eine bekannte Antiaphrodisiakakomponente. Gossypol wurde in der Zwischenzeit in Amerika untersucht. Es zeigte sich, daß im Bereich des Leberstoffwechsels Hemmungen zustande kommen, die u. U. als Fermentblockierungen aufgefaßt werden können und auf dem Wege diesen Effekt bestätigen. Aus Vorsichtsgründen wurde dieses Mittel als männliches Antifertilans nicht weiter empfohlen. Notwendig sind 20 mg pro Tag aus **Gossypium,** dem Samenöl der Baumwolle. Man spricht hier von einem Agrosinhemmer, der für die Wirkung verantwortlich sein soll. Da die erwarteten negativen Auswirkungen in der Beobachtung und Fachliteratur ausblieben, hat man in China die Methode dieser möglichen Antifertilanswirkung nicht vergessen.

6. Phytotherapie im gynäkologischen Bereich

6.1 Die generellen »Frauenmittel«

Der wesentliche Gedanke und Gesichtspunkt für eine gynäkologische Phytotherapie ist die Anpassung an die veränderten Verhältnisse. Seien es die Pubertätskrisen mit dem Einpendeln des Hormonsystems oder die Krisen in den Wechseljahren, die in mehrfacher Hinsicht einen Wandel vollziehen, voll von Dramatik oder stillschweigend mit kleineren und größeren Nöten und Verlustprinzipien. Der Einschnitt des Lebens, der mit Triebverlust und Versagen einhergeht, ist gekennzeichnet durch eine Vielzahl von psychischen, vegetativen und somatischen Problemen. Prä- und Post-Menopausesyndrom lassen im ärztlichen Alltag nichts zu wünschen übrig und wollen verstanden werden. Wie einfach macht sich der das Problem, der den vermehrt ausgeschütteten Gonadotropinen aus der Hypophyse ein tierisches Hormon entgegensetzt. So alt wie die Medizingeschichte stellt sich dem Arzt die Aufgabe, die Frauen in der Prä-Menopause und in der Post-Menopause (die bis zum 70. Lebensjahr dauern kann) zu betreuen. Es gilt, das Alter oder das Altern zu verzögern. *Phytotherapeutika sind mit tierischen Hormonen nicht zu vergleichen.*

Die Wirkungen beruhen auf stimulativen, regulativen und spezifisch hormoninduzierenden Eigenschaften.

Diese hormoninduzierenden Merkmale können auf ein, dem tierischen Mechanismus verwandtes zurückgeführt werden, wie z. B. das *Phytostilben* des *Raponticins* im **chinesischen Rhabarber.**

Punica granatum

Das älteste Frauenmittel der Geschichte ist der *Granatapfel,* bei den Griechen »Rhoia«, bei den Römern »Malecorium« genannt. Er repräsentiert das Urprinzip der Jugend und Fruchtbarkeit, ähnlich wie die Lotuspflanze in Asien. Nachdem es Butenandt 1929 erstmals gelang, kann man heute aus dem Samen das **Östron** isolieren. So ist der Punicasamen die bisher reichste Quelle pflanzlicher Herkunft für Östron. Stoffe mit Stilbenstruktur finden sich daneben auch im:

- Trifolium subterraneum (Kleesamen)
- Rhabarber (nicht jedoch im heimischen Rheum palmatum)
- Pisa (Leguminoseart)
- Puraria mirifica (thailändische Leguminoseart)
- Lakritz
- Daucus carota (Blätter der Möhre).

Plinius glaubte, daß der Granatapfel aus Karthago käme und hat ihn deshalb Punica genannt. Er war aber damals bereits in Indien, Afrika und im ganzen Mittelmeerraum bekannt und die Wurzelrinde als Bandwurmmittel, als

Adstringens und Emmenagogum in Anwendung. Das *Blatt* empfahl man bei Geschwülsten und Entzündungen, innerlich gegen Fluor albus, die *Blüten* und *Samen* gegen Würmer, Ruhr, Diarrhoe, die *Fruchtschalen* gegen Analprolaps, die *Frucht,* also den Apfel, als Entschleimungsmittel und gegen Augenentzündungen. Später, im Jahre 1884, wurde von FRIDOLIN in Dorpat das Alkaloid **Nupharin** aus der gelben Teichrose entdeckt und mit den Gerbstoffen im Punica grantum gleichgestellt. In der Volksmedizin des Mittelmeerraumes spielt Punica granatum bis zum heutigen Tag eine Rolle als *Emmenagogum.*

Secale cornutum

Aus Claviceps purpurea, dem Getreidepilz, als Mutterkorn eingeführt. Er hat eine besondere Bedeutung bei:
- Blutungsanomalien
- Geburtseinleitungen
- Nachwehen

sowie eine weitere bei:
- Durchblutungsstörungen
- Gangrän
- Migräne
- Mangelhafter Tonisierung des Uterus nach Geburt
- Menstruationsanomalien.

In diesen Fällen werden die Alkaloide des Secale cornutum getrennt und kombiniert angewandt.

Die Tätigkeit der Ovarien ist abhängig von einer Stimulierung durch drei gonadotrope Hormone des Hypophysen-Vorderlappens:
- FSH (Folikelstimulierendes Hormon)
- LH (Luteinisierendes Hormon)
- Prolaktin.

FSH und LH beeinflussen gemeinsam das Wachstum und die endokrine Funktion der Follikel. Dabei kommt es präovulatorisch zu einem steilen Anstieg der LH-Konzentration (LH/Peak). Bei Störungen treten drei *Krankheitsbilder* auf:

a) *Corpus-luteum-Insuffizienz* (Verkürzung des Zyklus, kurzer Fieberanstieg)

b) *Anovulatorischer Zyklus* (Verkürzung oder Verlängerung des Zyklus). Kein Progesteron- bzw. Corpus luteum-Hormon gebildet, als Folge des Abfalls der Östrogenproduktion kommt es zur Entzugsblutung.

c) *Rhythmusanomalie* – Polymenorrhoe oder verkürzte Lutearphase.

In beiden Fällen kann es zur Sterilität kommen.

Diverse Pflanzenstoffe

Alchemilla vulgaris

Der *Frauenmantel* ist in zahlreichen Spezialitäten unserer heimischen Phytotherapie präsent. Nach KÜNZLI hat sich die Pflanze als Geburtenmittel bewährt.

Aletris farinosa
Das *Bittergras* zählt zu den Liliengewächsen. Man vergleiche hierzu die mittelalterliche Darstellung der Madonnen, die meist Liliengewächse zeigen.

Artemisia vulgaris
Der *Beifuß* reguliert die Menstruation. Besonders bekannt ist er aus der traditionellen Moxa-Therapie der Chinesen.

Helonias dioica
Bei allgemeiner Schwäche, Erschöpfung nach Geburten.

Lamium album (Taubnessel) – ätherische Öle der Lamiaceen.

Lycopus virginicus (Wolfstrapp)
Beide Pflanzen sollten als Teemischung bei Geburten nicht fehlen.

Lilium tigrinum
Wirkt auch bei nervösen Herzstörungen.

Senecio fuchsii – Greiskraut = Kreuzkraut (Emmenagogum)
Kam neuerdings durch seinen Pyrrolyzidin-Gehalt in Mißkredit.

Lavendel, Melissa, Marrubium (Andorn)
Melissa und Marrubium sind bereits erwähnt. Rosmarin und Lavendel kommen als kampferähnliche Pflanzen häufig in Arzneigemischen und Bademedien vor.

6.2 Pflanzliche Mittel beim Klimakterischen Syndrom

Agnus castus

Die Pflanze aus der Familie der Verbenaceen, auch *Mönchspfeffer* oder Vitex Agnus castus genannt, wurde bereits über ihre Wirkung beim Hypophysen-Vorderlappen bekannt gemacht. Es wird ein luteinisierender Stoff diskutiert, der bei *Brustschwellung, Menstruationsverzögerung* und verminderter Prolaktinwirkung und *Prä-menstruellem Syndrom* eine regulierende Eigenschaft aufweist. Nachweislich wird die Stilleistung vermehrt und die prä-menstruelle Akne beeinflußt.

Der Tip:

Agnolyt
Mastodynon

Caulophyllum leontiche thalictroides

Die *Frauenwurzel* (Squaw root) aus der indianischen Volksheilkunde, eine Berberidacee, ist ein wichtiges Mittel bei *rheumatoiden Beschwerden* im Klimakterium, speziell bei Befall der kleinen Gelenke. Bei Geburtsbeschwerden und Dysmenorrhöen ebenfalls bewährt.

Der Tip:

Anwendung im Wechsel mit Secale, Pulsatilla und Lilium tigrinum.
Präparate: **Nettigyn, Mastodynon**

Cimicifuga racemosa

Die *Silbertraubenkerze* aus der Familie der Ranunculaceen kann als das *beste Pflanzenmittel im Klimakterium* der Frau betrachtet werden.
Cimicifuga reduziert die Sekretion durch das Hypophysenhormon LH und kongruiert mit Östradiol am Uterus. Beliebtes Mittel speziell bei:

- Post-Menopausensyndrom → Präparate: Remifemin, Klimaktoplant
- Depressionen
- Gelenkaffektionen
- Migräne
- Ohrensausen.

Bei den beiden letzteren sind die Isoflavone als Hauptwirkstoffe zu verstehen. Daneben tritt Triterpensaponin in Form des *Isorutin* in Funktion.

Der Tip:

> Cimicifuga wird mit Erfolg bei klimakterischer Osteoporose unterstützend verschrieben.

Hypericum perforatum

Dieses Mittel empfiehlt sich bei depressivem Syndrom als Hyperforat für die klimakterische Frau. Ebenso hat es sich in der Ovulationshemmerpause bewährt.

Pulsatilla pratensis

Die *Küchenschelle* aus der Familie der Ranunculaceen enthält kampferähnliche zyklische Terpene. Einsatzgebiete:

- Amenorrhöe
- Hypomenorrhöe
- Kinderlosigkeit
- Myomen
- Uterusexstirpationen
- Augenmittel (in Verbindung mit Clematis)

Dieses vielseitige, primär homöopathische Mittel, läßt auch eine Beziehung zum Venensystem, zur Galle und zur Cholesterinsynthese in der Leber erkennen.

Der Tip:

> Pubersan
> Feminon

Sanguinaria canadensis

Die kanadische *Blutwurz* zählt ebenfalls zur terpenreichen Familie der Ranunculaceen, ist aus der Homöopathie bekannt und findet sich in Oligoplexen.

Der Tip:

> Bei klimakterischem Hochdruck.
> Sang. Oligoplex

Tab. 28 Übersicht: Pflanzliche Mittel beim klimakterischen Syndrom

	Deutscher Name	Familie	Inhaltsstoffe	Präparate
Agnus castus (Vitex agnus castus)	Keuschlamm	Verbenaceae	Agnusid Aucubin Casticin	**Feminon** **Agnolyt** **Mastodynon**
Aletris farinosa	Bittergras	Liliaceae	Saponin Diosgenin	**Aletris Oligoplex** **Hocura-Femin**
Caulophyllum leontice thalictroides	Frauenwurzel	Berberidaceae	Alkaloide	**Nettigyn**
Cimicifuga Actaea racemosa	Wanzenkraut	Ranunculaceae	Glykoside Triterpenglykoside Cimicigenol Salicylsäure	**Remifemin** **Cimicifuga Oligoplex** **Femisana**
Crocus sativus	Safran	Iridaceae	Protocrocin Safranal	**Homöopathisch**
Pulsatilla verna	Küchenschelle	Ranunculaceae	Protanemocin	**Feminon** **Pubersan**

6.3 Pflanzliche Stoffe und Östrogenbehandlung

Mit den pflanzlichen Stoffen wird keine Substitutionstherapie des ovariellen Systems betrieben. Die Wirkung ist im Ausgleich von Regelkreisen zu suchen, die vielfache weibliche Beschwerden einbeziehen. Mit Östrogenen kann man fraglos eine überzeugende Wirkung erzielen, doch wirft die langfristige Behandlung immer *deutlichere Probleme* auf, wie z. B. das vermehrte Auftreten von *Endometriumkarzinomen* beschrieben wurde. Das Risiko ist jedenfalls 4,5fach größer als bei Vergleichspersonen. So sollte die automatische Verschreibung überdacht werden, die Alterung können Östrogene nicht aufhalten. *Risiko* ist die *gynäkologische Blutung* in der Menopause. Vasomotorische Störungen im Klimakterium gehören zu den kurzfristigen Indikationen einer Östrogentherapie, auf die aber meist im Hinblick auf die Vielzahl von pflanzlichen Verbindungen verzichtet werden kann.

Indikationen für Pflanzenstoffe:
- Blutungsanomalien
- Depressionen
- Vegetative Störungen der prä- und postklimakterischen Situationen
- Zyklusstörungen.

Pflanzliche Östrogene

Pflanze	Inhaltsstoff	Indikation	Präparat
Rheum raponticum Fam. Polygonaceae	Rhaponticin	Amenorrhoe Dysmenorrhoe Klimax Endometritis	**Phytoestrol**
Humulus lup. Fam. Cannabinaceae	Lupulin	Aphrodisiakum Sedativ.	**Hovaletten**

Rheum raponticum

Der *Mönchsrhabarber,* eine Polygonacee, ist über das vielseitige Präparat Phytoestrol, in Verbindung mit Hopfen, bekannt geworden. Cyrendiäthyl-Stilbestrol und Phytoestrol kommen dem tierischen Östrogen am nächsten. Phytoestrol unterstützt jede andere Therapie bei echten Ausfallserscheinungen.

6.4 Einflußnahme auf Menstruation und Milchsekretion

6.4.1 Bewährte Teerezepte

Zur Regelung der Monatsblutung:

Rp.	Hb. Anserinae		
	Hb. Alchemillae	āā	20,0
	Hb. Polygoni avic.		
	Flor. Calendulae	āā	10,0
	Flor. Lamii		
	Flor. Chamomillae		
	Hb. Rutae hort.		
	Cort. Frangulae	āā ad	100,0
	M. f. spec. Kalt ansetzen		
	D. S. 1–2× tgl. 1 Tasse		

Rp.	Hb. Marrubii		
	Hb. Hyperici		
	Hb. Centaurii		
	Hb. Thymi	āā	25,0
	M. f. spec.		
	D. S. Früh und abends 1 Tasse		

Zur Förderung der Monatsblutung:

Rp.	Cort. Frangulae	
	Rhiz. Graminis	
	Hb. Millefolii	
	Fol. Sennae	āā 25,0
	M. f. spec.	
	D. S. 2 Tassen tgl. 8 Tage vor Eintritt der Regel	

Rp.	Herb. Rutae hort.	
	Flor. Chamomillae	āā 20,0
	Fol. Rosmarini	
	Fol. Melissae	āā 30,0
	M. f. spec.	
	D. S. tgl. 2 Tassen 8 Tage vor Eintritt der Regel	

Zur Hemmung der Monatsblutung:

Rp.	Hb. Bursae past.	
	Hb. Polygoni avic.	āā 30,0
	Hb. Visci albi	ad 100,0
	M. f. spec.	
	D. S. Früh und abends 1 Tasse	

Rp.	Cort. Quercus	
	Hb. Bursae past.	
	Rad. Fragariae	
	Hb. Anserinae	
	Hb. Millefolii	āā ad 100,0
	M. f. spec.	
	Kalt ansetzen, mehrmals tgl. 1 Tasse	

Zur Förderung der Milchsekretion:

Rp.	Hb. Galegae off.	
	Fol. Melissae	
	Frct. Pimpinellae Anisi	
	Hb. Anethi grav.	
	Frct. Carvi	āā ad 100,0
	M. f. spec.	
	D. S. 1–3× tgl. 1 Tasse	

Rp.	Fol. Melissae	
	Hb. Maiorani	
	Frct. Carvi	
	Hb. Boraginis off.	
	Frct. Archangelicae	āā ad 100,0
	M. f. spec.	
	D. S. 3× tgl. 1 Tasse	

Zur Hemmung der Milchsekretion:

Rp.	Fol. Juglandis	20,0
	Strob. Lupuli	
	Fol. Salviae	āā 40,0
	M. f. spec.	
	D. S. Mehrmals 1–2 Tassen	

Bei Weißfluß:

Rp.	Fol. Rosmarini	
	Fol. Salviae	
	Hb. Millefolii	āā 20,0
	Cortex Quercus	ad 100,0
	M. f. spec.	
	D. S. Die ganze Menge in 3 ltr. Wasser abkochen (½ St.)	
	D. S. 1–2× tgl. Spülungen!	

Rp.	Fol. Rosmarini	
	Flor. Lamii alb.	
	Hb. Urticae	
	Hb. Polygoni avic.	
	Fol. Uvae Ursi	āā ad 100,0
	M. f. spec.	
	D. S. Mehrmals tgl. 1 Tasse	

7. Phytotherapie der Nervenkrankheiten

7.1 Historische Entwicklung

»Auch mit einem kleinen Beil kann man große Bäume fällen«, heißt ein chinesisches Sprichwort. Seit den Tagen von SERTÜRNER hatte man den Eindruck, daß die Entdeckung des Morphiums aus der Mohnkapsel alle Probleme von Schmerz und Leid beseitigen könnte. Eine Vielzahl der Alkaloide fand sich dazu und brachte, wenn man an Heroin denkt, mehr Leid als zu erwarten war. So hielt man Ausschau nach Pflanzen, die den Weg zu einem schönen und schmerzlosen Dasein begleiten. Gerade die Zeit, die Hektik und Lieblosigkeit mit sich brachte, verlangte die Trostpflaster für die Melancholie, die den modernen Menschen mehr einkreiste als frühere Generationen.

Die Schicksale konnten früher besser ertragen werden, man fand Trost in einer ausgedehnten Arbeit und nicht zuletzt in der Religion. Man nahm hin, was das Leben brachte und versuchte damit zufrieden zu sein. Der Mensch unserer Tage sucht mehr Hilfe in Arzneien und weil die Chemie mehrfach enttäuschte und den Begriff Leben nicht vermitteln kann, gerade bei den Nerven- und Gemütsleiden, ist die Pflanze wieder in den Mittelpunkt gerückt. So war es in den klassischen Zeiten des HIPPOKRATES, als man zwar den Mohn schon kannte und ihn als Schmerzmittel bereits einsetzte, aber die Abwegigkeiten einer Mohntherapie noch nicht so zu fürchten waren, wie es in der heutigen Zeit der Fall ist.

7.2 Der Mohn – Prototyp einer Arzneipflanze

Der Mohn war vor 6000 Jahren bei den Sumerern bereits als die »Pflanze der Freude« bekannt. Im 4. Jahrhundert v. Chr. hat THEOPHRASTUS die Pflanze für arzneiliche Zwecke beschrieben, die Mohnkapsel war das Symbol des Schlafgottes und des Totengottes zugleich. HOMER beschreibt mit dem Begriff *Nepenthes* den Zaubertrank, der den Helden Freude und Mut verleiht – den *Opos* (Saft) – das erste *Psychopharmakon.* Der Ursprung wird im Mittelmeerraum angenommen (Papaver-orientalis). Seine Ausbreitung erfolgte über die Türkei nach China, wo der Chinese, der 80–100 Pfeifen am Tag rauchen konnte, ehrfurchtsvoll als der »große Raucher« tituliert wurde. 1806 wurde die Pflanze erstmalig von SERTÜRNER bearbeitet und das *Morphium* isoliert. Während die Sucht und Abhängigkeit nur den Alkaloiden anhaftet, hat sich die Pharmaindustrie bemüht, schmerzlindernde Anteile herzustellen, die keine Sucht machen. Als großer Fehlschlag erwies sich dabei das Heroin, das sich durch zwei Essigsäure-Verbindungen vom Morphin unterscheidet. Schließlich ist es gelungen, aus dem Gehirn Eiweißverbindungen zu isolieren, die dem Morphiumeffekt ähneln und durch sog. Opiumantagonisten gehemmt werden – ähnlich wie Morphium.

Zudem fand man sog. Transmitterstoffe, die den Schmerz weiterleiten oder verhindern konnten, sog. *Enkephaline,* die an Methionin gebunden sind und so eine Maskierung zur Schmerzbeseitigung darstellen. Am Modell der Akupunkturanalgesie werden solche Transmittersubstanzen verstanden, wenn sie freigesetzt die Membran des Schmerzgeschehens depolymerisieren.
Opium ist in der Medizin seit altersher bekannt, sei es in der Form des Saftes oder des von PARACELSUS hergestellten Geheimmittels »Laudanum«, eine wässrige Verbindung des Opiumdestillates oder des bereits bei den Römern als »Theriak« verkauften Allerweltheilmittels. Bald hat es sich herausgestellt, daß hinter den vielen geheimnisvollen Mischungen der alten Medizin schlicht nur der Mohnsaft zu finden war. So läßt es sich gar nicht anders denken, als daß das Opium zum Beginn und Inbegriff einer Pharmakopsychiatrie wurde. Hier findet sich der Anfang einer wissenschaftlichen Literatur.
Die Erkenntnisse und Resultate ermutigten schon früh, psychische Erkrankungen auf dieser Basis zu heilen, bspw. die *Depression.* Als Depression bezeichnet man das Versiegen der vitalen Kräfte, das sich in Lustlosigkeit und Schlafmangel ausdrückt und als Unvermögen und eigene Schuld interpretiert wird. Obwohl ein fehlerhafter Erbgang diese Krankheit beeinflußt, gelingt es dennoch mittels geeigneter Arzneien, ein erträgliches Leben wiederherzustellen.
Im Jahre 1764 wurde das Sanatorium Rockwinkel von der Familie ENGELKEN gegründet. Dort behandelte man mit einem Geheimmittel die Melancholie. Im Jahre 1844 wurde von den Nachfahren der Begründer auf der Naturforschertagung in Bremen das Geheimmittel der Öffentlichkeit preisgegeben. Es handelte sich um ein Rezept mit:

0,1 g Opium
0,05 g Ferrum lacticum
0,75 g Radix-liquiritiae-Pulv. als Pille,

also eine relativ hohe Dosierung von Opium, die bis zu 6–8 Gran gesteigert wurde und bemerkenswerte Ergebnisse bei frischen Depressionen brachte. Die unangenehmen Nebenwirkungen auf den Darm hat man mit Weinsteinpulver ausgeglichen. Gegen Ende des 19. Jahrhunderts löste sich die Anstalt auf und die Kur wurde als Opiumtinkturbehandlung in erheblich abgeschwächter Dosierung weitergegeben – aber mit wesentlich weniger Erfolg als die hochdosierte, bei der bemerkenswerterweise kein einziger Fall einer Sucht beschrieben war.
Heute wird Opium kaum noch bei Cholera und Durchfall als Tinktur verabreicht. Somit ist die Applikation auf die chemischen Bestandteile ausgewichen. Trotzdem ist man gelegentlich pharmakologisch bei den verschiedenartigen Formen eines Durchfalls auf den Opiumgesamtextrakt angewiesen, da kein Einzelbestandteil die Summe aller Inhaltsstoffe in der Wirkung erreicht. Ein altes Merkmal der Phytotherapie.
Seit der Entdeckung des Morphiums von SERTÜRNER 1803 hat sich die

Industrie mit den Inhaltsstoffen beschäftigt und spezialisiert. Der Weltbedarf von Morphium stieg dabei auf 122 000 kg, der des Codeins auf 112 000 kg und des Äthylmorphins auf 7000 kg. Die beruhigende, hustendämpfende und schmerzlindernde Wirkung hat damit in der Medizin ihre chemischen Grundlagen erhalten.

7.2.1 Opium – Nutzen, Sucht und Mißbrauch

Das Opiumrauchen hat seinen nachweisbaren Ursprung im 6. und 7. Jahrhundert. Nachdem Mohammed zwar den Alkohol verboten hatte, aber nicht das Rauchen, pflegten die Araber, ähnlich wie die Haschischdroge, auch den Gebrauch des Opiums und brachten es in den Kriegszügen nach Persien, Indien und China.

Dabei avancierte es in Persien zur gesellschaftlichen Gepflogenheit und wurde von Dichtern besungen. Das Zeremoniell erhielt den Rang einer Kur. Eine Stunde vorher sollten die Vorbereitungen getroffen werden, der Raum mußte aufgeräumt und sauber, Kohlenbecken und Samowar, Wasser und Opiumpfeife, Feuerzange, Teetassen, Tabak und Zucker bereitgestellt sein.

Es war verpönt, allein zu rauchen, denn so leisteten die Dämonen Gesellschaft. Man rauchte in der Freundesrunde. Vor Gebrauch wird der Porzellanpfeifenkopf angewärmt, das Gespräch beendet, der Rauch wird möglichst tief eingesogen und soll lange in der Lunge verharren. 3 Pillen zu je etwa 1 g werden hintereinander geraucht, anschließend heißer Tee getrunken und die Wasserpfeife benützt.

In China war bald das Rauchen verboten, so wurde hier Opium gegessen. Auf diese Weise wurde der Appetit gedämpft und der Hunger gestillt und schließlich zum Vergnügen der breiten Masse und der hungernden Bevölkerung. Dennoch entwickelte sich auch in China Chandu – das Opiumrauchen – zu einem Zeremoniell. Wer etwa 80–100 Pfeifen schaffte, wurde erfurchtsvoll als der »Große Raucher« bezeichnet.

Schließlich kam es zum Opiumkauen, weil die Engländer ihren Absatz aus Indien, trotz kaiserlichen Verbots, in China durchsetzen und damit China als Handelspartner sturmreif machen wollten, was ihnen auch gelang. So kam Opium nach Europa und am Ende des 19. Jahrhunderts war es die große Mode, zu einem Freundeskreis von Opiumrauchern zu gehören (PICASSO, COCTEAU, EDGAR ALLAN POE, BAUDELAIRE).

Der Opiatrausch ist zunächst kurzfristig euphorisch. In glühenden Farben – in denen Traum und Wirklichkeit ineinanderlaufen – werden schöne Visionen erlebt, die langsam unheimlichere Formen annehmen. Schlünde und Abgründe drohen, fratzenhafte Gestalten mit unwirklichen Bewegungsabläufen führen zu Düsternis und Tiefen mit starken melancholischen Ideen. Empfindungen des Raumes und der Zeit mit unwirklichen Größenordnungen und Ausdehnungen beunruhigen schließlich mehr als sie ergötzen. Vor allem zeitlose Zusammenhänge aus der Vergangenheit werden provoziert

und tauchen unwirklich in einer Befreiung von der Zeit neu auf. Schließlich ergeben sich die unfaßbaren Inhalte, Ängste, Beklemmungen von den Ungeheuern aus dem Unbewußten.
Während beim Opiumrausch die Träume mit einem immer abschließenden depressiven Inhalt überwiegen, herrscht beim Morphium- oder auch Heroinrausch eine zunehmende Auflösung der Persönlichkeit mit allen Problemen der erlebten Welt vor. Nur die ersten Heroinspritzen sind aufregend und schön. Bald kommt es durch den Entzug zu einem Teufelskreis, der nur die Stillung des Entzugs zum Inhalt hat und die eigentlichen euphorischen Zustände bei Heroin nicht mehr erleben läßt.
Der Entzug bedeutet Magen-Darmstörungen, Schweißausbrüche, Herzanfälle, Hauterscheinungen mit Störungen der Sexualsphäre, Verlust der Wahrnehmungsfähigkeit, Konzentrations- und Gedächtnisfähigkeit bis zur Verdummung. Der soziale Abstieg ist das Resultat. Moralischer Abfall mit Schuldgefühlen, Verlust von Freunden und schließlich Kriminalität sind die Folge. Dabei bringen Schwangere Kinder zur Welt, die bei der Geburt bereits Abstinenzerscheinungen aufweisen. Die Behandlungsmöglichkeiten sind ambulant, stationär und durch ständige Überwachung einschlägiger Organisationen. Das Erfolgsergebnis scheint gemäß der Literatur sehr mager, die Todesfälle nach Heroin nehmen jedenfalls erheblich zu, was auf die steigende Dosis zurückgeführt werden muß, die meist einen Blutdruckabfall mit Kreislaufkrisen herbeiführt. Ersatzdrogen sind, wie immer in solchen Situationen, problematisch.

7.2.2 Die Pflanzen aus der Familie der Mohngewächse

Papaver somniferum

Von dieser Pflanze, mit ihrer weiß-lila Blüte, enthält die Kapsel Samen, aus der das Rohopium hergestellt wird, etwa 50 mg davon. Von den 25 Alkaloiden ist das Morphium mit 10–12% am stärksten präsent. Daneben finden sich:

- Codein
- Laudanon
- Narcein
- Narkotin
- Papavarin
- Thebain.

Der *Papaver rhoeas* (Klatschmohn), dessen Blüten zum Färben Verwendung fanden, ist medizinisch wenig gebraucht. Er soll keine narkotische Eigenschaften besitzen.
Inwieweit andere morphinähnliche Substanzen noch eine Rolle spielen könnten, vielleicht sogar das Alkaloid selbst, ist zweifelhaft. Der in der Volksmedizin aus den Blüten hergestellte *Sirupus rhoiados* wird als hustenlinderndes Mittel gebraucht, steht aber auch im Ruf, kleine Kinder zum Schlafen zu bringen, ähnlich wie es in den früheren Zeiten durch die

Mohnbäckereien geschehen ist. Bei diesen Mohnbäckereien wurden die Samen, praktisch die Mohnkörner, zum Backen verwendet und abends den Kindern gereicht, damit sie besser einschlafen konnten.

Papaver Eschscholtzia californica

Die Nationalblume des Staates California wird volkstümlich auch als *Goldmohn* oder *Schlafmützchen* bezeichnet. Sie enthält Alkaloide des Protopintyps.
Die Pflanze ist als *Kinderschlafmittel* sowohl in Amerika als auch in Mitteleuropa eingeführt. Teilweise wird sie als mildes Schmerzmittel verschrieben.

Der Tip:

> Die Anwendung in der Kinderheilkunde ist ungefährlich. Die einschlägige Tinktur erhält man im Präparat **Requiesan.**

Corydalis cava

Der *Hohle Lerchensporn* enthält Berberin und Bulbocarpeninalkaloide (5% des Aporphintypus). Er wirkt sedierend und stammhirnberuhigend. In der Homöopathie wurden diesbezüglich bereits Prüfungen durchgeführt. Dabei ergaben sich Möglichkeiten, unter Umständen auch beim *Morbus Parkinson* Behandlungsversuche vorzunehmen.

Der Tip:

> Bei allgemeiner vegetativer Unruhe: **Biral.**

Chelidonium majus

In dem weitverbreiteten *Schöllkraut* wurden 20 Alkaloide gefunden, darunter Chelidonin, Berberin, Sanguinarin u. a. *Chelidonin* soll schwächer wirken als Morphin im Sinne der analgetischen Beeinflußbarkeit. Es wirkt auch zentralberuhigend, während Sanguinarin lokal anästhetisch und krampflösende Eigenschaften besitzt.
Neben diesen Alkaloiden ist der Hauptträger das *Chelerythrin.* Es wirkt zentraldämpfend, brecherregend und schleimhautreizend. Eine Vielzahl von Chelidoniumgemischen sind im Handel erhältlich, sie sind seit Rademacher erstmalig in den arzneilichen Mittelpunkt gerückt. Die Wertschätzung der Pflanze geht vorwiegend von ihm aus, obwohl Chelidonium schon im Mittelalter als Galle- und Leberarznei erkannt wurde. Der gelbgefärbte, scharfe und bittere Milchsaft des Schöllkrautes wirkt auf die Haut reizend, ebenso auf die Schleimhäute. In der Volksmedizin dient der Saft zum Wegbeizen von Hautwarzen. Eine Salbe, die aus Chelidoniumtinktur und Vaselin bereitet wird, benutzt die Homöo-therapeutische Schule bei Psoriasis, Lupus und Hautkarzinom.

Sanguinaria canadensis

Die im Schöllkrautsaft vorhandene, scharfwirkende Substanz Chelerythrin, soll auch in der *Kanadischen Blutwurz* nachgewiesen sein.

Die Pflanze wird vorwiegend homöopathisch bei klimakterischen Blutdruckkrisen angewandt. Früher soll sie volksmedizinisch ein Gegenmittel bei Klapperschlangenbiß gewesen sein. Die indianische Volksmedizin hat Sanguinaria als Hustensaft und Migränemittel bekannt gemacht.

Fumaria officinalis

Als Verwandte der Papavaraceen präsentiert sich der *Erdrauch.* Hier läßt sich das Alkaloid Fumarin und eine Säure, die Fumarsäure nachweisen. Die Volksmedizin wendet Fumaria gegen chronische Obstipation und bei hydropischen Beschwerden an. Der Tee äußerlich kann auch bei chronischem Ekzem versucht werden.

7.3 Pflanzliche Arzneien als Schlaf- und Tagesberuhigungsmittel

7.3.1 Zur Problematik der Schlafmittel

10% der Männer und 20% der Frauen benutzen Schlafmittel. Davon werden 15% der Männer und 30% der Frauen abhängig. Das Problem der Schlaflosigkeit ist nahezu so alt wie die Menschheit. Es hat lediglich in den letzten Jahrzehnten zugenommen, in dem Sinne, daß eine zunehmende Reizüberflutung und Komplexität des Lebens vom Menschen verarbeitet werden muß, gegen die sich der einzelne mehr oder weniger erfolgreich abzuschirmen versucht. Die beruflichen, familiären aber auch gesundheitlichen Probleme können so stark dominieren, daß das Einschlafen erschwert und der Schlaf unruhig und durch häufige Unterbrechung gestört ist.
Der Arzt, der sich mit den Schlafproblemen auseinandersetzen muß, sollte nicht gleich zu einem der stärksten Mittel greifen, nachdem die meisten Patienten auch ihre eigene Vorgeschichte bezüglich ihres Schlafes und ihrer Schlafmittel mitbringen.
Bekanntlich hat der Schlaf *zwei Phasen,* die erste im Sinne einer *Tiefschlafphase,* die zweite im Sinne einer sog. *Rem-Phase* (Rapid eye movement), d. h. heftige Augenbewegungen, die einen Dämmerschlaf mit Träumen und häufigem Aufwachen anzeigen. Man weiß, daß das Schlafbedürfnis der einzelnen Menschen unterschiedlich ist, insbesondere in der Jugend verläuft es wesentlich anders als bei älteren Menschen. Auch das Ritual des Einschlafens ist nach Freud auf den einzelnen Menschen automatisiert bzw. fixiert, wie etwa das Betthupferl, das Zeitunglesen oder Musikhören usw.
Die Schlaftablette ist nur bei Störungen vorübergehend angezeigt, insbesondere wenn es sich um ein chemisches Mittel handelt. Dann ist der Schlaf betäubend und bringt den natürlichen Schlafrhythmus in Unordnung.

7.3.2 Die Ursachen von Schlafstörungen

Tab. 29

Verursachung	Anmerkung
Streßkonflikte in und mit der Umgebung	Sowohl belastende als auch freudige
Herz- und Kreislaufstörungen	Mit Veränderungen des Blutdrucks und der peripheren Durchblutung (Kalte Füße)
Verdauungsbeschwerden	Speziell Leberleiden, Blähungsneigung und ähnliche vegetative Unruhe am Abend
Schilddrüsenstörungen	
Akute Bronchitis	Besonders in Horizontallage durch Reinigung der Bronchien und Hustenattacken (Raucherlunge)
Unqualifizierte, arrythmische Nahrungsaufnahme	Spätes Abendessen mit schwer verdaulichen Anteilen
Äußere Einflüsse	Licht, Lärm, bspw. Schnarchgeräusche des Partners
Schlechte Lage	Weiche Polster, schwere Decken
Schlechte Luftsituation im Schlafraum	Zu warm, zu kalt

7.3.3 Allgemeine Diagnose- und Therapiehinweise bei Schlafstörungen

a) Es muß nicht sofort und stets zu einem Schlafmittel gegriffen werden. *Wassertreten, Warmpackungen* und *Entspannungsübungen* sind einen Versuch wert.
b) Kurzdauernde Schlaflosigkeit bei situationsbedingten Problemen wie Streß, Familie, Flugreisen u. ä. braucht *nicht behandelt* zu werden, wenn sie nur bis zu etwa zwei bis drei Wochen anhält.
c) Langdauernde Schlaflosigkeit erfordert *Ursachenfahndung* in Bezug auf Organstörungen wie Herz-Kreislauf, aber auch Verhalten des Patienten (Alkohol, Koffein, usw.).
d) Organbezogene Schlaflosigkeit, wie Asthma, Rheuma sowie Lageveränderungen bei Gelenkstörungen, sind zu berücksichtigen und *vorweg* zu therapieren.
e) Unterbrochener Schlaf, wie er bei Vollmond, Lärm, Umwelteinflüssen und Überanstrengung meist in der zweiten Hälfte der Nacht eintritt, ist *nicht zu behandeln.*
f) Das schlaflose Kind beobachten wir. Häufig liegen vorübergehende Störungen bei Dentition, Überaktivität des Tages oder Ängstlichkeit vor.

Der Tip:

> Baldrian, Kamille
> Papaver Eschscholtzia californica (Requiesan))
> Zinkum (homöopathisch)

g) Die klimakterische Frau mit Depressionsagrypnie ist speziell auf ihren *Hormonstatus* hin zu behandeln.
h) Den aufgedrehten Einschläfer, der abends noch zuviele Gespräche und Getränke absolviert hat, beruhigt man recht einfach mit **Coffea D4** (homöopathisch).
i) Das Wachbleiben als Antidepressivum hat sich sogar zu einer sogenannten Lichttherapie erweitert. Man sollte daran denken, daß damit eventuell eine Depression günstig beeinflußt werden könnte.
j) Der einfache Schlaftee, der sogenannte *»Schlummertrunk«* aus Großmutters Hausapotheke, entspricht zu gleichen Teilen der Mischung von **Baldrian, Hopfen, Melisse, Orangenblüten.**
k) **Artemisia vulgaris,** der Gemeine Beifuß, gilt als altbewährtes Heilkraut gegen Schlaflosigkeit.
l) *Badezusätze* wie Melisse, Lavendel und Rosmarin sind für ein abendliches Teil- und Vollbad geeignet.
m) Alte Menschen leiden oft an *kalten Füßen,* was am Einschlafen hindert.

Der Tip:

> Nach fernöstlicher Medizin:
> Leonurus cardiaca (Herzgespann)
> Kaltauszug aus 2 Tl fein zerkleinertem Kraut auf ¼ Ltr. Wasser oder Tee aus 2 g Pulver zu einer Tasse angerührt.

n) Ein weiterer einfacher Schlaftee besteht aus:
Baldrian, Lavendel, Rosmarin.
o) Sind Verdauungsbeschwerden die Ursache für die Schlafstörung, so empfiehlt sich eine Teemischung aus:
Boldo, Minze, Rosmarin, Waldmeister.
p) Volksmedizinische Gepflogenheiten:
- Schlafbinde nach Paracelsus
- Lattichsalat, abends gegessen (England)
- Ulmenrindensud, 14 Tage abends getrunken (Schweden)
- Mohnköpfe in Bier (Kroatien)
- Apfel roh, abends gegessen (Mittelalter)
- Baldrian, Hopfen, Lavendel, Melisse, Passiflora avena
- Hypericum.

7.3.4 Spezielle pflanzliche Schlafmittel

Avena sativa

Der *Strandhafer,* aus der Familie der Poaceen, enthält in seinen Samen Steroidsaponine, Vanillinglykoside und das Indolalkaloid Gramin. Gramin ist ein Tryptophanderivat mit einer hohen sedierenden Wirkung, die vor allem auf die homöopathische Erfahrung zurückgeführt wird.
Die *Hafergrütze,* die daraus erstellt wird, gilt seit langem als bewährte Hausarznei. Avena sativa als Tinktur wird häufig den Einschlaftinkturen und Beruhigungsmitteln phytotherapeutischer Provenienz beigegeben.

Der Tip:

> Frischextrakte wirken gut bei Entwöhnung von Rauchern. Avedorm.

Humulus lupulus

Die *Hopfenpflanze* aus der Familie der Cannabaceen, ist als Zusatz beim Bierbrauen weltbekannt. Der Fruchtzapfen, der weibliche Teil der Pflanze, enthält ein ätherisches Öl, außerdem eine Harzsubstanz und die Bitterstoffe Humulon und Lupulon. Diesen beiden Bitterstoffen ist die sedierende Wirkung zuzuschreiben, in der Anwendung bei Schlaflosigkeit, nervösen Magen-Darm-Beschwerden und neurotischen Unruhezuständen. Was die Schlaflosigkeit betrifft, überliefert schon die Volksmedizin, daß ein Trunk aus frischen Hopfenzapfen oder ein mit diesen Hopfenzapfen vollgestopftes Kopfkissen den Schlaf fördert. Daß Hopfen das Hormonsystem beeinflußt, weiß man von den Hopfenzupferinnen, die eine verfrühte Menstruation beobachten. Hopfen enthält demnach pflanzliche Hormone, die den Östrogenen ähnlich sind. Bei krankhaft gesteigerter Sexualität wird dem Hopfen ein dämpfender Effekt zugesprochen.

Der Tip:

> **Schlaftee:** 2 Tl gehäufte Hopfenblüten mit ¼ Ltr. kochendem Wasser übergießen. 1 Tl Baldrianwurzel dazugeben und rund 15 Min. ziehen lassen.

Lavandula flos

Ätherische Öle, die vorwiegend in der Kosmetik-Industrie Verwendung finden, enthält der *Lavendel* aus der Familie der Lamiaceen. Sedierende Wirkungen gehen auf den intensiven Geruch zurück und sind volksmedizinisch seit langem bekannt. Vor allem Kneipp hat auf diese Wirkungen hingewiesen und in Verbindung mit anderen ätherischen Öldrogen Lavendel zu Bädern empfohlen.

Passiflora incarnata

Die *Passionsblume* aus der Familie der Passifloraceen enthält Vitexin und Maltol. Vitexin ähnelt dem Tryptophan. Die sedierende Wirkung wird auf

Maltol und Flavonoide zurückgeführt. Die Passiflora incarnata hat als tropische Pflanze in den letzten Jahren in der Phytotherapie besonderes Interesse geweckt. Vor allem von LUTOMSKI wurde sie bearbeitet.
Eine Förderung der natürlichen Einschlafbereitschaft ist feststellbar. Die Wirkung des Flavonoids Maltol wird den Flavonoiden des *Weißdorns* gleichgestellt, sodaß hier auch eine beruhigende Wirkung auf das Herz-Kreislauf-System zu diskutieren ist.
Zusammenfassung der Wirkung:

- Beruhigung
- Bei Fehlsteuerung des vegetativen Nervensystems
- Bei nervös bedingten Einschlafstörungen und Magenbeschwerden
- Bei nervöser Übererregbarkeit
- Gegen Föhnbeschwerden
- Gegen Unruhe im Kindesalter und in der Pubertät.

Der Tip:

Hervorragendes Anti-Streß-Mittel! – Plantival –

Valeriana officinalis

Der zu den reinen Sedativa zurechenbare *Baldrian* aus dem europäisch-sibirischen Raum war schon den Griechen und Römern als Diuretikum, Analgetikum und Spasmolytikum bekannt.
Die sedativen Eigenschaften wurden erst im 18. Jahrhundert, angeregt durch den englischen Arzt JOHN HILL, erforscht. Für die vom Bundesgesundheitsamt erarbeitete Standardzulassung wurden folgende Anwendungsbereiche erarbeitet:

- Einschlafstörungen
- Nervöse Erregungszustände
- Nervös bedingte, krampfartige Schmerzen im Magen-Darm-Bereich.

Der »klassische« **Baldrian-Tee:**

1 Tl Baldrianwurzel (3–5 g) mit heißem Wasser übergießen und nach 10–15 Minuten ausseihen.
Vor dem Schlafengehen, aber auch tagsüber 1 Tasse einnehmen.

Der Tip:

Baldriantinktur: Die Dosis nicht auf 10–20 Tropfen beschränken, sondern nach WEISS 1 Tl voll verabreichen.
Bewährt hat sich die Kombination mit Hopfen oder Melisse bei nervösen Erregungszuständen.

THIES und FUNKE haben 1966 in den Wurzeln des officinellen Baldrians eine Reihe von Stoffen mit iridoidem Grundgerüst nachweisen können und diese als Valepotriate bezeichnet. Die qualitative Zusammensetzung und der

Gesamtgehalt der Valepotriate ist in den Baldrianarten sehr unterschiedlich, bei Valeriana officinalis etwa 1%, bei Valeriana wallichii mit etwa 3% und bei Valeriana mexicana mit ca. 8%. Der bisher höchste Valepotriatgehalt wurde mit 14% in den Wurzeln von Valeriana thalictroides nachgewiesen. Die Valepotriate zeigen in Tierversuchen zunächst eine dämpfende Wirkung, in niedrigen Dosen dagegen eher einen aktivierenden Einfluß mit der Verbesserung des Koordinationsvermögens. Außerdem wurde in Untersuchungen von Bounthanh u. a. 1981 eine zytotoxische Eigenschaft der Valepotriate beschrieben. Mehrfach wurde in Zweifel gesetzt, inwieweit die Valepotriate als lipophile Substanzen beim Baldrian eine übergeordnete Rolle spielen, nachdem nachgewiesen wurde, daß in den Tinkturen nur geringe Mengen der Ausgangsdroge gefunden wurden. Von Hänsel und Schultz wurde die Acetoxyvalerensäure in Mengen von 85–330 mg pro 100 g in den Wurzeln von Valeriana officinalis gefunden; die Untersucher nahmen an, daß dies eine Leitsubstanz für die Baldrianextrakte darstellen könnte. Insgesamt kann zusammengefaßt werden, daß die Baldrianverordnung auch heute noch, nicht nur aufgrund der langen ärztlichen Erfahrung, sondern aufgrund neuerer Untersuchungsmerkmale als Beruhigungsmittel, nach wie vor ihre große Berechtigung hat.
Neuere Erkenntnisse über die Physiologie und die Pathologie des Schlafes zwangen dazu, bei der Beurteilung des gesamten Fragenkomplexes vorwiegend auch eine Beobachtung auf die gesamtkörperlichen Vorgänge während des Schlafes, insbesondere auf physiologisch-chemische Vorgänge sowie Fehlsteuerungen im kapillaren System zu verlegen. Dabei wurde der Versuch gemacht, das vielgestaltete Bild der Schlaflosigkeit in zwei Hauptgruppen zu fassen.
Parallel mit dieser Auffassung geht die Forderung nach Schlafmitteln, welche die Nachteile der rein synthetischen Mittel nicht besitzen, aber ähnlich sicher wirken. Solche neuen Mittel sind in der Phytotherapie zu finden, insbesondere in Form des Hypericums und der Escholtzia california.

7.4 Nervina mit antidepressiver Wirkung

Anethum officinale

So bezeichnet sich der *Dill* aus der Familie der Apiaceen.

Der Tip:

> Als Schlafmittel für Kinder der Milch beigeben.
> Als Schlafmittel für ältere Menschen: Dill, mit Samen und Sprossen mit Wein ansetzen.

Angelica archangelica

In der chinesischen Volksmedizin gilt die *Erzengelwurz,* aus der Familie der Apiaceen als Allerweltsmittel. Es hat auch Beziehungen zu Beruhigungszuständen des Vegetativums, sowohl innerlich wie äußerlich anzuwenden.

Hypericum perforatum

Es handelt sich um das *Johanniskraut,* aus der Familie der Hyperaceen. Die Droge enthält Hypericin, Hyperosid, Rutin und Biapigenin und das antibiotisch wirkende Hyperforin. Die Extrakte besitzen eine euphorisierende, aber auch *antidepressive Eigenschaft.*

Die Droge war den alten Griechen bereits bekannt. Die nützliche Wirkung wurde damals schon bei schlecht heilenden Wunden gebraucht. HIPPOKRATES und DIOSKURIDES priesen ihren Wert für die Wundbehandlung und PARACELSUS sagte: »Es ist nicht möglich, daß eine bessere Arznei für Wunden in allen Ländern gefunden wird.« Das Johanniskraut blüht zur Zeit der Sonnenwende, zu »Johanni«, bis Ende September. Mit seinen goldgelben Blütenblättern gilt es als eine der schönsten Pflanzen unserer heimischen Flora. Während sie im Altertum und im Mittelalter vornehmlich zur Wundbehandlung diente, hat man seit einiger Zeit die Bedeutung bei innerlichem Gebrauch bei der Behandlung von depressiven Verstimmungen erkannt und nachgewiesen. Bei *Angst, nervösen Zuständen, Schreckzuständen,* aber auch zyklischen Depressionen, ist die Droge wirksam. Die Blätter sehen perforiert aus, weshalb von Hypericum perforatum gesprochen wird. Es handelt sich um durchscheinende Öldrüsen, die ein wohlriechendes ätherisches Öl enthalten. Die Stengel sind zweikantig, was in der Pflanzenwelt selten vorkommt. R. F. WEISS empfiehlt einen Extrakt aus Rauwolfia, Hopfen und Hypericum als pflanzliches Antidepressivum.

Bekannt sind *Teemischungen* aus *Hypericum* und *Rauwolfia,* wobei sowohl Tropfen als auch Dragees in verschiedenen Variationen im Handel erhältlich sind. Die erste Wirkung tritt frühestens nach 2–3 Wochen ein, die Kur sollte also mindestens *2–3 Monate* hintereinander durchgeführt werden.

Das Johanniskraut ist vor allem beliebt bei vegetativen Störungen der Frau im Sinne von Abgeschlagenheit, Appetitlosigkeit, Schweißausbrüchen, Erregbarkeit und Schlaflosigkeit.

Der Tip:

Hyperforat
Hypericum forte

Rauwolfia serpentina

Die *Schlangenwurz,* aus der Familie der Apocynaceen, zählt zu den wesentlichen Antidepressiva. Sie stammt aus Indien und enthält 50 Indolalkaloide, unter anderem:

- Ajmalin
- Raubasin
- Reserpin
- Serpagin
- Yohimbin.

Reserpin ist der Bestandteil, der für die Sedierung und die neuroleptischen Eigenschaften verantwortlich zeichnet. Der Gesamtextrakt wird in Indien als

Tee verabreicht (Schlaftee bei Gandhi), antidepressive Eigenschaften werden dabei beobachtet.

Der Tip:

> Rauwolfia in Arzneigemischen verursacht bei Hochdrucktherapie gelegentlich depressive Nebenerscheinungen.

7.5 Nervenmittel mit Kreislaufwirkung

Lycopus virginicus

Vom *Wolfsfuß,* aus der Familie der Lamiaceen, ist das *antithyreoidale Prinzip* bekannt, das auf der Lithospermsäure beruht. Es hat einen beruhigenden Einfluß auf die Schilddrüsentätigkeit und damit auf die von der Schilddrüse ausgelösten hypertonen Krisen bzw. Kreislaufdysregulationen.

Leonurus cardiaca

Das *Herzgespann* aus der gleichen Familie, den Lamiaceen, wirkt in ähnlicher Weise. Seine ätherischen Öle mit sedierenden Komponenten sind zwischen Crataegus und Baldrian angesiedelt.

Rosmarinus officinalis

Rosmarin, eine Lamiacee, enthält Borneol und Rosmarinsäure und gilt als Stimulans und Sedativum, das von KNEIPP sehr geschätzt wurde. Es kam als Weintrunk oder Rosmarinbad zur Anwendung.

7.6 Sedativa und Spasmolytika

Matricaria chamomilla

Die Korbblütler-Pflanze *Kamille* ist weithin als Beruhigungsmittel und Spasmolytikum bekannt, das besonders bei Kindern *antiphlogistische* und *sedierende* Wirkungen auslöst.

Speziell bei Schlaflosigkeit der Kinder während der Zahnungsperiode und als Entkrampfungsmittel kann die Kamille sehr hilfreich sein. Man setzt sie sowohl als Tee als auch in homöopathischen Dosierungen ein.

Pflanzliche Arzneidrogen mit ätherischen Ölen wie *Kamille, Gerania, Hopfen, Jasmin, Lavendel, Melisse, Orangenblüte, Rosmarin, Rosenblüte* und *Sandelholz* werden traditionell in Form von Tees, als Badezusatz oder als Riechstoffe zur Behandlung *nervöser Spannungen* benutzt.

Man konnte zwar sedativwirkende Stoffe im Sinne der Pharmakologie in diesen Drogen nicht nachweisen, erkannte jedoch, daß verschiedene Gerüche neben vegetativen auch anregende und beruhigende Wirkungen haben können. Über die sog. Dufttherapie bei psychosomatischen Erkrankungen gibt es bereits einiges Schrifttum.

Die Duftwirkungen decken sich nach HÄNSEL mit alltäglicher Erfahrung und erklären sich hirnphysiologisch aus der engen Verschränkung zwischen Riechhirn und lymbischem System, das für die Gefühle der Angst, Furcht, aber auch des Wohlbefindens sowie der sexuellen Gefühle und Triebe zuständig ist.

Kawa kawa oder Piper methysticum

In Polynesien verarbeitet man den *Kawastrauch* (oder Pfefferstrauch) aus der Familie der Piparaceen zum bekannten Kawatrunk. Er soll erfrischende, euphorisierende und sedative Wirkungen entfalten. Seine Inhaltsstoffe sind weitgehend Laktone.

Hydrokawaine wirken: *Anästhesierend, analgetisch, muskelrelaxierend und sedierend.*

Hydromethysticine wirken: *Spasmolytisch.*

Der Tip:

> **Kavaform** bei neurovegetativen Regulationsstörungen und Gedächtnisschwäche.
> **Antares** zur anxiolytischen Wirkung.

Bei den Prüfungen am klinischen Krankengut waren
- ängstliche
- depressive
- dysphorische
- psychasthenische

Patienten gut beeinflußt.

Es zeigten sich drei Stufen der Wirkung:
1. Bei geringer Wirkung Entspannung und Ausgeglichenheit.
2. Bei stärkerer Wirkung Antriebssteigerung und gehobene Stimmung.
3. Bei starker Wirkung Antriebsverminderung.

Die Indikationen für die Anwendung von Kawain bzw. Kawaextrakten sind:

> Alkoholentzugserscheinungen
> Berufliche Strapazen
> Examensvorbereitung
> Leistungsschwäche und Dysthymie im Alter
> Leichtere Psychosen
> Neurosen
> Seelische Belastung in der Jugend und im mittleren Alter

Kawain ist der Wirkstoff dieses im Stillen Ozean vorkommenden Strauches, der seit den 60iger Jahren auch synthetisiert wird. Es handelt sich um ein 6-gliedriges Lakton und ist lipidlöslich. Von den Eingeborenen Polynesiens wurde es vielfach zu kultisch-rituellen Zwecken gebraucht.

Der Kawaauszug ist als Beruhigungsmittel in der Phytotherapie bereits

allgemein bekannt. Bei den zahlreichen Prüfungen (R. KRETSCHMAR) werden Konzentration, Ausdauer, Antrieb und emotionale Belastbarkeit günstig beeinflußt. Zunächst wurde Kawa nur in der geriatrischen Praxis eingesetzt, als psychostabilisierend und spannungslösend. Bei dem Versuch von KRETSCHMAR fielen besonders die erhöhte Aufmerksamkeit und die Tätigkeitslust auf. Die bei der Prüfung erarbeiteten Begriffe waren »gelöst bis matt, ruhiger und mutiger«.
Nebenerscheinungen waren lediglich Mundtrockenheit, aber gelegentlich traten auch Kopfschmerzen, Appetitminderung und Unruhe oder lästige Müdigkeit auf. Bei den klinischen Beobachtungen am psychiatrischen Krankengut wurde das Mittel bei *Psychasthenikern* besonders erfolgreich verabreicht.

Der Tip:

Die Dosierung ist bei 50 mg bereits effektiv, 100–200 mg täglich sind möglich.

Melissa officinalis

Die heimische *Melisse* (Familie der Lamiaceen) gehört an die erste Stelle der spasmolytischen (krampflösenden) Beruhigungsmittel.
Sie enthält nahezu 120 ätherische Öle, von denen 70% Citronellen und Citralanteile sind. Bei PARACELSUS erwähnt, hat sie sich für die *vegetative Unruhe,* besonders der klimakterischen Frau, bewährt.
Die ursprüngliche Heimat der Melisse war das östliche Mittelmeergebiet bis Persien. Nach Mitteleuropa ist sie erst im Mittelalter gelangt, wo sie zunächst in Klostergärten angebaut wurde. Heute gedeiht sie häufig in Gärten als Gewürz- und Teepflanze zum Eigenbedarf. Neben der sedativen und spasmolytischen Wirkung sind auch *antibakterielle* Ansätze bekannt; die Indikationen sind nervös bedingte Einschlafstörungen, Magen-Darmbeschwerden, Appetitlosigkeit, auch die Anregung der Cholerese ist durch die Melisse möglich.
Neuerdings wird gegen Herpesinfektionen eine Melissensalbe verwendet, die auf die virostatische Wirkung hinweist. Diese antibakterielle und antivirale Wirkung wird auf die Einzelkomponente der Monoterpenaldehyde zurückgeführt.
Rosmarinsäure und andere Kaffeesäurederivate sind für die Gerbstoffwirkung von wässrigen Drogenauszügen verantwortlich. Bei einigen Melissenzubereitungen, besonders in Badeölen, wird sog. *indisches Melissenöl* verarbeitet. Hier handelt es sich keineswegs um Öl der Melisse, die in Indien angebaut wurde, sondern um das ätherische Öl von Citronell und Lemongras (von Cymbopogonarten). Dieses hat eine ähnliche Zusammensetzung wie Melissenöl, ist jedoch wesentlich billiger.

Petasites officinalis

Die *Pestwurz* aus der Familie der Kompositen war im Mittelalter eine beliebte Heilpflanze und wurde vor allem wegen ihrer schweißtreibenden

Wirkung als eines der besten Mittel gegen die Pest empfohlen. Heute ist die chemische Struktur der Wirkstoffe *Petasin* und *Isopetasin* bereits geklärt. Die Pflanze enthält aber noch eine Vielzahl anderer Substanzen, deren pharmakologischer Effekt bislang nicht durchsichtig ist. Die Pestwurz liefert ein krampfstillendes, vegetativ beruhigendes *Spasmosedativum*, speziell bei nervösen Krampfzuständen des Magens, dient aber zur allgemeinen Beruhigung des gesamten Vegetativums.

7.7 Nervina und Sedativa im Überblick

Tab. 30

Reine Sedativa	
1. Baldrianwurzel	– Valeriana officinalis
2. Hopfenzapfen	– Humulus lupulus
3. Passionsblumenkraut	– Passiflora incarnata
4. Haferfrüchte	– Avena sativa
5. Lavendelblüten	– Lavandula officinalis
6. Kalifornischer Mohn	– Papaver Eschscholtzia californica
7. Lerchenspornwurzel	– Corydalis cava

Sedativa mit bevorzugt spasmolytischer Wirkung	
Melissenkraut	– Melissa officinalis
2. Pestwurzelblätter (Wurzel)	– Petasites hybridus
3. Rauschpfeffer (Kawa-Kawa)	– Piper methysticum
4. Kamillenblüten	– Chamomilla recutita

Sedativa mit Kreislaufwirkung	
1. Weißdornblüten	– Crataegus oxyacantha
2. Spigelienkraut	– Spigelia anthelmia
3. Herzgespannkraut	– Leonurus cardiaca
4. Rosmarinblätter	– Rosmarinus officinalis

Hormonell wirkende Sedativa	
1. Wolfstrappkraut	– Lycopus europaeus
2. Wanzenkrautwurzel	– Cimicifuga racemosa

Antidepressiva/Tranquillizer	
1. Johanniskraut	– Hypericum perforatum
2. Rauwolfiawurzel	– Rauwolfia serpentina

7.7.1 Bewährte Teerezepte

Bei ängstlichen Spannungszuständen

Rp.	Fol. Melissae	20,0
	Fol. Menthae pip.	30,0
	Hb. Hyperici	50,0
M. f. spec.		
D. S.	Tagsüber 2 Tassen des Aufgusses bei Unruhe	

Beruhigungstee (allgemein)

Rp.	Fol. Trifolii fibr.	40,0
	Fol. Menthae pip.	
	Rad. Valerianae	āā 30,0
M. f. spec.		
D. S.	Abends 1–2 Tassen des Aufgusses	

Kindertee zur Beruhigung

Rp.	Frct. Anisi	
	Frct. Anethi	āā 20,0
	Flor. Sambuci	
	Fol. Melissae	āā 30,0
	M. f. spec.	
	D. S. 1 Tasse des Aufgusses abends	

Nach Überanstrengung

Rp.	Flor. Arnica	10,0
	Hb. Rutae	20,0
	Flor. Chamomillae	20,0
	Fol. Melissae	30,0
	Rad. Valerianae	20,0
M. f. spec.		
D. S.	2× tgl. 1 Tasse des Aufgusses	

Schlaftee

Rp.	Rad. Valerianae	10,0
	Strob. Lupuli	
	Fol. Melissae	
	Flor. Lavandulae	āā 20,0
	Flor. Chamomillae	30,0

Verdauungs- und Schlaftee

Rp.	Hb. Rosmarini	25,0
	Fol. Menthae pip.	20,0
	Hb. Lithospermii off.	20,0
	Hb. Chelidonii	30,0
	Hb. Asperulae	35,0
M. f. spec.		
D. S.	1 Eßlöffel in 1 Tasse mit kochendem Wasser aufgießen, 10 Min. ziehen, Abends 1 Tasse	

8. Die Phytotherapie der Magen-Darm-Krankheiten

8.1 Bitterstoffe – Mittel der sensorischen Rezeption

8.1.1 Die Wirkungsbereiche

Der Geschmackssinn ist der Rezeptor für alle Speisen, die zugeführt werden. Vom Geschmackssinn aus besteht eine weitgehende Möglichkeit, die Verdauungstätigkeit zu beeinflussen. Zunächst handelt es sich um die Rezeptoren in Form der Geschmacksknospen, die in der Papilla circumvallata des Zungenrückens und in der Schleimhaut von Gaumen und Rachen in fächerförmiger Anordnung von einzelnen Zellgruppen ausgebreitet sind. Die Geschmackszellen haben eine Lebensdauer von 3–5 Tagen und wandern mit fortschreitendem Alter von der Peripherie in das Innere der Knospe. Jede Geschmackszelle, von der 10000 vorhanden sind, kann auf verschiedene chemische Reize reagieren. Die ableitende Nervenfaser wird sowohl über den Nervus glossopharyngeus, den 3. Kiemenbogennerven, als auch über den Vagus geleitet. Induktionen zwischen den einzelnen Nervenfasern sind bekannt. Insbesondere aber Induktionen innerhalb der Zellen der Kerngebiete des Zwischenhirns.

Süß und *salzig* wird am besten an der *Zungenspitze, sauer* dagegen an den Seiten der Zunge und bitter am *Zungengrund* empfunden. Neben den Geschmacksempfindungen auf der Zunge und in der Mundschleimhaut wird ein Teil des Geschmacks über das gleichgeschaltete Riechorgan empfunden. Hier spielen demnach Geruchsqualitäten eine Rolle. Manche Geschmacksqualitäten heben sich gegenseitig auf, bis auf süß und salzig, was in Form von Geschmackskorrigentien ausgewertet wird. Die Geschmacksempfindung ist weitgehend individuell geleitet; sie kann von der Person, von der Erfahrung, von Alter und Erblichkeit abhängen. Nicht selten gibt es Menschen, die geschmacksblind gegenüber bestimmten Stoffen sind (GLATZEL).

Bittere Stoffe sind in viel geringeren Konzentrationen wirksam und werden mehr geschmacksempfunden als dies bei süßen und sauren der Fall ist. Die minimale geschmackswirksame Konzentration für sauer entspricht 0,0045% Salzsäure, für salzig 0,055% Kochsalz, für süß 0,001% Saccharose und für bitter 0,0001% Prozin.

Bitter läßt die unangenehme Empfindung entstehen, als »ziehe sich im Munde alles zusammen«. Das gleiche gilt für stark sauer. In dieser Situation ist offenbar auch eine starke Sekretion der Speicheldrüse vorhanden, so daß hier neben der Geschmacksleitung sensible Reizungen auf die Drüsensekretion stattfinden können. Die Schleimhaut der Zunge wird entsprechend ihrer Herkunft von den Nerven des 4. Kiemenbogens versorgt.

Dabei scheint das Gebiet des 2. Kiemenbogens von dem Mesenchym des 3. überschichtet, sodaß praktisch der 1. Nerv, nämlich der Nervus lingualis des

Trigeminus und der 3. Nerv, der Glossopharyngeus hauptsächlich für die sensorische Innervation in Frage kommen.
Die Abgrenzung auf der Zunge ist V-förmig, die Grenze nach hinten bildet die Linie der Papilla circumvallata. Daneben sind nicht zu vernachlässigen die hinteren Gebiete der Zungenwurzel, die vom 4. Kiemenbogennerv abstammen, dem Nervus vagus, und noch als Wulst in dem Foramen caecum aus der Entwicklungsgeschichte zutage treten. Der *gesamte Bereich* dieser drei Kiemenbogennerven, nämlich Trigeminus, Glossopharyngeus und Vagus wird von der Wirkung der Bittermittel angesprochen. Der Nervus Glossopharyngeus, der zum Ganglion inferior cranialis zieht, wird über dem Plexus tympanicus und das Ganglium oticum mit den sekretorischen Fasern des Fazialis zur Parotis hin induziert. Hiervon läßt sich die Speichelsekretion ableiten, die mit dem Begriff eines Bittermittels verbunden ist. Nach MONNIER besteht eine enge Beziehung zwischen der diencephalischen Lokalisation der vagalen Projektion und derjenigen der gustativen Nervenprojektionen. Diese Geschmacks-Afferenzen endigen im Nucleus arcuatus. Laesionen, welche eine Schwellenzunahme der Antworten auf bittere Reizstoffe erzeugen, umfassen immer den medialsten Teil des Nucleus ventralis posterior oder den Nucleus arcuatus bzw. ventropostero-medialis beim Menschen.
Die elektrische Reizung des Nervus lingualis, der die afferenten Impulse aus der Zungenschleimhaut fortleitet, ruft Antworten in dem hinteren Teil des Nucleus ventralis posteromedialis hervor. Es besteht demnach eine Homologie in der Organisation der afferenten Systeme visceralen, splanchischen und gustativen Ursprungs einerseits, und derjenigen der spezifischen Hautafferenzen andererseits. Sicherlich handelt es sich hier um Residuen aus der Entwicklungsgeschichte, wonach gustative Qualitäten auch von anderen hautnahen Bezirken bekannt werden, wie z. B. der Säugling über den Saugakt und über den Greifmechanismus der Lippen Geschmacksqualitäten eruieren kann.
Synergistische Reaktionen in Verbindung mit Bitterstoffen oder Gewürzen, die eine trophotrope Umstimmung der Funktionslage zur Folge haben, lassen sich durch elektrische Reizung bestimmter absteigender Systeme in den verschiedenen Segmenten des Gehirnstammes auslösen. Dazu zählen:
- Abfall des arteriellen Drucks
- Verflachung der Atmungsbewegung
- Verlangsamung des Herzrhythmus.

Daraus kann gefolgert werden, daß besondere Bitterstoffe, deren Alkaloide starke Induktionen auslösen, wie

- Aloe
- Belladonna
- Bittermandelöl
- Chinin
- Coffein
- Enzianwurzel
- Löwenzahn
- Paprika
- Schierling
- Strychnin
- Tabak

nicht nur einen Reiz der Rezeptoren in den Geschmacksknospen treffen, sondern zusätzlich andere Anteile der Kiemenbogennerven, wie Trigeminus, Facialis und Vagus berühren und dabei konsensuelle Reaktionen auslösen.

Capsaicin und Nikotin-Bitterstoffe als Nervenreizstoffe

Eine große Zahl von Bitterstoffen wie etwa Capsaicin oder Nikotin sind ausgesprochene Nervenreizstoffe, deren *Kapillareffekt* auf der Haut *nur sekundär* zu verstehen ist. Chemisch läßt es sich zum Teil so verstehen, daß dem Piperin des Paprikas Amincharakter zukommt. Der Amidierung einer COOH-Gruppe dient hier der heterozyklisch gebundene Stickstoff des Piperidins. Damit ergibt sich die Verwandtschaft zum Nikotin. Sowohl die Tabakalkaloide als auch Capsaicin zählen chemisch zu den Pyridin- bzw. Piperidinabkömmlingen. Piperidin- und Piperinsäure ergeben das Piperin, den wirksamen Bestandteil des *schwarzen Pfeffers.* Piperin wirkt als schwache Base; ihm oder einem Isomeren schreibt man den Pfeffergeschmack zu, die Wirkung auf das Zentralnervensystem scheint sehr schwach zu sein. Ein sehr naher Verwandter des Piperidins ist das Alpha-propyl-Piperidin oder das d-Coniin, das wirksame Prinzip des *Schierlings.* Diesen und den Tabakalkaloiden gemeinsam ist der Ausgangsstoff in der Pflanze, das Prolin bzw. Pyrolidin. Nebenalkaloide des Tabaks, des Schierlings, des Paprikas kommen auch in den *Tropanführenden Pflanzen* wie z. B. *Belladonna, Hyoscyamus,* aber auch im *Curare* vor und haben hier auf periphere autonome Ganglien im Sinne einer Erregung und dann einer Lähmung ebenso auch auf die sensiblen Nervenendigungen im Sinne von Paraesthesien Wirkungsmöglichkeiten. Während bei Capsaicin mehr die Ganglien angeregt werden, steigt die Erregung bei Nikotin weniger, bei Coniin mehr zu den medulären Zentren auf und führt hier, ähnlich wie bei Blausäure, zu tödlichen Vergiftungen. Bringt man Nikotin auf ein autonom innerviertes, peripheres Ganglion, so wird dessen Funktion völlig unterbrochen. Wird das Ganglion nur gereizt, so wird Azethylcholin freigesetzt, das eine Depolarisierung an den Endplatten bewirkt, d. h., unter dem Einfluß solcher Drogen wird die Potentialschwankung in den Endplatten, die sonst als Folge der nervösen Erregung zustande kommt, vermindert oder aufgehoben. Kompliziert wird dieser Mechanismus durch die Tatsache, daß sowohl sympathische als auch parasympathische Reize ausgelöst, bzw. vermindert werden, die durch den vorherrschenden Antagonismus zu einem komplexen Bild führen können. Stärker als beim schwarzen Pfeffer ist die Nikotinbase, so daß auch auf der Schleimhaut eine schwach ätzende Wirkung zustande kommt. Als Säureamid besitzt Capsaicin aber die stärkste Wirkung auf Haut- und Schleimhaut; während sofort die autonomen Ganglien erregt werden, scheinen medulläre Zentren nicht mehr so stark angeregt, aber immerhin für die schwächere zentrale Symptomatik noch verantwortlich. Aufgrund dieser Gemeinsamkeit ist es zu erklären, daß starke Raucher, deren Nikotineinwirkung die Geschmacksnerven bereits chronisch belastet

hat, nicht mehr empfindlich für andere Bitterstoffe sind. Dieses gilt z. B. für *Chinin,* bei dem nachgewiesen wurde, daß von der Bitterwirkung nur noch 1/10 von der ursprünglich beim normalen Nichtraucher empfundenen Bitterwirkung vom Raucher registriert wird.
Es ist für das vegetative Nervensystem charakteristisch, daß sich Erregungen in einzelnen Teilbezirken nicht nur auf die nächste Umgebung in ihrer Auswirkung beschränken, sondern daß zahlreiche Systeme zum Mitschwingen angeregt werden. Erwähnt sei hier noch der Begriff der *Neuralsegmenttherapie,* die solche Vorgänge oft genug beobachten lassen. Bei der Capsaicinwirkung liegt eine neurale Wirkung vor.

> Nach der Lehre von SPERANSKI kann ein Reiz, der in der Peripherie ausgelöst wird, die gleichen Folgeerscheinungen haben wie ein solcher, der zentral zustande kommt.

Tab. 31 Wirkungsspektrum der Bittermittel (exotische Pflanzen)

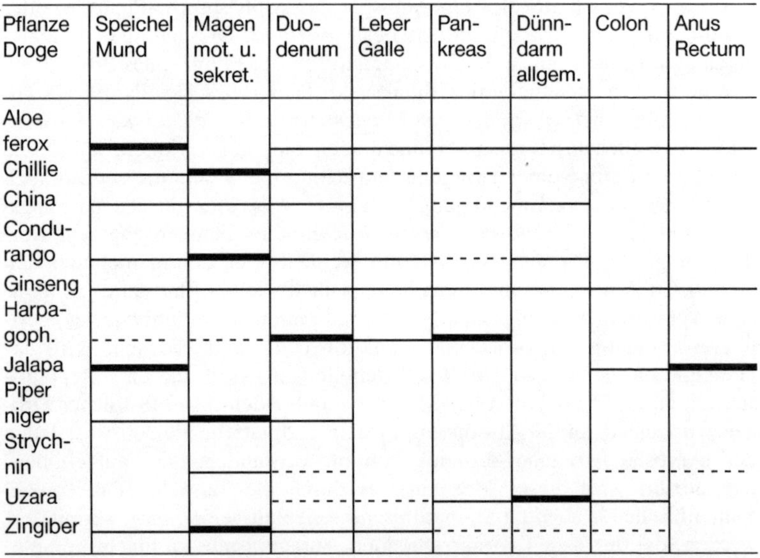

Erklärung: ▬ = exp. gesichert, ___ = empirisch bestätigt, - - - - - = unsicher

Tab. 31 Wirkungsspektrum der Bittermittel (einheimische) (Fortsetzung)

Pflanze Droge	Speichel Mund	Magen mot. u. sekret.	Duo-denum	Leber Galle	Pan-kreas	Dünnd. allgem.	Colon	Rectum Anus
Aloe ferox	━━		——	——	——	——	——	——
Artemisia abs.	━━	━━	——	——				
Capsicum an.	━━	——	- - -		- - -	- - -	- - -	——
Centaurea	- - -	━━	——					
China	——	——	——		- - -	——		
Citrus aur.	━━							
Gentiana	- - -	━━	——	——	——			
Harpagoph.	- - -	- - -	━━	——	━━			
Humulus l.	━━	——						
Menyanthes	- - -	——						
Millefolium	——	——	- - -	- - -	- - -	- - -		
Rheum	- - -					——	━━	——
Sinapis	——	——	━━	- - -	- - -	——	━━	

Erklärung: ━━ = exp. gesichert, —— = empirisch bestätigt, - - - - - = unsicher

8.1.2 Die pflanzlichen Bitterstoffe

8.1.2.1 Pharmazeutische Zuordnung

Mit den pflanzlichen Bitterstoffen verbindet sich *Genußmittel, Gewürz- und Arzneidroge* zugleich. Gemeinsam ist ihnen einzig der bittere Geschmack. Dabei überschneiden sich vielfach die Anwendungsbereiche wie bei Kaffee, der Chinarinde, dem spanischen Pfeffer, um nur einige zu nennen. Der bittere Geschmack war lange Zeit Ausdruck von Wirkung einer Arznei. In der Bevorzugung von Geschmacksqualitäten bei der Bevölkerung steht »bitter« dem »süß« keineswegs nach, obwohl damit auch Unlustgefühl und Ekel verquickt sein kann, zumal im Sprachgebrauch »bittere Erfahrung«, »Bitternis« und »bittere Enttäuschung« negative Werturteile darstellen.
Demgegenüber steht die faktische Verdrängung im pharmazeutischen Sinne. Das DAB7 zählt – im Gegensatz zu früheren – Pharmakopöen nur noch fünf Bitterstoffe:

- Chinarinde
- Enzianwurzel
- Pomeranzenschale
- Tausendgüldenkraut
- Wermut.

Im wesentlichen sind diese Drogen zugleich Bestandteile der gelegentlich noch gebrauchten Tinktura amara und Tinktura chinae compositae.

Tinktura amara

Radicis gentianae, Herbae centaurii, je 3 Teile Pericarp aurantii, 2 Teile Fructus aurantii immaturatae, Rhizoma ceduaria, je 1 Teil Spiritus dilutis, 50 Teile

Tinktura chinae compositae

Cortex chinae, 6 Teile Pericarp aurantii, 2 Teile Radix gentianae, 2 Teile Cortex cinnamomi, 1 Teil Spiritus dilutis, 50 Teile

Bittermittel gibt es seit Hippokrates – unter seinen 250 Arzneipflanzen waren nach Lendle 30 Bittermittel. Sie zählten zu den zahlreichen Bestandteilen des mittelalterlichen Theriak. Sie finden sich seit Jahrhunderten in Bier und Aperitifs und stellen die meisten Arzneigemische pflanzlichen Ursprungs in der Roten Liste (⅓ von ca. 1000 Spezialitäten).
Amaragemische sind meist *typische galenische Zubereitungen,* d. h. sie sind alkoholische Gesamtextrakte der Pflanzen, aber bleiben auch als Decoct und Infus wirksam. Ihre Anwendung ist ausschließlich an den Geschmack gebunden. Sie sind deshalb für die Wissenschaft so schlecht beurteilbar.

8.1.2.2 Einteilung der pflanzlichen Bitterstoffe

Tab. 32
Einteilung nach phytotherapeutischen Aspekten

Amara pura	Amara aromatica	Amara mucilaginosa
Cortex chinae	Herba absinthii	Centaurea benedicta
Harpagophytum procumbens	Herba millefolium	Lichen islandicus
Herba centaurium	Humulus lupulus	
Herba taraxacum	Radix angelici	

Tab. 32 (Fortsetzung)

Amara pura	**Amara aromatica**	**Amara mucilaginosa**
Lactuca virosa		
Menyanthes trifoliata		
Radix gentianae		
Semen strychni		

Einteilung nach chemischen Aspekten

Monoterpene	Diterpene	Triterpene	Sesquiterpenische Lactone	Pyrolidine (Alkaloide von):
				Capsaicin Coniin Nikotin Piperidin

Wie zu ersehen ist, gelingt es nicht, die Amarastoffe in eine botanische Einheit zu bringen. Auch die chemische Übersicht stellt nicht mehr dar als eine klassische Klassifizierung von Pflanzeninhaltsstoffen, die sehr stark verbreitet sind und die man sicherlich noch häufiger nachweisen kann, als dies bisher geschah. Für die Thematik erscheint deshalb eine Einengung auf die Gruppe der *monoterpenoiden Bitterstoffe* notwendig, die sich durch auffallenden Sauerstoffreichtum auszeichnen und damit im Gegensatz zu den sauerstoffarmen Monoterpenen stehen. Die meisten Verbindungen sind dabei glykosidischer Natur. Ihre auffallende chromogene Eigenschaft, d. h. in Verbindungen Farbstoffe zu bilden, haben ihnen auch den Namen *»Pseudoindikane«* gegeben. Dabei besteht der Unterschied zwischen »Pseudoindikanen« und echten Indikanen im Fehlen des Stickstoffes am Molekül des ersteren.

8.1.2.3 Zur Grundstruktur der Monoterpenreihe

Gentianatypen, Typen der Cyclopentanmonoterpenoiden. Chemische Struktur der Harpagophytum-Glycoside. Biologische Wirkungen der Monoterpenoide sind sporadisch geprüft. Eine teilweise Zusammenfassung dieser Wirkungen, insbesondere derer, die den Magen-Darm-Trakt betreffen, lassen sich bei GLATZEL in seiner Beschreibung von Gewürzwirkungen finden.
Beobachtungen mit dem spanischen Pfeffer, aber auch mit Gentianaextrakten, bezüglich der Sekretionsreize sind dort mit größter Sorgfalt zusammengetragen. Bei der Schwierigkeit, den Funktionsablauf der Verdauungsorgane wissenschaftlich zu erfassen und eine entsprechende Signi-

fikanz zu erarbeiten, bleiben erklärlicherweise immer wieder Fragen offen, vor allem solche der sensorischen Leistungen unserer Geschmackswahrnehmung.

Wesentlich ist die bereits physiologisch erklärte Tatsache, daß die *Amarastoffe nur oral wirksam sind,* ihre Wirksamkeit mit großer Wahrscheinlichkeit über sensorische Nerven des Mundes abgeleitet werden und hier zu Sekretion, Appetitanregung, zur Belebung motorischer und sekretorischer Tätigkeiten des Verdauungstraktes über den Vagus führen. Es ist erklärlich, daß Gewürzstoffe nicht nur im Mund den Appetit, sondern auch die Sekretion im Magen-Darm-Bereich anregen, ja sogar zu Sekretions- und Exkretionsleistungen der Galle und der Verdauungsdrüsen führen.

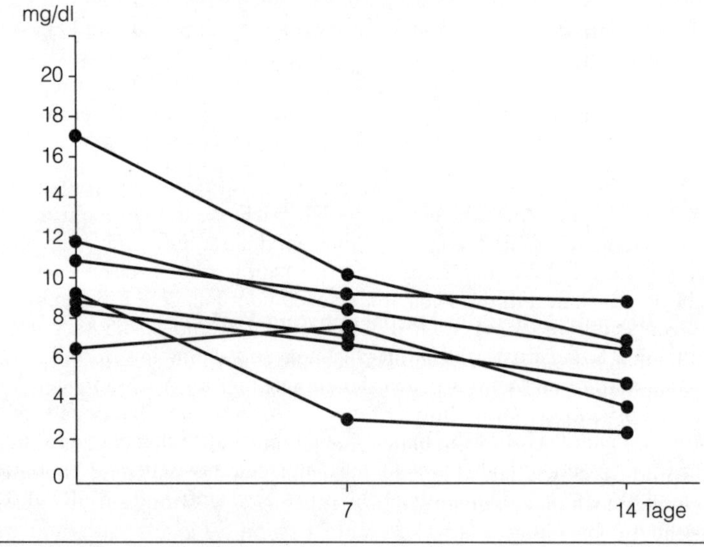

Abb. 2: Sekretorische IGA nach Gentiana ∅ über 14 Tage. (Erhöhtes sIGA bei Entzündungen des Magen-Darm-Traktes wird gesenkt.)

8.1.3 Wirkungserklärung der Bitterstoffe am Magen-Darm-Trakt

8.1.3.1 Amarastoffe und Monoterpenoide

Ein Teil aller beobachtbaren Wirkungen, die von Bitterstoffen oder Gewürzstoffen ausgehen, läßt sich auf *nervale Einflüsse des Vagus* zurückführen. Einwirkungen auf die Sekretionsleistung der Drüsen der Verdauungsorgane sind auch humoral im Sinne der bekannten Gastrin- und Sekretinleistung zu diskutieren. Dabei werden die Sekretionsleistungen von Leber, Galle sowie Bauchspeicheldrüse einbezogen. GLATZEL hat die Sekretionsleistung an der

Mundspeicheldrüse studiert, diese dabei gehemmt gefunden, während sich gleichzeitig der Appetit steigert, was sich nur als rezeptorische Leistung über den Vagus erklären läßt. Nach GLATZEL scheint aber auch der schwierige Nachweis gelungen zu sein, daß Bittermittel Magensekretion, Darmsaftsekretion und die Darmmotorik stimulieren, so daß ihm die Bezeichnung *Stomachika* gerechtfertigt erschien.

Zurück zu den Monoterpenoiden:
Man weiß, daß ascorbinhaltige Drogen sehr instabile Verbindungen sind, die vor allem beim Trocknen der oberirdischen Pflanzenteile leicht zerstört werden. Wurzelteile dagegen zeigen eine ungleich stabilere Wirkstoffanreicherung, was für die klinische Beobachtung bedeutsam ist. Die meisten Wirkungen der Ascorbindrogen richten sich auf *mikrobielle Eigenschaften,* sowohl hinsichtlich des bakteriostatischen als auch des fungiziden Effektes. Dieses gilt besonders für die *Spitzwegericharten.* Nach SEXTON und HÄNSEL sind die erwähnten »Pseudoindikane« maskierte Dialdehyde mit reaktionsfähigen Gruppen, die im Stande sind, den Fermentapparat der Erreger zu blockieren. Auch hormonähnliche Eigenschaften werden in dieser Gruppe beobachtet, wie etwa bei *Vitex agnus castus.* Für die *Gentiana-Bitterstoffe* ist zu sagen, daß diese seit der Antike in der Volksmedizin bei Fieber und Malaria Verwendung fanden, doch haben spätere Untersuchungen diese alte, immer wieder berichtete volksmedizinische Bedeutung nicht mehr bestätigen können.

8.1.3.2 Besonderheiten der Harpagophytum-Wirkung

Über die *parenterale Wirkung* von Harpagophytum wurde bereits berichtet. Harpagophytum gehört zu den *kräftigsten Amarastoffen,* die der Enzianwurzel keineswegs nachsteht.
Der *Teesud* einer **Harpagophytumwurzel** gilt als konstanter Drogenaufguß mit reproduzierbarer und weitgehend gleichbleibender Wirkung. Weder im Geschmack noch in der Amarawirkung tritt eine Gewöhnung auf, so daß die klinische Beobachtung relativ konstante Ergebnisse zeigt. Aufgrund der Kenntnisse der Bitterstoffe bezüglich ihrer Wirkung wurden Beobachtungen auf den Magen-Darm-Trakt beschränkt und dabei eine Indikation festgestellt, die keine andere Alternative in der Therapie bietet.
Es zeigt sich, daß *Affektionen des oberen Dünndarms* mit flatulenzverminderter Cholerese, beschleunigter Darmpassage und klinisch latenter Bauchspeicheldrüsenbeteiligung eine deutliche Besserung nach der Verabreichung des Harpagophytumtees aufweist. Diese Beobachtung wurde nach den möglichen labormethodischen Parametern ausgelotet und Feststellungen gemacht, wonach im röntgenologischen Befund eine beschleunigte Passage des oberen Dünndarmes mit mangelnder Benetzungsfähigkeit nach einer 14tägigen Behandlung mit Harpagophytumtee eine auffallende Normalisierung der hochgefiederten und zerrissenen Schleimhaut zeigt. Befunde, wie sie bei allergischen Enteritiden, bei akuter Enteritis und bei Fermentstörungen

der Bauchspeicheldrüse zu finden sind. Offensichtlich ist dabei von einer *entzündungswidrigen Wirkung* auszugehen (Sauerstoffdoppelbindung im chemischen Molekül). Im Bereich des oberen Dünndarmes festgestellt an der mangelhaften Breihaftung im Röntgenbild mit dem Nachweis veränderter Schleimhautverhältnisse im Duodenum, Jejunum und oberen Ileum.
Außerdem fanden sich *Rückbildungen von erhöhten Serumbilirubinwerten,* wie sie bei der hepatischen Cholestase und bei den Hyperbilirubinaemien von Pankreas- und Dünndarmerkrankungen auftreten. Daneben zeigte sich eine deutliche Cholerese und Cholekinese, wie sie auch bei Gentiana von GLATZEL wahrscheinlich gemacht wurde. Im Zuge dieser Beobachtung wurden Durchfälle, Stühle, wie sie etwa bei Enterocolitis, bei Morbus Crohn und ähnlichen Erkrankungen der Fall sind, mit Harpagophytum leicht normalisiert, wobei ein Faktor auch zu diskutieren ist, nämlich die Behinderung der Rückresorption von Gallensäure.
In Verbindung mit den Harpagophytumwirkungen läßt sich die Bedeutung der Amarastoffe in der Phytotherapie wesentlich erweitern. Unter den Amarastoffen finden sich Arzneimittel, die in verschiedener Anwendungsart verschiedenartige Wirkungen entfalten. Dieses gilt für die *tonsisierende Wirkung von China,* das sowohl als appetitanregendes Mittel als auch in parenteraler Form zur Malaria- und Rheumabehandlung große Anwendung gefunden hat. Auch für *Semen Strychni als Tonikum* und Synapsengift, für den *Spitzwegerich* mit Amarawirkung und nachweisbarer *antibiotischer Eigenschaft* sowie für *Harpagophytum* mit seiner *parenteralen Rheumawirkung* und seiner oralen Amarawirkung. Ähnliches gilt für *Capsicum* und *Absinth,* bei denen solche Doppelwirkungen bekannt sind. Man kann annehmen, daß die seit HIPPOKRATES diskutierte fiebersenkende und wundheilende Bedeutung von *Gentiana* und *Fieberklee* auf eine solche Doppelwirkung zurückzuführen ist, auch wenn sie sich bis heute noch nicht bestätigen ließ.
Schwache und starke Wirkungen vereinigen sich in der Darreichungsform der besprochenen Amarastoffe. Noch gibt es keine Erklärung für diese interessanten Bezüge, ein Grund mehr, von dem Wirkstoffnachweis abzurücken und Erfahrungstherapie dort einzusetzen, wo es schlechterdings keine Alternativen gibt. Mit den Bitterstoffen erklärt sich nicht nur jahrtausendealte Erfahrung, sondern wird eine Lücke gefüllt, wie das Beispiel der Harpagophytumdroge zeigt.
Im Bereich schwer zugänglicher Therapieprobleme, wie dies für den oberen Dünndarm und den Pankreasbereich gilt, sieht man dabei beachtenswerte Behandlungserfolge.

8.1.4 Wirkungsmöglichkeiten der Bitterstoffe im interdigestiven myoelektrischen Komplex

8.1.4.1 Funktionen im interdigestiven myoelektrischen Komplex

Seit langem hat man rhythmische Potenzialschwankungen der glatten Muskulatur des unteren Oesophagus, Magens, Dünndarms bis zum Ileum festgestellt. Diese regelmäßigen Kontraktionen der Muskulatur stellen eine myogene Eigenschaft dar, die unabhängig von den Nervfasern des Darmes abläuft. Deshalb ist anzunehmen, daß diese periodenhaften Zyklen neuralen Ursprungs sind und wahrscheinlich im Zwischenhirn ihre Impulse erfahren.

Der interdigestive myoelektrische Komplex wird begleitet von einer Stimulation der *Pepsin- und Säuresekretion* des Magens. Der Zustrom alkalischer Flüssigkeit ins Duodenum ist offensichtlich abhängig von dieser Tätigkeit. Auch die *exokrine Pankreassekretion* weist eine erhebliche Steigerung der Ausgangswerte auf, was sich in den Unterschieden für die Volumen-, Bicarbonat-, Chymotrypsin- und Amylaseproduktion nachweisen ließ. Daneben kommt es zu einem erheblichen *Anstieg des Gallensäurezustromes* in das Duodenum. Diese enge Korrelation zwischen motorischen und sekretorischen Phänomenen in der interdigestiven Phase legt die Steuerung durch *neurale Mechanismen* nahe. Tatsächlich konnte auch nachgewiesen werden, daß die intakte autonome Nervenversorgung mit cholinergen und alphaadrenergen Nervenfasern für die Entstehung und Ausbreitung des interdigestiven myoelektrischen Komplexes erforderlich ist. Somit muß der Zeitgeber für die interdigestiven Komplexe *außerhalb* der gastrointestinalen Nerven im Plexus gesucht werden. Es wird angenommen, daß *Peptide,* wie *Motilin* und *Somatostastin* auf dieses extraenterale Kontrollzentrum modulierend einwirken. Man geht nicht fehl, daß auch Aminopeptide und andere in der *Amarawirkung* bekannte chemische Induktionsstoffe an diesem myoelektrischen Reflex im Interdigestivum beteiligt sind und die Motilität von Oesophagus, Magen und Darm anregen. Bekannt ist außerdem, daß der komplexe Mechanismus durch *Atropin blockiert* werden kann, so daß hier eine eindeutige Abhängigkeit von vagalen Fasern vorhanden ist. Diese Tätigkeit bezieht sich vor allem auf die Nüchternphasen des Magen-Darm-Bereichs.

Das *Somatostatin* gehört mit zu den Steuerungshormonen des Hypophysen-Vorderlappens und wird im Hypothalamus gebildet. Es ist nicht nur an der Hemmung von Ausschüttung des Wachstumshormones beteiligt, sondern senkt auch den Blutzucker und reduziert die Glucagon- und Insulinsekretion. Daneben konnte nachgewiesen werden, daß von diesem Somatostatin eine Beeinflussung der intestinalen Motilität im Sinne der eigenständigen myoelektrischen Reflexe ausgeht.

Nur über den zentralen Angriffspunkt der Amaradrogen ist es möglich, daß sowohl Kreislaufwirkungen der Amaradrogen, auf die GLATZEL besonders hingewiesen hat, als auch sympathotrope Wirkungen, auf die WEISS in seiner Zusammenstellung verweist, wie bei Artischocke und Mariendistel generell zu verstehen sind. Damit erklärt sich auch die Tatsache, daß botanisch und phytochemisch unterschiedliche Qualifizierungen *gleiche* Wirkungen am Magen-Darm-Trakt auslösen.

8.1.4.2 Die Pyridinalkaloide

Capsicum annuum

Bekannt als der *Spanische Pfeffer,* dessen Wirkung meist dem Alkaloid **Capsaicin** zugeschrieben wird. Capsaicin ist ein Vanillylamid der 8-methyl-Nonen-Säure mit einer Summenformel von $C_{18}H_{27}O_3N$. Ein Alkaloid also, das neben Capsaicin, einem coniinähnlichen Alkaloid, Capsicol, Capsacotin und Caritinoiden, Vitamin B und C in der Paprikafrucht enthält.
Nach MÖRBITZ ist es in der Verdünnung von 1 : 11 Mio. bei 30° bis 35° auf der Zunge noch wahrnehmbar. Die rote Frucht, die früher in Mittelamerika, jetzt aber auch in Ungarn und Frankreich reichlich kultiviert wird, ist hinlänglich bekannt. Aber auch die offizielle Medizin schätzt das Capsicumpflaster, was zu einer Reihe interessanter und aufschlußreicher Untersuchungen führte. Es wirkt nicht, so wird gefolgert, direkt hautreizend wie Cantharidin oder ein allgemeines Zellgift, sondern es handelt sich um eine spezifische Einwirkung auf diejenigen Nervenendigungen, welche normalerweise den Wärmereiz aufnehmen. Infolge Erregung dieser Nervenendigungen wird eine Wärmeempfindung vermittelt, die erst sekundär zu einer Hyperämisierung der betroffenen Hautstellen führt. Noch deutlicher werden diese Gedankengänge durch die elektrodermatographischen Temperaturmessungen von EICHINGER. Er legt seiner Beurteilung die Einteilung von HEUBNER über Hautreizstoffe zugrunde. Danach ergeben sich Stoffe, die einmal kapillarreizend sind, zum anderen die Zelle als solche, und schließlich die Nerven der Haut reizen. Capsaicin verhält sich den Kapillaren- und Epidermiszellen gegenüber indifferent, dagegen ist es ein ausgesprochener Nervenreizstoff und die später einsetzende Kapillarerweiterung ist nur ein sekundärer Effekt. Die durch Capsaicin entstandenen Durchblutungsstörungen bleiben nach den von HEAD entwickelten Vorstellungen nicht auf die Haut beschränkt, sondern betreffen »sämtliche metameren Organe«. Nach dieser eindeutigen Feststellung bleibt zu erklären, wie im einzelnen diese Wirkungen zustande kommen.
Zunächst ein Rückblick auf die Chemie. Wie bereits erwähnt, handelt es sich um ein **Piperin** mit Amidcharakter. Der Amidierung einer COOH-Gruppe dient hier der hetrozyklisch gebundene Stickstoff des Piperidins. Damit ergibt sich die Verwandtschaft zum Nikotin, die bereits erwähnt wurde.

8.1.4.3 Die Bitterstoffe der Gentianaceen

Die Gruppe zeichnet sich durch die 10-C-Iridoide und Secoiridoide als Hauptinhaltsstoffe aus.

Folia trifolii fibrini

Der *Fieberklee* stammt aus der Enzianfamilie. Der Bitterwert beträgt 1500 bis 9000. Der Fieberklee kommt überwiegend in der nördlichen Erdhalbkugel mit einem ausdauernden Rhizom vor. Die Bitterstoffe dieser Droge sind: Monoterpensäuren von Secoiridoiden, Gloganin und Swertosid. Die Swertiamarin aus der Swertia gilt in Japan als Fiebermittel.

Herba centaurii

Das *Tausendgüldenkraut* mit einem Bitterwert von 200 bis 3500 stammt von Centaurium minus aus der Familie der Gentianaceen. Das echte Tausendgüldenkraut kommt in Mitteleuropa auf Wiesen und an Waldrändern sowie in Kahlschlägen vor und ist einjährig. Die Droge wird vorwiegend aus dem Wildvorkommen in Marokko, Algerien und in Ländern der Balkanhalbinsel gewonnen. Die Bitterstoffe sind vermutlich *Gentiopikrosid* und *Eritrausin,* ein dem Swertiamarin ähnliches Glykosid, das bei Hydrolyse ein nicht faßbares Aglykon liefert, das zu Eritrausin umgelagert wird.

Radix Gentianae

Hier geht es um getrocknete Rhizome und Wurzeln verschiedener *Enzianarten,* besonders der:

- Gentiana asclepiada
- Gentiana lutea
- Gentiana pannonica
- Gentiana punctata
- Gentiana purpurea.

Die genannten Arten sind ausdauernde krautige Gebirgspflanzen Süd- und Mitteleuropas sowie Kleinasiens. Die Wurzeln werden im Wildvorkommen gegraben, wobei auch ein Monopol besteht, um die Arten nicht auszurotten. Der Bitterstoffwert beträgt je nach der Stammpflanze 10000 bis 180000. Radix Gentianae enthält Gentiopikrosid, etwa 2%, mit dem Bitterwert von 12000. Das äußerst bittere Amarogentin mit einem Bitterwert von 85 Mio. *Amaropannin* mit einem Bitterwert von 20 Mio. fehlt bei Gentiana lutea, ist aber, mit geringen Mengen anderer, chemisch ähnlich bitterer Verbindungen, in den übrigen Arten enthalten.

Von den Begleitstoffen sind zu erwähnen:

- Gentianose
- Gentiobose
- Gentisin
- Isogentisin
- Trisaccharide
- Flavonglykoside.

Dazu gehören die von den Secoiridoiden abgeleiteten Pyridinalkaloide: *Gentialutin* und *Gentiasianin.*

Die frischen unterirdischen Teile werden nach Fermentation auch zu Enzianschnaps vergoren.

Asteraceen

Die Bittermittel der Asteraceen gehören in die Sesquiterpenlaktone mit mono- oder bizyklischem Kohlenstoffskelett. Hierzu zählen die bereits bei

Leber- und Gallebehandlungen angeführte *Mariendistel,* die *Artischocke* und andere. Für den Magen sind sie allerdings kaum von Bedeutung. Dies trifft nicht für den Wermut zu.

8.2 Grundsätzliche und spezielle Therapieansätze für die Behandlung von Magen-Darm-Krankheiten

8.2.1 Generelle Therapieansätze

Kaum eine Krankheit ist in den letzten Jahren so intensiv bezüglich einer Therapie und ihrer Erkenntnisse abgewandelt worden wie die des Magens. Durch die Einführung der Biopsie, die exakten histologischen Verlaufskontrollen der Krankheitsbilder, war es möglich, Einblicke zu gewinnen, die frühere Vorstellungen wesentlich alterniert haben.

So ist z. B. die *chronische Gastritis,* die man früher als irreversiblen Prozeß gekennzeichnet hat, jederzeit zu Remissionen befähigt. Außerdem hat man *Chlorhydrie* mit der *atrophischen Gastritis* vergesellschaftet, während heute erkannt ist, daß das histologische Bild der Magenschleimhaut und der Magen-Sekretions-Analyse nur bedingt miteinander korrelieren. Ebenso hat sich die Meinung gewandelt, als man den Eisenmangel mit einer chronischen Gastritis zusammenbrachte, was heute nicht mehr als gesichert gilt.

Die frühere Meinung, daß Alkohol- und Nikotinabusus für die chronische Gastritis ein gesicherter ätiologischer Faktor sei, hat sich nach Rösch gewandelt. Das gleiche gilt schließlich auch für die Tatsache, daß die chronische Gastritis oder atrophische Gastritis eine Präkanzerose sei, was sich bioptisch durch die Erfahrungen mit den erkannten Frühkarzinomen nicht gedeckt hat.

Auch in der Therapie haben sich Vorstellungen gewandelt. So hielten es viele Gastroenterologen für unnötig und unmöglich, die *Sub- und Anazidität* mit Pepsin oder Salzsäure zu behandeln. Heute weiß man (Maiwald), daß Substitutionsfragmente von Pepsin und Fermentpräparaten als Spaltprodukte Vorstufen für Neurotransmitter darstellen, etwa Tryptophan für Serotonin, Tyrosin für Noradrenalin und Histidin für Histamin, so daß die Gabe von Säure- und Pepsinpräparaten nach wie vor berechtigt ist.

Durch die Erkenntnis der gastrointestinalen Hormone, die mit der Entdekkung des Sekretins 1902 begann, werden wesentliche Gesichtspunkte in der Pathophysiologie des Magen-Darms neu entwickelt. Eindeutig fixiert und studiert ist der Gesichtspunkt der Gastrinfunktion mit seinem Feed-back-Mechanismus zur Säureproduktion des Magens.

So hat sich die wesentliche Erkrankung des Magens, nämlich das *Ulcus ventriculi* und *Ulcus duodeni* heute als Zielpunkt der Pathophysiologie und pharmakotherapeutischer Überlegungen ergeben. Damit wird die Ulcus-Erkrankung ein ärztlich-medizinisches und soziales Problem, allein durch die Häufigkeit der Erkrankung, des Beschwerdebildes und der Schmerzzustände, die bis zu lebensbedrohlichen Komplikationen führen können.

7–10% der Männer und 3% der Frauen erkranken an einem Ulcus duodeni und 2–3% der Männer und Frauen an einem Ulcus ventriculi. 20–70% der Ulcera heilen spontan innerhalb weniger Wochen ab. Trotzdem bleibt die hohe Rückfallquote, die auch heute durch die bekannten Medikamente noch nicht wesentlich beeinflußbar ist, ein Bezugspunkt ärztlicher Überlegungen.

8.2.2 Therapieansätze zur Ulcus-Krankheit

8.2.2.1 Mechanismen und Verlaufsformen

Nach Blum unterscheidet man folgende Ulcus-Verläufe:

Unkompliziertes Ulcus mit leichter Verlaufsform, das Erstulcus oder erstmaliges Rezidiv mit fehlender oder geringer Symptomatik.
Unkompliziertes Ulcus mit schwerer Verlaufsform; Erstulcus oder Rezidiv mit intensiver Symptomatik, vermehrtem Schmerzempfinden, fehlender Abheilungstendenz nach 4 Wochen medikamentöser Therapie. Es gibt klinische Hinweise auf drohende Komplikationen, Zweiterkrankungen, die die Ulcusheilung verzögern können.
Kompliziertes Ulcus mit Blutungsperforation und Ausbildung einer Stenose.

Ärztlicherseits sind an die Ulcustherapie folgende Bedingungen geknüpft:
- Die Beschwerden lindern bzw. Schmerzfreiheit herbeiführen
- Heilung beschleunigen
- Rezidive verhüten
- Von Nebeneffekten freihalten
- Wirtschaftlichkeit.

Wie alle Therapieansätze verlangt auch die Therapie eines Ulcus die Berücksichtigung der auslösenden Mechanismen. Hier einigen sich sämtliche Literaturquellen auf die Tatsache, daß ein *Mißverhältnis* zwischen der Säureproduktion und der gegensinnigen physiologischen Maßnahme gegen diese Säureproduktion besteht. Außerdem wurde bekannt, daß das Schleimhautepithel weniger regenerationsfähig, daß die Durchblutung gestört ist und endogene Noxen wie Gallensäure und Lysolezithin und exogene Noxen sowie Prostaglandininlipidoren an dem Zustandekommen eines Ulcus beteiligt sind.

Über den cholinerg vermittelten zentralen Vagusreiz wird die nächtliche und basale sowie die gastrininduzierte Salzsäuresekretion stimuliert. Außerdem regen lokale nervöse Reflexmechanismen, wie Dehnungsreiz des Corpus, die Wasserstoffionenkonzentration und -sekretion an. Gastrin wird durch Vagusreiz, chemische Rezeptoren durch Nahrungsbestandteile und Dehnungsrezeptoren im Antrum freigesetzt. Die Belegzelle stimuliert direkt zur

Säuresekretion. Die Ansäuerung des Antrums durch die H^+-Sekretion hemmt die Gastrinfreisetzung im Sinne eines negativen Feed-back-Phänomens.
Setzt die Gastrinproduktion die Belegzellen in Gang, so wird durch die Sekretinfreisetzung im Pankreas die Bicarbonatsekretion angeregt und damit ein Neutralisationseffekt erreicht. Die Freisetzung von Prostaglandinen in der Magenschleimhaut soll die protektiven Faktoren (Mukosebarriere) unterstützen. Die Entstehung von Schleimhautläsionen und Ulcera durch Antirheumatika wird auf eine Prostaglandininhibition zurückgeführt.

Charakteristika des Ulcus ventriculi

- Geschwächte Mucosebarriere, meist an der Antrum-Corpus-Grenze = Beeinflussung der chronischen Gastritis.
- Erhöhter bulbogastraler Reflux von Gallensäuren.
- Zusammenwirken exogener Noxen und Abwesenheit von Säure.
- Erhöhte Salzsäure.
- Rückresorption durch die Mucosa.
- Kürzere Zellturnover des Magenepithels als Ausdruck verkürzter Lebensdauer.
- Qualitätsvermindernde Mucusproduktion.

Während beim Ulcus ventriculi die Salzsäureproduktion in stimulierbaren Bereichen verläuft, ist sie beim Ulcus duodeni deutlich erhöht. Zweifellos spielen hier hormonelle Reize wie bspw. des Gastrins, in Verbindung mit vagalen Reizen, Antrumdysfunktion und Pylorusstenose eine größere Rolle.
Ungeklärt ist nach wie vor, ob die Histaminfreisetzung der eigentliche Reiz für die Stimulierung der H^+-Sekretion ist, oder ob die Aktivierung von Gastrin und Azetylcholinrezeptoren unabhängig von der Histaminfreisetzung zur H^+-Sekretion führt.
Der Effekt der Pharmakotherapie auf die Ulcuskrankheit beruht auf unterschiedlichen Angriffspunkten, nämlich auf der Herabsetzung der Säurekonzentration, sprich Azidität des Mageninhalts, durch Abpufferung der Salzsäure und durch Hemmung der Säuresekretion sowie durch Stärkung der Mucosebarriere.

8.2.2.2 Antazide therapeutische Maßnahmen bei Ulcus

Zum Begriff: Es handelt sich um Pufferungssubstanzen, die eine vermehrte Säureproduktion hemmen bzw. verhindern.

Von früher her kennt man die Bicarbonattherapie, die allerdings bekanntlich zu einem *unerwünschten Rebound-Effekt* führen kann.
So wurden Calziumcarbonat, Aluminiumhydroxid, Magnesiumsilikat und ähnliche Verbindungen in der antaziden Therapie eingesetzt. Daneben gibt es Anticholinergika wie bspw. *Gastrozepin* oder *Atropin,* die durch Besetzung von Azetylcholinrezeptoren die cholinerg vermittelte Salzsäureproduktion der Belegzellen unterdrücken.

Als *neue Therapie* gelten die sog. H2-Antagonisten des Histamins, die ähnlich den H1-Rezeptoren der Antihistaminica eine Freisetzung von Histamin unterbinden. Das *Cimeditin* ist eines der klassischen Beispiele für eine solche Therapie und hat sich vor allem in der Behandlung des chronischen Ulcus einen breiten Platz geschaffen.
Die Derivate der Glyzerrythinsäure beruhen auf der Förderung der Schutzmechanismen der Magenschleimhaut.

8.3 Pflanzliche Arzneimittel bei Magenerkrankungen

Von den Mitteln, die bei der Phytotherapie der Magenkrankheiten eine Rolle spielen, seien vier wesentliche Gesichtspunkte aufgezeigt:

- **Chamomilla,** mit seinem entzündungswidrigen Effekt.
- **Glycyrrhiza,** mit seinem schleimhautprotektiven Effekt.
- Die **Kartoffel** und **Solanaceen,** mit dem cholinergischen Effekt.
- Das Kraut, vielmehr die **Kohlsorten** mit einem noch unbekannten Faktor, der vermutlich über den Rhodanwasserstoff und die Schilddrüse zu verstehen ist.

8.3.1 Zwei Basismittel

8.3.1.1 Matricaria chamomilla – die Kamille

Familie: *Kompositen*
Hauptwirkstoff: *Chamazulen*
Durch die Isolierung der Azulene gelang es Heubner und Grabe nachzuweisen, daß die blaue Fraktion des Kamillenöls, das Chamazulen, der Träger der antiphlogistischen Wirkung ist.
Chamazulen ist ein 1,4-Dimethyl-7-Aethylazulen. In der Zwischenzeit hat man *Alpha-Bisabolol* und *S-Guajazulen* und Chamazulen als die drei wichtigsten Faktoren der Kamillenwirkung erkannt. Auf diese drei Faktoren hat Schilcher zu einer Standardisierung hingewiesen, da die einfache Standardisierung auf Chamazulene nicht mehr ausreicht. Die in der Zwischenzeit entwickelten halbsynthetischen Azulene scheinen dem natürlichen Azulen nicht unterlegen zu sein. Unterschiedliche Urteile gibt es lediglich bei der Bewertung der antiphlogistischen Wirkung, die zunächst an der Senfölchemosis des Kaninchenauges durchgeführt wurde, hierbei aber keine geeigneten Aussagen brachte. Zumindest wurden diese Ergebnisse mehrfach angezweifelt (G. Christen und W. Schmidt), so daß mit dem Rattenpfotentest und der Ödembildung eine neue Untersuchung stattgefunden hat, die einwandfreie Ergebnisse der antiphlogistischen Wirkung erbrachte.
Frühzeitig wurde eine antiallergische Wirkung der Azulene bekannt, die von Stern und Millin und später Stern und Nikolin als Verhinderung der Histaminfreisetzung gedeutet worden ist. Diese Anschauung steht im Ge-

gensatz zu JANSCÒ, der gerade das Gegenteil behauptet. Er schreibt nämlich den Azulenen eine langsame Histaminfreisetzung zu. Dadurch soll eine Desensibilisierung des Organs und somit eine antiallergische Wirkung auftreten.
Bewiesen ist also die *antiphlogistische Wirkung,* während offenbar noch eine gewisse Unsicherheit in der Bewertung der antiallergischen bzw. der Histaminwirkung der Azulene besteht. Frühzeitig wurden zytologische Magensaftuntersuchungen – von ZEZSCHWITZ durchgeführt. Nach Zellzählungen und Auswertung der Magensaft-Sedimentausstriche, als Verfahren der Zytologie des Magensaftes zeigten sie eine eindeutige Beeinflussung durch Azulon bei der Gastritis ohne nachweisbare Ulceration und bei der Begleitgastritis bei Ulcus ventriculi.
Während früher PRÜHL und LEICHSENRING in ihren Arbeiten nur rein klinische Eindrücke, röntgenologische und gastroskopische Befunde brachten, liegt hier die erste klinische experimentielle Veröffentlichung vor (1957). Darüber hinaus hat KUNTZ erwähnt, daß gastro-intestinale Beschwerden bei Tuberkulose und deren Behandlung mit synthetischen Azulonen zu beseitigen waren. Die notwendige Therapie mit Tuberkulostatika konnte in jedem Fall weitergeführt werden, während sonst aus gastrointestinalen Gründen ein Abbruch der Therapie erforderlich wurde. Bereits nach kurzdauernder Azulonbehandlung kam es zu einem Verschwinden der Beschwerden.
Die Arbeiten von STERN und NIKOLIN und schließlich auch die früheren Arbeiten von JANSCÒ sind bei der heutigen Kenntnis der Histaminantagonisten in ein neues Licht gerückt. Während STERN darauf hinwies, daß Azulene, die eine antiallergische Wirkung haben, die Libration von Histamin verhindern, nahm JANSCÒ an, daß die Wirkung in umgekehrter Weise zustande käme, d. h., daß sie die langsamere Ausschüttung des Histamins bewirken und dadurch zu einer Desensibilisierung des Organismus führen. STERN und NIKOLIN kamen zu der Erfahrung, daß, je weniger Histamin im Gewebe vorhanden ist, umso schwächer die entzündliche Reaktion bzw. die Proliferation des Gewebes ausfällt, damit stärker und besser die Tendenz zur Regeneration. Je reicher das Gewebe an Histamin, umso intensiver ist die entzündliche Reaktion im Sinne einer verminderten Produktion des Granulationsgewebes. Es wurde dabei festgestellt, daß bei der Dinitrochlorbenzolentzündung der Meerschweinchenhaut in histaminreichen Hautgebieten das Ekzem sich stärker entwickelt als in histaminarmen. Schließlich konnte von STERN und Mitarbeitern diese Tatsache auf Azulene bestätigt werden. Von ihm stammt auch ein Vergleich der Azulenarten, wobei diese sich deutlich wirksamer verhielten.

Insgesamt belegen diese Arbeiten, daß die Behandlung mit **Azulenen** sowohl bei Gastritis als auch bei Ulcus ventriculi auf gesichertem Boden steht. Damit bestätigten sich die jahrzehntelangen Erfahrungen mit der **Azulon-** bzw. **Kamillenrollkur.**

Der heute noch ungelöste Streit, inwieweit Histamin durch Azulene freigesetzt oder blockiert wird, läßt sich aus der klinischen Erfahrung heraus besser bewerten. Es zeigt sich dabei nämlich, daß untersäuerte Mägen im Sinne der sog. atrophischen Gastritis oder chronischen Gastritis mit einer Atrophie der Belegzellen im Sinne einer vermehrten Histaminfreisetzung stimuliert werden und damit zu einer verbesserten Säureproduktion des Magens kommen. Dies geschieht so bei Sub- und Anazidität, während bei Hyperazidität, bei der entsprechenden Hypersekretion und vermehrten Freisetzung von Histamin eine Blockierung im Sinne eines *antientzündlichen* Effektes besteht. Möglicherweise spielen auch die anderen Anteile der Kamille, nämlich das Alphabisabolol (5–80%) der Cis-En-In-Dicycloäther (= Spiroäther 3–12%) und das Bisabolonoxyd eine Rolle.
Während für die *antiphlogistische* Wirkung der Cis-En-In-Dicycloäther verantwortlich gemacht wird, neben den Bisaboloiden, so wird die spasmolytische Wirksamkeit der Kamillenblüte auf Guajazulene-Cis-En-In-Dicycloäther, Bisabolol und Flavonoide sowie Oxycumarine zurückgeführt. Daneben wird noch ein antipeptischer Effekt durch das Chamazulen induziert.
So läßt sich an der Droge der *Kamille* eindeutig die *Summationswirkung* aller Bestandteile in Verbindung mit einer **antiseptischen, antiallergischen, antiphlogistischen, carminativen** und **antipeptischen Wirkung** kombinieren und damit zu einem idealen Medikament vereinen, das sowohl den Magen mit seinen vielfachen pathophysiologischen Mechanismen zu beeinflussen im Stande ist als auch den Darm mit seiner Blähungsneigung und krankhaften dyspeptischen Neigung.

8.3.1.2 Glycyrrhiza glabra oder Liquiritiae radix – Süßholz

Familie: *Leguminosen*
Hauptwirkstoff: *Glyzyrrhizin*
Der Name war bereits im Altertum bekannt, das Süßholz wurde schon bei den alten Griechen und Römern erwähnt. Im Mittelalter ist es in Italien und im Mittelmeergebiet angebaut worden, während Hieronymus Bock, Mathiolus, Tabernaemontanus, Lonicerus und Fuchs bereits die Süßholzwurzel als Expektorans, als Nieren- und Blasenmittel bei Leber- und Magenerkrankungen rühmten. Weit zurück liegt die Anwendung von Radix liquiritiae in China, das unter dem Namen »Chansau« als Geschmackskorrigens, Giftbinde- und Gegengiftmittel bekannt wurde. Auch in der tibetanischen Medizin war die Süßholzwurzel geläufig und gut eingeführt. So ist die Erwähnung, die sich bei Weiss findet, daß es auf den Apotheker Revers zurückgehe, der 1946 in Amsterdam die Beobachtung der Behandlung von Magenkranken mit Lakritz veröffentlicht hat, sicherlich nicht der Ursprung der therapeutischen Anwendung.

Inhalts- und Wirkstoffe:

Stoff	Anmerkung	Wirkung
Glyzyrrhizin	5,3–7%, teilweise höher, enthalten. Hauptbestandteil	
2-Mol-Glucuronsäure	Zuckerkomponente	
Glyzyrrhizinsäure	Aglycon des Glyzyrrhizins, ein Saponin	Hämolytisch
Glabranin Isoliquiritingenin Liquiritigenin	Flavon Flavon Flavon	Gelbfärbend Gelbfärbend Gelbfärbend
Herniarin		
Oxycumarine		
Umbelliferon		
Beta-Sitosterin Stigmasterol		Östrogen Östrogen
Glycyrrhetinsäure	Aldosteron ähnlich	Adreno-kortikomimetisch

Zur Bereitung des Süßholztrockenextraktes, dem *Lakritz,* wird die Droge bei 45° mit Wasser extrahiert und der erhaltene Extrakt im Vakuum eingedampft und eingeengt.
Seit Jahrhunderten ist die Süßholzwurzel als Expektorans bei Erkrankungen der Respirationsorgane in Gebrauch. So findet es sich auch als Beigabe bei einer Vielzahl von expektorierenden Drogen- und Teegemischen.

Unerwünschte Wirkungen:
Schon früh zeigte sich bei der Anwendung von Lakritz eine *negative* Komponente. Sie liegt in der *Glycyrrhetinsäure,* die als aktives Agens von aldosteronartiger Wirkung identifiziert werden kann. Außerdem wirkt sie supprimierend auf die Renin-Angiotensin-Aldosteronase.
Klinisch fallen dabei auf:
- Herzarrhythmie
- Hypokaliämie mit Alkalose
- Muskelschwäche

- Natriumretention mit Ödembildung und schwerer Hypertension
- Paresen.

Vorsicht: Mit derartigen Symptomen ist nach Einnahme von ca. 100 g Lakritze täglich zu rechnen.
In der Regel fallen die hohen Blutdruckwerte im Laufe von 2–3 Wochen wieder zur Norm ab.

Vorsicht: Mit einer Natriumretention ist bereits in der ersten Woche zu rechnen und damit mit Ödemen wechselnder Intensität sowie Gewichtszunahme bis zu 2–3 kg.

Der Tip:

> Beimengung von Lakritz zu Hustenmitteln – insbesondere bei Langzeitanwendung, ist untersagt.
> Patienten, die unter Digoxin oder Diuretika stehen, droht unter der begleitenden Hypokaliämie eine Digitalisintoxikation!

Bekannt wurde, daß *Kautabak* in größeren Mengen Extrakte der Wurzel von Glycyrrhiza glabra enthält. Bei reichlichem Genuß von Kautabak können daher gleichfalls die obigen negativen Wirkungen eintreten.
Der empirischen Beobachtung des Apothekers Revers zufolge wurde die antiulcerogene Wirksamkeit des Süßholzes zunächst in der Phytotherapie, später aber in einem halbsynthetischen Präparat weiterverfolgt. Das bernsteinsaure Salz der Glyzyrrhetinsäure wurde 1962 von Doll zur Behandlung des Ulcus ventriculi eingesetzt. In zahlreichen Versuchen und in den folgenden Jahren wurden experimentelle und klinische Publikationen über den neuen Wirkstoff *Biogastrone* veröffentlicht. Dabei ist der ulcusheilende Effekt auf die Förderung des Schutzmechanismus des Magens zurückzuführen. Wegen seiner lipophilen Eigenschaften wird die Substanz resorbiert und erreicht nach 1–2 Stunden den höchsten Plasmaspiegel. Jetzt nicht mehr im Handel.
Carbenoxolon erhöht durch Senkung des Turnover die Lebensdauer der Magenschleimhautzellen. Diese führt zugleich zu einer erhöhten und qualitativ verbesserten Schleimproduktion durch die Mukosazellen. Die therapeutische Wirksamkeit des Carbenoxolons wurde *wiederholt* im *Doppel-Blind-Versuch nachgewiesen.* So berichten Rösch, Ottenjahn und Hampel über eine signifikante *beschleunigte Ulcusheilung* durch Carbenoxolon im Vergleich zu Plazebos bei Patienten mit Ulcus ventriculi.
Darüber hinaus wurde von Grosskopf berichtet, daß auch bei Colitis ulcerosa ein *ähnlicher Effekt* zustande kam. Die Behandlungsdauer bei Ulcus ventriculi war im Querschnitt 4 Wochen, bei Ulcus duodeni ebenfalls im Höhepunkt 3–4 Wochen. Bei der Colitis ulcerosa waren 4–6 Wochen erforderlich.
Durch die Nebenerscheinungen wegen der *mineralkortikoiden* Effekte muß bei *prädisponierten Erkrankungen* wie
- Herzinsuffizienz

- Hypertonie
- Hypokaliämie

besonders *älterer* Menschen eine unverhältnismäßig hohe Nebenwirkungsrate in Kauf genommen werden. Nach sechsmonatiger Carbenoxolonbehandlung wurde die Komplikation wie folgt aufgeschlüsselt:

- 25% Gewichtszunahme über 3 kg mit oder ohne Ödeme,
- 28% Blutdruckanstieg auf über 90 mmHg diastolisch,
- 43% Kaliumabfall unter 3,5 ml.

Die unter Carbenoxolon neugebildeten Epithelzellen des Magens weisen eine längere Lebensdauer auf. Abgesehen von Patienten mit *renaler, kardialer* und *hepatischer Insuffizienz.*

Der Tip:

> Nebeneffekten kann medikamentös durch Zufuhr von Kalium begegnet werden.

8.3.2 Nahrungsmittel mit Arzneiwirkung

8.3.2.1 Die anticholinergischen Stoffe

Hierzu gehören in erster Linie das *Atropin* sowie zahlreiche Nachtschattengewächse wie die *Aubergine,* die *Tomate* und – vor allem – die *Kartoffel.* Daneben spielt *Hyoszyamin* eine nicht unbedeutende, zumindest empirische Rolle.

Kartoffel und Kartoffelsaft

Im 17. und 18. Jahrhundert, als die Kartoffel in Mitteleuropa kultiviert wurde, verwandte man sie in China als Arzneimittel gegen Skorbut und, zusammen mit Chinarinde, gegen Wechselfieber. Den Extrakt aus den Blättern und Stengeln, der eine opiumähnliche Wirkung haben soll, nahm man gegen Husten und Krämpfe ein.

In der Volksmedizin findet das *Wasser,* in dem ungeschälte Kartoffeln gekocht worden sind, Verwendung bei Kehlkopfkatarrh, bei Bronchitis und bei *Gastritis.* Äußerlich wird die rohe geriebene Kartoffel häufig als erstes Mittel bei Verbrühungen benutzt.

Der *Saft* der rohen, möglichst roten Kartoffelknolle wird bei **schwerer Hyperazidität** verwendet. Es ist dabei nicht ein Dämpfungs- sondern ein Heilmittel erster Klasse (MADAUS). Bei längerem Gebrauch des Saftes der rohen geriebenen Kartoffel verschwindet mit ziemlicher Sicherheit die **Pyrosis** und die hartnäckige **Obstipation,** die in der Folge einer Hypersekretion des Magens aufzutreten pflegt. **Spastische Obstipation, Gastrosucurrhoe** und **dyspeptische Zustände nervösen Ursprungs** sprechen günstig auf Solanum tuberosum an. Bekannt sind auch Kartoffelbäder und Kataplasmen bei rheumatischen Prozessen.

Bei den bekannten Mucopolysacchariden kommen in der Kartoffel *Steroid-*

alkaloide wie auch in den übrigen Solanaceen vor. Sie liegen als *Glykoside* vor, die Aglykone gehören der Cholestanreihe an. Die Mehrzahl der Alkaloide kann dem Solanidintyp z. B. Solanidin und Tomatidin zugeordnet werden. Die Steroidalkaloide bedingen die Toxizität der grünen Teile der Solanumarten. Dem in der grünen Kartoffelknolle vorkommenden Alphasolanin wird teratogene Wirkung zugeschrieben. Die Alkaloide der meisten Solanumfrüchte, z. B. der Tomaten, werden bei der Reife abgebaut, so daß die Früchte untoxisch sind. Aber auch in den reifen Früchten, z. B. in bestimmten biochemischen Rassen von *Solanum nigrum,* dem schwarzen Nachtschatten, sind Alkaloide enthalten, so daß der Genuß von 6–8 Beeren zu *Vergiftungserscheinungen* führen kann. Solanumalkaloide wirken außerdem insektizid und fungistatisch. Inwieweit ein Einfluß mit den nahe verwandten Kortikoiden zu vergleichen ist, sei dahingestellt. Auch in der Reihe der Glycyrrhetinsäure befindet sich das Solanidin neben Aldosteron und Cortison in einer chemischen Ähnlichkeit.
Nach Orzechowski wird ähnlich wie Glycyrrhetinsäure auch das Steroidalkaloid II, sein basisches Saponin, miteinander zu vergleichen sein. Alle Saponine haben die Eigenschaft einer ausgeprägten Oberflächenaktivität, woher schließlich der Name kommt. Mit dieser Oberflächenaktivität dürfte in näherem Zusammenhang eine andere Eigenschaft der Saponine stehen, nämlich ihre schlechte Resorbierbarkeit.
Orzechowski gibt in einer Studie die Zusammenhänge an, die zwischen einem Steroidalkohol und einer Säuresekretion im Magen bestehen. Damit kann über die Oberflächenspannung des Steroidalkohols eine *Sekretionshemmung* ähnlich wie bei *Belladonna* über den *cholinergischen Effekt* zustande kommen. Die volksmedizinische Erklärung mancher Kartoffelwirkungen ist auf diese Art und Weise möglich.

Der Tip:

Kartoffelwasser bei Gastritis.
Kartoffelsaft bei Magenbeschwerden: Kartoffel frisch schälen und reiben, Saft nicht lange stehen lassen, gleich nach Zubereitung trinken.
Kartoffelsaft eignet sich auch als Rollkur.

8.3.2.2 Der Krautsaft

1954 berichteten Mac Rory et al. über die Isolierung eines Beta-Amino-3-Carboxiprocyldimethyl-Sulfoniumsalzes aus *Sauerkraut.* Diese Substanz sollte die Entstehung von Histamin-Ulcera beim Meerschweinchen hemmen. Die chemische Verbindung wurde auch in anderen grünen Vegetabilien, wie Lattich, Sellerie, Tomaten, Bananen, Milch, Butter und Eigelb gefunden. Sie ist aber anscheinend sehr thermolabil. Die Substanz wurde voreilig mit dem Namen *Vitamin U* belastet. Aus der medizinischen Klinik in Bern ist berichtet worden, daß die Wirkung dieses Stoffes bei Ulcus ventriculi und Gastritis nicht sicher nachweisbar war, die *Behandlungsdauer* von Ulcus duodeni und Colitis ulcerosa jedoch *verkürzt* wurde. Inzwischen kamen auch über andere klinische Erfahrungen Berichte. Im Tierversuch kann man durch ausschließliche Fütterung von Ratten mit 20%iger Glukoselösung Geschwüre im Vormagen erzeugen, was der Wirkungsbeobachtung dient.

Kritische Anmerkungen:
Ein Auszug aus *Brassica oleracea* soll sogar eine statistisch gesicherte *Zunahme der Geschwürsrate* bzw. der Geschwürsfläche erzeugt haben. Damit wird wieder einmal offenbar, wie sehr es auf das Versuchstier oder die Methodik ankommt, und man ist damit um eine Hoffnung ärmer. Die mehrfach auch von WEISS beschriebene Wirkung des Sauerkraut- oder Kohlsaftes bei Magengeschwüren hat somit in der Entwicklung ein jähes Ende gefunden.
Nach wie vor bleibt die volksmedizinische Eigenschaft und Bewährung. Nachdem aus anderen Anwendungen des Sauerkrautsaftes bekannt wurde, daß die Wirkung über die rhodanhaltigen Inhaltsstoffe der Brassicaceen zu verstehen ist, und eine Schilddrüsenbremsung über die Rhodanwirkstoffe zustande kommt, was sogar bei einer Krautsaftanwendung von 500 g pro Tag zu einer totalen Suppression der Schilddrüse führen kann – so läßt sich vielleicht auf diesem Wege eine Erklärung des volksmedizinisch mehrfach bestätigten Kohlsaftes bei Magengeschwüren vornehmlich bei *Zwölffingerdarmgeschwüren* finden.
Es ist bekannt, daß die Zwölffingerdarmgeschwüre im Frühjahr- und Herbstrhythmus auftreten und nicht nur METZGER, sondern auch andere haben darauf aufmerksam gemacht, daß dieser vegetative Rhythmus der Geschwürsentstehung auf bioklimatische Verhältnisse des Frühjahrs und des Herbstes zurückzuführen sei, was letztlich in der Schilddrüse registriert wird und von dort her bedeutsam sein kann. Vermutlich ist diese Beeinflussung über die Bauchspeicheldrüse bzw. die entsprechenden gastroenteralen Hormone des Dünndarmes und der Bauchspeicheldrüse zu verstehen.
Völlig spekulativ ist die Annahme der Beeinflussung überaktiver Schilddrüsenhormone durch den rhodanhaltigen Krautsaft, der eine Suppression der Schilddrüse zustande bringt. Dazu sei aber in diesem Zusammenhang der Hinweis erlaubt, daß die Bildung und die Unterhaltung eines Ulcus duodeni andere pathophysiologische Gesetzmäßigkeiten erfordert als die des Ulcus ventriculi.
So kann zusammengefaßt werden, daß die Magenmittel aus zwei Bereichen der Phytotherapie abzuleiten sind:

Die sensorischen Rezeptoren im Sinne der Amarawirkung: Capsicum, Pfeffer, Gewürze und viele Amarastoffe.
Mittel der Mageneinwirkung: Kamille, Glycyrrhyza glabra, Kraut- und Kartoffelsaft.

8.3.3 Ölhaltige Arzneipflanzen – ätherische Öle

8.3.3.1 Anwendungs- und Wirkungsbereiche

Neben den bereits erwähnten Grundbegriffen der Magenbehandlung in der Phytotherapie treten vor allem die ätherischen Öle in den Vordergrund, die als flüssige Gemische lipophiler und flüchtiger Verbindungen durch physikalische Prozesse aus einer Pflanze gewonnen werden. Sie sind lokalisiert in Exkretzellen sowohl in Haut- als auch Papillardrüsen (Haardrüsen), Zoten und auf der Oberfläche der Pflanze. Besonders häufig finden sie sich in den Familien der *Pinaceen, Lauraceen, Myrthaceen, Rutaceen, Apiaceen, Lamiaceen* und *Zingiberaceen*. Ätherische Öle sind Exkrete. Ihre ökologische Bewandtnis wird als Fraßschutz gedeutet, als Insektenlockstoff und als Fähigkeit, die Transpiration der Pflanze einzuschränken und in einigen Fällen auch in ihrer antibiotischen Eigenschaft.
In der Therapie gehören die ätherischen Öle zu den Pflanzenbestandteilen, die am meisten Beachtung finden, auch in der Volksmedizin längst bekannt sind und sich über Jahrtausende bewährt haben.

Äußerliche Anwendung:
Sie werden sowohl äußerlich angewandt im Sinne von hautreizenden oder desinfizierenden Substanzen als auch in Form von Tinkturen, wobei der Phenolvergleich als Maß für die Tiefenwirkung der ätherischen Öle angegeben wird. Weitere Komponenten von Drogen mit ätherischen Ölen, z. B. Diterpene und Sesquiterpenlaktone, sind an den *antibiotischen* Wirkungen beteiligt. Neben den hautreizenden Substanzen sind auch *entzündungswidrige* Merkmale abzuleiten, wie sich bei der *Kamille* gezeigt hat.

Innerliche Anwendung:
Innerlich angewandt, wirken ätherische Öle reizend auf die Schleimhäute von Magen-Darm, wobei bereits im Mund z. B. die *Salbeiöle* eine *desinfizierende* und *schleimhautprotektive* Wirkung entfalten können und schließlich in den mittleren Dünndarmbereichen die *Kümmel-*, *Wermut-* und *Fenchelöle* ihre Hauptbedeutung erlangen. Durch solche Ölwirkungen wird die Sekretion der Verdauungsfermente angeregt, auch *cholagoge* Wirkungen und *verdauungsfördernde* Möglichkeiten verstehen sich so.

Reflektorische Anwendung:
Daneben werden Wirkungen durch *Geruch* und *Geschmack* reflektorisch ausgelöst, die eine Vielfalt der Therapie begründen. Bei der *antidyspeptischen* Wirkung handelt es sich u. a. um Desinfektionsvorgänge im Darm, neben den *spasmolytischen* Eigenschaften und den *karminativen* Effekten, die sich hier erklären lassen.
Da die peroral oder parenteral (Bademedien) zugeführten ätherischen Öle teilweise auch durch die Lunge ausgeschieden werden, wie man von den *Senfölen* weiß, ist in der Therapie ein *bronchospasmolytischer* und *broncho-*

desinfizierender Effekt ebenfalls erreichbar. Dies haben einschlägige Beobachtungen gezeigt.
Daneben ergibt sich über die Nierenausscheidung eine *harndesinfizierende* bzw. *harnantiseptische* Wirkung, die aber gegenüber den anderen Wirkungen zurücktritt.

Wirkungsanalogien zu Gewürzen:
Ätherische Öle sind weitgehend mit der Wirkung der Nahrungsmittelgewürze identisch. Wenn an Gewürze im engeren Sinne gedacht wird, so meint man damit getrocknete Naturprodukte des Pflanzenreichs, die durch ihren Gehalt an aromatischen und scharf schmeckenden Bestandteilen eine Erhöhung des Wohlgeschmacks der Speisen hervorrufen können. Hier sind alle Küchenkräuter einzubeziehen, während Gewürze, im weiten Sinne auch Kochsalz, Zucker und andere, Verbesserungsmöglichkeiten der Speisen darstellen. Über die spezielle Nahrungsverbesserung hinaus haben *Gewürze* auch Heilwirkungen gezeigt und sind Bestandteile von *Tonika, Roborantien, Stomachika, Amara, Karminativa, Abortiva* und *Aphrodisiaka* in den jahrhundertelang vorwiegend volksmedizinisch und empirisch gebrauchten Arzneitherapien gewesen.
Unter den Krankheitszuständen, bei denen die alte Medizin die Verordnung von Gewürzdrogen für angezeigt hielt, nehmen allerdings die Störungen im Bereich der Verdauung den weitesten Raum ein. Das ist verständlich, weil es am leichtesten ist, einen zeitlichen Zusammenhang zwischen der peroralen Aufnahme eines Heilmittels und seiner Wirkung auf die Verdauungsorgane zu erkennen.

Anwendung als Stomachika und Karminativa:
Stomachika, Amara, Karminativa, Purgantien und Antidiarrhoika sind Begriffe der alten Medizin, die selbst in modernen Pharmakologiebüchern nicht fehlen. Sie erscheinen dort nicht aus alter Gewohnheit, wie man vielfach annehmen möchte, sondern weil sie nützlich sind.
Als Indikationen für Stomachika gelten viele Beschwerden, die sich auf den Magen beziehen:

- Appetitlosigkeit
- Aufstoßen
- Druck- und Völlegefühl im Oberbauch
- Erbrechen
- Schlechter Geschmack im Mund
- Sodbrennen
- Übelkeit.

8.3.3.2 Zusammenfassung der ölhaltigen Arzneipflanzen in der Gastroenterologie

Tab. 33

Pflanze	Familie	Deutscher Name	angew. Droge	Anteil äth. Öl	wichtigste chem. Bestandteile	med. Anwendung
Artemisia absinthium	Comp.	Wermut	herba	0,5%	Thujion Thujilalk. Phellandren	entzündungswidrig spasmolytisch choleretisch
Anthemis nobilis	Comp.	Römische Kamille	flores	0,5–0,9%	Ester der Angelikasäure Azulene	entzündungswidrig spasmolytisch
Achillea millefolia	Comp.	Schafgarbe	herba	0,25%	Borneolester Achillin Chamazulene 1%	Bittermittel
Carum Carvi	Apiaceae	Kümmel	fructus	4% nach DAB	D-Carvon über 60%	Carminativum Aromaticum Gewürz
Citrus aurantium	Rutac.	Pomeranzen	Pericarp	2,5%	Limonen 90% Terpenineol Aurapten	Amarum Aromaticum
Coriandrum sativum	Apiac.	Koriander	fructus	0,6–1,0%	D-Linalool 60–70% p-Cymol, Pinen	Carminativum Gewürz
Curcuma longa	Zingib.	Curry-Anteil	Rhizom	5%	d-Phellandreen Turmeron	Aromaticum Gewürz Färberei

8.3.3.3 Amara und Aromatika – ätherische Öle als Stomachika und Karminativa

A. Einteilung und Funktion der Stomachika

Man kann die Stomachika nach ihren Inhaltsstoffen in

Aromatika — Aromatika amara — Aromatika acria

einteilen.

Aromatika wirken auf Grund ihres Gehaltes an ätherischen Ölen, die die Magensaftsekretion steigern und damit den Appetit anregen. Bei den Aromatika amara sind neben den ätherischen Ölen bitterschmeckende, bei den Aromatika acria scharf schmeckende Substanzen an der Wirkung beteiligt. Die meisten Drogen dieser Gruppe besitzen auch *karminative* Eigenschaften, wie dies bei *Folia menthae piperitae* bei *Folia menthae crispae, bei Fructus carvi, Fructus coriandri* und *foeniculi* besonders ausgeprägt ist. Deshalb stehen diese Mittel bei der Erwähnung der Dyspepsiewirkung im Vordergrund.

Zu den Stomachika zählen im einzelnen:

Tab. 34 Übersicht der Amara und Karminativa

AROMATIKA:	
Folia menthae pip. (Pfefferminze)	Acorus calamus (Kalmus)
Achillea millefolium (Schafgarbe)	Satureja hortensis (Bohnenkraut)
Allium sativum (Zwiebel)	Thymus vulgaris (Thymian)
Foeniculum off. (Fenchel)	Condurango (Rinde)
Carum Carvi (Kümmel)	Juniperus communis (Wacholder)
Coriandrum sativum (Koriander)	
Majorana hortensis (Majoran)	
Origanum vulgare (Dost)	
Ocimum basilicum (Basilienkraut)	
Pimpinella anisum (Anis)	
AMARA:	
Alpinia officinalis (Galgant)	Curcuma longa (Gelbwurz)
Capsicum annuum (Paprika)	Curcuma zedoaria (Zittwerwurz)
China succirubra (Chinarinde)	Artemisia absinthium (Wermut)
Gentiana lutea (Enzian)	
Artemisia vulgaris (Beifuß)	
Angostura (Galipea officinalis)	
Zingiber officinale (Ingwer)	

Zu den Stomachika gehört eine Gruppe von Mitteln, deren Gemeinsamkeit in ihrer spezifischen Sinneswirkung liegt, es ist dies die Gruppe der **Amara**- oder Bittermittel.

B. Die Amara und Karminativa

Diese Bittermittel sind zugleich beliebte und bewährte *Tonika.* Mit stärkenden und kräftigenden Einflüssen zählen sie zu den beliebtesten Naturprodukten der modernen pharmazeutischen Industrie.

In der Abgrenzung zu ihnen sind *Karminativa* Mittel, die zur *Beseitigung von Blähungen* eingesetzt werden. Die Tatsache, daß die alte Pharmakopöe die Karminativa als separate Gruppe von Drogen zusammenfaßte, mag den Schluß erlauben, daß Blähungszustände als Zeichen von Darminfektionen früher häufiger waren als heute.
»Blähungswidrig« ist die Fähigkeit, im Darmkanal durch Fehlverdauung angesammelte und Beschwerden verursachende Gase abzutreiben oder zu verhindern.
Man nimmt an, daß die Karminativa die Spasmolyse der Darmmuskulatur erreichen und dadurch entblähend wirken. Gegenüber den Stomachika lassen sie sich nach Wirkungen und Indikationen nicht scharf abgrenzen.
Entblähend wirken andererseits auch viele Stomachika, indem sie die dyspeptische Störung beseitigen. Die Wirkung der Karminativa beschränkt sich in vielen Fällen nicht nur auf die Beseitigung von Blähungen, sie sind demnach zugleich Stomachika (GLATZEL).
Eindeutig charakterisieren lassen sich dagegen die *Purgantia* oder *Laxantia* als Mittel der Stuhlverstopfung, die *Antidiarrhoika* als Mittel gegen Durchfall und *Antihelmintika* zur Therapie der Eingeweidewürmer.

C. Die Aromatika

Folia menthae piperitae

Die in der Medizin am häufigsten verwendete Droge ist die Folia menthae piperitae. Die Blätter mentholreicher, carbonarmer Formen der *Mentha piperita,* einer Lamiacee, die als Kulturform bekannt geworden ist und wahrscheinlich durch Kreuzung aus der Mentha aquatica und der Mentha spicata entstanden ist. Die *Grüne Minze* (pallescens) ist hervorgegangen aus der Mentha piperita. Diese ist eine 40–70 cm hohe ausdauernde Pflanze. Die Vermehrung erfolgt durch Kopfstecklinge oder durch Wurzelausläufer. Die Blätter werden wie bei den anderen Lamiaceendrogen zur Blütezeit geerntet. Während des Welkprozesses erhöht sich der Gehalt an ätherischen Ölen durch neue Synthesen. Die Mentha piperita gliedert sich in viele Unterarten, in Varietäten und Formen. Von Bedeutung sind besonders die zur *Forma rubescens* mit rötlichem Stengel (schwarze Minze) der Varietät officinalis gehörenden *Mitcham-Minze,* die sog. *Blackmind* und die zur Forma pallescens mit grünen Stengeln der gleichen Varietät gehörenden *Pfälzer Minze,* die sog. Whitemind (auch grüne Minze genannt).
Die Droge enthält 1–3% ätherische Öle, Gerb- und Bitterstoffe. Der Hauptbestandteil ist das *Pfefferminzöl,* das Oleum menthae piperitae, das in der Zusammensetzung in Abhängigkeit von den Umweltfaktoren, unter denen die Pflanze wächst, vom Erntezeitpunkt und vom Feuchtigkeitsgehalt bei der Destillation eine große Variationsbreite aufweist. Über 50% enthält die Droge *Menthol* und dessen Essigsäure und Valeriansäureester mit mehr als 3%.
Weitere Bestandteile sind d-Menthon etwa 20%, Cineol bis 10%, Limonen

bis 5%, Neomenthol ist ein Steroisomeres des Menthols bis 5%, Betacryophyllin bis 5%, Pulegon bis 5%, Germacren-d bis 5% und Menthofuran 5–10%.

Zur Herstellung von *Minzöl* wird auch die *Mentha arvensis* mit ihrer Varianten piperascens, auch als *Japanische Minze* bekannt, angebaut und verwendet. Das Öl dieser Pflanze enthält bis zu 90% Menthol, wird aber durch Ausfrieren auf einen Mentholgehalt von etwa 50% eingestellt. Es ist von geringer Geruchs- und Geschmacksqualität, sein Estergehalt liegt zwischen 1 und 4%. Durch Rektifikation kann die Qualität verbessert werden. Das Minzöl, Oleum Menthae, ist eine Mischung zwischen den ätherischen Ölen von Mentha piperita, Mentha arvensis, Variante piperascens. Mit dem Gehalt von Mentholestern steigt die Geruchsqualität des Pfefferminzöles und nimmt mit steigender Menthofuranmenge ab. Auch einige Spurenstoffe, z. B. Jasmon, tragen wesentlich zum Geruch bei. Neben der Anwendung als Stomachikum und Karminativum dienen Blattdroge und ätherisches Öl als Cholagogum, die Blattdroge auch als Antidiarrhoikum. Menthol aus Minzöl oder halbsynthetisch aus Thymol-Piperiton-Alpha-Pinen und anderen Mentholterpenen gewonnen, wirkt durch Senkung der Reizschwelle, der Kälterezeptoren der Haut oder der Schleimhaut kühlend und hat anaesthetische und sekretionseinschränkende Wirksamkeit. Man benutzt es zur Herstellung von Migränestiften, zu Schnupfensalben etc. oder zu Mentholspiritus.

Der Tip:

> Stomachikum und Karminativum.
> Blattdroge als Antidiarrhoikum.

Folia menthae crispae

Die *»Krause Minze«* stammt aus Kulturformen von Menthaarten, wahrscheinlich der *spicata* bzw. der Variation *crispa.*

Hauptbestandteil: *L-carvon.*

Am Geruch ist das Dihydrocuminolazetat und Dihydrovarveolazetat wesentlich beteiligt.

Die Droge, die vorwiegend in den GUS-Ländern und Ägypten gewonnen wird, findet die gleiche Anwendung wie die Pfefferminze. Das ätherische Öl dient zur Aromatisierung der Zahnpasten, Mundwässer und Kaugummis.

Die Intensität der ätherischen Öle von Mentha piperita ist sehr groß. Im Geruch läßt sich noch in einer Verdünnung von 1 : 1,5 Mio. der Nachweis erbringen, im Geschmack bei einer Verdünnung von 1 : 4 Mio.

Neben den Geruchs- und Geschmackswirkungen wirkt Menthol *antiseptisch,* in höheren Konzentrationen auch *desinfizierend.* Resorptiv ist Menthol weniger toxisch als Kampfer. Menthol lähmt in großen Dosen das Zentralnervensystem, speziell die Medulla oblongata. Insbesondere **wirkt Menthol** auf den Tonus der glatten Muskulatur **des Darmes erschlaffend** und **peristaltiklähmend** und zwar stärker als alle anderen Bestandteile des Oleum menthae piperitae.

Menthol wird im Organismus mit Glucuronsäure verestert, durch die Nieren ausgeschieden und verleiht dadurch dem Harn reduzierende Eigenschaften. Auf die Tatsache der Darmlähmung ist wohl die carminative Wirkung zurückzuführen. Daneben ist nachgewiesen, daß das Pfefferminzöl eine starke spasmolytische aber auch eine kräftige cholagoge Wirkung hat. Dabei wird vermutet, daß nicht nur das Menthol, sondern auch Nebenwirkstoffe, die als Bitterstoffe fungieren, wirksam werden. Durch den Bitterstoff wird die Pfefferminze zum Aromatikum, während der erhebliche Gerbstoffgehalt neben Oleum menthae piperitae sehr wesentlich an der (tierexperimentiell erwiesenen), am Menschen schon seit langem festgestellten **antidiarrhoischen Wirkung** beteiligt ist.
Es ist nicht uninteressant, daß Oleum menthae piperitae auch eine *antihelmintische* Wirkung hat, die aber im Vergleich z. B. zu *Thymol* weit geringfügiger ausfällt.
Vergiftungen sind durch dieses Pflanzenöl nicht zu befürchten, jedoch gibt es allergische Beobachtungen in sehr geringem Ausmaß. Die Anwendung in der Heilkunde als innerliches Mittel ist seit langem bekannt und als **Stomachikum** und Spasmolytikum hochgeschätzt. In jüngster Zeit kam eine klinische Bestätigung aus England (Rees et al.), wobei bei Behandlung von Verdauungsbeschwerden, die auf ein Reizkolon bzw. irritables Colon zurückgeführt wurden, Pfefferminzöl in Gelatinekapseln gereicht wurde, damit sie vom Magen nicht angegriffen und vorverdaut werden können.
Dabei zeigte sich, daß die Beschwerden sofort besser wurden, die Stuhlfrequenz sich aber nicht veränderte. Als Karminativum mit antispasmodischen Eigenschaften ist in allen Fällen der Einsatz zu rechtfertigen. Die Kapselwirkung hat sich in der Zwischenzeit eingebürgert, so daß Behandlungsversuche von Volkmann 1981 auch in Deutschland begonnen hatten, und das Colon irritabile im Anschluß an die obengenannte Veröffentlichung aus England mit Pfefferminzöl allgemein durchgeführt wird. Der Erfolg eines langjährigen Zustandes mit belastender Vorgeschichte war in klinischen Beobachtungen erstaunlich. Der Meteorismus ließ sofort nach, es kam zu täglichen normalen und spontanen Entleerungen und zu einer weitgehenden Besserung der enterotoxisch bedingten Reaktion von seiten der Haut. Offenbar war von dieser Seite her eine urticarielle Belastung zu verstehen.

Der Tip:

> Karminativum mit antispasmolytischen Eigenschaften.
> Colon irritabile.

Achillea millefolium

Die *Schafgarbe,* eine Composite, stellt ein weiteres Aromatikum amarum. Die Staude kommt allenorts auf den Wiesen Mitteleuropas und Nordamerikas vor.
Die Triebspitzen der blühenden Pflanze liefern die *Herba millefolii.*

Die Droge enthält 0,2%–0,5% ätherischen Öles, das in Abhängigkeit von genetischen Faktoren in seiner Zusammensetzung sehr variabel ist. Vorwiegend in tetraploiden Unterarten ist bis zu 50% *Chamazulen* im ätherischen Öl enthalten, das aus dem bitteren Matrizin hervorgeht. In hexaploiden und oktaploiden Unterarten fehlen die Azulenogene.
Als weitere Bestandteile wurden Alpha- und Betapinen, Sapinen, Kampfer, Borneol, Terpineol-4, Cineol, Alpha-caryophyllen und Artimisiaketon nachgewiesen. Statt Matrizin soll in den hexaploiden Rassen das nicht azulenogene, bittere Achillin vorkommen. Die Arzneibücher fordern eine Droge mit Proazulengehalt. Schafgarbe besitzt spasmolytische Eigenschaften und wird daher auch als **Karminativum** und Cholagogum verwendet. In der Volksmedizin benutzt man sie außerdem noch als Diuretikum und Antihaemmorrhagicum, wie sie z. B. bei den alten Römern als sog. Soldatenkraut im Tornister mitgetragen wurde (siehe Wundkräuter).

Allium sativum und Allium ursinum

Hier geht es um den *Knoblauch* und den *Bärlauch.* Es handelt sich (mit der Zwiebel) um schwefelhaltige Benzylsenföle, deren desinfizierende, antiseptische Wirkung seit langem bekannt ist und die in einem anderen Kapitel bereits beschrieben sind.
Die Verbesserung der Verdauungswirkung beruht auf einer Umstimmung der gesamten Darmflora aufgrund der sehr kräftigen Öle und auf der Reizwirkung der schwefelhaltigen Öle auf die Darmschleimhaut im Sinne von leichten Entzündungsreaktionen. Dadurch kommt es zu einer umstimmenden Gegenwirkung, die vor allem auch antiseptisch zu betrachten ist, bei Diarrhoe, so daß sich die alte *Knoblauchsuppe* als volksmedizinisches *Antidiarrhoikum* so erklären läßt. Auch die Wirkung auf Pilze im Sinne der *antimykotischen* Wirkung ist von den Knoblauchölen bekannt, jedoch ist die Menge, die hier zugeführt werden muß (etwa 3–5 Zehen pro Tag), oft dem Probanden nicht geheuer, bzw. sie wird aufgrund des intensiven Geschmakkes oft abgelehnt.

Der Tip:

> Darmwirksame ätherische Öle.
> Als Karminativa und Antidoarrhoikum angezeigt zur Umstimmung bei leichten Darmentzündungen.
> Antimykotisch zur Stabilisierung der Darmflora.

Foeniculum officinale

Fenchel wird als Staude im ganzen Mittelmeerbereich und westlichen Asien angebaut, er ist zweijährig und existiert als Kulturpflanze sowohl in Balkanländern, als auch in ganz Mitteleuropa. Er wird in Unterarten und Varietäten sowie in verschiedenen Sorten, die sich in der Zusammensetzung des ätherischen Öles unterscheiden, unterschiedlich kultiviert. Die Kulturform rechnet man zur Subspezies *vulgarea,* die Wildformen zur Subspezies *piperitum.*

Die Varietät *dulce* liefert den Gewürzfenchel, der die scharf und bitter schmeckende Fenchone unter 1% enthält, die Varietät *azoricum* den Gemüsefenchel, dessen Kraut als Salat oder gedünstet gegessen wird.
Die Droge, vor allem der Samen, enthält 4–6% ätherisches Öl, Oleum foeniculi, dessen Hauptbestandteil *Anethol* (60–90%) ist. Daneben kommen Fenchon (10–20%), Alpha-pinen (1–5%), Methylchavicol (2–5%), Limonen, Foeniculin und andere vor.
Fenchel ist ein in der Kinderpraxis beliebtes Expektorans und auch in der Erwachsenenpraxis ein vielbekanntes und vor allem lange in der Volksmedizin eingesetztes **Karminativum.** Ähnlich wie Anis wird es auch als Laktagogum, in Form von Aqua foeniculi als Augenwasser bei Ermüdungserscheinungen und Entzündungen der Augen angewandt. Die Wirkung von Anethol und Fenchon sind beim Menschen getestet worden, wobei mit 2,0 g eine Magenreizung, Kopfschmerzen und Benommenheit erreicht wird. Anethol wird im Organismus zu Anissäure oxydiert und zum Teil, mit Glykocoll gepaart, als Anisursäure ausgeschieden. Große Dosen von Oleum foeniculi wirken zentralerregend. Dem Fenchel wird neben seiner Wirkung als Stomachikum, als sehr wirksames Spasmolytikum, die auch bereits erwähnte galaktogene Wirkung zugeschrieben. Fructus foeniculi mit mindestens 1,5% sind offizinell; sie schmecken schwach brennend, auch als Bestandteil der Spezies laxantes und Pulvis liquiritiae compositum sind sie beliebt.

Der Tip:

> Stomachikum und Karminativum.
> Ab 2 g Anethol können Magenreizungen als unerwünschte Nebeneffekte auftreten.

Fructus carvi

Kümmel, aus der Familie der Apiaceen, dient als Gewürz und hat sich – ähnlich dem Fenchel – mit seinem entsprechenden Öl bei der Behandlung von Darmerkrankungen als wirksam gezeigt.
Toxische Schädigungen sind grundsätzlich nicht zu befürchten. Bei chronischem Mißbrauch von kümmelhaltigem Branntwein können Schädigungen durch das Kümmelöl auftreten. Diese äußern sich vor allem in degenerativen Veränderungen parenchymatöser Organe wie bspw. der Leber, sind aber keineswegs als spezifische Wirkung des Kümmelöls anzusehen.
Wie der Fenchel, wurde auch der Kümmel als Galaktagogum bei stillenden Frauen bekannt.

Der Tip:

> Spasmolytikum bei Flatulenz, Meteorismus und Gärungsdyspepsie.
> Stomachikum bei Anorexie und Dyspepsie.

Fructus coriandri

Eine weitere Apiacee, die **Coriandrum sativum,** erbringt die *Koriander-früchte.*

Enthalten sind 1% ätherisches Öl mit 60–70% d-Linalool. Daneben besonders Geranol, Borneol und die Azetate der Alkohole. Die Korianderfrüchte werden innerhalb der Heilkunde weniger angewandt als der Kümmel, dagegen als Gewürz, insbesondere als Brotwürze mit der gleichen Wirkung wie Kümmel zur Verbesserung der *meteoristischen Wirkung* frischer Speisen und Hefeprodukte.

Majorana hortensis

Der *Majoran,* im Orient und im Altertum bereits kultiviert, und seit dieser Zeit als aromatisch duftendes Kraut bekannt. Seine ätherischen Öle sind etwa 40% *Terpene* und *d-Alpha-Terpineol* und paaren sich mit Bitterstoffen und etwa 9,5% Gerbstoffen. Majoran wird als Wurstgewürz, aber auch arzneilich wie Origanum vulgare angewandt. Die berühmten Kräuterkissen im Volk haben einen Zusatz von Majoran, bekanntlich wurden diese bei Rheuma- und Gelenkleiden eingesetzt.

Ocimum basilicum

Das *Basilienkraut,* ursprünglich in den tropischen Ländern eingebürgert, hat sich auch in den gemäßigten Zonen kultivieren lassen.

Die aromatisch duftenden, kühl schmeckenden Blätter, besitzen ätherisches Öl mit Estragol- und Linalolanteilen bis zu 39%. Ferner sind Gerbstoffe und Anethol enthalten. Basilienkraut wird innerlich vor allem als **Stomachikum** und **Karminativum,** aber auch wie die übrigen als Galaktagogum verwendet.

Origanum vulgare

Wir nennen ihn den *»Echten Dost«* oder *»Wilden Majoran«.* Er enthält ebenfalls ätherisches Öl mit 16% Thymol, daneben Carvacol, Pulegon, außerdem Terpene etc. Neben dem ätherischen Öl werden noch 8% Gerbstoffe, jedoch kein Saponin angegeben. Dem *Oleum origani,* das auch als Pizzawürze bekannt geworden ist, wird besonders starke spasmolytische Wirkung bei Krampfhusten und Pertussis zugeschrieben; doch gilt der Dost in Gewürzform meistens als **Stomachikum** und **Karminativum.** Äußerlich gilt Infusa herbae origani als Gurgelwasser und als antiseptische Empfehlung.

Pimpinella anisum

Der *Anis,* auch ein einjähriges Kraut aus der Familie der Apiaceen, enthält in seinen Früchten ätherisches Öl, das farblose und in der Kälte erstarrende *Oleum anisi.*

Das Öl enthält 90% Anethol als Hauptanteil und Geruchsträger, daneben Isoanethol, Anisalkohol, Anissäure, Cholin und Diterpene. Neben dem ätherischen Öl in der Frucht bis 30% fettes Öl. Oleum anisi wirkt noch kräftiger spasmolytisch als Oleum foeniculi, es fördert die expektorierende

Wirkung und regt bereits in kleinsten Dosen die Tätigkeit des Flimmerepithels an.
Officinell ist die Fructus anisi mit mindestens 1,5% ätherischem Öl als Bestandteil der Spezies pectoralis und Spezies laxantis. Das würzig riechende Öl findet sich im Liquor ammonii anisati.
In der Heilkunde des Altertums schätzte man Anis als Solanum intestinum und wandte es ähnlich wie Fenchel an. Beide Drogen sind sich demnach in ihrer Wirkung recht ähnlich.

Der Tip:

> Oleum anisi wirkt im Magen-Darm-Trakt anregend auf die Sekretion aller Drüsen, einschließlich der Milchdrüsen.

Rhizoma calami

Mit dem *Kalmuswurzelstock* von Acorus calamus, einer Aracee, verfügen wir über ein weiteres Stomachikum. Die Sumpfpflanze wurde vor allem aus Ostasien im Mittelalter nach Europa eingeschleppt.
Die bei uns vorkommende Form ist triploid, damit steril und vermehrt sich vegetativ. Eine diploide Varietät, die Variante *amerikana,* findet sich in Nordamerika. Die Droge enthält 1,5–3,5% ätherisches Öl (Oleum calami), ein wesentlicher Bestandteil ist das Beta-asaron neben wenig Alpha-asaron, zusammen 5–10%. Daneben kommen eine Vielzahl von Sesquiterpenen, zum Teil von ungewöhnlicher Struktur, vor.
An nicht flüchtigen Bestandteilen sind Bitterstoffe und Gerbstoffe nennenswert. Die Droge dient innerlich als **Stomachikum** und **Karminativum** und ist in einschlägigen Spezialitäten zu finden. Äußerlich benutzt man sie zu hautreizenden und tonisierenden Bädern, die auch analgetische und sedative Wirkungen vereinen.

Satureja hortensis

Das *Bohnenkraut,* aus der Familie der Lamiaceen, beschließt vorerst die Reihe der in der Heilkunde als Karminativa gebrauchten Kräuter.
Wirkstoff: *Carvacol.*
Das Carvacol enthält ätherisches Öl mit etwa 30% Carvacol, 20% p-Zymol sowie Diterpen, außerdem 4–8% Gerbstoffe und etwas Schleim. *Herba satureja* wird als Stomachikum, Karminativum und Expektorans, aber auch als Antidiarrhoikum im *Infus* zusammengestellt. Bei der antidiarrhoischen Wirkung ist der Gerbstoff wesentlich, der neben dem Schleim die Wirkung dieses sonst als Küchenwürzkraut bekannten Bohnenkrautes unterstützt.

D. Aromatika acria

Alpinia officinalis

Den *Galgant* kennt man aus der Hildegard-Medizin. Hier geht es ganz offensichtlich nicht um Einflüsse, die nur den Magen betreffen, sondern die über den sensorischen Bereich der Bitterstoffaperzeption an der Zunge auch am Herzen wirksam werden können, so daß an eine *Übertragung* der sensorischen Bitterstoffe auf die *extrakardialen Herzganglien* zu denken ist.

Capsicum annuum

Ähnliche Erfahrungen konnten bei Capsicum-Untersuchungen im Sinne der *Vagusleitung* gemacht werden, bei denen Pfeffer- und Nikotinwirkungen mit einbezogen sind. Mit Hilfe des sekretorischen IGA können die Bitterstoffeffekte analysiert werden. Dabei wird ein erniedrigtes sIGA durch Chinarinde – einerlei in welcher Verbindung (Tct. Chinae comp. oder Tct. Amara oder auch China in der homöopathischen Dosierung von D1 bzw. Urtinktur) – angeregt. Ein erhöhtes sIGA, wie es bei Entzündungsprozessen des Magen-Darmtraktes (Colitis und Morbus Crohn) auftritt, kann z. B. durch eine Gentiana lutea-Tinktur zur Senkung der erhöhten Werte angesetzt werden (W. ZIMMERMANN u. M. GAISBAUER).

Condurango

Familie: *Asclepiadacae.*

Die Condurango-Rinde wird bei Magen-Darm-Störungen mit atrophischer Schleimhaut wirksam. STAUFFER hat auch von einer Beeinflussung des Magenkarzinoms nach Anwendung von Condurango-Rinde gesprochen.

Der Tip:

> Anwendung bei atrophischer Schleimhaut beachtenswert.

Rhizoma zingiberis

Zu den scharfen Aromatika gehören *Rhizoma zingiberis, Rhizoma zeduaria* und *Piper niger.* Rhizoma zingiberis ist eine Droge aus der Familie der Zingiberaceen. Unter Ingwerrhizom verstehen wir den von der Korkschicht befreiten und geschälten Wurzelstock von Zingiber officinalis, dem Ingwer.

Er ist eine zwei Meter hohe Staude, als Kulturpflanze in Asien vielfach angebaut, früher in tropischen Gebieten beheimatet, kommt aber auch in subtropischen Gegenden vor. Die einzelnen Provenienzen unterscheiden sich stark im Aroma, am meisten geschätzt ist der *Jamaica-Ingwer.* Er liefert 1,5–3% ätherisches Öl mit den Hauptbestandteilen Alpha- und Betazingiberen, Betabisabolol, Curcumen, Borneol und Pharnesen. Daneben enthält er das ätherische Öl, u. a. Aldehyde. Der scharfe Geschmack der Droge ist auf ein Gemisch nicht flüchtiger homologer Verbindungen zurückzuführen.

Ingwer ist ein häufig verwendetes Gewürz. Die Bedeutung ist bei Ingwer und den scharfen Aromatika in einer *Reizung der Sekretionsdrüsen* von Magen und Darm zu suchen.

In der Praxis gehören **Meteorismus** und **Flatulenz** zu den häufigsten Beschwerden. Unter physiologischen Bedingungen werden die durch chemische Reaktion bei der Verdauung durch die orale Aufnahme beim Schlucken sowie die aus der Aktivität der Darmflora anfallenden Gase rasch beseitigt. Darüberhinaus werden intestinale Gase durch die Darmperistaltik rasch nach außen transportiert. Dabei ist die normale Passagezeit im Dünndarm 6–15 Min., durch Dünndarm und Dickdarm etwa 30 Min. Zu einer vermehrten Gasbildung kommt es sowohl bei **Aerophagie,** bei **Störung der Motilität** von Verdauungsorganen, sowie bei einer **Fehlanlage** bzw. Fehlbildung **der Darmflora.** Die Fehlbesiedelung des Dünndarmes dürfte wohl die häufigste Ursache sein, neben Kreislaufstörungen im Sinne von **Pfortader-Stauungen.**

Die bekannte Gasbildung nach Genuß von Hülsenfrüchten ist auf schwer verdauliche Oligosaccharide, Raffinose und Stachiose zurückzuführen. Sie werden im Colon von der Darmflora unter Freisetzen von Gasen metabolisiert, ein Vorgang der sich durch Antibiotika hemmen läßt. Bei Laktasemangel wird dort unter Gasbildung Laktose bakteriell abgebaut.

Schließlich sind Zirkulationsstörungen im Sinne von Pfortader-Stauungen und Stasen in der Durchblutung des Darmes mit an Meteorismus und Flatulenz beteiligt. Die Behandlung der vermehrten Darmgase muß auf die Entstehungsmechanismen zurückgeführt werden.

Die *Prophylaxe,* nämlich blähende Speisen wie *Kohl, Bohnen, Linsen, Erbsen* und *Zwiebeln* zu meiden, ist der erste Schritt. Dazu werden Stoffe verabreicht, die *Gase binden,* wie z. B. *Tierkohle* oder *Kaffeekohle.* Zweifellos erreicht man mit disulfidhaltigen ätherischen Ölen wie *Knoblauchöl* oder das ätherische Öl von *Allium ursinum* eine erhebliche Umstellung der Darmflora, wenn nicht die bekannte Geruchsbelästigung wäre.

Aber auch mit den einfachen ätherischen Ölen ist eine generelle desinfizierend umstimmende, antiseptische Wirkung zu erzielen, so daß auf die Dauer ein Umstimmungsreiz gesetzt werden kann. Die milde Umstimmung ist zweifellos anderen Umstimmungsmethoden wie antibiotischen Therapien u. ä. vorzuziehen.

Erwähnenswert ist in dem Zusammenhang einer Ingweranwendung bei *Glutenallergie* bzw. *Mehlallergien* auch eine Interdependenz zwischen der Ingwerwirkung und dem sog. *Dumping-Syndrom,* d. h. ein *Magenverlustsyndrom,* bei dem Zingiber officinalis in Form von Pulver aus der getrockneten Wurzel oder wie es in der Klinik üblich war, in einer Verreibung als D1-Tablette nach DHU eingesetzt werden kann. Ähnlich wie bei der *Reisekrankheit,* bei der 2 g Ingwerpulver wirksam eingesetzt werden, hat sich auch dieses Verlustsyndrom nach operiertem Magen klinisch eindrucksvoll behandeln lassen. Die Wirkmechanismen sind noch nicht völlig überschaubar, es steht aber fest, daß in Verbindung mit der Reisekrankheit eine zentrale Vagusreizung, d. h. eine nervale Beeinflussung der Magensekretion, hier eine Rolle spielt, so daß zumindest der Ingwer auch als Gewürz über die Papillen der Bitterstoffaperzeption als pflanzliches Mittel auf den gereizten Vagus ausgleichend hilft (W. ZIMMERMANN).

Anwendungsbereiche zusammengefaßt:	Aerophagie Dumping Syndrom Fehlbesiedlung des Dünndarms Flatulenz Meteorismus Motilitätsstörungen Magenverlustsyndrom Mehlallergie Pfortaderstau Reisekrankheit: 2 g Ingwerpulver Schwarzbrotallergie

Für den Magen gelten die Gesichtspunkte einer Beeinflussung der Funktion im Sinne von *Säurehemmung* und *Säureproduktion* der *nervalen Versorgung* (Spasmolyse) und schließlich der *Schleimhaut* (Mucilago- und Sekretionsanomalie). Das erste Ziel einer Magentherapie ist die Säureproduktion. Inwieweit dabei die H_2-Antagonisten den pflanzlichen Saponindrogen aus Glycyrrhyza glabra überlegen sind, steht nicht zur Diskussion. Darmfehlfunktionen reagieren demnach besser auf einfache ätherische Öle, wie aufgezeigt werden konnte.

8.3.4 Ballaststoffe bzw. Rohfasern in der Gastroenterologie

8.3.4.1 Funktionen und Einflußmöglichkeiten

Die herrschende Auffassung über die Bedeutung der Rohfaser im weiteren Sinne bzw. der Ballaststoffe *war* lange Zeit, wie aus dem Wort »Ballast« hervorgeht, *eine* lediglich *negative,* nämlich insofern, als diese Stoffe keine Kalorien enthielten, der Ernährung nichts Nützliches brächten und darum entbehrlich seien.

Die Erkenntnisse, daß den Ballaststoffen eine sehr wichtige Rolle zukommt, wurden zunächst in der Tierfütterung gewonnen, wo es mehr als in der menschlichen Ernährung darauf ankommt, die Gewinnung von Schlachtfleisch wirtschaftlich zu gestalten. Man erkannte, daß hochwertiges Futter, das zu 100% ausnutzbar ist, also reines Kraftfutter darstellt, bei Alleinfütterung niemals 100%ig ausgenutzt wird. Erst wenn es mit weniger ausnutzbarem Futter – der Landwirt nennt dieses Rauhfutter – vermischt verfüttert wird, steigt die Ausnutzung des verabreichten Kraftfutters und das Vieh bleibt obendrein gesünder. Von dieser Erkenntnis ausgehend, hat man in der Zwischenzeit feststellen können, daß den Ballaststoffen eine ganze Reihe von Funktionen zuzuschreiben sind, die sich für die Aufrechterhaltung harmonischer Verhältnisse im Verdauungskanal als mehr oder weniger unentbehrlich erweisen.

Darmperistaltik – Darmmotorik – Darminnendruck
Zu den Funktionen gehört nicht nur die Anregung der *Darmperistaltik* im physiologischen Sinne, sondern auch die Normalisierung gestörter *Darmmotorik*. Insbesondere aber weiß man heute, daß der *Darminnendruck* für bestimmte Darmkrankheiten und Darmunruhen eine besondere Bedeutung hat. Mit Ballaststoffen wird dieser Darminnendruck gesteuert.

Darmflora – Cholesterin – Gallensäure
Außerdem wird mit den Ballaststoffen auch die physiologische *Darmflora* im Gleichgewicht gehalten, sowie *überschüssige* Gallensäure und Cholesterin aus dem enterohepatischen Kreislauf eliminiert.
Die *Bestandteile* von Ballaststoffen sind überwiegend:
- Hemizellulosen
- Lignine
- Pektine
- Pentosane
- Rohfaserprodukte
- Zellulose.

Bremsen der Aufnahme übermäßiger Nahrungsmengen
Die obigen Bestandteile haben alle unterschiedliches Molekulargewicht, unterschiedliche Löslichkeit, *Quellfähigkeit* und Verdaulichkeit. Außerordentlich wichtig ist der Effekt, daß die Rohfaser durch ihr hohes Quellvermögen wesentlich dazu beiträgt, daß die Aufnahme übermäßiger Nahrungsmengen gebremst wird.

Funktionen der Ballaststoffe nach Eckstein:
- Darmregulierung
- Fäulnisverhinderung
- Kauanregung
- Regulation von Nahrungsverzehr und Nahrungsabsorption
- Sättigungsstoffe.

Von der optimalen Verdauung werden viele weitere Stoffwechselfunktionen im physischen und psychischen Bereich beeinflußt.

> Von der Einhaltung des richtigen Bedarfs an Rohfasern in der täglichen Kost kann für die Gesundheit und Leistungsfähigkeit des Menschen mehr abhängen, als von der optimalen Versorgung mit einzelnen Nähr- und Wirkstoffen.

8.3.4.2 Ballaststoffe – Definition und Eigenschaften

Man versteht darunter zunächst jene organischen, überwiegend pflanzlichen Nahrungsbestandteile, die im Verdauungstrakt des Menschen nicht abgebaut und resorbiert werden können, weil die dazu benötigten Enzyme fehlen.

Hierzu gehören hauptsächlich Bestandteile pflanzlicher Zellwände wie:

- Alginate
- Chitinderivate
- Hemizellulose
- Lignine
- Nichtmetabolisierter Zucker (bspw. Raffinose)
- Pektine
- Pflanzengummen (strukturlos)
- Pflanzenschleime (strukturlos)
- Phytinsäure
- Silikate
- Unverdauliches Material tierischer Herkunft (bspw. Knochen, Sehnen)
- Zellulose

und andere Substanzen.

Diese Ballaststoffe sind *chemisch nicht einheitlich,* sondern verschiedenen Gruppen zugehörig. Es ist nahezu unmöglich, sie in der Nahrung oder dem Darminhalt exakt zu analysieren.

Eine wichtige physiologische Eigenschaft beruht auf der *Quellung* der Ballaststoffe. Diese vergrößern das Stuhlvolumen aufgrund ihrer erheblichen Bindungsfähigkeit mit Wasser. Weizenkleie wird bspw. bis zum 4fachen des Eigengewichts vergrößert. Hierdurch entstehen günstige Einflüsse auf die *Peristaltik* und auf den Wasserhaushalt des Darmes. Die unverdaulichen Reste reizen die Darmwand mechanisch und beschleunigen auch dadurch die *Motilität.*

Außerdem bilden sie einen *Nährboden* für die *Darmflora.* Durch die Rohfaserprodukte nimmt man an, daß auch innerhalb der Darmflora gerade solche Bakterien überhand nehmen, die zur Zellulosespaltung in der Lage sind und damit eine bessere Ausnutzung der Nahrung erzielen. Darmkeime können Rohfasern nur teilweise abbauen. Dadurch entstehen Gärgase wie Kohlendioxyd, Ammoniak, Methan und Wasserstoff. Durch diese Gasbildung wird andererseits wieder die Darmpassage gefördert, indem die Fäces aufgelokkert werden und ihr Volumen vergrößert wird. Dabei entsteht indirekt eine *laxierende* Wirkung der Ballaststoffe und der Rohfaserprodukte.

Eine ähnliche Entstehungsweise erklärt auch die vermehrte Gasbildung nach Genuß von *Hülsenfrüchten,* die unverdauliche Oligosaccharide, Raffinose und Stachiose enthalten. Sie werden im Colon von der Darmflora unter Freisetzung von Gasen metabolisiert, ein Vorgang, der sich z. B. durch Antibiotika unterbrechen läßt. Hierbei hat man die Ansätze für das Tabu der Hülsenfrüchte, das bereits in der Antike neben dem Schweinefleischtabu bestand. Hülsenfrüchte verzögern die Verdauung; sie neigen zu Blähungen, machen durch ihren Blähungsfaktor Angstträume und Herzoppressionen, so daß hier von der natürlichen Ernährung abgehende Meinungen in der Antike vorherrschten. Diese Hülsenfrüchte-Tabus lassen sich noch bis in das vorige Jahrhundert verfolgen.

Ballaststoffe *absorbieren stark.* Das kann den Mineralienhaushalt beeinflussen und zu einer *negativen* Kalzium- und Eisenbilanz führen. Das gleiche gilt auch für Magnesium und Zink, wobei hier noch einschlägige Untersuchungen ausstehen. Es scheint aber festzustehen, daß unverdauliche Faserstoffe die Glukosetoleranz verbessern, die postprandiale Hyperglykämie vermindern und sich damit bei Diabetes günstig auswirken. Den Einfluß auf den Cholesterinspiegel stellt man sich so vor, daß Ballaststoffe im unteren Dünndarm freie Gallensäuren absorbieren und damit den Recyclingmechanismus der Gallensäuren unterbrechen.

Arterioskleroseheemmung – vorerst Spekulation
Ballaststoffe werden vermehrt mit dem Stuhl ausgeschieden und beeinflussen dadurch den Gallensäurevorrat der Leber. Daraus folgt eine vermehrte Synthese von Gallensäuren, die Cholesterin verbrauchen. Auf diese Weise nimmt man an, daß Serumcholesterin abgebaut wird, was sich immer wieder besonders bei essentiellen fettsäurehaltigen Ballaststoffen bewiesen hat. Quantitativ spielt der Effekt jedoch *keine* große Rolle. Unter dreiwöchentlicher Zufuhr von Ballaststoffen wurden zwar um 40% mehr Gallensäure und um 16% mehr Neuralsteroide ausgeschieden. Der Serumcholesterinspiegel sank aber nur um 7%. An Tierversuchen hat man durch Ballaststoffe den Cholesteringehalt wesentlich beeinflussen können. Damit hat sich die Frage gestellt, ob die Faserstoffe Arteriosklerose hemmen bzw. widrig sind. KRITSCHEVSKI hat diesbezüglich Überlegungen angestellt, jedoch vor einer extremen Bewertung gewarnt. Anders verhält es sich in der Verhütung des Colonkarzinoms und in einer Verbesserung des Colon irritabile und der Divertikulose.

Denkbare Zukunftsperspektive: Krebsbehandlung
Auf die noch schwebenden Diskussionen zurückgreifend, kann grundsätzlich festgestellt werden, daß hoher Fleisch- und Fettverzehr als Wegbereiter des Dickdarmkrebes angesehen werden muß, weil bakterielle Fett- und Eiweißabbauprodukte, die als Kanzerogene gelten, nämlich Desoxycholsäure, Indol, Skatol, Ammoniak in größeren Mengen anfallen. Die Darmpassagezeit scheint dagegen kein entscheidendes Kriterium zu sein.
Eine Tatsache, daß man die *Gallensäure* als *karzinogen* betrachtet, beweist, daß durch die Reduktion der Gallensäuren aufgrund der Zufuhr von Rohfaserprodukten eine deutliche Pophylaxemöglichkeit besteht. Neuerdings wurde von ESER die Diskussion dahingehend geführt, daß der Quotient Rohfaser – Fett wesentlich an der Krebserkrankung beteiligt ist.
Auch hier ist es noch zu früh, ein abschließendes Urteil zu fällen. Bei der heutigen Form der Ernährung im mitteleuropäischen Bereich wird immer konzentrierter auf die wesentlichen Nahrungsinhalte ohne Ballaststoffe zugegangen. So erscheint es in jedem Fall erforderlich und sinnvoll, den Ballaststoffen eine bedeutsamere Rolle einzuräumen als dies bisher der Fall war.

8.3.4.3 Der Einfluß von Ballaststoff-Pektinen auf den Blutzucker

Guarmehl, der unverdauliche Bestandteil gewisser *Bohnenarten* und **Pektine** sind sogenannte gelbildende Kohlenhydrate, die im menschlichen Gastrointestinum weder verdaut noch resorbiert werden. Fügt man sie einer Glukosetestmahlzeit zu, so senken sie die postprandialen Blutzuckerspiegel sowohl von Gesunden als auch von Diabetikern. Solche Substanzen helfen damit, Zuckerkranken *Insulin zu sparen.* Bei Pektin scheint darüberhinaus noch ein wichtiger Faktor für das **Dumpingsyndrom von Magenoperierten** hinzuzukommen.
Die Effekte, die man solchen Pektinen bzw. Polysacchariden zuschreibt, sind zum einen eine Verzögerung der Magenentleerung durch die unverdaulichen Anteile und damit eine verzögerte Glukoseresorption, zum anderen greifen sie direkt in die Resorptionsprozesse des Dünndarms ein, wie STEFAN HOLT aus Edinburgh nachgewiesen hat.

BURKITTS Untersuchungen zur Divertikulose und Obstipation sowie zum Colonkarzinom:
Anfang der 70iger Jahre wurde vom Engländer BURKITT die Vermutung ausgesprochen, daß dem Gehalt von unverdaulichen Fasern in der Nahrung eine gewisse *Schutzwirkung* gegenüber dem *Colonkarzinom* und der *Divertikulose* sowie der *Obstipation* zugesprochen wird. Er hatte an afrikanischen Eingeborenen, die sich in der Hauptsache von Vegetabilien mit hohem Rohfasergehalt ernähren und wenig Fleisch und Fett zu sich nehmen, eine gegenüber den zivilisierten Weißen stark verkürzte Darmpassagezeit festgestellt. Außerdem kommen die genannten Dickdarmleiden in diesen Populationen sehr selten vor, ebenso wie Gallensteine und Hypercholesterinämie.
Der geringe Rohfasergehalt der Nahrung gehört zu den Zivilisationserscheinungen, vielleicht erklärt sich damit die erhebliche Zunahme von Colonkarzinomen. Man hat in den letzten Jahren aufgrund der Beobachtungen von BURKITT mehrfach kausale Zusammenhänge feststellen wollen, die im letzten zwar noch nicht nachgewiesen sind aber durchaus verständlich erscheinen.
Die Untersuchungen von BURKITT haben es zustande gebracht, daß in den letzten Jahren dem Rohfasergehalt und den Ballaststoffen im Darm eine *besondere Bedeutung* zuerkannt wird.

8.3.5 Die Schleim- und Ballaststoffe in der Gastroenterologie

Chufas

Im Orient längst verwendet, wurde die *Marokkanische Erdmandel* in Mitteleuropa erst in letzter Zeit bekannt. Sie gehört zur Familie der Zyperaceen.
Die haselnußähnlichen Früchte dieses Grasgewächses erntet man unter der Erde. Danach folgt ein Fermentierungs- bzw. Schälprozeß. Ihr Geschmack ähnelt – aufgrund der Öle – dem von Mandeln, sodaß der Genuß gerade bei Kindern gut ankommt.

Chufas ist ein Ballast- und teilweise auch Quellstoff, der eine hohe Wertigkeit von ungesättigten Fettsäuren enthält und damit eine ganz spezifische Wirkung auf den Gallensäurereflux bzw. auf die Gallensäurebindung im Darm zeigt.
Chufas enthält 28% Ballaststoffe, 28% Fett, davon 38% ungesättigte Anteile wie Arachidonsäure und Linolsäure, fast alle essentiellen Aminosäuren, Fett und Kohlenhydrate im Verhältnis 1 : 2 und daneben reichlich Terpene. Chufas ist Quellstoff und Faserstoff zugleich, seine Wirkung bezieht sich auf den **unspezifischen Durchfall** ebenso wie auf die **Dyspepsie** und auf die **Obstipation.** Bereits nach einer 3–4 wöchentlichen Einnahme von *Chufasbrei* als *Frühstücksmüsli* (2–3 Eßlöffel mit Joghurt etc. angerührt) zeigt sich eine erhebliche *Absenkung des Cholesterinspiegels*, wobei die HDL- und LDL-Werte nicht berücksichtigt werden, aber das Gesamtcholesterin meist unter die 200 mg Grenze fällt und einen wesentlichen Beitrag zu einer cholesterinarmen Ernährung darstellt.

Der Tip:

> Bei unspezifischem Durchfall, Dyspepsie und Obstipation.
> Cholesterinsenkung.
> Chufas – Erdmandel-Nüßli

Cydonia oblonga

Eine weitere schleimhaltige Droge ist der Samen der *Quitte,* der Semen cydoniae, die gelegentlich im Mittelmeerraum zum Einsatz kommt.

Fructus ceratoniae Semen ceratoniae

Die Früchte des *Johannisbrotbaumes,* Ceratonia siliqua, aus der Familie der Caesalpinaceen wachsen an einem Baum, der im Mittelmeergebiet heimisch ist. Er bildet 10–20 cm lange Hülsen als Fruchtstände, die etwa 50% Zucker, insbesondere Rosen- und Ingvertzucker, Gerb- und Schleimstoffe enthalten. Vor allem sind die Samen beliebt, die sog. *Johannisbrotkerne.* Die Früchte dienen als Nahrungsmittel zum Herstellen von Erfrischungsgetränken und in Form von Abkochungen zur Behandlung von **Gastro-enteritiden.** Das gemahlene Endosperm, der Samen, das *Johannisbrotkernmehl,* wird bei **habituellem Erbrechen** der Säuglinge zur Erhöhung der Viskosität der Nahrung eingesetzt, nachdem Erbrechen bei Säuglingen durch allzu flüssige Ernährung auftreten kann. Johannisbrotkernmehl oder entsprechende Präparate werden in der Pharmazie und Technik ganz allgemein als Eindickungsmittel verwendet.

Der Tip:

> Johannisbrotfrüchte bei Gastro-Enteritiden.
> Johannisbrotkernmehl bei habituellem Erbrechen bei Säuglingen.

Malva silvestris

Vorzustellen bleibt die *Käsepappel* aus der Familie der Malvaceen. Der angewandte Pflanzenteil ist die Folia malvae *(Malvenblätter),* aber auch die Flores malvae *(Malvenblüten).*

In der Malve kommen, ähnlich wie bei Huflattich und den Blüten und Blättern der Königskerze, Schleimsubstanzen einfacher Natur vor. Malve dient als Beigabe bei Hustentee.

Der Tip:

> **Magen- und dünndarmwirksamer Tee:**
> Folia malvae 10,0
> Fructus foeniculi
> Fructus anisi ana 5,0
> 2× 2 Teelöffel zum heißen Aufguß.

Toxikologische Wirkungen sind von der Malve nicht bekannt. Die Käsepappel ist ein viel gebrauchtes Mittel bei Magen- und bei Hustentee-Mischungen. 6% Schleimstoffe sind enthalten.

Radix althaeae

In der *Eibischwurzel* finden wir etwa 10% Schleimstoffe. Die Stammpflanze dieser Droge, *Althaea officinalis,* aus der Familie der Malvaceen, wächst als 1–2 Meter hohe Staude in Westasien und Mitteleuropa. Man nennt sie auch »Stockrose«.

Der Anbau wird intensiv in Balkanländern, Ungarn, Belgien und Frankreich durchgeführt. Die Wurzel wird im Herbst gegraben, gereinigt, meist geschält und gespalten und bei etwa 40° getrocknet. Der Schleim ist der Membran der sog. Schleimzellen aufgelagert. Bestandteil des Schleimes sind Pektine und verschiedene Heteropolysaccharide mit den Bausteinen: d-Glucuronsäure, d-Glacturonsäure, d-Galactose, d-Glucose, l-Arabinose, l-Rhamnose. Die Droge findet meist in Form von *Kaltmazeraten* Anwendung.

Semen foenugraeci

Der *Bockshornsamen* wird aus der kleeartigen Pflanze Trigonella foenumgraecum (Familie: Fabaceen) geliefert.

Hauptanbauländer sind Marokko und Indien, aber auch in Mitteleuropa ist ein Anbau möglich. Der Schleimgehalt der Droge beträgt 20–30%. Neben dem Schleim sind in den Samen Eiweiße, fettes Öl, sog. Trigonellin, Bitterstoffe und Steroidsaponine enthalten. Der Saponingehalt beträgt 0,8–1,5%.

Von Interesse ist das *Foenigraecin.* Es soll virustatisch, antiphlogistisch, hypoglycaemisch sein und kardiotonische Eigenschaften besitzen. Die Nutzung der Droge zu *Dyosgenin* für die Produktion von Steroidhormonen wurde versucht. Die Herstellung des Schleimes erfolgt aus dem gepulverten Samen. Das Pulver dient als Roborans und zur Herstellung von Kataplasmen (siehe Antiphlogistika).

Semen foenugraeci hat sich seit Jahrhunderten besonders als Kataplasma bei Furunkeln, Karbunkeln und Drüsenschwellungen bewährt.
In neuerer Zeit nutzte man es auch zur Behandlung von Arthritisgelenken. Nach einer nächtlichen Auflage des Pulvers sind am Morgen die Schwellungserscheinungen und Entzündungen weitgehend abgeklungen.
Innerlich ist die Droge ein ausgezeichnetes Roborans. Leider besitzen wir heute noch keine exakten Kenntnisse über die blutzuckersenkende Wirkung von Trigonellin. Diesbezügliche Untersuchungen sind jedoch sicher sinnvoll.

Der Tip:

> Bei Ulcus cruris, als Breiauflage auch äußerlich.
> Der unangenehme Geruch läßt sich mit Oleum citri und Oleum menthae verdecken.

Semen lini

Der Leinsamen wird von *Saatlein* (Flachs), Linum usitatissimum, aus der Familie der Linaceen, gewonnen. Lein ist eine alte Kulturpflanze, die zu Faser- und Ölgewinnung in fast allen Teilen der Welt kultiviert wird. Hauptlieferanten der Droge sind Argentinien, Marokko und die GUS-Länder. Der Schleim, der 3–6% des Samens ausmacht, ist der Zellwand der Samenschalenepidermis aufgelagert. Er liefert als Hydrolyseprodukte d-Galactose, l-Arabinose, d-Xylose, l-Rhamnose, d-Galacturonsäure. Neben fettem Öl und Eiweiß enthalten die Samen 0,3% zyanogene Glykoside, die bei Hydrolyse etwa 30 mg HCN pro 100 g Samen liefern können. Da zur Gewinnung von *Leinsamenschleim* bei der Verwendung als **Volumenabführmittel** die unzerkleinerten Samen zum Einsatz kommen, dürfte nur ein Bruchteil der Glykoside gespalten werden. Leinsamenpulver oder die Preßrückstände der Leinölgewinnung (Placenta seminis lini) dienen zur Herstellung von *Kataplasmen.*
Reichlich Schleimstoffe sind in Zellwänden der Endospermzellen der reifen Samen vieler Arten aus der Ordnung der Fabales aufgelagert. Diese Schleimstoffe sind relativ einheitlich aus einer Kette 1,4-beta-glykosidisch verknüpfter Manosereste aufgebaut, an die sich zum Teil in Stellung 6 alpha-glykosidisch Galaktosereste anknüpfen. Die von SCHILCHER durchgeführte Untersuchung über die schädliche Wirkung der Blausäurebildung in Leinsamen konnte bestätigen, daß die Mengen unter der pharmazeutischen Kritikfähigkeit liegen, so daß praktisch solche Nebenwirkungen in der Therapie mit Leinsamen *vernachlässigt* werden können.

Semen psyllii

Mehr als die Quittensamen und in größerem Umfang als Quellsubstanz in Verbindung mit **Abführmittel** werden die sogenannten *»Flohsamen«* aus orientalischen Spitzwegericharten genutzt: Plantago psyllium oder Plantago indica.
Die Droge wird in Mittelmeerländern in größerem Stil angebaut und als

Mucilago und Volumenabführmittel im Handel umfangreich vertrieben. Das Glykosid Arcubin der Plantagoarten, das bei der Hydrolyse sofort dunkel gefärbte Zersetzungsprodukte gibt, bewirkt auch die Dunkelfärbung nicht sorgfältig getrockneter Drogen. Die Folia plantaginis wird in Form von Tees, Sirup und Pastillen bei Katarrhen der oberen Luftwege verwendet. Dagegen Semen psyllii mit einem hohen Quellungswert von 10 wird als **Laxativum** bzw. als Quellmittel bei **Obstipation** in umfangreicher Form angewandt.

Plantago lanceolatus

Demgegenüber sind die Samen des *Spitzwegerichs* unserer Breiten zwar minderwertiger, aber in ähnlicher Weise einsatzfähig.

Der Tip:

> Mildes Laxans.
> 5–10 g Samen in Wasser quellen lassen, morgens und abends einnehmen.

Der Tragant

Die Stammpflanzen des indischen Tragants sind etwa 20 verschiedene, strauchartige, selten mehr als 30 cm hohe dornige Astragalusarten aus der Familie der Fabaceen. In den Zellen des Marks und der Marksstrahlen dieser Pflanze findet – von der Zellwand ausgehend – eine sehr starke Schleimbildung statt. Der Quellungsdruck ist so groß, daß der Schleim beim Anbringen von Längsschnitten herausgepreßt wird. Er trocknet zu weißen bandförmigen Fladen an, als sog. *Blättertragant.*

Die Droge besteht aus einem wasserunlöslichen, stark quellenden Anteil, dem Bassorin, etwa 60% – und dem wasserlöslichen Tragacanthin, etwa 40%. Bausteine des Tragants sind Galaktose, Arabinose, Glukose, Xylose, Fructose, d-Galacturonsäure und d-Glucoronsäure. Das *Tragacanthin* läßt sich in Tragantsäure – ähnlich gebaut wie Pektin – und ein Arabino-galakton zerlegen. Neben der Verwendung als Mucilagosubstanz wird dem Bassorinanteil wegen seiner starken Nachquellung im Darm eine **laxierende Wirkung** zugesprochen.

Weizenkleie

Hier begegnen wir einem Pflanzenstoff, der sich in den letzten Jahren besonderer Beliebtheit erfreut. Weizenkleie ist aus Weizenschalen hergestellt, die noch teilweise Vitamin B und eiweißreiche Aleuronschichtanteile enthalten und damit zu einer *hochwertigen Faserstoff-Beikost* geworden sind.

Die Diätkleie enthält wenig Fett, etwa 15% Eiweiß und 9% Kohlenhydrate, meist in Form von Hemizellulosen, Pentosan und Zellulosen im Sinne von 50%igem Ballaststoffanteil. Die Weizenkleie ist ausgesprochen natriumarm und führt damit auch in Verbindung mit einer vermehrten Stuhlwirkung zu einer entsprechenden **Entwässerung.** Ein weiterer Vorteil der Quellstoffe

besteht darin, daß sie **Darmgifte** teilweise **neutralisieren** oder **ausscheiden,** was das Stuhlvolumen verändert und die Passagezeit damit verkürzt.
Nach Literaturangaben kann es zu Schwierigkeiten im Sinne von *ileusartigen Erscheinungen* durch Zusammenkleben der weizenkleiehaltigen Faserstoffe kommen. Zu beachten dabei ist, daß in Verbindung mit Ballaststoffen und Faserstoffen viel Flüssigkeit zugeführt werden muß, um die Eindickung des Darmes zu mindern. Dies gilt besonders für die Weizenkleie.

Der Tip: Mit viel Flüssigkeit einnehmen.

Zyamopsis tetra

Die *Guarbohne* ist eine indische Kulturpflanze und wird heute zur Schleimgewinnung in den USA angebaut. Das *Guarbohnenmehl* bietet sich als beliebtes Therapeutikum der Gastroenterologie an.
HOLT wies nach, daß es die Resorption von Glukose deutlich vermindert und dadurch beim Diabetes eingesetzt werden kann.
Wie die generellen Wirkungen auf den Magen zustandekommen, ist nicht völlig geklärt. Wahrscheinlich spielt der physikalische Zustand der hydrierten Faser eine Rolle. Guarmehl bietet bei Hydrierung in 10 Minuten eine visköse Kolloidsuspension. Die Viskosität dürfte maßgeblich sein für den Effekt, wobei sich der osmotische Druck und der pH-Wert der Testlösung durch Guarmehl oder Pektin nicht verändern.

8.3.6 Ballaststoffe und Schleimdrogen in der Zusammenfassung

Tab. 35

Name	Familie	dtsch. Name	Quellwert	Schleimstoffe
Agar	Agarophyten	Rotalgen	20	90%
Althaea (radix)	Malvaceae	Eibisch	8–10	8–11%
Ceratonia fruct. semen	Caesalpiniaceae	Johannisbrot		2–3% 40%
Farfara flos	Asteraceae	Huflattich	15	7–8%
Foenugraeci Semen pulv.	Fabaceae	Bockshornklee	7	20–30%
Linum gz. Droge pulv. pulv. entölt	Linaceae (Geraniales)	Leinsamen	4 5 7	3–6%
Malva silvestris flos	Malvaceae	Käsepappel	14–15	6–9%
Plantago Psyllium Plantago lanceol.	Plantaginaceae	Flohsamen Spitzwegerich	10 5	4–10%
Tragant (ind.)	Sterculiaceae	Carayagummi	40	60%

8.4 Phytotherapie der Darmfehlfunktionen

8.4.1 Hinweise zur Anamnese und Diagnose

Wenn der Arzt nach der Anamnese die Diagnose nicht vermuten kann, dann – so sagt es ein alter Spruch – hat er die Anamnese nicht exakt genug erhoben. So muß das Grundkonzept der Aussage:

- Blähung
- Durchfall
- Schmerz

um vieles erweitert werden, wie:

- Blutung
- Lokalisation der Beschwerden
- Stuhlfarbe
- Stuhlkonsistenz.

Allein die Unterscheidung von Durchfällen, die nur tagsüber und nicht nachts bestehen, deklariert den *nervösen* Charakter vom *entzündlichen.* Bereits dieses Beispiel mag für die Bedeutung der Anamnese ausreichen.
Damit werden die endoskopischen, biochemischen und radiologischen Untersuchungen nicht in Frage gestellt, wenn auch die bakteriologischen Untersuchungen zwar Problemkeime aufdecken, aber über die große Fächerung der Darmflora und ihrer physiologischen Spielbreite noch nicht genug Auskunft geben können.
Funktionelle Zusammenhänge zwischen *Verdauungsdrüsen* und dem *Verdauungsvorgang* werden nur schwer aus endoskopischen Untersuchungen bekannt, da die Ruhigstellung des Patienten dies oft unmöglich macht, während die radiologische Untersuchung mehr über die Funktion Auskunft geben kann. Insbesondere sollte der Patient *frei von Medikamenten* bei der *Untersuchung* sein, was nicht immer der Fall ist. Die Innervation des Verdauungstraktes stützt sich nicht auf die intramuralen Nervengeflechte allein, sondern erhält aus der segmentalen Innervation vom Enteroderm zum Myotom, d. h. zu den Schaltneuronen des Rückenmarks Impulse. So ist eine Aktivierung der glatten Eingeweidemuskeln und der speziellen sekretorischen Drüsen über kutiviszerale Reflexbahnen möglich, was sowohl an die segmentalen Schmerzzonen der oft unpaarigen Bauchorgane verweist, also auch Therapiemöglichkeiten mittels *Neuraltherapie, Wärmeapplikation* und *Hydrotherapie* möglich macht.
Darmfehlfunktionen verbergen sich oft hinter einer *einfachen Symptomatik,* die von derjenigen bei Erkrankungen des Herz-Kreislauf- oder Atmungssystems erkennbar abweicht. Dies gilt speziell für den alternden Menschen, bei dem vieles einer falschen Ernährung oder Lebensweise zuzuschreiben ist. Die Malnutrition oder Malabsorption läßt sich häufig mit schlechtem Allgemeinzustand, dem Meteorismus und generellen Anzeichen (wie bspw. Appetitlosigkeit) verbinden.
In der Therapie der Darmfehlfunktionen verknüpfen sich Selbstmedikation, volksmedizinische Erfahrung und Phytotherapie. Manche Wirkprinzipien

wurden erst in den letzten Jahrzehnten entdeckt, ebenso die Bedeutung der **kombinierten pflanzlichen Behandlungen,** also **Pflanzengemische.** Dies belegen, im immunologischen Sinne, die Arbeiten von L. Maiwald und H. Wagner. Danach lassen sich bestimmte Anwendungen *gezielt auf das Organ* oder ein *System* richten.

Die Kombination der Wirkprinzipien:
Bei der Phytotherapie kann zwar von *Wirkprinzipien* gesprochen werden, aber *nicht* von einer *einheitlichen Wirkung.* So weiß man, daß die *ätherischen Öle* zwar *desinfizieren* und, wie bereits besprochen, *antibakterielle* Eigenschaften aufweisen, aber *nur Senföle keimspezifisch* sein können. Dagegen sind die einfachen ätherischen Öle auf der Basis von zyklischen Terpenen mit ihrer Oberflächenwirkung und durchblutungsfördernden Eigenschaft besonders *blähungsfeindlich,* während die *Senföle* bei ihrem Schwefelanteil geradezu *Meteorismus erzeugen* können, wie dies aus der Retticherfahrung, den Kohlsorten und anderen Pflanzen dieser Gruppe bekannt ist. Damit erklären sich die Kombinationen, die auf eine bestimmte Fehlleistung des Darmes abgestimmt sind.
Bei den Darstellungen von Sekretions-, Resorptions- und Motilitätsstörungen des Darmes sollten **Prototypen der Fehlfunktion** aufgezeigt werden, wobei die entzündlichen und immunologischen Erkrankungen im Hinblick auf das bereits besprochene IGA und das darmassozierte Lymphgewebe (GALT) zu den interessanten Erkenntnissen der Medizin zählen, die in der Pathophysiologie von Morbus Crohn und Colitis ulcerosa zur Krankheit werden.

8.4.2 Die Behandlung der Sekretionsstörungen

Der Dünndarm beginnt mit dem Pylorus und damit ist die Oberbauchsymptomatik mit Leber- und Gallenwegen ebenso wie Pankreas eingebunden. Diese Funktionsgemeinschaft hat ihren zentralen Punkt in der *Papilla Vateri,* dem Endpunkt der extrahepatischen Gallenwege. In unmittelbarer Nachbarschaft dazu ist der Endpunkt der Pankreaswege.
Nach U. Ritter und H. Kraus liegt hier der *Schwachpunkt im System,* der für mannigfache Störungen verantwortlich ist. Sowohl nervale Bezüge, als auch humorale im Sinne gastrointestinaler Hormone, besonders aber das Cholezystokinin sorgen für die Funktion des Klappensystems und die Steigerung der duodenalen Aktivität. Die Störanfälligkeit ist weitgehend vom Sphinkter abhängig, was sich bei der **Pylorusstenose** in der Folge von Ulcerationen, beim **Blindsack-Syndrom** des operierten Magens, bei der **Papillensklerose** oder **-stenose,** bei der **Postcholezystektomie** aber auch bei der *Pankreatitis – Fibrose – Zyste* – und nicht zuletzt bei der *Keimbesiedelung* eines Duodenaldivertikels auswirkt.

In der Therapie mit Pflanzenextrakten oder Teegemischen steht am Anfang die Vagolyse mittels **Belladonna.**

Dauerbehandlungen lassen sich damit *nicht* durchführen, so daß bald andere Mittel folgen müssen. Die *Harmonisierung der Tonusbereitschaft* im Duodenum gelingt bekanntlich mit Hilfe der Papaveraceen:

- **Adlumina fungosa**
- **Chelidonium**
- **Fumaria.**

Die schwächeren Alkaloide des **Schöllkrauts** und des **Erdrauchs** zeigen neben spasmolytischen Eigenschaften cholagoge Effekte.

Der Tip:

> Kombinieren mit Berberitze, Löwenzahn, Mariendistel und eventuell mit Cholezystokinin.

Artischocke und Wermut

Die *Cholokinese* des Wermuts und die *Pankreaswirkung* der Artischocke ist nachzutragen. H. GLATZEL hat auf diese Pflanzen hingewiesen und ihre Funktion geprüft.

Die Cucurbitaceen

Diese volksmedizinisch seit Jahrtausenden bewährte und seit langem in der Homöopathie bekannte Pflanzengruppe findet sich nun auch in den Anfängen einer modernen, gezielten Phytotherapie.
Diese Gruppe vereint die Cholerese mit Einflüssen auf die Anteile des RES im Sinne einer *Verbesserung immunologischer Eigenschaften.*
Vertreter:

- **Bryonia alba** (Zaunrübe) (aus der Homöopathie)
- **Colocynthis** (Koloquinte)
- **Ecballium elaterium** (Springgurke)
- **Momordica balsamina.**

Pflanzliche Enzymträger

Ergänzende Therapiemittel. Dazu zählen:

- **Aralia chinensis**
- **Bohnenschalenblätter**
- **Eichornia**
- **Haronga madagascariensis**
- **Heidelbeerblätter**
- **Galega officinalis**
- **Syzygium jambolanum.**

8.4.2.1 Die besondere Rolle von Harpagophytum procumbens

Vor vielen Jahren interessierte die Rheumawirkung der *Teufelskralle,* einer Pedaliacee aus Südafrika. Während sich die vielgepriesene Rheumawirkung nicht voll bestätigte, fand sich ein interessanter Zusammenhang mit den *Allergien,* die *im oberen Dünndarm* angesiedelt waren, bspw.:

- Arzneimittelexantheme
- Chronische Urticaria.

Die Teufelskralle ist ein Bitterstoff vom Laktontyp und hat bei der Anwendung des *Tees* antiexsudative Wirkungen des Dünndarms nachweisen lassen.

Auch eine andere mögliche Applikationsart mittels *Kapseln,* die sich erst im Dünndarm auflösen, beweist die selektive Wirkung auf die Dünndarmschleimhaut unter Umgehung der Geschmacksrezeptoren.

Indikationsverzeichnis

Arzneimittelexantheme Chronische Urticaria Durchfälle Exsudative Enteropathie Glutenallergie mit Dumping-Syndrom Hautpigmentation Laktasemangel Morbus Whippel mit der Symptomatik: Polyarthritis, Polyserositis

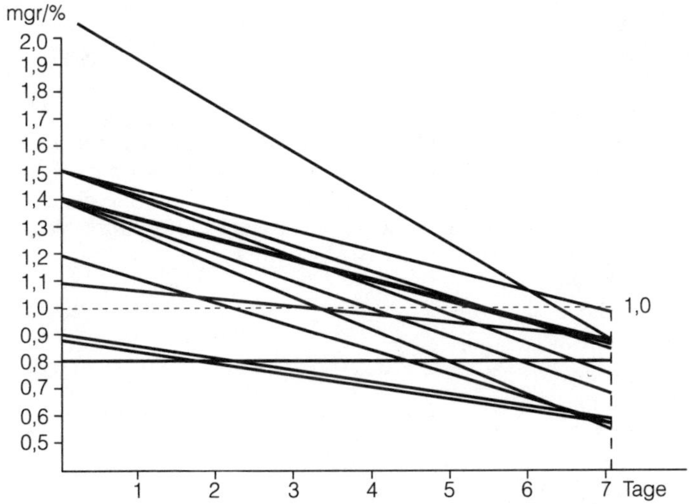

Abb. 3: Verhalten des Serum-Bilirubins unter dem Einfluß von täglich 1 Liter Harpagophytum-Tee (13 VP)

8.4.3 Malabsorption – ein defizitäres Syndrom

Nachdem es sich dabei um ein defizitäres Syndrom handelt, ist die Diagnose durch den Mangelnachweis gewährleistet. Damit gewinnt auch die Biochemie an Bedeutung, obwohl durch den Kompensationsmechanismus der Darm viele Fehlregulationen verschleiern kann. Die Resorptionsstörung führt zum *Mangel* an Eisen, Magnesium, Kalzium und Vitaminen, schließlich auch zur *Fehlsteuerung* des Gallensäurerückresorptionsmechanismus.

Die wichtigsten Symptome:

- Bakterielle Fehlbesiedlung
- Blähungszustände
- Durchfälle
- Dyspepsie.

Primärer Therapieansatz: Ätherische Öle

Zunächst wird angenommen, daß die ätherischen Öle die Schleimhäute und die Fermente vermehrt zur Produktion anregen. Dabei kann es sowohl zu cholagogen als auch zu pankreatogenen Reizen kommen, die mit einschlägigen sensorischen Impulsen auf die Vagusreaktion ihre Akzente setzen.

Bitterstoffwirkung:

Absinth	Minze
Aloe	Pomeranzenschale
China	Thymol
Enziangewächse	Zittwer

Weitere Wirkungen:

Erwähnt wurde bereits, daß ätherische Öle *antiseptisch,* antidyspeptisch und spasmolytisch sein können. Karminative Wirkungen beruhen auf der raschen Resorption aufgrund der Lipophilie und auf einer Verbesserung der einschlägigen Oberflächenspannung im Darm, einer verbesserten Durchblutung. *Antiseptisch* sind insbesondere die Senfölarten:

- Brunnenkresse
- Knoblauch
- Kohlarten
- Meerrettich
- Senf
- Zwiebel.

8.4.4 Das Gallensäureverlustsyndrom

Unter physiologischen Verhältnissen scheidet der Mensch in 24 Stunden etwa 1,2 millimol Gallensäure mit dem Stuhl aus. Geht darüberhinaus eine größere Menge an Gallensäure mit dem Stuhl ab, so spricht man von einem Verlustsyndrom. Damit ist der Cholesterin-, Fettsäure- und Vitaminhaushalt betroffen, wobei auch die *Resorption* von Wasser und Elektrolyten im Darm in Mitleidenschaft gezogen werden kann. Bekanntlich ist die Ätiologie des Dickdarmkrebses in dieses Problem verwickelt, sowie die Durchfälle unmittelbar nach einer Mahlzeit an diese Störung erinnern lassen. Die diätetische Behandlung mit mittelkettigen Triglyzeriden wie *Ceresöl* etc. und die Bindung der Gallensäure an Harze (Quantalan) ist bekannt.

Der Tip:

> Diätetische Anwendung mit Ceresöl.
> Phytotherapeutische Applikation von Harleemöl (Terpentinharz), löwenzahnhaltigen Gemischen und von Chufas (Ballaststoffwirkung).

8.4.5 Die Störung der Tonusfunktion des Darmes

8.4.5.1 Durchfall

Während die Blutbeimengung im Stuhl immer auf die schweren infektiösen und immunologischen Erkrankungen hinweist, ist die *unspezifische Enterokolitis* mit Dysbiose-, Galle-, Leber- oder Pankreaserkrankung und dem vorher angeführten Gallensäureverlustsyndrom *gekoppelt.* Auch toxisch-allergische Einflüsse gehören hierher, wie die einheimische Sprue- oder Zöliakie.

Therapiemittel in der Übersicht			
Mittel	*Anmerkungen*	*Wirkung*	*Anwendung*
Agrimonia eupatoria	Gerbsäuredroge (Odermenning)	adstringierend	Tee Halteklistier
Carica papaya	Früchte des Papayabaumes	Ferment-induzierend	Fermentkombination
Eichornia		Ferment-induzierend	Homöopathie
Haronga		Ferment-induzierend	
Kamille	Das Mittel des Entoderms	antiphlogistisch	Zahnende Kinder
Minzenkapsel	Als Mentacur erhältlich	antibakteriell	Reizkolon
Minzenöl	Nach W. Rees (Manchester)		Nervöse Durchfälle

Mittel	Anmerkungen	Wirkung	Anwendung
Potentilla recta	Tormentillwurz	20% Catechin-gerbstoffe	Tee Halteklistier
Sanguisorba officinalis	Gerbsäuredroge	adstringierend	Tee Halteklistier
Schwarzer Tee	Gerbsäuredroge	adstringierend	Tee
Semen ceratonia	Johannisbrot-kerne	Schleimdroge	Kinderpraxis
Syzygium jambolanum		Ferment-indu-zierend	in zahlreichen Galle-Leber-gemischen

8.4.5.2 Die Obstipation

Bei Ausschluß organischer Ursachen gelten für die Therapie *zwei Prinzipien:*
a) Die Psychosomatik der Kindheitsentwicklung, vor allem der Pubertät der Mädchen.
b) Das Ordnungsprinzip der Älteren.

Die dünndarmwirksamen pflanzlichen Mittel sind wegen ihrer Nähe zu den kokarzinogenen Phorbolestern mit großer Zurückhaltung zu bewerten.

Zu dieser Gruppe zählen:
- **Croton**
- **Jalapae**
- **Resina**
- **Podophyllum**
- **Rizinus.**

Die dickdarmwirksamen Antrachinone, deren glykosidische Verbindung erst durch Bakterien reduziert werden, kommen am häufigsten in:
- **Cortex frangulae**
- **Folia und Fructus sennae**
- **Radix rhei**

vor.

Der Tip:

Hylak, Milchsäure, Sauerkraut, Weinsäure (10%ig) im Tamarindenmus aus Tamarindus indica.

In den letzten Jahren haben die **Ballaststoffe** im Rahmen der Volksaufklärung an Bedeutung gewonnen. Während vor etwa 100 Jahren die Zufuhr etwa 100 g pro Person und Tag betrug, war dies vor 50 Jahren nur noch

40 g und wird heute mit 20–25 g pro Tag eingeschätzt. Der Mangel resultiert aus der verfeinerten Nahrung, aus Fertigprodukten, aus der Verschönung von Nahrungsmitteln (geschälte Tomaten!) und aus mangelnder Sorgfalt in der Zusammenstellung der Nahrung.
Ballaststoffe sind Struktur- und Speicherstoffe, die durch menschliche Enzyme abgebaut werden. Alle Ballaststoffe gehören zu den Zellulosen, Hemizellulosen und Polysacchariden.
Der Darm ist eine Einheit in Bezug auf das Epithel und seinen embryologischen Ursprung. Er ist eine Vielfalt in Bezug auf die Aufgaben und seine Differenzierung. Die Phytotherapie kommt diesen Aufgaben näher als eine definierte chemotherapeutische Monosubstanz, wie hier aufgezeigt werden sollte.

8.4.6 Die Krankheitszone »Oberer Dünndarm«

8.4.6.1 Der obere Dünndarm als Funktionseinheit

Bei der Erziehung in der Medizin zur Organpathologie darf das Interesse für den oberen Dünndarm nicht allzu groß sein, wenn von einer bereits bekannten Verdauungsaufgabe abgesehen wird. Betrachtet man aber den oberen Dünndarm als Einheit mit den angegliederten Verdauungsdrüsen *Leber, Galle, Pankreas,* so sieht man daneben die *immunologischen Aktivitäten des Drüsenmusters* der Dünndarmschleimhaut und so wird verständlich, daß sich drei Fachgebiete der Inneren Medizin dort angesiedelt haben: Nämlich der *Hepatologe,* der *Diabetologe* und der *Gastroenterologe.* Auch den *Dermatologen* kann man mit einem Auge zumindest auf diese Wetterecke des Organismus hinweisen.
Wenn der Hunger nach Süßigkeiten und auch die Essensgier manifest wird, die Galle hochkommt und andere Volkssprüche Bedeutung haben, wie z. B. daß »die Laus über die Leber läuft«, so hat auch der *Psychosomatiker* dort seine Aufgaben.
Damit wird die Funktionseinheit oberer Dünndarm zu einem Mittelpunkt der Betrachtung, die in der einschlägigen Therapie keineswegs eine entsprechende Bewertung findet. Dies liegt zum Teil daran, daß die Äußerungen bzw. Symptome dieser Funktionseinheit über Organe gesteuert werden, die nun wieder von Spezialisten mit entsprechenden Therapiekonzepten angegangen werden können. *Phytotherapie* ist eine *komplexe Therapie,* was man ihr auch zum Vorwurf gemacht hat (H. E. Bock).
Auch die Steuerungsmechanismen sind vielfältiger Natur, z. B. das *vegetative Nervensystem bei Atropin* oder die *Synapsen* und *sensorischen Bahnen beim Capsicum* und anderen Bitterstoffdrogen oder etwa *komplexe Wirkungen der monozyklischen Terpene* bzw. ätherischen Öle. Welche Wirkungsrichtung nun beim oberen Dünndarm einzubeziehen ist, soll an dem nachfolgenden Schema gezeigt werden. (Siehe auch W. Zimmermann, »Der obere Dünndarm«.)

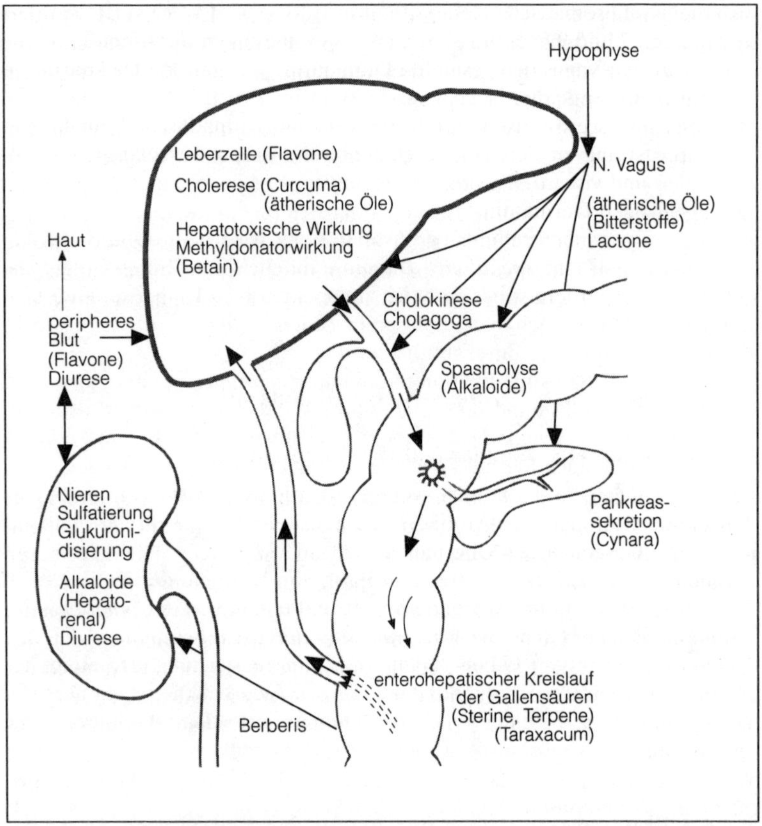

Abb. 4: Die Funktionseinheit von Leber-Gallensystem und oberem Dünndarm und deren medikamentöse Beeinflussung.

8.4.6.2 Besonderheiten der Diagnose

Anatomisch beginnt der Dünndarm am Pylorus, wie sich von den Oberbauchbeschwerden beim Ulcus duodeni unschwer ableiten läßt. In das **Beschwerdebild der Oberbauchregion** münden aber auch die Organsymptome von *Leber-* und *Gallenwegen,* des *unteren Oesophagus* sowie des *Magens,* der *Pankreasdrüse,* der *Milz, Nieren,* einer *basalen Pleuritis* oder auch *Pleuropneumonie* und nicht zuletzt auch des *Herzinfarktes,* was differentialdiagnostisch zu erwägen ist.
Das Verwischen von organspezifischen Erkrankungen mit der zugehörigen Symptomatik wird verursacht durch die Innervation des Intestinaltraktes bei der Vielfalt von Schaltmöglichkeiten. Am Beispiel des Ulcus duodeni läßt

sich die psychosomatische Reflexsituation auf vagalem Wege verfolgen. Die Hirnnerven 7 und 9 beeinflussen, nach Umschaltung in der Medulla oblongata, über den Vagus den gesamten Dünndarm, ja sogar den Dickdarm, bis zur linken Colonflexur. Nach Umschaltung im Brustmark auf somatische Bahnen zum viscero-muskulären Reflex oder auf sympathische Bahnen über den Grenzstrang zu den viscero-glandulären, viscero-vasculären, viscero-viszeralen und viscero-sensorischen Reflexen, mit der Schmerzempfindung im zugehörigen Dermatom.
Nach der Zusammenstellung von W. HILDNER wird beim Oberbauchsyndrom häufig nur eine *spekulative Diagnose* möglich sein. Eine erfolgreiche Behandlung erfordere somit den Mut zur spekulativen Diagnose. Hier liegt der Schlüssel, aber auch die Gefahr einer *Diagnose per exclusionem,* wie sie in der Praxis so häufig durchgeführt wird.
Voraus geht die Selbstmedikation mit einem *Bittermittel* – »um es zu verteilen« – wie der Volksmund sagt. Dann kommt die Behandlung des Völlegefühls mit einem *Karminativum,* einem *Cholagogum* oder einem *Fermentkomplex.* Sollte auch hierbei keine Besserung eintreten, so wird der Darm gereinigt mit einem mehr oder weniger kräftigen *Laxans.* Damit sind im Vorfeld die Störungen der Motilität, der Sensibilität, der Sekretion und der vermehrte Gasgehalt des Oberbauches abgedeckt.
Mit dem Erbrechen, dem Schmerz in Form von Krampf oder Kolik, einem Dauerdruckgefühl, einem Brennschmerz und einem von der Nahrungsaufnahme abhängigen Schmerz *verdichtet sich die Organbeteiligung,* die eine Diagnostik sowohl der Leber-, Galle-, der Pankreasleistung als Laborparameter, wie auch die Röntgendarstellung des Oberbauchs, besonders des Duodenums im Sinne einer hypotonen Duodenographie und schließlich die Endoskopie mit konsekutiver Biopsie erforderlich macht.

8.4.6.3 Prototypische Pathosyndrome für den Einsatz von Phytopharmaka und Phytotherapeutika

A.	**Mechanische und Defektsymptome des Oberbauchs:**
	Gallenblasenverschluß bzw. Cholelithiasis Zustand nach Magenresektion mit Blind-loop-Syndrom Dumping-Syndrom Offener Pylorus mit Reflexzustand nach narbiger Starre Postcholezystektomie-Syndrom
B.	**Malabsorptions-Syndrom:**
	a) Folge bakterieller Besiedelung des Dünndarms (Blindsack-Syndrom, Dünndarm, Duodenaldivertikel, Fisteln)

	b) Folge von Schädigungen der Dünndarmschleimhaut (Sprue-Zoeliakie, Enteritis regionalis, Morbus Crohn, Sklerodermi, Whipple'sche Erkrankung)
	c) Folge endokriner Störungen (Diabetes mellitus, Morbus Addison, Hypoparathyreoidismus)
C.	**Allergische oder exsudative Enteropathie**
	Gluten-Enteropathie Morbus Crohn Morbus Whipple Polyätiologische Ursachen Laktasemangel-Syndrom Symptomatische Steatorrhoe bei chronischer Pankreatitis
D.	**Erkrankungen der Leber und Gallenblase**
	Cholezystitis Cholezystopathien Hepatitis, alle Formen
E.	**Pankreaserkrankungen**
	Alkoholische Pankreatitis Chronische Pankreatitis Pankreaszysten Stenosen bzw. Zustand nach Infarkt

Diese Zusammenstellung erhebt keinen Anspruch auf Vollständigkeit, sie sollte nur ein genereller Diagnose-Fahrplan sein und führt nicht zuletzt zu den entsprechenden therapeutischen Vorgehen.

8.4.6.4 Phytotherapeutische Ansätze für Erkrankungen der Funktionseinheit »Oberer Dünndarm«

Wie bereits dargestellt, liegt der Schwachpunkt im System und für mannigfache funktionelle Störungen verantwortlich in der *Papille.* Das Choledochusende ist muskulär mit dem Dünndarm verflochten, sowohl mit schlingenförmig umgreifenden Muskelfasern, als auch mit elastischen Bindegewebselementen zur Längs- und Ringmuskulatur des Darmes. Damit und mit einem Art Klappensystem ist der Reflux gesichert. Auch in der gemeinsamen Innervierung findet diese Funktionsgemeinschaft ihren Ausdruck. Der Vagus regt diese Funktion an, der Sympathikus bremst sie.

Die Gallenaustreibung aus der Papille wird durch eine Art Melkbewegung vom Duodenum her induziert. Zudem führt die humorale Beeinflussung mit Cholezystokinin zu einer Steigerung der duodenalen Aktivität, einem Sphink-

terspasmus, dem eine Erschlaffung folgt, worauf die Galle maximal ausgeschüttet wird.
Die *Störanfälligkeit* dieses Systems ist weitgehend von der *Papille* gesteuert. So versteht sich die Störung der Gallenfunktion beim **Ulcus duodeni** ebenso, wie beim **Blind-loop-Syndrom** die gestörte Eigenmotorik des Duodenums, wodurch Rückwirkungen auf das Gallensystem verständlich werden. Das gleiche gilt für den Ausführungsgang des *Ductus Wirsungii* mit dem Sphinkter Oddi für den Bestand einer **chronischen Pankreatopathie** oder **chronischen Pankreatitis.** Dazu kommen **Keimbesiedelungen** im Duodenum mit aszendierender Tendenz bei Erschlaffung der Papille, ebenso wie bei der **Papillitis** und **Papillenfibrose** bzw. **-sklerose.** Verantwortlich für die Tonussteigerung ist der Vagus, der auch nach Ausschaltung eine autonome Steuerung zustande bringt.

Der rasche therapeutische Einstieg:
In der Beeinflussung mit Pflanzenextrakten steht zweifellos am Anfang der **Belladonnaextrakt** mit seiner *vagolytischen Eigenschaft.* Dauerbehandlungen lassen sich damit nicht durchführen, so daß bald darauf andere Mittel zum Einsatz kommen müssen.
Papavaraceen harmonisieren die Tonustätigkeit, neben einigen Compositen.
- **Adlumia fungosa**
- **Berberis vulgaris,** Berberin, cholagogisch
- **Chelidonium majus,** milde spasmolytische Wirkung
- **Cnicus benedictus,** cholagoge Effekte (Benediktenkraut)
- **Fumaria officinalis,** Erdrauch, milde spasmolytisch
- **Silybum marianum,** Mariendistel, cholagogische Effekte
- **Taraxacum officinale,** Löwenzahn, cholagogisch.

Während *Morphin* eine parasympathiko-mimetische Eigenschaft besitzt, kann man von den schwächeren Alkaloiden des Chelidoniums und des Erdrauchs spasmolytische Wirkungen milderer Natur erwarten.

Schleimhaut- und cholokinetische Wirkungen von Bitterstoffen:
GLATZEL und Mitarbeiter deckten nicht nur die sensorischen Merkmale der Reizübermittlung via Vagus auf, sondern auch cholokinetische Wirkungen, bspw. von:
Artischocke ⟶ Gallen- und Pankreas-Sekretion
Wermut ⟶ Galle.

Harpagophytum procumbens
In einer früheren Studie über die Laktonwirkung der *Teufelskralle,* Harpagophytum procumbens, ließ sich im Röntgenbilde eine antiexsudative Wirkung des Teesuds – wie bereits erwähnt – feststellen, was in mehreren Fällen zu einer Ausheilung einer chronischen Urticaria kam, die bei einer enteralen Eiweißallergie dort zu vermuten war. Neben sensorischen Einflüssen auf die Rezeptoren des Vagus im Zungengrund dürfte eine *adstringierende Wirkung* auf die *Darmschleimhaut* bestehen, wie sie in abgeschwächter Form von der

Eichenrinde und dem **Agrimoniatee** bekannt sind. Inwieweit immunbiologische Wirkungen auf die IGA-Bildung der Schleimhaut bestehen, ist derzeitig noch offen.

Senföle und Kaper – antibiotisch, antidiabetisch, antimykotisch:
Zwei Pflanzenkomplexe bedürfen noch bei der Behandlung des oberen Dünndarms einer Erwähnung. Einmal die **Senföle,** im einfachen Fall die Würzstoffe *Zwiebel* und *Knoblauch,* sowie der *Senf* und *Meerrettich* neben *Garten-* und *Brunnenkresse,* zum anderen die ausländische **Kaper.** In den Erkenntnissen dieser Wirkungen steht man am Anfang, nachdem es sich um Gewürzdrogen handelt, die lange Zeit von der Wissenschaft ignoriert wurden.

Der Knoblauch

Am Prototyp des Knoblauchs sind die Wirkungen der Senföle am besten studiert worden. So ist bekannt, daß schon Truppenärzte im Jahre 1915 die Erfahrungen machten, daß man mit Knoblauch die damals häufig auftretende *Ruhr* vermeiden könne.

Eine vergleichende Untersuchung zwischen Antibiotika und Knoblauchsaft ergab eine bessere Wirkung des Knoblauchs gegenüber Kolikeimen und Staphylokokken.

Der Vorteil dabei besteht darin, daß diese Wirkung *keine Resistenz* hinterläßt. Auch **Pilzinfektionen** des Darmes, die bei Kolitis nicht selten auftreten und als *Zeichen der Abwehrschwäche* zu werten sind, werden durch Knoblauchsaft auf milde Weise beseitigt. Verantwortlich sind die Schwefelverbindungen, die eine Enzymhemmung verursachen.
Der Einfluß von Knoblauch und Zwiebel auf die Senkung der Blutlipide und Fibrinolyse ist bekannt. Sie haben bei den Dünndarmerkrankungen nicht die Bedeutung, die ihnen z. B. bei den Kreislaufsituationen zukommt. Jedoch sollte man auf die *antidiabetische* Eigenschaft der Senföle hinweisen, die bis jetzt im Tierversuch bestätigt wurde. Sie verlangen beim Menschen offenbar sehr viel höhere Dosen von Knoblauch als geschmacklich im allgemeinen vertragen wird. Allerdings läßt sich das im Knoblauch wirksame **Allicin** heute in angereicherter Kapselform herstellen und verordnen. Enzymwirkungen der Schwefelgruppen bzw. des Allicins sind in metabolischen Prozessen des oberen Dünndarms möglich, so daß hier Eingriffe durchaus verständlich sind.

Der Tip:

Knoblauchsaft als Antibiotikum gegen Kolikeime und Staphylokokken.
Mildes Antimykotikum bei Kolitis.
Allicin-Kapseln (KWAI).
Entzündliche Affektionen, Steatorrhoe, Divertikel, Postagastrektomien, Postcholezystektomie-Syndrom, Morbus Whipple und Crohn.

Die Zwiebel

Die Zwiebel erkennen wir als sekretolytisch für die Schleimhäute der Nase und des Rachens. Wenn man weiß, daß die Schleimhautbesiedlung im Duodenum ähnlich derjenigen der oberen Luftwege ist, so verstehen sich auch *karminative* und *funktionsverbessernde* Eigenschaften im Darm.

Der Tip:

Karminativum Fehlverdauung, Divertikel, Postcholezystektomie-Syndrom, Postgastrektomien, immunologische Schleimhautprozesse.

Ätherische Öle – cholagoge, verdauungsfördernde, spasmolytische und karminative Wirkungen:
Schwächer als die Senföle wirken zweifellos die ätherischen Öle der einheimischen Gewürze, wie bereits früher schon erwähnt, soweit sie im Rahmen der Diätetik verabreicht werden. Vielschichtig sind die Wirkungen dieser ätherischen Öle, die am meisten in der Phytotherapie der Verdauungskrankheiten Anwendung finden.
Zunächst wird angenommen, daß die Schleimhäute und damit die Verdauungsfermente angeregt und cholagoge und verdauungsfördernde Wirkungen erzielt werden. Der Reiz geht dabei bereits vom sensorischen Anteil der Verdauung vom Munde aus, da ein Teil der ätherischen Öle auch Bittermittel darstellen *(Absinth, Thymol, Salbei, Minze, Pomeranzenschale, Zittwer und Ingwer)*. Ätherische Öle wirken, wie bereits mehrfach dargestellt, antiseptisch *und* antidyspeptisch mit bekannter Spasmolyse und karminativen Wirkungen.

Die Cucurbitaceen

Eine Bedeutung, deren Tragweite noch nicht abzuschätzen ist, kann man den Cucurbitaceen zusprechen:
- Bryonia
- Colocynthis
- Elaterium Ecballium
- Luffa operculata
- Momordica.

Papaveraceen

- Adlumia fungosa
- Chelidonium majus
- Fumaria officinalis.

Als letzte Gruppe zählen hier die Fermentenzyme der
- **Carica papaya** (Papain)
- Artischocke = Cynara scolymus
- Syzygium jambolanum (Nelkenstrauch).

8.4.6.5 Übersicht der alkaloidhaltigen Leber-Phytopharmaka

Tab. 36

Pflanzenfamilie	Art	Pflanzenteil	Chemie	Wirkung	Toxikologie	Anwendungsform
Papaveraceae	Chelidonium majus	Herba Radix	Chelidonin Chelerythrin Berberin	cholekinetisch spasmolytisch	(+)	als Tinktur und in zahlreichen Mixturen
Papaveraceae	Corydalis cava	Radix	Bulbocapnin Protopin Corydalin	Duodenal-syndrom Meteorismus Durchfall	∅	Homöopathie-Biral
Papaveraceae	Sanguinaria canad.	Radix	Sanguinarin Chelerythrin Protopin-Berber.	spasmolytisch choleretisch	(+)	als Tinktur und in zahlreichen Mixturen (Homöopathie)
Papaveraceae	Fumaria offiz.	Herba	Protopin Scoulerin Bulbocapnin	choleretisch	∅	Oddibil
Papaveraceae	Dicentra spectabilis		Sanguinarin Protopin Chelerythrin	spasmolytisch	(+)	noch nicht in der Heilkunde
Papaveraceae	Eschscholtzia californica	Herba Flores	Loptisin Chelerythrin Protopin-Sanguin.	spasmolytisch sedativ	?	Requiesan

Papaveraceae	Adlumia fungosa	Herba	Adlumin Protopin	hepatotrop antiuricosurisch	∅	homöopathisch
Berberidaceae	Berberis vulgaris	Cortex Radicis	Berberin	antiprotozorisch choleretisch Cholelithiasis	(+)	Restructa forte Cefarheumin etc.
Berberidaceae	Berberis aquifo- lium	Cortex	Berberin Oxyacanthin	hepatotoxisch antiuricosurisch	(+)	Stiegele: ∅ bei Pso- riasis
Ranunculaceae	Hydrastis cana- densis	Cortex	Hydrastin Berberin	spasmolytisch Cholelithiasis	++	Stiegele: Gallenstein Hydrastis Carduus ∅
Monimiaceen (Lauraceen)	Pneumus Boldus	Folia	Boldin aether. Öle Aporphin	cholekinetisch antiuricosurisch anthelmintisch	(+)	Teebestandteil Choleretikum

8.4.6.6 Therapiefahrplan für den Bereich des oberen Dünndarms

Tab. 37

	Erkrankungen	Krankheitsbeispiele	Therapieprinzip	Pflanzen, die in Arzneispezialitäten Verwendung finden
1.	Mechanische bzw. Defektsyndrome des Oberbauches	– Gallenblasenverschluß – Blindloopsyndrom – Dumpingsyndrom – offener Pylorus bei narbiger Starre – Postcholecystektomiesyndrom	– Papaveraceen – Senföle – ätherische Öle	Allium cepa, Allium ursinum, Nasturtium off., Allium sativum, Adlumia fungosa, Chelidonium majus, Fumaria off., Mentha pip., Carum carvi, Foeniculum, etc.
2.	Malabsorptionssyndrom	– Bakterielle Besiedlung des Dünndarms (Blindloop, Divertikel, Fisteln) – Schädigung der Dünndarmschleimhaut (Sprue, Zoeliakie, Morbus Crohn, Whipple'sche Erkrankung) – endokrine Störungen (Diabetes mellitus, Morbus Addison, Hyperparathyreoidismus)	– Bitterstoffe und Tonika – evtl. Senföle	Gentiana lutea, Centaurium, Condurango, Absinth, Aloe, Podophyllum pelt., Cinchona succirubra Syzygium jamb. Ginseng, Glycyrrhiza glabra, Haronga madagascariensis, Canara scolymus

3.	Allergische oder exsudative Enteropathie	– polyaetiologische Syndrome wie Gluten-Enteropathie, Lactasemangelsyndrom – Symptomatische Steatorrhoe bei chronischer Pankreatitis, Morbus Crohn, Whipple, usw.	– Diätetik – Bitterstoffe – Cucurbitaceae	Harpagophytum proc., Achillea millefolium, Matricaria chamomillae, Curcuma xanth., Momordica balsamica, Helichrysum arenarium
4.	Erkrankungen der Leber und Gallenblase	– alle Formen der Hepatitis – Cholecystitis und Choleangiopathien	– Choleretica und Cholekinetica – Flavonoide – Cucurbitaceae	Ecballium elaterium, Momordica bals., Bryonia dioica, Taraxacum off., Carduus mar., Cynara scolymus, Artemisia absinth
5.	Pankreaserkrankungen	– alkoholische und chronische Pankreatitis	– pflanzliche Fermente – evtl. Bitterstoffe	Haronga madagascariensis, Syzygium jamb., Carica papaya, Eichomia crassipes, Gentiana lutea, Centaurium, Cinchona succirubra, Cynara scol.

8.4.7 Phytotherapie der Durchfallerkrankung

8.4.7.1 Ätiologie und Funktionszusammenhänge

Die Elektrolyt- und Wasserresorption im Dickdarm wird durch Gallensäuren gehemmt. Dieses Phänomen spielt nach Ileumresektion eine Rolle, wenn veresterte Gallensäure nur noch unzureichend im restlichen Dünndarm rückresorbiert werden kann und entsprechend vermehrt im Colon anfällt. Es kommt dabei zur sog. *Chologenen Diarrhoe* oder *Steatorrhoe.* Dabei wird der Gallensäureverlust durch hepatische Neusynthesen erheblich nachproduziert und kann u. U. nicht mehr genügend kompensiert werden. Durch diese Neuproduktion von Gallensäuren wird möglicherweise das Cholesterindepot der Leber und des Blutes erheblich strapaziert, wie es z. B. bei den Durchfällen der *Thyreotoxikosen* der Fall ist.
Die Fettdigestion läßt sich dabei durch leicht resorbierbare mittelkettige Triglyzeride bessern, aber auch Cholestyramin bindet die Gallensäure und inaktiviert sie, so daß die chologenen Durchfälle, wie sie auch zum Teil bei *Morbus Crohn* auftreten, durch Cholesthyramin beeinflußt werden können. Hierbei sei festgestellt, daß *Antazida,* die man z. B. bei *Hypersekretion* des Magens einsetzt, Gallensäuren ebenfalls binden und deshalb zu einer Obstipation beitragen. Die antidiarrhoische Wirkung von **Tierkohle** dürfte auf dem Bindungsvermögen für Gallensäuren beruhen. **Gerbsäure,** wie sie in der Chemie z. B. zum Gerben verwendet wird, spielt hierbei eine große Rolle. Das früher bei Durchfällen übliche *Tannalbin* ist ein klassischer Gerbsäurestoff, der zur Behandlung der Durchfälle generell eingesetzt werden konnte. Der sog. Gerbfaktor oder der **Gerbmechanismus** spielt im Dünndarm bei der Rückresorption von Flüssigkeit eine nicht unbedeutende Rolle.

8.4.7.2 Resorptionssteigerung – Basis jeder Durchfalltherapie

Ausgangspunkt für die therapeutischen Überlegungen bei der Durchfallerkrankung ist die Tatsache, daß die Resorption im Dünndarm durch Glukose und Galaktose gesteigert werden kann. Für die Behandlung einer **akuten Enteritis** hat sich deshalb ein **Elektrolytzuckergetränk** mit folgender Zusammensetzung bewährt:

Der Tip:

3,5 g Kochsalz
2,5 g Natriumbikarbonat
1,5 g Kaliumchlorid
20 g Glukose oder Saccharose
In 1000 ml Wasser gelöst

Eine ähnliche Zusammensetzung entspricht auch dem überall erhältlichen **Coca Cola,** bei dem durch Rühren das gelöste CO_2 abgeraucht wird. So ist für die *Behandlung von Säuglingen* und *Kleinkindern* Coca Cola durchaus geeignet.

8.4.7.3 Pflanzliche Behandlung mit Gerbstoffen

A. Begriffsklärung und Darstellung der Eigenschaften

Unter Gerbstoffen versteht man Substanzen, die in der Lage sind, mit Eiweißstoffen tierischer Häute unlösliche, wenig quellbare Verbindungen zu bilden. Diese Eigenschaften beruhen auf der Fähigkeit, Eiweißmoleküle miteinander zu vernetzen. Die Vernetzung erfolgt wahrscheinlich hauptsächlich durch Wasserstoffbrücken und salzartige Verknüpfung. Dabei dienen die NH-Gruppen der Eiweißmoleküle als Ansatzpunkt.

Der chemischen Struktur nach teilt man die Gerbstoffe in zwei Gruppen ein: nämlich in die **hydrolisierbaren** Gerbstoffe und die **nichthydrolisierbaren, kondensierten** Gerbstoffe. Zu den hydrolisierbaren Gerbstoffen gehören die *Gallotannine* und *Gallitannine.* Es sind Ester von Zucker mit Gallussäuren bzw. mit deren Pepsiden, Kondensationsprodukten, wie Hexahydrooxiddiphensäure- und -äther.

Das einfachste Gallotannin ist das Glukogalin aus der Cortex quercus, der *Eichenrinde.* Andere sog. hydrolysierbare Gerbstoffe liefern bei der Hydrolyse die Ellagsäure. So lassen sich *Gallotannine* und *Elagitannine* gegenüberstellen. Bei *Tanninen* kann der Zucker glykosidisch an einer OH-Gruppe der Elagsäure gebunden sein, kondensierte Gerbstoffe, sog. *Catechingerbstoffe* gehen durch C-C-Verknüpfung aus Catechinen oder monomeren Leukoanticyanidinen hervor. Die Verknüpfung der Catechine erfolgt im lebenden Gewebe, wahrscheinlich in Analogie zur Biosynthese des Lignins.

Pflanzliche Gerbstoffe besitzen eine Reihe **gemeinsamer Eigenschaften.** Sie sind in Wasser und teilweise auch in Alkohol *löslich, schwach sauer reagierende, stickstoffreie Polyphenole* von *hohem Molekulargewicht.* Sie bilden mit Eiweißstoffen, Schwermetallen und Alkaloiden schwer lösliche Verbindungen, mit Eisenionen zeigen sie blau- oder grüngefärbte *Komplexsalze.* Gerbstoffe sind *relativ unbeständig.* Sie gehen durch Selbstkondensation oder -oxydation in wasserunlösliche Verbindungen über oder *verlieren* durch Hydrolyse ihre *gerbende* Eigenschaft.

Die Gerbstoffe sind von der Haut oder den Schleimhäuten nicht resorbierbar. Die **therapeutische Grundwirkung** ist die **Adstringtion,** also eine Oberflächenveränderung des Gewebes, wie sie beim Gerbprozeß bekanntlich zum Leder führt. Diese Adstringtion führt an den Schleimhäuten zu einer Verdichtung der Oberflächen und damit zu einer Steigerung der Widerstandsfähigkeit. An den Schleimhäuten kommt es dabei zu Schrumpfung und zu Mangeldurchblutung, zu Abnahme der Drüsensekretion und schwacher Lokalanästhesie, was sich als entzündungshemmend auswirken kann.

Dies trifft zu, wenn Gerbstoffe bereits im Magen als sog. Magenmittel eingeführt werden, wie sie früher als Tanninum albuminatum Verwendung fanden. So findet sich im DAB 6 noch ein **Acidum tannicum**. Es wird zunächst aus Galläpfeln gewonnen. Man unterscheidet dabei ein sog. *chinesisches Tannin* oder ein *türkisches,* das sich durch die chemische Struktur voneinander unterscheidet. Die Anwendung von Tanninen bei Magengeschwüren führt nicht zur Resorption relevanter Tanninmengen und damit zu einer Gefährdung der Leber, wie man sie bei der früher üblichen Behandlung flächenhafter Verbrennungswunden mit Tannin gelegentlich beobachtet hat, weshalb diese Anwendung aufgegeben worden ist.

B. Die besondere Rolle der Catechin-Gerbstoffe

Wichtiger für die Therapie sind die sog. Catechingerbstoffe. Der Name deutet an, daß man diese Art von Gerbstoffen fast ausschließlich auf das Catechin und seine Verwandten zurückgeführt hat. Heute weiß man, daß verwandte Substanzen wie *Flavonoide,* vor allem die *Hydroflavane,* oder auch *Anthocyane,* wie *Kaffee* und *Ferulasäure,* eine wichtige Rolle spielen. Die Catechine verwandeln sich erst im sauren Milieu langsam in echte wasserlösliche, amorphe Gerbstoffe.

Geht die Polymerisation weiter, dann entstehen am Ende hochmolekulare unlösliche Phlobophene von schwarzbrauner oder rotbrauner Farbe, das sogenannte »Gerbstoffrot«.

Interessant sind zudem die aus Teeblättern isolierten Ester von *Epicatechin* und *Gallussäuren,* was den alten volksmedizinischen Gebrauch von schwarzem Tee bei Durchfall erklärt.

Dasselbe gilt für die bekannten **Eichenrindengerbstoffe,** die ein Kondensationsprodukt aus Catechinen darstellen. Man verwendet jüngere Rinde, da mit zunehmendem Alter unlösliche Phlobophene entstehen, die dann auch unwirksam sein können.

Auch die 8%-Gerbstoffe der **Ratanhiawurzel** gehören größtenteils zu den Catechingerbstoffen.

Rhizoma tormentillae

Zu den noch verwendeten pflanzlichen Gerbstoffen zählt das Rhizoma tormentillae, das bis zu 20% Catechingerbstoffe sowie Gallotannine enthält. Der Tormentill-Tee aus der *Blutwurz,* Tormentilla recta oder Potentilla tormentillae, wie es die alte Bezeichnung bringt, ist wohl das älteste Diarrhoemittel, das bekannt ist.

Der Tip:

> Tormentilla bei Colitis ulcerosa und Proktitis als Tee oder Einlauf.

Tormentillwirkung ist bereits in den mittelalterlichen Arzneibüchern erwähnt, so sagt BRUNFELS: »Tormentill ist die allerköstlich blutstillend, ein Sekret, den Frauen ihren Blumen (Menstruation) zu stellen. So sei denselbigen zu viel haben, mag man das zum Säckelkraut (Capsella bursapastoris) nehmen.« –

PARACELSUS fand die Tormentillwurzel als schmerzstillendes Mittel bei Zahnweh wirksam, BOCK hat es bei Ruhr und Cholera gerühmt. Pfarrer KNEIPP empfahl die Wurzel bei Blutbrechen, bei zu starken Menses, bei Lungen- und Leberleiden sowie Ikterus. Nach v. HENRICI gilt sie in der

russischen Volksmedizin als gutes Antidiarrhoikum und wird lokal gegen Fluor albus benutzt. BENDLEY und TRIMEN nennen die Tormentillwurzel als eine der *besten vegetabilen Adstringentien* und empfehlen sie bei **Diarrhoe, chronischer Dysenterie,** zu Spülungen bei Geschwüren der Mundhöhle und als Injektion bei atonischer Leukorrhoe.
In Italien ist gleichfalls der Gebrauch als *Antidiarrhoikum* und *Antidysenterikum* bekannt, und zwar muß nach INVERNI die Verordnung so lange fortgesetzt werden, wie die entzündlichen Erscheinungen andauern. Weiter wird der innerliche Gebrauch bei Hämmorrhagien und Hämaturie und der lokale bei entzündlichen Erscheinungen des Mundes und Rachens am Zahnfleisch und bei chronischer Angina erwähnt. Die Wirkung beruht auf dem hohen Gerbstoffgehalt, der nach früheren Untersuchungen 17–31%, nach neueren mit 20% festgesetzt wurde. Nach KOFLER gelangt der in der Tormentillwurzel enthaltene Gerbstoff erst im *Darm* völlig zur Wirkung, während reiner Gerbstoff schon im Magen wirkt und durch Eiweißfällung die Schleimhaut schädigt.
PEIER und DIBENBROCK stellen fest, daß der Gerbstoffgehalt der Droge und der Tinktur rasch abnimmt, so daß es unbedingt notwendig ist, *stets frische gepulverte Drogen* zu verwenden.
Auch in der Volksmedizin außerdeutscher Bereiche, wie in Polen und Litauen, wird die Tormentillwurzel bei Diarrhoe und Nierensteinleiden verwendet. Tormentilla ist ein ausgezeichnetes Antidiarrhoikum, das mit gutem Erfolg bei hartnäckigen Diarrhöen, häufig auch mit Blut vermengt, bei **Enteritis,** bei **Brechdurchfall,** bei **Dysenterie** aber auch bei **Magenschwäche, Ulcus ventriculi,** bei Ätzung der Rektalschleimhaut, bei **Bluterbrechen** und schließlich bei Appetitlosigkeit anämischer Kinder verordnet wird. REUTER gibt bei **Analprolaps** der kleinen Kinder ein *Tormentill-Bleibe-Klistier,* das er mit 2–3 Eßlöffeln des Dekoktes mehrmals täglich anwendet, während BISCHOF, Berlin, die *Blutwurz im Teegemisch* mit *Salvia, Fumaria* und *Taraxacum* bei einem Wechsel von Hautausschlägen, bei Durchfall und Obstipation zugleich empfiehlt.
Günstiger Einfluß des Mittels wurde auch bei Ikterus, Nebenhöhleneiterung, Gicht, Leberleiden und Diabetes beobachtet; jedoch sind diese Indikationen nicht nachgeprüft. Die Verwendung als Gurgelwasser bei Gingivitis, bei Stomatitis ist wohl eindeutig auf den Gerbstoffcharakter zurückzuführen und zu verstehen.

Der Tip:

> Angezeigt bei: Diarrhöe, chronischer Dysenterie, Brechdurchfall, Enteritis, Ulcus ventriculi, Bluterbrechen.
> Tormentill-Bleibe-Klistier bei Analprolaps bei kleinen Kindern.
> Gut zu kombinieren mit Chamomilla, Equisetum, Millefolium, Myrtillus, Quercus.

C. Die weiteren Gerbstoffdrogen

Agrimonia eupatoria

Der *Odermennig* aus der Familie der Rosaceen gilt als geläufiges *Antidiarrhoikum* in der Volksmedizin. Geschichtlich seit der Antike, wie die meisten anderen Adstringentien, bekannt. Der Samen und das Kraut wurde mit Wein getrunken und hilft bei **Dysenterie** und Schlangenbissen, in den mittelalterlichen Kräuterbüchern wird sie als hilfreich gegen Leber- und Milzerkrankungen, bei Ruhr, Schlangenbissen, gegen den Biß toller Hunde, gegen Würmer und Hautkrankheiten, sowie bei schlecht heilenden Wunden und Entzündungen der Mund- und Rachenschleimhaut gerühmt.

Als Gurgelmittel und bei chronischen Pharyngitiden der Sänger und Redner, sowie bei Verdauungsstörungen mit **Diarrhoe** und als Umschlagmittel bei **Ulcus varicosus.** Die Volksmedizin rühmt den Odermennig bei Schwindsucht, veralterten Lungenkatarrhen, bei Darm- und Blasenatonien usw.

Von den Bestandteilen des Krautes sind bisher nur ätherisches Öl 0,2%ig und Gerbstoffe 5%, sowie Bitterstoffe bekannt geworden. Untersuchungen mit der blühenden Pflanze in vitro ergaben, daß sie nicht baktericid oder fungicid ist. Man verordnet die Agrimonia als Unterstützungsmittel gern bei Hepatopathien aller Art, bei Leberverhärtungen, harnsaurer Diathese, hartnäckigem Rheumatismus, bei Fluor, auch bei Verdauungsstörungen wie Magenkatarrhen, Obstipation und Brechdurchfall. Äußerlich wird sie gern als Gurgelwasser bei Entzündungen der Mund- und Rachenschleimhaut angewandt. Kombinationen, die beliebt geworden sind in Teemischungen mit Chelidonium, Absinthum, Centaurium, Mentha piperita, Salvia und Juniperus.

Der Tip:

> Bei Diarrhoe und Ulcus varicosus.
> Teemischungen mit Absinthum, Centaurium, Chelidonium, Juniperus, Mentha piperita, Salvia.

Fragaria vesca

Die *Walderdbeere* aus der Familie der Rosaceen ist weitgehend in Vergessenheit geraten. Sie wurde in früheren Zeiten als Blutreinigungsmittel bei Ausschlägen, Leberleiden und als Stärkungsmittel für Genesende, zusammen mit *Waldmeister,* empfohlen. Die Erdbeerblätter, die im Mai gesammelt werden, geben einen wohlschmeckenden heilsamen *Tee,* an Wirkung im Sinne der anderen Rosengewächse ist bei der Erdbeere nichts nachzuweisen, eher wird sie bei Verstopfungen und Vollblütigkeit angewandt. In den letzten Jahren wurde lediglich das Erdbeerblatt frisch gepflückt als Geschmackskorrigens zu anderen Teearten gereicht.

Die Leguminosen

- Acacia catechu
- Acacia suma
- Pterocarpus Marsupium.

Rosaceae

- Rosa centifolia
- Rosa gallica
- Rubus fructicosus.

Nach Orzechowski sind vor allem in den Leguminosen *Acacia catechu* und *Acacia suma* im Kernholz neben Catechingerbstoff reichlich Catechin und Epicatechin vorhanden. Daraus erklärt sich die Namensgebung. Auch aus der ostindischen Leguminose *Pterocarpus marsupium* sind Catechingerbstoffe entdeckt worden, während über die Gerbstoffe von *Vaccinium Myrtillus* (Heidelbeere) der *Rosa Centifolia* (Hundsrose) und *Rosa gallica* sowie *Rubus Idaeus* (Himbeere) wenig bekannt geworden ist. Hier finden sich die meisten Ansatzpunkte für die volksmedizinische Verordnung neben dem bekannten Agrimonia eupatoria, dem Odermennig und der Fragaria vesca, der Erdbeere. Auch Potentilla anserina gilt als verwandt mit der Tormentillwurz und ist wie Sanguisorba officinalis unter die gerbstoffhaltigen Drogen einzuordnen.

Potentilla anserina

Das *Gänsefingerkraut* hat, wie die meisten anderen Fingerkrautarten gefingerte, unterbrochen gefiederte Blätter, die eine grundständige Rosette bilden.

In den Hippokratischen Schriften läßt sich Potentilla anserina nicht sicher nachweisen, dagegen wandte Dioscurides die Verwandte *Potentilla reptans* gegen **Diarrhoe, Dysenterie** und Epilepsie an. In den meisten Kräuterbüchern des Mittelalters wurde der Gänserich deswegen ausführlich behandelt, und zwar ist er unter den gleichen Indikationen auch in der heutigen Volksmedizin bekannt. So war Kneipp ein warmer Fürsprecher für die Anwendung des Krautes bei Krämpfen. Er hat das Kraut »Krampfkraut« genannt und besonders gut wirkend in Milch gesotten vorgefunden. Er hat es bei leichten Krämpfen aller Art wie auch bei schweren Krämpfen wirksam gefunden. So schildert er einen Fall von Starrkrampf, bei dem er den heißen Milchaufguß so heiß, wie er vertragen wurde, in eine Zahnlücke einflößte.

Schulz hat die Droge erwähnt als Dekokt bei Nachwehen von Krankheiten, insbesondere wenn vorher ruhrähnliche Symptome beobachtet worden waren, nachdem er bei den ruhrkranken Soldaten des I. Weltkriegs Erfahrungen sammeln konnte. Künzli, der Schweizer Kräuterpfarrer empfiehlt die anderen Potentillaarten als Tee gegen Albuminurie. Auch hier werden Uteruswirkungen erwähnt, jedoch fehlen dazu die pharmakologischen Nachprüfungen.

Der Gerbstoffgehalt der Potentilla anserina liegt bei etwa 7% Tannoiden. Nach Gillow und H. Wieland konnte in der Pflanze das *Tormentol,* ein gesättigter Ester nachgewiesen werden. Vermutlich wird dem Tormentol und anderen phenolartigen Beigaben die Krampfwirkung zuzusprechen sein; denn aufgrund des Tanningehaltes ist eine Krampfwirkung nicht abzuleiten.

Potentilla anserina ist ein höchst wertvolles krampfstillendes Mittel, bei dem keine unangenehmen Nebenerscheinungen zu befürchten sind. Sie wird deshalb bei **Diarrhoe** mit Koliken, **Dysenterie, Gastroenteritiden, Meteorismus** mit krampfhafter Herzbeklemmung und bei anderen spastischen Erscheinungen und Zuständen bis zur Epilepsie und Starrsucht bei Muskel- und Wadenkrämpfen und bei **Dysmennorrhoe** mit gutem Erfolg empfohlen.
Zur Verwendung wird die frische blühende Pflanze eingesetzt. Nach dem HAB wird die frische Pflanze *ohne* Wurzel, nach der Verordnung von MADAUS die frische blühende Pflanze *mit* Wurzel angewandt. Man geht nicht fehl, die Wurzel als Hauptträger der Tanninwirkung zu bezeichnen, so daß bei Erfordernis einer Tannin-Gerbstoff-Wirkung, wie sie bei der *Dysenterie* und bei der *Diarrhoe* der Fall ist, mehr der *Wurzelextrakt,* bei *spasmolytischer* Wirkungsforderung mehr die *Blüte* und das *Kraut* anzusprechen sind.

Der Tip:

> Bei Diarrhoee und Dysenterie Potentilla-Wurzelextrakt, ansonsten Potentillakraut.

Rosa centifolia

Es handelt sich um die *Garten-* oder *Monatsrose* aus der Familie der Rosaceen, die im Orient heimisch ist und vermutlich über Persien, Babylonien und Ägypten nach Griechenland und Italien gelangte. Seit dieser Zeit wird sie in vielen Formen und Varianten gezüchtet.
Die *Rosa damascena* hat im Unterschied zu *centifolia* zahlreiche starke Stacheln, die sich auch an den Blattstielen finden. Die Kultur der Rose als Königin der Blumen, wie SAPPHO sie nannte, hat wohl mit den Indogermanen aus deren Urheimat ihren Triumphzug über die Erde angetreten. Ungezählte Sagen und Überlieferungen, die auf die Anmut und Schönheit dieser Blüte zurückgeführt werden, sind bekannt. Die Verwendung der Blütenblätter zu kosmetischen Zwecken sowie diätetische und medizinische Anwendungen sind frühzeitig beliebt gewesen. Chinesische Schriften wissen von dem Wohlgeruch der Blüten zu berichten und, daß durch Vermengung der Blätter mit Fett gewonnenes Rosenöl im Religionskult bei Balsamierungen eine große Rolle spielt. Die Blumenblätter von Rosa centifolia werden auch heute noch in der Volksheilkunde bei **Diarrhoee,** bei Ruhr, bei Bluthusten, Lungenleiden gebraucht und decken hauptsächlich den deutschen medizinischen Bedarf an Rosenblättern.
Die Rosc als Heilmittel war zu allen Zeiten verbreitet. Aus dem Samen wird das Glykosid *Multiflorin,* das stark abführend wirkt, hergestellt. In der Heilkunde werden sowohl die Rosenblätter als auch die Blütenblätter innerlich als adstringierende Spezies angewandt und meistens anderen Mischungen zugesetzt, äußerlich als Gurgel- und Waschwasser. Das *Aqua rosae,* ein Destillat aus den frischen Blättern, dient äußerlich als Bestandteil verschiedener kosmetischer Waschwässer, als Extraktum *Rosae fluidum* äußerlich zu Mund- und Zahnwässern, das *Oleum rosae* als Geruchskorrigens und zu

Mundwässern. Der Rosensirup, *Sirupus rosae,* wird in Dosen von 2–3 ccm als Korrigens zu innerlich verabreichten Mitteln gegeben. Als leichtes Adstringens werden die Rosenblätter auch gelegentlich bei Diarrhoe und Hämoptoe gebraucht. Umschläge mit Rosenwasser werden von den meisten als beruhigend für Herz und Nerven gerühmt.

Rubus fructicosus

Die *Brombeere* aus der Familie der Rosaceen zählt zu den ältesten Heilpflanzen, wobei Früchte und Blätter bereits in den Hippokratischen Schriften als Arzneimittel Erwähnung fanden.
Die Hippokratiker gebrauchten die Früchte bei eiternden und leicht blutenden Geschwüren, während PLINIUS von der Verwendung der Schößlinge gegen **Durchfall** und Blutflüsse zu berichten weiß. Von den zeitgenössischen Autoren empfiehlt MEIER die Brombeerblätter als Stopfmittel bei **Diarrhoeen** und zu Frühlingskräutertee.
In der Volksmedizin waren die *Brombeerblätter* seit jeher ein beliebtes Mittel bei **Diarrhoee, Dysenterie,** Fluor albus und Menorrhagie, mit den jungen Schößlingen zubereitet, auch bei chronischen Hautausschlägen. Bekanntlich wurden während des Krieges im Austausch für chinesischen Tee die Brombeerblätter fermentiert und als wohlschmeckende Ersatzdroge in den Handel gebracht.
Rubus fructicosus ist vorwiegend als *Antidiarrhoikum* und als *Antidiabetikum* indiziert. Gute Erfahrungen machte FELDMANN auch bei blutiger Diarrhoe der Säuglinge auf Tuberkulosegrundlage. Außerdem werden die Brombeerblätter als Expektorans bei Bleichsucht, bei Erkältungsfieber, auch bei Nephrolithiasis und als Diuretikum und Diaphoretikum bei Wassersucht angewandt.

Der Tip:

> Blutige Diarrhoee bei Säuglingen auf Tuberkulosegrundlage.

Sanguisorba officinalis

Die im gemäßigten Eurasien und Amerika heimische *Rosettenstaude* aus der Familie der Rosaceen, mit kräftiger dunkelbrauner Wurzel, gedeiht hauptsächlich auf mäßig trockenem bis feuchtem Magerboden und auf Frischwiesen. Bezüglich des Bodens ist sie wenig wählerisch und paßt sich auch den verschiedenen Höhenlagen durch Änderung der Blütezeit und des Wachstums an. Ihre 20–40 cm langen Rosettenblättern werden aus 7–15 eiförmigen Fiederblättern gebildet, während die Stengel 30–90 cm nur 3 oder 4 an Fiederzahl rasch abnehmende Blätter tragen. Die braunroten Blüten sind zu eiförmigen Blütenköpfchen vereinigt, deren Genuß bei den Kühen die Milch rot färben soll. Die Blütezeit ist Juli bis September.
Die Sanguisorba wird als Hämostyptikum bei Blutungen verschiedener Genese und als *Antidiarrhoikum* verwendet. Einzelindikationen sind Me-

norrhagien, insbesonders im Klimakterium aber auch bei **Dysenterieblutungen,** bei **Darmkatarrhen** und bei **Diarrhöen** ist der *Wiesenknopf* anzuwenden. Die Indikation bei Lungentuberkulose, wie sie früher sehr häufig war, dürfte wohl heute keine Rolle mehr spielen. Dagegen bei Phlebitis und Varizen zu äußeren Auflagen könnte die adstringierende Wirkung u. U. wertvolle Dienste tun. Die Wirkung der Blätter erwähnt MATTHIOLUS, VON HALLER das Kraut und Wurzel gemeinsam. Die frisch blühende Pflanze wird nach HAB sowohl als Kraut verwendet als auch zur Herstellung von Tee. *Herba sanguisorbae* ist als *Beigabe* bei sämtlichen oder auch Anteil sämtlicher Antidiarrhoe-Teemischungen bekannt.

Vaccinium Myrtillus

Aufgrund der kräftigen adstringierenden Wirkung ist die *Heidelbeere,* aus der Familie der Ericaceen, auch heute noch ein beliebtes Therapeutikum bei **Durchfalleiden.**

Die 50 cm hohe stark verzweigte Zwergstaude ist mit weitkriechender Grundachse und rundlich eiförmigen sommergrünen Laubblättern in Eurasien und Nordamerika häufig anzutreffen. Die grünlich krugförmigen Blüten sind blattachselständig und die Früchte weithin bekannt. Während die Heidelbeeren in der heutigen Heilkunde ein allbekanntes und beliebtes Volksmittel sind, finden sie in den Werken der alten Griechen und Römer nie eine einschlägige Erwähnung. Zum Teil läßt sich dies durch das Fehlen der Pflanze in Griechenland erklären, aber es bleibt doch zweifelhaft, ob die von PLINIUS mit Vaccinia benannten Beeren, die in Italien zum Vogelfang kultiviert wurden, mit unserer Heidelbeere identisch sind. Erst HILDEGARD VON BINGEN hat über die heilkräftige Wirkung berichtet. Auch HIERONYMUS BOCK, der nur die Anwendung eines Sirups der Beeren gegen Husten und Lungenschwindsucht empfiehlt, gibt außerdem eine Anleitung zur Herstellung einer blauen Farbe.

In Rußland finden Heidelbeerblätter ausgedehnte Verwendung als Tee, auch wird der Tee aus den Blättern gegen Blasenleiden gebraucht. Es ist unsicher, ob die Anführungen von Myrtillus bei PARACELSUS die Heidelbeere betreffen. Dagegen erwähnt LONICERUS die Blätter und Früchte zusammen als Menagogum gegen Blasen- und Nierenleiden, den Blattsaft gegen Mundfäule, Blutspeien und Lendenstein. MATTHIOLUS empfiehlt den Sirup von Heidelbeeren als wohlbekömmlich für den Magen. WEINMANN hat 1742 über die getrockenete Beere als **Diarrhoe-** und **Dysenteriemittel** berichtet. Ebenso nennt OSIANDER getrocknete Heidelbeeren als ein gutes Mittel gegen Diarrhoe, gegen Hämmorrhoidalblutungen und Harnstein. Bei KNEIPP wurden die Blätter und die Früchte gegen **Durchfall** empfohlen, auch in anderen Ländern, insbesondere in der lettischen und russischen Volksmedizin ist die Heidelbeere bei Mundfäule, Aphten u. ä. Erkrankungen erwähnt.

Die Anwendung des *Heidelbeerweines* geht auf Untersuchungen von FLURY zurück. Es zeigte sich dabei, daß der herbe Blaubeerwein ein brauchbares Mittel gegen Durchfälle ist. Zersetzungsprodukte des Darminhaltes, Bakte-

rien und ihre Toxine werden durch Adsorption gebunden. Eine schwach antiseptische Wirkung hemmt die Entwicklung pathogener Keime, ohne die normale Darmflora ungünstig zu beeinflussen. Durch die adstringierende Wirkung wird weiterhin die *Darmschleimhaut widerstandsfähiger* gemacht. Bei manchen Indikationen ist der Alkoholgehalt eine nützliche Beigabe. So gibt FLURY als Indikation bei Magen- und Darmerkrankungen akute und chronische Verdauungsstörungen, Appetitlosigkeit, Schwächezustände, verschiedenartige Formen von **Durchfällen, Gärungs-** und **Fäulnisdyspepsie,** vor allem einfache **Darmkatharre** mit gestörtem Allgemeinbefinden an.
Eine andere Indikation der Blätter der Heidelbeere gilt dem Diabetes. Versuche mit dem Blätterextrakt als Mittel bei alimentärhyperglykämisch gemachten und pankreaslosen Hunden bestätigten diese Wirkung, da der Extrakt die Hyperglykämie günstig beeinflußt. Die Zuckerausscheidung wurde nicht nur herabgesetzt, sondern sistierte und es gelang, ein Tier so lange am Leben zu erhalten, als das Präparat verabreicht wurde. In klinischen Versuchen mit Infusen von Myrtillusblättern konnte eine Besserung der Zuckertoleranz und der Zuckerausscheidung festgehalten werden. ALLEN bezeichnet das aus den Blättern gewonnene *Myrtillin* als vegetabilisches Insulin. ÖTTEL konnte in Heidelbeerblättern etwa 1% freies Hydrochinon nachweisen. Er nimmt an, daß die von verschiedenen Autoren beobachtete Blutzuckersteigerung nach der Eingabe von größeren Mengen Heidelbeerextrakt durch das Hydrochinon bedingt ist. In Versuchen an Katzen wurden bei chronischer Vergiftung mit Hydrochinon neben einer ausgeprägten Anämie regelmäßiger allgemeiner Pigmentverlust des Felles beobachtet, der sich in der Art der Alterspigmentierung entwickelt, nach Absetzen des Hydrochinons aber wieder verschwand.
BURWINKEL (zitiert bei GRÖWER) beobachtete Verschwinden von Schuppenflechte nach dem Genuß von Heidelbeerblättertee, kombiniert mit kleinen Aderlässen. Die Beeren enthalten Milchsäure, Oxalsäure, Bernsteinsäure, Apfelsäure, Zitronen- und Chinasäure. Der Farbstoff der Heidelbeere, Myrtillin, ist ein Monogalaktosid des Myrtillidins, die Blätter und das Enzym Arbutase enthalten Chinasäure und das Enzym Arbutase spaltet Arbutin in Hydroclinin und Dextrose. So ist *Folia myrtillae* ein mögliches Mittel für die Behandlung einer *diabetischen Stoffwechselsituation.*

8.4.8 Die Obstipationsbehandlung mit pflanzlichen Laxantien

8.4.8.1 Probleme und Risiken

> Neben Schlaf- und Beruhigungsmitteln stehen Laxantien an erster Stelle der Arzneimittel.

Dies liegt daran, daß es bei den meisten Menschen zu einem Verlust des Defäkationsprozesses gekommen ist. Schuld sind im allgemeinen die schlak-

kenärmer gewordene Kost und die zunehmende Hetze, zeitliche Desorientierung und Bewegungsmangel.
Hinzu kommt, daß nach erfolgreicher Einnahme eines Abführmittels der Darm einige Tage Latenzzeit benötigt, um wieder zu einem neuen Defäkationsgeschehen heranzureifen. Die meisten Menschen haben nicht die Geduld, diese Zeit abzuwarten, so daß hier eine Abhängigkeit im Sinne einer Kettenreaktion entsteht.
Während früher die Abführmittel sehr großzügig verordnet wurden, wissen wir inzwischen, daß es durchaus zu Problemen und Schwierigkeiten kommen kann, so daß die Indikation zur Anwendung von Laxantien heute sehr viel enger gestellt werden muß, als dies bislang der Fall war.
Zu jeder Verordnung gehört die Warnung, nicht eine chronische *Abhängigkeit* zustandekommen zu lassen, und für den Arzt besteht mit jeder Verordnung eines Laxanzmittels die Notwendigkeit, über Darmpflege und Ursachen der chronischen Obstipation nachzudenken und mit dem Patienten zu besprechen.

8.4.8.2 Ursachen der Obstipation

- Analgetika
- Antacida
- Bettruhe, längere
- Gallenblasenerkrankungen
- Hämorrhoiden
- Hyperparathyreoidismus
- Myxödem
- Organische Erkrankung des Gastrointestinaltraktes im Sinne von Fissuren des Anus
- Psychopharmaka
- Psychosen und Neurosen, insbesondere bei Jugendlichen
- Stoffwechselkrankheiten.

Viele Patienten sind sich nicht klar darüber, daß sie mit dem Begriff einer chronischen Obstipation oft Anomalien habitueller Natur angehen und sich auf einfache Art und Weise mit einem Laxans Luft verschaffen. Vielen Patienten muß es erklärt werden, daß eine Defäkation im Abstand von 2–3 Tagen noch kein krankhafter Zustand ist und daß noch kein Grund besteht, medikamentös hierbei energisch einzugreifen.

8.4.8.3 Einfache Maßnahmen

a) Wichtig ist der Hinweis auf den zeitlichen Unterschied. Vor allem bei Menschen, die in einer zeitlichen Abhängigkeit bzw. Hetze sich bewegen. Sie müssen sich für den Defäkationsvorgang eine Zeit der Ruhe und Konzentration schaffen. Das empfiehlt sich entweder morgens vor dem Frühstück oder nach der täglichen Arbeit abends. Dieser zeitliche Reflex, den man ohne Schwierigkeiten schulen kann, ist für die Behandlung einer Obstipation von außerordentlicher Bedeutung.

b) Daneben spielt eine ballastreiche Kost eine Rolle.
Anzuraten: Faserreiches Gemüse und Obst, körnerreiches Brot.
Zu meiden: Leichtverdauliche Nahrung wie Kohlenhydrate, Kuchen, Teigwaren.

c) Bei manchen Patienten läßt sich bereits mit einem abendlichen oder morgendlichen Apfel, was im übrigen historische Bedeutung hat, mit einem Glas kalten Wassers oder einem Fruchtsaft die Peristaltik anregen.

d) Letzteres gelingt auch mit eingeweichten Pflaumen und Kompotten.

e) Sollte dies nicht ausreichen, so kann man zu Früchten wie:
- Johannisbrot
- Manna

greifen und schließlich zu Ballaststoffen wie:
- Bockshornklee
- Chufas
- Leinsamen
- Senfkörner
- Weizenkleie.

Erst wenn alle diese Maßnahmen nicht erfolgreich sind, und die Obstipation nicht zu durchbrechen ist, so muß man an Substanzen mit laxierender Wirkung denken.
Hierzu kann man erstmals mit Vermehrung der Gallensäure im Dünndarm, mit pankreatogenen und chologenen Stoffen versuchen, eine sog. *Wasserdiarrhoee* zustande zu bringen. Pflanzlich gelingt dies mit **Taraxacum** (Löwenzahn), **Aloe, Podophyllum** etc.
Auch die Möglichkeit einer Umstimmung der Darmbakterien muß ins Auge gefaßt werden, insbesondere dort, wo vorher längere Phasen mit Antibiotikabehandlung stattgefunden haben. Die Einteilung der laxierenden Substanzen kann prinzipiell entweder in Form der *Steigerung* der aktiven oder passiven intestinalen *Sekretionsprozesse* gesehen werden oder über eine *Erhöhung der Darmmotilität* selbst. Dieses entspricht den früheren Einteilungen nach dickdarm- und dünndarmwirksamen Abführmitteln, die heute mehr als **hydragoge** und **irritierende Kontaktlaxantien,** als **salinische** Laxantien, als **stuhlaufweichende** Laxantien, als **füllende** und **quellende** Laxantien und als **Laktulose** auftreten und eingeteilt werden.

8.4.8.4 Die hydrogenen Kontaktlaxantien

Die drei wichtigsten Untergruppen sind:
- Anthrachinone und Anthrachinon-Abkömmlinge
- Phenylmethanderivate
- Rizinusöl.

Der Ausdruck »Kontaktlaxantien« war ursprünglich für die *Diphenylmethane* angewandt worden, da der stimulierende Darmeffekt durch Kontakte mit der Darmmukosa zustande kam, während er durch vorherige Applikation eines Lokalanästhetikums verhindert werden konnte. Der dabei zugrunde liegende Mechanismus ist die Umkehr des Wasser-Netto-Flusses im Dünn- und Dickdarm. Unter dem Einfluß von hydragogen Laxantien überwiegt die Sekretion von Flüssigkeit und Elektrolyten ins Darmlumen. Weiterhin scheinen die Diphenylmethane einen peristaltikstimulierenden Effekt auf die Darmmuskulatur zu haben. Die verschiedenen Laxantien unterscheiden sich bezüglich ihres Wirkungsortes und der Latenzperiode ihrer Wirkung. Die Diphenylmethane und vor allem die Anthrachinone sind nach mehr als 6 Std. hauptsächlich dickdarmwirksam, während Rizinusöl bereits innerhalb von 3 Std. auf den Dünndarm einwirkt.

Das Rizinusöl

Rizinusöl ist eines der ältesten Abführmittel, das wir kennen. Hergestellt wird es aus dem Samen von *Rizinus communis.*
Dabei handelt es sich chemisch um ein Triglyzerid von *Rizinolsäure,* wobei das Triglyzerid selbst unwirksam ist. Erst nach Hydrolyse im Darm durch Lipasen wird die wirksame Rizinolsäure freigesetzt. Da der laxierende Effekt von Rizinolsäure im Tierexperiment durch Antihistaminica aufgehoben werden kann, wird eine Histaminfreisetzung durch Rizinolsäure diskutiert. Therapeutische Dosis sind 15–60 ml, die Dauer des Wirkungseintritts 2–6 Std.
Die Botanik des Rizinusöles ist aus der Familie der Euphorbiaceen, einer Pflanze mit bis zu 15 m Höhe, abzuleiten. Sie ist schnellwüchsig in tropischen Gegenden und in gemäßigten Klimazonen beheimatet. Hauptproduktionsländer sind Brasilien, Indien und verschiedene afrikanische Staaten neben der GUS. Die Rizinussamen enthalten u. a. 45–55% fettes Öl, das Phytotoxinrizin, etwa 0,2 Rizinin, ein wenig toxisches – insektizid wirkendes – Pyridinalkaloid und Lipasen.

Bedingt durch den Rizingehalt können bereits 10 Rizinussamen für einen Menschen tödlich sein.

Das Öl wird durch kalte Pressung gewonnen und zur Entfernung evtl. enthaltenen Rizins mit Wasser ausgekocht. Es besteht zu etwa 90% aus Glyzeriden, der Rizinolsäure, ist gut haltbar, mischbar mit absolutem Äthanol, löst sich zu 30% in 90%igem Äthanol und ist im Gegensatz zu anderen fetten Ölen unlöslich in Benzin. **Peroral gegeben,** wirkt es durch die im Dünndarm freiwerdende Rizinolsäure **mild darmreizend** und damit **abführend.** Die Wirkung tritt bei einer Dosierung von 15–30 g bereits nach 2–4 Std. ein. Rizinusöl wird wegen seiner Alkohollöslichkeit als Zusatz zu alkoholhaltigen Dermatika und Kosmetika verwendet. In der Technik z. B. als Schmiermittel, bei schnellaufenden Motoren, und in der Seifenindustrie wird es ebenfalls gebraucht.

Crotonöl

Das Mittel wurde früher in einer Dosierung von ½–1 Tropfen mit Rizinusöl verdünnt als drastisches Abführtherapeutikum verwendet.

> 20 Tropfen davon sind bereits tödlich.

In der Naturheilkunde wurde Crotonöl nur noch in Form des Malefizöls bei Baunscheidt-Öl in einer Mischung mit anderen Ölen verwendet. Dabei wird die stark hautreizende Wirkung angesprochen.

> Nachdem bekannt wurde, daß Crotonöl zu Krebserkankungen führen kann, ist dieses Öl grundsätzlich nicht mehr anwendbar.

Die Anthrachinondrogen:
Auch im Zeitalter der synthetischen Arzneistoffe spielen pflanzliche Arzneimittel der Anthrachinondrogen eine große Rolle und haben einen wesentlichen Marktanteil behaupten können. Gerade diese Drogengruppe hat wegen ihres komplexen Musters an Inhaltsstoffen immer wieder Anlaß zu Untersuchungen gegeben. Insbesondere hat sich eine biologische Nebenerscheinung bei den Anthrachinonderivaten ähnlich wie bei den Belladonnaalkaloiden bestätigt, nämlich die *potenzierende Wirkung* einzelner Inhaltsstoffe *zueinander.*

Bei der Biogenese der Anthrazenderivate können unterschiedliche Wege beschritten werden:
Der Azetatweg, der von Pilzen genutzt wird, aber auch bei höheren Pflanzen zur Biogenese der im Ring C hydroxilierten Anthrazenderivate (Chrysophanolgruppe) und der Chitinsäureweg, der zu den im Ring nicht hydroxierten Anthrazenderivaten der Rubiadingruppe führt.
Von besonderem Interesse sind die 1,8 dihydroxilierten Anthrachinone wie Chrysophanol, Aloeemodin, Rhein, Emodin, wie z. B. das Rheumemodin und Frangulaemodin und Physzion sowie ihre Glykoside. Sie sind für die Abführwirkung einer Reihe von Drogen verantwortlich und kommen neben den entsprechenden Anthronen bzw. Anthranolen in **Cortex frangula, Cortex ramni pursiani, Radix Rhei, Folia et fructus Sennae** und **Aloe** vor. Das Mengenverhältnis der verschiedenen Oxydationsstufen und die Relation von freien zu gebundenen Anthrazenderivaten ist starken Schwankungen unterworfen. Es hängt vom Entwicklungsstand des Pflanzenteiles sowie von der Behandlung und dem Alter der Droge ab. Lange gelagerte Drogen enthalten fast ausschließlich Anthrachinone, die Anthrone bzw. deren Glykoside.
Innerlich gegeben, regen Anthrachinone die Peristaltik des Dickdarms an, beschleunigen damit die Passage des Darminhaltes und verhindern die Rückresorption des Wassers teilweise und beugen somit der **Obstipation** vor.

Die Wirkung beruht möglicherweise zum Teil auf einer Reduktion zu Anthranol- bzw. Anthronderivaten durch die Darmflora und der durch diese Verbindung verursachten Schleimhautreizung. Am isolierten Darmpräparat beeinflussen jedoch auch 1,8 Dihydrooxyanthrachinone die Spontanrhythmik. Die Abführwirkung der Anthrachinondrogen tritt relativ spät, nach etwa 6–12 Std. ein. Sie werden deshalb vorwiegend bei **chronischer Obstipation** angewandt, mit der Zahl der gebundenen Zucker nimmt die Wirkung ab.

8.4.8.5 Die Cassiadrogen als Anthrachinonlieferanten und Therapiemittel

Die Cassiadrogen aus der Familie der Fabaceen bzw. Caesalpinaceen sind insbesondere durch die Cassia sennae oder Senna acutifolia oder angustifolia gekennzeichnet. Innerhalb des Genus Cassia mit seinen ungefähr 450 meist tropischen und subtropischen Arten finden sich neben anthrachinonhaltigen auch anthrachinonfreie Arten. Unter den Anthrachinonvorkommen sind nur 3 Spezies als Drogenlieferanten von Bedeutung:

- Cassia angustifolia
- Cassia fistula
- Cassia senna.

Von der Cassia fistula wird nur das Fruchtmark verwendet.

Cassia senna

Bei den griechischen und römischen Schriftstellern des klassischen Altertums finden die Sennesblätter nirgends Erwähnung. Die ersten Nachrichten stammen von den späteren griechischen und namentlich von den arabischen Ärzten. Von Paracelsus wurden die Sennesblätter als Purgans angeführt. Auch Lonicerus, Bock und Matthiolus gebrauchten sie als Laxans und rühmten ihre Wirkung. Senna ist wohl *von allen Heilpflanzen das gebräuchlichste* und beliebteste **Abführmittel.** So nennt es Reuter das allerbeste Mittel bei chronischer Obstipation für jahrelangen Gebrauch. Doch auch hier gehen die Meinungen sehr auseinander. Denn Kleine zieht die Verordnung von *Colocynthis* vor, da die längere Anwendung von Senna seiner Ansicht nach zu einer richtigen Stillegung der Darmfunktion führt. Angewandt werden die Sennesblätter, die auch officinell sind.

Der Tip:

> Übliche Dosis: 1–2 g Blätter oder 5–10 Schoten im Auszug.
> Maximaldosis ist nicht festgesetzt, doch können 5–10 g der Blätter leicht Leibkneifen und Erbrechen verursachen.
> Die Wirkung der Schoten ist etwas milder als die der Blätter.

8.4.8.6 Additiv wirkende Anthrachinondroge Aloe

Aloe

Die Droge stellt man aus dem ausgeflossenen Saft der abgeschnittenen Blätter her, der eingedickt und erstarrt wird. Die Aloearten gehören zu der Familie der Liliaceen, wobei besonders die **Aloe ferox** und deren Hybriden, nämlich die **Kapaloe,** die indische Aloe, die **Aloe barbadensis** und die **Aloe perii** sowie **esculentum** gebraucht werden. Bei der Anwendung zur Wundbehandlung und bei Haut- sowie bei Augenerkrankungen und Parodontose werden Extrakte aus der **Aloe arborescens** und **natalensis** eingesetzt.
Die wesentlichste Handelsform ist die sog. Aloe, deren Stammpflanze Aloe ferox einen 2–3 m hohen Stamm mit einem Schopf etwa 50 cm langer succulenter bestachelter Blätter darstellt. Zur Gewinnung der Aloe werden die Blätter abgeschnitten und schräg mit den Schnittflächen nach unten um eine kreisförmige Grube gelegt. Auf diese Weise fließt der in den Siebröhren in sichelförmig umfassenden Sekretzellen enthaltene Saft unter Zerreißen der Querwände innerhalb von 5–6 Stunden aus. Er wird über offenem Feuer oder mit Hilfe der Sonnenwärme eingedickt und erstarrt beim Erkalten. Je nach der Eindickungstemperatur zu einer braunen glasigen Masse **(Aloe lucida),** oder zu einer grauen trüben Masse **(Aloe hepatica).** Auch Sprühtrocknung wird angewandt und liefert ein feines braunes Pulver.
Die **Soccotra-Aloe** ist die älteste bekannteste Aloesorte. Sie stammt aus Arabien und Ostafrika. Auf der Insel Sokotra wird offenbar heute keine Aloe mehr produziert. Hauptinhaltsstoff der Aloe ist das *Aloin* (ein 10-C-Gluco- Sylaloeemodinathon 5–40%). Die Arzneibücher verlangen einen Mindestgehalt von Aloin zwischen 15–18%. Neben diesem Aloin kommen in der Pflanze Aloinoside, Crysophanol, Aloe-Emodin vor. Begleiter der Anthrachinone sind etwa 20% harzartige Stoffe, wie p-cumaryl-ester von Harzalkohol und etwa 15% Aloisin.

Der Tip:

> Um exakter dosieren zu können und um das Leibschmerzen verursachende Harz auszuschalten, verwendet man in der Therapie das Extraktum *Aloes* oder Aloin.

Aloe soll auch eine *bakterizide* Wirkung besitzen und wird daher in der Volksmedizin zur Wundbehandlung und bei Hauterkrankungen insbesondere bei Akne sowie bei Augenerkrankungen und Parodontose perkutan und subkutan impliziert. Für diese Zwecke werden meistens wässrige Extrakte aus den Blättern von *Aloe aborescens* oder *natalensis* eingesetzt. Sie enthalten neben Anthrachinonderivaten ebenfalls Chromonderivate, z. B. *Aloe arbonasid.* Neben den Drogen, die wegen ihres Gehalts an Anthracenderivaten als **Abführmittel** benutzt werden, gibt es einige, die in der Dermatologie, Urologie und als Farbstoff Verwendung finden wie Chrysarobin, Carminsäure aus Rubia tinctorum. (Letzteres aus dem Handel!)

Nach neueren Untersuchungen (MORITZ) sind die Nebenwirkungen auf die Schleimhäute des Magens, Duodenums und des Dünndarms nicht auf das Emodin, sondern auf die dem Emodin entsprechende reduzierte Substanz zurückzuführen. In der Tat macht Aloe eine *spezifische Dünndarmreizwirkung,* wie sich dies auch im homöopathischen Arzneibild kundtut.

Der Tip:

> Vorsicht! Gefährlich ist die Verabreichung von Aloe bei Graviden, da eine Uteruswirkung und Abortgefährdung bestehen.

Wenn auch die heutige Behandlung mit anthrachinonhaltigen Laxantien von der klinischen Medizin weitgehend abgelehnt wird, und einschlägige Empfehlungen nicht mehr gegeben bzw. sogar Warnungen ausgesprochen werden, so hat sich in der Volksmedizin und im Handverkauf der Apotheken die Anthrachinonabführtherapie noch weitgehend erhalten und wird auch nicht so schnell auszurotten sein. Gerade aus diesem Grunde ist die Kenntnis dieser Drogen besonders wichtig und die Dosierung und die Erkenntnis auch aus der Zusammensetzung abzuleiten, die bekanntlich eigene Probleme mit sich bringen.

Überadditive und synergistische Wirkungen von Aloe und Anthrachinonderivaten:

Aloe → Emodin → Grysophanol → (Cascara-sacrada-Rinde)

Das Abführmittel Aloe enthält neben den wirksamen Anthrachinonderivaten z. B. Aloin *nierenreizende Begleitstoffe.* Nach HAUSCHILD sollte darum die Droge heute *nicht mehr* verwendet und nach der Pharmakopöe Helvetica 6 nur der *gereinigte Extrakt* abgegeben werden. Solche Untersuchungen sind notwendig, um z. B. festzustellen und zu entscheiden, ob bei Krankheitssymptomen mit Bagatellcharakter

- ein hochwirksames Pharmakon mit großem Toxizitätsrisiko,
- ein sinnvolles Kombinationspräparat oder
- ein mild wirkendes Mittel mit gleichem Therapieergebnis, aber mit wesentlich niedrigerem Toxizitätsrisiko

einzusetzen ist.

Untersuchungen von AUTERHOFF zeigten, daß der Synergismus auch bei der *Kombination von Frangula- und Aloeextrakten* sehr deutlich und präzise zu bestimmen ist. Nach LONGOW ist ein standardisierter *Faulbaumrindenextrakt* in seiner milden Gesamtwirkung dem reinen Hauptwirkstoff Glukofrangulin vorzuziehen.

KRAUS hat vor kurzem aus **Cortex frangulae** eine polymere Substanz isoliert, welche sich als Synergist von Glukofrangulin erwiesen hat, was nach seiner Meinung eine bevorzugte Anwendung des Pflanzenextraktes gegenüber den isolierten Anthraglykosiden rechtfertigt. Zu der entgegengesetzten Wirkung kamen Untersuchungen von CASPARIS und Mitarbeitern bei der Prüfung der Wirksamkeit der Faulbaumrinde und des isolierten Glukofrangulins. Die abführende Wirkung des Glukofrangulins war nämlich in ihren Versuchen wesentlich intensiver als die der Cortex frangulae. Die Autoren führten diese Erscheinung auf die entgegengesetzte Wirkung der in der Rinde in großer Menge (12%) vorhandenen *Tannine* zurück.

Rheum officinale

Auch die Extrakte der medizinischen *Rhabarberwurzel* (Rheum officinale), welche neben Anthraderivaten und Diandronen auch Gerbstoffe enthalten, wirken ähnlich. Bei niedriger Dosierung kommt nur die **stopfende** und **adstringierende** Wirkung der Gerbstoffe zur Geltung, aber auch bei höheren Dosierungen ist die stopfende Wirkung nach Abklingen des mild laxierenden Effektes zu beobachten, wie HAUSCHILD bewiesen hat. Nach der Beobachtung von VOGEL u. Mitarbeitern antagonisiert der spasmolytisch wirkende Extrakt *Anserina* mit einer laxativen *Kombination* der Extrakte aus *Rheum sinensis, Rhamnus frangulae und Senna.*

Wie wirken die Emodine im Darm?

Alle Emodine haben ihren Angriffspunkt im Dickdarm, z. B. sind die Frangulawirkstoffe im sauren Mageninhalt unlöslich. Sie lösen sich erst unter Mitwirkung der für ihre Abführwirkung unerläßlichen Galle im alkalischen Darmsaft und werden nur zum Teil, und zwar im Dünndarm, resorbiert und, was für die Sennaglykoside sichergestellt ist – teilweise im Dickdarm, dem Ort ihrer Wirksamkeit, ausgeschieden. Daneben erfolgt eine Teilausscheidung über die Nieren. Somit kommt es erst auf umständlichen metabolischen Wegen zu einer Wirkung der Emodinkörper in einer Zeitdauer von 6–8 Stunden zur Auswirkung am peristaltischen Nervengefüge des Dickdarms. Dabei wird durch Minderung bzw. Aufhebung der Wasserresorption aus dem Dickdarm und der dadurch bedingten verstärkten Füllung und Anspannung des Darmes ein wesentlicher Teil der Aufgabe der Darmentleerung unterstützt. Außerdem wird gerade die bei der chronischen Obstipation gesteigerte Antiperistaltik gehemmt und der Defäkationsmechanismus gefördert.

Die Anwendung einiger harzhaltiger Emodine wie z. B. Aloe geschieht über Entzündungsreize des Darmes, wie dies auch von Senfkörpern bekannt ist. Die Emodine der Faulbaumrinde werden auf den Auerbach'schen Plexus im Sinne von lähmendem Charakter in ihrer Einwirkung bezogen.

8.4.8.7 Nebenwirkungen von Laxantien

Alle Laxantien verursachen bei *chronischem Gebrauch* Störungen des Wasser- und Elektrolythaushaltes.

- **Kaliumverluste**

sind Anlaß für einen Circulus vitiosus, in dessen Verlauf infolge einer verminderten Darmmotilität *erneut eine Obstipation* auftritt. *Hypokaliämien* können *bei gleichzeitiger Therapie mit Herzglykosiden gefährlich* werden.

- **Kalziumverluste**

über längere Zeit hinweg sind manchmal so stark, daß als Folge davon im Röntgenbild eine *Osteoporose* in Erscheinung tritt. Zusätzlich kann es zum intestinalen Verlust von Proteinen mit einer *Hypalbuminämie* kommen.

- **Natriumverluste**

können so groß sein, daß sich ein *sekundärer Hyperaldosteronismus* entwickelt.
Weitere spezifische Nebenwirkungen sind:

- Albuminurie
- Exanthem der Analregion
- Hämaturie
- Zerstörung des Dendriten im Plexus myentericus.

Die *Indikationen* zur Anwendung liegen überwiegend:

- Vor chirurgischen Eingriffen
- Vor Röntgendiagnostik und Endoskopie des Gastrointestinaltraktes
- Zur Erweichung des Stuhles bei schmerzhaften Analleiden
- Bei Hämorrhoidalleiden oder divertikulären Erkrankungen.

Überwiegen die soeben besprochenen potenzierenden Wirkungen verschiedener Emodine, bzw. Glykoside von Anthrachinonen (Frangula, Rheum, Aloe), so können auch gegensinnige Wirkungen dadurch entstehen, daß in Verbindung mit anderen Stoffen (Rheum) die Gerbstoffe der Anthrachinonträger dominieren. Damit provozieren die Gerbstoffe eine *zusätzliche Obstipation*.

Der Tip:

> Man achte deshalb auf einschlägige Nebenwirkungen und dosiere entsprechend vorsichtig.

Frangula

Der *Faulbaum* stammt aus der Familie der Rhamnaceen. Seinen Gebrauch in der Heilkunde kennen wir erst seit dem Mittelalter. Der erste, der auf die abführende Wirkung der Rinde hinwies, war PETRUS DEGRESCENTIIS (1305). Er erwähnte den Faulbaum als einen kleinen Baum, dessen Rinde den Stuhlgang fördere und gab ihm den Namen Anormis oder Avornus.
Später wurde er von BOCK als Abführmittel dem Rhabarber gleichgestellt. Daneben sind Empfehlungen zur Blutreinigung, zur Krätzebehandlung und als Mittel bei Anschwellung von Leber und Milz bekannt geworden. In Verbindung mit Belladonnaextrakt wird er bei **Darmspasmen** geschätzt. Doch schließlich bleibt die Anthrachinondroge wohl die billigste unserer Pharmakopöe, im wesentlichen auf die Darmwirksamkeit ausgerichtet. Angewandt wird die *Wurzelrinde,* aber auch die *innere Rinde* und die *Beeren* sind neben *Zweigen* und *Stämmen* der jüngeren Bäume zur Behandlung der **Obstipation** in Gebrauch.

Kneipp'scher Blutreinigungstee:

- Frangula (wesentlicher Bestandteil)
- Flores acazie

- Flores sambuci
- Folia sambuci
- Folia urticae
- Ligni santali
- Radix Eboli
- Sumitati junipere
- Visci albi.

Der Faulbaum wächst auf feuchten Böden Europas, Nordwestasiens und Nordafrikas. Die Droge, also die *Rinde,* enthält 4–8% Anthracenderivate. Das Hauptaglykon ist das *Emodin,* aber auch Glykoside des Grysophanols und Physcions kommen in gut nachweisbarer Menge vor. In der frisch geernteten Rinde sind fast ausschließlich Anthronglykoside enthalten. In der Droge dürften nicht mehr als 30% der Anthracenderivate in Anthronform vorliegen, um Magenreizungen auszuschließen. Das Hauptglykosid ist das Glukofrangolin A, das durch Glukosespaltung *Frangolin A* liefert.

Der Tip:

> Auch die Früchte des Faulbaumes, zudem die des Rhamnus cathartica (Kreuzdorn) enthalten Anthracenderivate und eignen sich alternativ als Abführmittel.

Rheum

Vom *Rhabarber* aus der Familie der Polygonaceen verwendet man *Rheum palmatum,* mit den handartigen Blättern und *Rheum raponticum,* mit der Wurzel. Vor dem christlichen Zeitalter war der Rhabarber bei den Chinesen bereits bekannt. Er wird schon in einem aus dem 2. Jahrhundert v. Chr. stammenden Kräuterbuch erwähnt. Auch in Griechenland sowie in Italien und bei den arabischen Ärzten war er bereits als Handelsware bekannt.

Während in China Rhizoma Rhei gehandelt wurde, hat man in Deutschland den Ersatzrhabarber, das Rheum raponticum, bevorzugt. Diese Wurzel stammt aus Sibirien und Bulgarien; man bezeichnet sie auch als den falschen oder pontischen Rhabarber. Von PARACELSUS wurde der Rhabarber als gallenverzehrendes Mittel und Laxans gebraucht. LONICERUS, BOCK und MATTHIOLUS ebenso wie VON HALLER und WEINMANN haben die **laxierende** Wirkung in verschiedenen Variationen beschrieben. Später wurde er auch als Blutreinigungsmittel angeführt, in Verbindung mit Geschwürswassersucht und **Darmparasiten** fand er ebenfalls Anwendung.

Die Droge enthält 3–12% Anthracenderivate, davon Aloe-emodin und Chrysophanol-emodin. Dabei Rhein, deren Anthrone, Dianthrone und Glykoside dieser Verbindungen. Während in dem jüngeren Teil der Wurzel reichlich freie Anthracenderivate enthalten sind, findet man in den älteren Teilen vorwiegend Anthracenglykoside. Der Gehalt an *Anthronderivaten sollte 30% nicht überschreiten.*

Bemerkenswert beim Rhabarber ist der Gehalt der Droge an Gerbstoffen

(Glukogalin) und Catechin und deren Kondensationsprodukten. Die Wurzeln der officinellen Rhabarberarten, die zur Sektion Palmatum gehören, enthalten im Gegensatz zu den wesentlich schwächer wirkenden und als Verfälschung zu betrachtenden Wurzeln der Sektion Rhapontikum, keine Stilbenderivate Rapontizin und 3,5-Dihydrooxy-4-Methoxy-Stilben-3-Beta-D-Glukosid.

Die durch den Gerbstoffgehalt bedingte Einschränkung der Wirkung bezüglich der Magensaftsekretion macht die Droge als Zusatz der bei Hyperazidität genutzten Magenpulver geeignet. (Rapontizin und H-Hydro-Methoxa-Stilben wird als Phytösterol im Handel als Ersatz von tierischen Östrogenen verwendet).

Der Tip:

> **Radix Rhei** kann als **Antidiarrhoikum** in einer Dosierung von 0,1–0,3 g verwendet werden.
> In einer Dosierung von 1,5–5,0 g dagegen als **Abführmittel.**
> Ersatz für tierisches Östrogen.

8.4.8.8 Übersicht über die pflanzlichen Abführmittel

Tab. 38

Wirksubstanz	Pflanze	Einzeldosis	Dauer z. Wirkungseintritt
Rizinolsäure	Rhiz. Rizini	15–60 ml	2–6 Std.
Anthrachinone	Folia Senna	20–40 mg	8–10 Std.
Sennidine u. Sennoside	Folliculi Sennae		
Rhein	Rhizoma Rhei	20–40 mg	8–10 Std.
Frangula-Emodin	Cortex Frangulae	20–40 mg	8–10 Std.
Aloe-Emodin	Aloe ferox	0,1 g	8–12 Std.
Glykoretine	Resina Jalapae	0,075 Sapo +0,025 Tubera	1–3 Std.
Schwedentrunk: (u. a. Senna, Rheum, Myrrha, Angelica, Zedoaria)		1 Teelöffel	4–6 Std.
Mucilaginosa	Weizenkleie	1 Teelöffel	12–24 Std.
Cellulose	Leinsamen Semen plantaginus Semen Cydonia Frct. Ceratonia Semen Foenugraeci Agar-Agar	2–3 Teelöffel 1 Teelöffel	12–24 Std. 18–24 Std.

8.4.9 Bewährte Teerezepte

Abführtee 1

Frct. Anisi	
Frct. Foeniculi	aa 10,0
Frct. Rhamni cathart.	30,0
Cort. Frangulae	ad 100,0

M. f. spec.
D. S. abends 1 Tasse

Abführtee 2 (stärker)

Cort. Frangulae	
Flor. Pruni spin.	aa 30,0
Rhiz. Rhei	ad 100,0

M. f. spec. Früh und abends je 1 Tasse

Bitter-Tee

Pericarp. Aurantii	
Fol. Trifolii	
Hb. Absinthii	
Hb. Card. benedicti	
Hb. Centaurii	aa 20,0

M. f. spec.
1 Teel. mit 1 Tasse kochenden Wassers übergießen. Bei Mangel an Magensaft 1 Tasse ¼ Std. vor dem Essen.

Blähungstee

Frct. Cardamomi	
Rhiz. Calami	aa 10,0
Rad. Valerianae	aa 20,0
Fol. Menthae pip.	
Flor. Chamomillae	aa 30,0

M. f. spec. D. S. Nach dem Essen und abends 1 Tasse.

Tee bei Diarrhoe 1
Cort. Quercus
Rhiz. Calami
Hb. Thymi
Fol. Juglandis aa 25,0
M. f. spec.
D. S. 1 Teelöffel mit 1 Tasse Wasser kalt ansetzen und einige Stunden ziehen lassen und dann aufkochen. Mehrmals täglich 1 Tasse.

Tee bei Diarrhoe 2
Rhiz. Tormentillae minut. conc. 50,0
Fol. Menthae pip.
Flor. Chamomillae aa 20,0
Flor Arnicae 10,0
M. f. spec.
D. S. 1 Teelöffel mit 1 Tasse heißen Wassers übergießen. Mehrmals täglich.

Dyspepsie-Tee
Fol. Menthae pip.
Hb. Thymi serp.
Hb. Thymi vulg.
Flor. Lavandulae aa 20,0
Frct. Foeniculi
Flor. Caryophylli aa 10,0
M. f. spec. Täglich nach dem Essen 1 Tasse.

Tee bei Eingeweidewürmern
Flor. Chamomillae
Flor. Tanaceti
Hb. Absinthii
Flor. Cinae aa 25,0
M. f. spec.
D. S. Morgens und abends 1 Eßlöffel in 1 Tasse heißen Wassers, 3 Tage lang.

Gallentee
Rad. Taraxaci
Hb. Fumariae
Hb. Millefolii
Cort. Frangulae aa 25,0
M. f. spec.
D. S. 1 Teelöffel auf 1 Tasse Wasser, 2 Tassen täglich.

Verdauungstee
Frct. Anisi
Rad. Gentianae
Frct. Carvi
Hb. Millefolii aa 10,0
Frct. Foeniculi
Hb. Equiseti
Hb. Absinthii aa 20,0
M. f. spec.
D. S. 1–3 Tassen tagsüber.

9. Die Beeinflussung von Leber, Galle und Pankreas mit Phytotherapeutika

9.1 Der enterohepatische Kreislauf als zentraler Ansatzpunkt der Therapie

Die Therapie von Galle- und Lebersystem resultiert immer aus der Pathophysiologie des enterohepatischen Kreislaufs. Zunächst ist die Leber mit der Galle, den abführenden Gallenwegen, Dünndarm und Pankreas als weiterem Drüsenorgan eine *funktionelle Einheit,* die sowohl von ihrer Anatomie als auch vom Metabolismus her in einem unmittelbaren Zusammenhang stehen. *Übergeordnete Regulative* sind der Nervus Vagus, das Hormonsystem und der Blutkreislauf mit den nutritiven und portalen Anteilen.
Die Stoffe, die in der Galle ausgeschieden werden können, unterliegen einem enterohepatischen Kreislauf über Galle, Dünndarm und Rückresorption. Dieses Recycling bedeutet eine Sparmaßnahme, vor allem für die wichtigen Gallensäuren. Dazu kommt der Makro-Organismus der Leberzelle und der Mikro-Organismus des vorwiegend anaeroben Bakterienstoffwechsels. Sowohl chemische als auch pflanzliche Medikamente, welche an der biliären Elimination teilnehmen, beeinflussen diesen enterohepatischen Kreislauf. Dabei wirkt sich besonders günstig aus, wenn das Medikament durch Bindung an Glucuronsäure, Schwefelsäure oder Glutathion gekoppelt wird und damit das Molekül vergrößert, oder ein Medikament in den Lebermetabolismus einbezogen werden kann, wie etwa Sitosterin oder andere Sterine und Terpenoide.
Am Beispiel der in der Diagnostik verwendeten Farbstoffe wie etwa Anthocyangrün, Bengalrosa oder das bekannte Bromsulftalein wird diese biliäre Exkretionsleistung gesichert. Eine weitere Voraussetzung für den enterohepatischen Kreislauf einer Substanz ist die Resorption aus dem Darm. Dabei werden lipophile Substanzen leichter resorbiert (z. B. ätherische Öle). Eine Vermehrung der Darmmotilität, wie etwa durch drastische Abführmittel, verkürzen die Kontaktzeit für eine Metabolisierung von Stoffen im Darm. Dies gilt z. B. für Vitamine und Mineralien.
Die medikamentöse Beeinflussung der Leber war bislang sehr vernachlässigt. Die Versuche beginnen mit der Glukose über die Laevulose bis zu den Schafsläusen. Die Schwierigkeit besteht in zwei wesentlichen Faktoren der Leber, einmal die gute Regenerationsfähigkeit bei toxischen Leberzellbelastungen, die eine Spontanrückbildung oder Erhaltung des notwendigen Metabolismus mit einem Bruchteil normaler Leberstruktur noch gewährleistet, zum anderen mit der Schwierigkeit der Überschaubarkeit von Zellstoffwechselleistungen.
Leichter hat es der Therapeut mit der *Gallenbeeinflussung,* über die wohl die wesentlichen Merkmale auch phytotherapeutischer Maßnahmen zu erfassen sind, insbesondere seit den Zeiten der Sonographie bei denen die planimetri-

sche Berechnung der Gallenkontraktionen stattfinden kann. Dabei haben *Cholerese* und *Cholokinese, Gallensäureproduktion* und *Rückresorption* mit sekundärer Belastung des Darmes wohl die wesentlichsten Anteile an den pharmakologischen Einflüssen.

9.2 Die Behandlung der Leber und Galle

9.2.1 Die wichtigsten Phytotherapeutika

Pneumus boldo

Diese Pflanze aus der Familie der Monimiaceen verbindet die chilenische Bezeichnung »Pneumus« mit dem Namen des spanischen Botanikers BOLDO. Die Botanik bringt einen Strauch, der bis zu sechs Meter hoch werden kann, die Blätter sind elyptisch länglich und unten mit Büschelhaaren besetzt. Die Blüten stehen in Trugdolden weiß, nach der Mitte etwas rötlich, die Steinfrucht ist umgeben mit einer braunen runzeligen Schale. Der Baum blüht das ganze Jahr, seine Heimat ist Chile, wo er auf trockenen Hügeln vorkommt. Nach der Geschichte sollen angeblich leberkranke Schafe, die von den Blättern gefressen hatten, genesen sein. In Südamerika ist sie häufig gebraucht bei Verdauungsschwäche. Die *Hauptwirkung* erstreckt sich auf die Verdauung und die **Leber** schlechthin. In Chile wird die Rinde den Blättern vorgezogen. Aus der Chemie ist ein ätherisches Öl bekannt und das Alkaloid **Boldin,** das bei Tieren Krämpfe hervorruft und auf die quergestreifte Muskulatur einwirkt. Neben ätherischen Ölen wie Ascaridol, Eukalyptol und p-Zymol kommt als Hauptwirkstoff neben 20 anderen Alkaloiden etwa 1–3% Boldin vor. Es gehört zu den Aporphinbasen, welche bei den Papaveraceen weit verbreitet sind.
In der Pharmakologie zeigt sich, daß Boldin den Magensaft und die Gallensekretion stimuliert, außerdem bewirkt die Base eine Steigerung der Harnsekretion, insbesondere der Harnsäureausscheidung. Auch eine *leicht hypnotische* Wirkung wurde registriert. Boldo wird in zahlreichen Tees und Galenikas als *Choleretikum* und *Cholagogum* mit spasmolytischen Eigenschaften angewandt. Dabei wird die Tinktur aus getrockneten Blättern hergestellt. Die Verwendung bei Appetitlosigkeit, bei Dyspepsien und Hepatopathien ist ungleich häufiger als die Empfehlung bei Gicht und Rheuma und erst recht nicht bei bakteriellen Infektionen.

Der Tip:

> Rezept bei Hepatopathien:
> Folia boldo 1,5 Teelöffel auf 1 Tasse Wasser kalt ansetzen, 8 Stunden ziehen lassen. Tagsüber trinken.
> Einfacher: Galenische Zubereitungen, wie Boldovowen, Gallovowen.

Taraxacum officinale

Der *Löwenzahn* aus der Familie der Kompositen ist allgemein bekannt. Sein Name stammt von der Taraxis-Augenkrankheit, nachdem man die Blätter in der Antike und im Mittelalter zur Behandlung von Schleimveränderungen in der Bindehaut der Augen anwendete.

Die bekannteste Pflanze unserer Region ist über Europa und Amerika verbreitet. Sie hat einen tiefen Wurzelstock und lanzettliche, zahnartig eingeschnittene Blätter, von denen der Name abstammt. Die röhrenförmigen Stengel sind milchsafthaltig und tragen einen gelben Blütenkranz, der sich im Herbst in einen weißen Papus umwandelt. Die Blüte ist von April bis Mai besonders auf fetten Wiesen und Äckern zu finden. Auf Zinkböden nimmt sie viel Zink und Mineralien auf und hat deshalb auch einen hohen Aluminiumgehalt, ebenso wird sie auch als Ammoniakpflanze bezeichnet.

In der Volksmedizin wurde erstmals von arabischen Ärzten die Wirkung beschrieben. Sie füllt die Kräuterbücher des Mittelalters frühzeitig (13. Jahrhundert). Dabei wird immer wieder die günstige Wirkung bei Augenentzündungen erwähnt und auch als Schönheitsmittel, wobei die verbrannte Asche von Pflanze und Wurzel verarbeitet wurde. Aus Frankreich stammt die Anwendung als Salat, so daß bis heute noch der Löwenzahn und seine Blätter ein beliebtes Wildgemüse ist.

In der Tiermedizin wird er bei Leber- und Lungenkrankheiten gebraucht. LONICERUS, MATTHIOLUS und OSIANDER bezeichnen ihn als Blutreinigungsmittel, bei HUFELAND findet sich die Anwendung bei Gallenerkrankungen zum ersten Mal. In England wurde die Pflanze bei **Hepatitis** und Icterus sowie Dyspepsie gebraucht, dagegen findet sich bei KÜNZLI wiederum der Milchsaft bei Augenkrankheiten, insbesondere bei Hornhauterkrankungen.

KNEIPP hat gegen die Verschleimung in verschiedenen Organen, auch bei **Leberleiden,** Gelbsucht und Hämorrhoiden die Pflanze empfohlen. Der Löwenzahn gehört zu den *Amaradrogen,* er wird als *Cholagogum,* als Purgans und als Diuretikum bezeichnet, was auch der Name in Frankreich, »Fleur de piss«, widerspiegelt.

Nach MADAUS soll die Wirkung des Löwenzahns auf Inuline in der Wurzel zurückgeführt werden, die im Herbst bis zu 40% in der Knolle ansteigen, sowie auf Cholin, Inosit, Vitamin D und den Bitterstoff Taraxin. Nach neueren Gesichtspunkten sind die ätherischen Öle, Balsame und Milchsäfte Verbindungen, bei denen Bitterstoffwirkungen und die von ätherischen Ölen zusammenfallen.

Als Bitterstoffe wurde *Lactuco-pikrin* isoliert, von den *Triterpenen* das Taraxerol, Taraxosterol, Stigmasterin, Sitosterin und Ergosterin aus den *Wurzeln.*

In den *Milchsäften* kommen die Triterpene meist in Esterform mit Essigsäuren und höheren Fettsäuren sowie Estergemischen wie *Laktugon* und *Laktugocerin* vor. HÄNSEL und Mitarbeiter konnten neben dem bekannten Taraxasterolacetat ein *Betasitosterin 4* als neue Verbindung isolieren, die offenbar

an der Gesamtwirkung der Pflanze vornehmlich in Bezug auf die Bitterstoffwirkung beteiligt sind. In den Blüten kommen Xantine und Provitamin A vor. In der Pharmakologie ist der Löwenzahn als *Bittermittel* bekannt, er steigert den Sympathikus und wirkt appetitanregend, wobei auch eine bessere Durchblutung der Abdominalorgane diskutiert wird. Die Wirkung von Adrenalin auf den Blutzucker wird durch Taraxacum gefördert.
Außerdem fand CHABROL eine Steigerung der Gallensekretion durch intravenöse Applikation von Taraxin. Bei Verfütterung an Mäuse zeigte sich eine blutige Injektion der Därme und eine Leberaufhellung (?). Bei letzterer handelt es sich möglicherweise um eine Allergie, die gelegentlich bei Frischpflanzen beobachtet wird.
So sind die Hauptangriffspunkte der Pflanze *Leber* und *Galle.* Die choleretische Wirkung ist ähnlich der von Galle, wobei auch auf die Rückresorption von Gallensäuren Einfluß besteht.

Der Tip:

> Antidiarrhoikum bei chologenen Durchfällen.

Bereits im Mittelalter kannte man die hepatorenale Diurese, in neuerer Zeit bestätigte sie ORZECHOWSKY. Der Name Piss en let oder zu deutsch »Seichblume« zeugt davon. Gessner führt dies auf die Decholinwirkung zurück.
In der klinisch-praktischen Anwendung wird die Tinktur im Sinne eines Choleretikums meist *im Gemisch* mit anderen Pflanzen gebraucht.

Der Tip:

> Zur Entwässerung bei Leberaszites.
> Anwendung als Amarum purum in Verbindung mit Gentiana in größerer Dosierung: 30 Tropfen der Tinktur bei chologener Obstipation (Legapas).

Gerade letzteres hat sich noch mehr bewährt als andere Laxantien. Aus früherer Anwendung ist Löwenzahn auch als Anthelminthikum bekannt.
Die sog. Frühjahrskur mit den frischen Löwenzahnblättern soll der Blutreinigung dienen, sich aber auch bei Hauterkrankungen, Verstopfungen und rheumatisch-gichtischen Affektionen bewährt haben. Zur Herstellung dient die Wurzel, als Tee werden Blätter und Blüten gebraucht, meist in Verbindung mit *Centaurium, Fumaria, Juniperus, Equisetum und Millefolium.*

Helichrysum arenarium

Aus der Familie der Kompositen stellt sich *Gnaphalium arenarium,* das *Katzenpfötchen,* vor. Die Botanik zeigt eine 30 cm hohe Staude, die aus mehreren Grundachsen eine nicht blühende Sprosse und einfache beblätterte Blütenstengel treibt.
Die Laubblätter sind lanzettlich, weißwollig, die Blütenköpfchen in endständigen dichten Doldentrauben. Die hellgelben Hüllschuppen der Köpfe sind trockenhäutig, in ihnen sind wenige weibliche Randblüten und zahlreiche

Zwitterblüten mit orangefarbener Krone. Die Blütezeit ist im Juli/August. Auf Driften und sandigen Heiden, in Kieferwäldern und norddeutschen Heiden findet sich das Katzenpfötchen überall.
Die Pflanze hat einen bitteren Geschmack und einen angenehmen Geruch. Aus der Volksmedizin ist die sog. Rainblume, in Wein genossen, bekannt geworden. Auch die trockenen Blätter im Schrank wirken gegen Schaben, Motten usw. Der Trunk soll gegen mancherlei **Verstopfung der Leber,** Milz und Niere dienen, in der Volksmedizin, ähnlich wie der Löwenzahn, bei Galle-, Blasen- und Wassersuchtsleiden. Zudem soll die Bauchspeicheldrüse mit beeinflußt werden.

Flores stoechados citrinae officinell

Lange Zeit wurde der *Strohblumentee* als Mittel gegen *Abdominalplethora* verkauft.
In der Chemie finden sich Farbstoffe, die der Röhrenblüte angehören, aus der Gruppe der Karotinoide, während die Farbstoffe der Hüllblätter zu den Flavonoiden zählen.
Der hervorstechende Inhaltsstoff ist das Chalkon-Iso-Salipurposid. Weitere Inhaltsstoffe sind zusätzliche Flavone wie ein Naringenindiglukosid und ein Monoglukosid. Apigenin und Kämpferol-Diglukosid, ein Metoxy-Hydroxyphtalid und Diterpenalkohol sind feststellbar.
Aber auch Cumarine, Harze, Phytosterine und Kohlenwasserstoffe finden sich in der Pflanze, deren zahlreichste Arten in Afrika vorkommen, während nur einige wenige dieser Formen in Europa zu finden sind.
Aus der Pharmakologie ist bekannt, daß die Flores stoechados nach Hänsel als häufige Bestandteile industrieller Teeprodukte zu finden sind, die gelben Blüten hellen die Teegemische auf. Spezifische Wirkungen sind von seiten der **Leber** und Galle zu erwarten. Wässrige Auszüge steigern die Cholerese und sind bei Gallensteinleiden hilfreich. Nach Hänsel soll die spasmolytische Wirkung der zahlreichen Flavone vorherrschen.
Aus der klinisch-praktischen Anwendung ist vor allem eine Vorliebe im italienischen Sprachraum für diese Pflanze zu finden. Nach Benigni werden eine Vielzahl von klinischen Indikationen diskutiert. So die Anwendung bei Erkrankung des Respirationstraktes, Asthma-Bronchiektasen, Rhinopathien, allergische Erkrankungen, besonders nutritive Allergien, Urticaria, Quincke-Ödem und verschiedenartige Dermatopathien. Die italienischen Quellen sprechen aber besonders von **allergischen Leberaffektionen,** von Hemikranien, Phlebitis und Rheuma, sowie gichtischen Erkrankungen auch an der Haut (Santini).

Cyanara scolymus

Wieder begegnen wir der *Artischocke* aus der Familie der Kompositen. Aus der Botanik ist bekannt, daß sie im ersten Jahr bis zu 1,5 m hohe Pflanzen bildet, um im zweiten Jahr die faustgroße Blüte anzusetzen. Die rotvioletten

Röhrenblüten und die dachziegelartig angeordneten, fleischigen Hüllblätter finden als Gemüse und Salate Verwendung.
Die Artischocke ist in den Mittelmeerländern heimisch und wird in zahlreichen Arten gezüchtet. Pharmazeutisch werden die *Blüten* verwendet. Der Name Artischocke kommt aus dem arabischen Al-darrschof. Die Pflanze hat distelartigen Charakter, die Blütenblätter werden als Gemüse kurz vor der Blüte geerntet. In der Volksmedizin und in der Geschichte der Pflanze ist sie seit dem 16. Jahrhundert als **Diuretikum** und **Choloretikum** bekannt. In den südlichen Ländern als Labferment angewandt, wird es noch in einer Verdünnung von 1 : 150 000 zur Käsebereitung gebraucht. Schon volksmedizinisch gilt die Anregung des Gallenflusses und die **Entgiftung der Leber.** Der Genuß von Milch der mit Artischocken gefütterten Kühe soll bei Kindern Erbrechen und Durchfall erzeugen. Auch blutdrucksenkende Wirkungen werden der Artischocke nachgesagt. Außerdem wird sie seit altersher in südlichen Ländern als sexuelles Anregungsmittel gepriesen.
Chemie und Inhaltsstoffe richten sich nach dem Hauptwirkprinzip, dem *Cynarin,* einem Derivat der Kaffeesäure. 1 Mol Cynarin zerfällt bei Hydrolyse in 2 Mole Kaffeesäure und 1 Mol Chinasäure. Bei Cynarin handelt es sich um eine Di-Kaffeesäure, während die im Pflanzenreich häufig vorkommende Chlorogensäure eine Monokaffeesäure darstellt, die esterartig an die Chinasäure gebunden ist und zwar über das Hydroxyl am Kohlenstoffatom C5.
Pharmakologie: Im Tierversuch wirken Zynarin, Chlorogensäure und Kaffeesäure grundsätzlich *gleichartig;* sie führen bei Ratten zur Vermehrung des Trockenrückstandes der Galle, während Gallenfarbstoff und Gallensalze wenig beeinflußt werden. Die Mischungen werden zur Behandlung von Cholezystopathien verwendet. Bei Meerschweinchen wurde ebenfalls eine antitoxische Funktionssteigerung der Leber beobachtet, wobei die Cholesterinelimination gefördert werden soll (Sitosterinwirkung!). Auch bei arteriosklerotischen Erscheinungen wird eine günstige Wirkung beobachtet. Blätter enthalten noch Taraxasterol, Pseudotaraxasterol und Sigmasterin sowie das Beta-Sitosterin. In der Klinik bewährt sich die Beimischung in zahlreichen choleretischen und cholokinetischen Arzneien und in Diuretikas. Beliebt auch in Aperitifs.

Cnicus benedictus
Carduus benedictus

Es handelt sich um das ebenfalls mehrfach erwähnte *Benediktenkraut* aus der Familie der Kompositen. Die Botanik zeigt ein 40 cm hohes Kraut mit Disteln, zottig klebrig und mit behaarten Stengeln und ist vorwiegend im Mittelmeergebiet beheimatet, inzwischen aber auch nach Deutschland vorgedrungen. Die Blüten sind gelb eingesäumt von großen stacheligen Hüllblättern. Die Samen werden von einem bleibenden Papus gekrönt. Die Blütezeit ist Juli/August.
Volksmedizinisch war im Altertum noch nicht mit Sicherheit die Pflanze

nachweisbar, bei HILDEGARD VON BINGEN ist das Benediktenkraut vermutlich als Geum urbanum geführt. Im 17. Jahrhundert erfreut sich die Distel erst einer zunehmenden Beliebtheit als Blutreinigungsmittel, Diaphoretikum und Sedativum. Bei Pleuritis und Pest, als Emmenagogum und bei neuralgischen Schmerzen war es beliebt. MATTHIOLUS spricht von Nutzen bei faulem Magenfieber, auch bei Krebs und Seitenstechen fand es Erwähnung. VON HALLER empfiehlt es erstmals gegen mangelnde Gallensekretion. HUFELAND schätzte die Distel bei Husten und Katarrhen, bei rheumatischen Beschwerden und venerischen Krankheiten. HECKER hat es in der Wirkung zwischen Enzian und Löwenzahn gestellt. Immer wieder findet sich der Aufguß gegen Beingeschwüre, schließlich bei LECLERC als Magentonikum und appetitanregendes Mittel.
In der Volksmedizin wird es bei **Gelbsucht,** Magenleiden und Wechselfieber, als Emetikum, Wurmmittel und Krebsmittel gebraucht. Äußerlich dominiert die Anwendung bei Geschwürsleiden und Brandwunden. Im letzten Jahrhundert ist die Zahl der Empfehlungen *deutlich zurückgegangen,* wohl der Anwendung von *Carduus marianus* gewichen.
Die Chemie zeigt das therapeutische Prinzip im sog. *Cnicin,* einem laktonischen Sesquiterpenderivat, dessen eine Hydroxylgruppe mit Oxymethylacrylsäure verestert ist. Der Bitterstoff wurde erst 1958 von KORTE entdeckt. Die Bitterstoffe der Kompositen, zu denen auch Cnicin gehört, gehen bei Wasserdampfdestillation und gleichzeitigem Sauerstoffzutritt in Azulene über. Dies könnte die *entzündungswidrige* Komponente der Benediktendistel verständlich machen. Die Pharmakologie verwendet das Kraut und den Extrakt als Amaradroge und als Bestandteil zahlreicher Kräuterliköre. Der Zusatz zu Tees mit gallentreibender Wirkung ist noch gelegentlich in Gebrauch.

Carduus marianus

Die Frucht von *Silybum marianum,* der *Mariendistel,* aus der Familie der Kompositen. Der Bezug zu Maria folgt einer alten Legende, nach der die weißen Streifen von der Milch der Muttergottes herrühren sollen. Im Englischen daher als »Lady's milk« bezeichnet.
Die Botanik zeigt eine Verbreitung in allen Mittelmeerländern, in Australien und Nord- wie Südamerika. Auf Steinhängen und Ruderalienplätzen wird die Pflanze bis 1,5 Meter hoch und kann sich zu richtigen Distelwäldern ausbreiten.
Die gelappten, mit weißen Strähnen durchzogenen, Hauptblätter tragen kräftige Dornen und leiten das Regenwasser in den Wurzelbereich. Die purpurnen Blüten sitzen körbchenartig auf stacheligen Kelchblättern, die Samen entwickeln sich löwenzahnartig aus dem Blütenkelch und tragen einen langen, glänzend weißlichen Wollfaden.
In der Volksmedizin bei DIOSCURIDES als Silybum bekannt und gegen Brechreiz verwendet, auch bei THEOPHRAST mit dem Namen Pternix erwähnt. Als Heilpflanze kultiviert bei HILDEGARD VON BINGEN. Sie schreibt,

die Wehedistel habe eine Kälte und sei sehr nützlich. Sie wird gegen *Stechen* in den Gliedern angewandt. Hier findet sich noch eine *Signaturenbeziehung.*

Meist nur gegen Stechen bei Brustschmerzen und bei Gliederschmerzen angewandt, sind auch die Empfehlungen von LONICERUS und MATTHIOLUS eher allgemeiner Natur, etwa Fieber diuretisch, nierensand- und -steintreibend und milchfördernd. Erst bei RADEMACHER wurde die Mariendistel zum **Lebermittel,** bei **Icterus** und Gallenkoliken und bei Menorrhagien empfohlen. Seine Erfahrung geht auf STAHL zurück, der den Samen bei Brustübeln empfahl, die mit Gallenaffektionen einhergingen. Davon leitete RADEMACHER die Gallen- und Leberbeziehung ab. Beim tobenden Stein kommt kein Mittel der Frauendistel gleich, so schreibt er. Er verwendet zuerst die pulverisierten Samen, dann die Abkochung und schließlich die stabilere Tinktur. Bei Lochialstauungen, bei fiebrigen Leberleiden, bei Husten und Hüftweh hat RADEMACHER den Samen erfolgreich angewandt.

Auch KISSEL, der Schüler Rademachers, bestätigte neu die Wirkung des Samens. Von GRÄVEL wurde die Pfortaderaffektion erstmals erwähnt, SCHULZ hat die Rademacher'schen Angaben bestätigen können. LECLERC erwähnte die blutdrucksteigernde Wirkung, die er dem Benediktenkraut gleichstellt. In der Folge hat sich Carduus marianus besonders im homöopathischen Schrifttum erhalten. Die Verwendung der Urtinktur bis D2 bei **Leber-** und Gallenaffektionen, nach DONNER auch bei Ulcus cruris und Varizen, haben die Wirkung in der Volksmedizin erhalten.

Etwa seit 1965 wird die Pflanze in den Laboratorien der Firma MADAUS systematisch untersucht, was schließlich zur Entdeckung des Wirkstoffes durch WAGNER und HÖRHAMMER in München führte (1968). Dabei konnte die **antihepatotoxische Wirkung** der galenischen Anwendung in dem neuen Wirkstoff *Silymarin* entdeckt werden. Mit Hilfe dieses Stoffes ließen sich bei einer Reihe von pharmakologischen Schädigungsmodellen der Leber im Tierversuch die antitoxische Wirkung bestätigen. Seit dieser Zeit ist eine Vielzahl von Arbeiten entstanden, die nicht nur am Tierversuch sondern auch in der klinischen Behandlung die **Leberwirksamkeit** von **Silymarin** bewiesen haben.

Silymarin und Silybin – hochaktuelle Leberwirkstoffe

Die Chemie zeigt eine **hepatotrope Wirkung** der Mariendistel, die auf Silymarin zurückgeführt wird. Es handelt sich hier um eine Gruppe von Verbindungen die sich von einem Phenylchromanon-Grundgerüst ableiten, an das in unterschiedlicher Weise, im Sinne einer oxydativen Kuppelung, jeweils ein Molekül Coniferylalkohol gebunden ist. Alle Verbindungen haben die Bruttoformel C25H22O10 und sind isomer. Als übergeordneten Begriff wählte WAGNER *Silymarin.*

Die Hauptkomponente **Silybin** wurde ebenfalls für die Wirkstoffgruppe synonym, da sie mengenmäßig aus dem Samen am meisten isoliert werden kann. Chemisch wurden die Isomeren Silydianin und Silycristin bezeichnet.

Neben diesen mit vornehmlich im Samen enthaltenen Bestandteilen wurde in den Blättern eine Reihe anderer Kohlenwasserstoffe nachgewiesen, so Äthylen, Dodecartien, Tetrain, Fumarsäure, Tyramin etc.
Nach HÄNSEL handelt es sich beim Silybin um ein Flavonoid, nämlich dem *Dehydroquercetin,* das am Coniferylalkohol so addiert ist, daß eine benzdioxanartige Verknüpfung weiterer Bausteine erfolgt. Diese Betrachtungsweise ist deshalb interessant, weil Carduus marianus zu den sog. *Syneracen* gerechnet wird, einer Gruppe in der Familie der Kompositen *(Artischocken, Centauria, Distel etc.),* die alle sehr ähnliche Bitterstoffe führen und sich mit dem Bauprinzip der Flavonoide unter einem einheitlichen Gesichtspunkt betrachten lassen, was für die auch bei Carduus marianus nachweisbare choleretische Wirkung verantwortlich sein dürfte.
Flavonole und *methylierte Flavonoide* kommen in der Familie der Kompositen *sehr häufig* vor und zwar als Kaffeesäure und ihre Ester in den cynarinhaltigen Pflanzen.
Die Pharmakologie ist reichlich studiert worden. Sie zeigt Silymarin als nahezu wasserunlöslich, da es aber phenolischen Charakter besitzt, reagiert es schwach sauer und vermag mit alkalischen Substanzen Salze zu bilden. Damit konnte Silymarin in eine *parenteral applizierbare* Form gebracht werden und zwar durch Bindung mit Succinat an Natriumhydroxid.
Silymarin ist *gut verträglich.* Die Dosis letalis bei Mäusen liegt bei 400 mg pro Kg Körpergewicht. Letale Dosen machen Bradykardie und Hypotonie, was jedoch mit Atropin aufgehoben werden kann.
Im Tierversuch ist Silymarin praktisch *frei von Nebenwirkungen,* lediglich eine deutliche choleretische Wirkung wurde nachgewiesen. Beim Hund intravenös appliziert, sinkt der arterielle Blutdruck und mit Absinken der Durchblutung der Arteria hepatica unter gleichzeitigem Anstieg die Durchströmung der Pfortader. Interessanterweise konnte *auch bei der homöopathischen Applikation* eine Vermehrung der Pfortaderdurchblutung klinisch beobachtet werden. So eignet sich die Droge zur Aszitesentwässerung bei **Leberzirrhose.** Auch bei *Pfortaderthrombosen mit Meteorismus* bessert sich der Meteorismus auffällig.
Die überzeugendsten Ergebnisse finden sich in der Literatur bei den Versuchen, antihepatotoxische Eigenschaften von Tetrachlorkohlenstoff, Galaktosamin und Thioazetamid bei Ratten und Mäusen zu entgiften und die Fermenttätigkeit günstig zu beeinflussen. Dasselbe erfuhr man mit der Leberzellschädigung bei der Vergiftung mit Phaloiden und Amantin, dem leberspezifischen Gift des Knollenblätterpilzes. Die Vergiftungseigenschaften konnten *um 50% reduziert* werden, wenn beim Versuch *Silymarin zugesetzt* wurde. Man konnte nachweisen, daß Silymarin der **toxischen Leberschädigung** durch Erhaltung der Membranstruktur entgegenwirkt.
Eine Reihe von Versuchen zeigte, daß Silymarin die Syntheserate von Ribosomal DNA stimuliert. Somit ist mit BRAATZ anzunehmen, daß der gesamte *Zellstoffwechsel* an basaler Stelle aktiviert wird, was sich beweisen läßt durch die verschiedenartigen erfolgreichen Antagonisierungen von **Le-**

berzellschädigungen. Die Frage, ob bei einem solchen fundamentalen Angriff am Zellstoffwechsel noch von einer Leberspezifität gesprochen werden kann, wurde so geklärt, daß die Ausscheidung von Silybin, dem mengenmäßig größten Isomer, zu mehr als 80% über die Galle stattfindet, wobei eine Metabolisierung zu Glukokortikoiden und Sulfaten stattfindet. Diese Metaboliten werden durch die Darmflora erneut gespalten, so daß ein Teil Silybin reabsorbiert wird. Damit gelangen etwa 10% der applizierten Dosis in den enterohepatischen Kreislauf. Die 40% der Substanz, die resorbiert werden, erfolgen rasch, die höchsten Organkonzentrationen liegen in Leber und Nieren vor. Das Gallenausscheidungsmaximum erfolgt nach ca. 1 Stunde.
Zur Klinik der Silymarinwirkungen ist nach Fintelmann der toxische **Leberschaden** eindeutig von Silymarin beeinflußt. Dies betrifft **arzneitoxische** Schäden und **gewebetoxische** Belastungen. Dies gilt auch für den **alkoholtoxischen** Schaden, der mit dem von Diabetes, Adipositas und Hypoxaemie korrespondieren kann.
Nach Chlumpski, Phillip und Brodanova ist die Beeinflussung der **akuten Hepatitis** in ihrem Verlauf ein deutlicher Beweis für die Silymarinwirkung. Eine *signifikante Senkung der Transaminasen* unter bioptischem Bild der Leber wurde nachgewiesen. Bei chronischen Lebererkrankungen vom Typ der **chronischen Hepatitis** und der Leberzirrhose waren die Parameter der Leberbefunde deutlich günstig beeinflußt und ließen an eine kurative Wirkung von Silymarin denken. Dies gilt auch für die **Nachbehandlung der subakuten** und **protrahiert** verlaufenden **Hepatitis,** wo man die Corticoidtherapie und Immuntherapie vermeiden kann, also auch für die Behandlung der **aggressiven Hepatitis** und den Übergang zur Zirrhose, wobei an eine Kombination von Immuntherapie und Cortison gedacht ist.
Auch die Behandlung der **symptomatischen Leberporphyrie** ist nach Kordac und Kalab erfolgreich, die über eine völlige Remission der Erkrankung nach Silymarinverabreichung bei 112 Patienten berichten.
Schließlich sei noch auf die generelle Beurteilung von Silymarin in der Klinik von Hepatopathien hingewiesen und seien vor allem die Arbeiten und Untersuchungen von Thaler erwähnt. In Doppelblindstudien waren die Laborparameter bei Placebo- und Silymarinpatienten nicht unterschiedlich, dagegen zeigte sich bei den histologischen Untersuchungen eine deutliche Veränderung der Patienten, die mit Silymarin behandelt waren. Dabei war eine sehr gute Beeinflussung der entzündlichen Bindegewebsreaktionen zu beobachten. In der gleichen Arbeit wird vermutet, daß Silymarin Rezeptoren an der Leberzellmembran besetzt und dadurch die Fixierung von Giften verhindere.
Eigene Untersuchungen wurden mit **Hepafungin** durchgeführt. Hierbei fiel auf, daß die Pfortaderbelastung bei Hepatopathien bis zum **Aszites,** Meteorismus nach Gefäßthrombosen des Abdomens und insbesondere die **Zirrhose-Cardiac** äußerst günstige Verlaufsformen annehmen. Was auch durch den Auslaßversuch bestätigt werden konnte. Diese Beobachtungen gelten besonders für die Tinktur (Hepafungin). Bei Venenbelastungen der Hä-

morrhoidalvenen und der Beinvenen galt die verdünnte Tinktur (D2–D4) als wirksamer, was den Erfahrungen von DONNER entspricht.

Der Tip:

> Hepatotrope und antihepatotoxische Wirkung nachgewiesen.
> Indiziert bei: Aszites, Icterus, Pfortaderhypertonie.
> Akute und chronische Hepatitis, Nachbehandlung der subakuten Hepatitis.
> Aggressive Hepatitis in Kombination mit Immuntherapie und Cortison.
> Leberzellschädigungen und toxische Leberschäden: alkohol-, arznei-, gewebetoxische Belastungen.
> Leberzirrhose, Zirrhose-Cardiac.
> Symptomatische Leberporphyrie.
> Präparat: Legalon u. Silybene u. a.

Curcuma xanthorrhiza

Temoe lawak, aus der Familie der Zingiberaceen. Es handelt sich um den gelben Wurzelstock einer javanischen Pflanze. Diese war auch als Curcuma longa deklariert, was um diese beiden Namen zahlreiche Verwechslungen gebracht hat.
Die Pflanze ist in Asien beheimatet und liefert den Farbstoff Curcumin und Curcuma-Öl. Die Botanik stellt das Rhizom der Stammpflanze dar, die eine 4 cm dicke Schicht aufweist. Die Pflanze ist quergeringelt durch Blattnarben, die Blätter sind grundständig, scheidenartig gestielt, etwa 1 m lang und ca. 12 cm breit, verkehrt eiförmig lanzettlich und spitz zulaufend. Die blaßgelben Blüten bilden dicke Ähren, sie stehen zu zweien hinter einem großen Deckblatt, das sie überragen. Curcuma longa und Zedoaria unterscheiden sich, während Xanthorrhiza offenbar der Longa sehr ähnlich ist. Der holländische Name ist Temoe lavak.
Aus der geschichtlichen und volksmedizinischen Beurteilung soll schon im Alten Testament die Pflanze erwähnt worden sein. Auch bei Taberna montanus war sie bekannt und bereits als Choleretikum und Cholokinetikum eingesetzt. In der malaisischen Volksmedizin war sie bei **Leberleiden** angezeigt. Die Curcuma wird in Indien sehr viel gehandelt und bildet einen Teil der Currygewürze.
Bei stillenden Müttern, bei Pocken, Ruhr, als Abführmittel, bei Darmentzündungen, bei Magenerkrankungen und Magenkrämpfen ist sie in der Indikation der heimischen Kürbispflanze ähnlich. Ein Gemisch von Tamarindenöl, Curcuma und Schwefelblume soll ein probates Mittel gegen Juckreiz ergeben. 1478 wird von LOEBER die Curcuma als Universalmittel bei **Gelbsucht, Leberleiden** und Gallenstauungen erwähnt, worauf sich später NISSEN und KALK beziehen, die dem Öl (zwischen 3 und 4% der Droge) den wirksamen Anteil der choleretischen Eigenschaften zusprechen.

Nach MADAUS ist Curcuma ein gutes Gallentreibmittel. Bei Cholelithiasis, Cholezystitis, Dyspepsie und Icterus erfolgreich angewandt.
Die Inhaltsstoffe sind nach HÄNSEL in 2 Gruppen zu unterscheiden: die Bestandteile des *Öles* und die Zusammensetzung der gelben **Pigmente.** Das Öl besteht aus ketonischen Sesquiterpenen, einem azyklischen Keton-Turmaron und dem aromatischen Ar-Turmeron. Diese Anteile machen etwa 65% des Gesamtöls aus und werden von dem Sesquiterpenkohlenwasserstoff *Zingiberin* begleitet, der etwa mit 25% beteiligt ist.
Der Farbstoff des Rhizoms entspricht dem *Curcumin,* einem Diferuloylmethan und weiteren davon abzuleitenden Pigmenten, die der Ferulasäure nahestehen und wasserlöslich sind, und dem cholekinetischen Prinzip entsprechen. Die öllöslichen Fraktionen des Sesquiterpen sind alkohollöslich.
Pflanzenstoffe mit echten choleretischen Wirkungen sind nach HÄNSEL selten, sie finden sich lediglich im Pfefferminzöl, dem Kamillenöl und dem Öl der Temoe lavak. Nach den Angaben von H. DIETERLE und P. KAISER soll das wirksame Prinzip einem Toluyomethylkarbinon zuzuschreiben sein, das in 5% der Droge enthalten sei. Reinsubstanzen dieses Karbinols haben aber keine Choleresewirkung, was die Theorie in Frage stellt.
Die Pharmakologie und *klinische Anwendung* bezieht sich auf die *gallentreibende Wirkung.* In einer vergleichenden Studie wurde Curcuma von J. BAUMANN mit anderen gallenwirksamen Pflanzen untersucht.
KOCH hat 1927 erstmals in Deutschland über die Wirkung von Curcuma berichtet, 1931 haben KALK und NISSEN experimentielle Untersuchungen veröffentlicht, wonach mit der geriebenen Wurzel starke Cholereseeffekte und eine leichte Anregung der Cholokinese beobachtet wurden.
In einer zweiten Studie haben KALK und NISSEN 1932 festgestellt, daß der Gesamtextrakt auf die Cholerese wesentlich mehr wirkt als das ätherische Öl allein, besonders bei **Icterus** und Cholezystopathien. BAUMANN hat die Fragestellung erweitert und die Pankreasfunktion mit einbezogen, wobei weder von ihm noch von anderen Autoren ein toxischer Effekt nachgewiesen werden konnte. Während der *Anstieg der Bilirubinwerte* im Serum nach Curcumaverabreichung in der Gallensonde auf einen starken choleretischen Effekt hinweist, waren die Wertbewegungen in der Lipase- und Amylasefraktion nicht über die Signifikanz erhöht, so daß *keine eindeutige Pankreasstimulation* mit Curcuma erreicht wurde.
Faßt man alle bekannten Ergebnisse über Curcuma zusammen, so gilt als erwiesen, daß die Curcuma beim Menschen eine *Intensivierung der Cholerese* bewirkt, und daß nach H. GLATZEL diese Wirkung hauptsächlich auf den Farbstoff Curcumin und nicht an das ätherische Öl fixiert ist. Eine cholagoge Wirkung ist nach GLATZEL nicht bewiesen.
Nach FRANQUELO nimmt die Cholerese um das 4–6fache zu, während die Blasengalle keine Veränderung aufweist. Ähnliche Beobachtungen machten wir in der Klinik bei dem Versuch einer cholagogen Wirkung in der Röntgengalle. Ein Reizstrom mit Temoebilin in der üblichen Dosierung brachte beim Gallengesunden *keine* Kontraktion der Gallenblase. Diese

Tatsache entspricht den Beobachtungen von FÄHNDRICH. Der von ihm intraduodenal applizierte Tee hat bereits nach 10 Minuten einen deutlichen Gallenfluß bewirkt, der nach 30 Minuten sein Maximum erreicht und nach 1 Stunde abgeklungen war. Trotz der stark angestiegenen Gallenmenge erfolgte keine Verdünnung des Bilirubingehaltes, was als Beweis dafür anzusehen ist, daß die Leberzelle durch Curcuma zur Gallensekretion angeregt wird.

Bezüglich der Gallensäure bestehen keine weiteren Untersuchungen. Es hat sich aber beim Einsatz von Curcumen gezeigt, daß der *Cholesterinspiegel* insgesamt um 10–20% *gesenkt* wurde, was u. U. auf eine vermehrte Produktion von Gallensäuren oder eine Behinderung der Rückresorption zurückzuführen ist. Systematische Untersuchungen diesbezüglich fehlen, aber empirische Beobachtungen haben gezeigt, daß Curcumen, so wie es sich in der heutigen Form pharmazeutisch im Handel befindet, einen deutlichen Cholesterinsenker darstellen kann.

Der Tip:

> Leberwirksam und gallentreibend, besondere Wirkung dagegen als Cholesterinsenker.

Mentha piperita

Hier begegnen wir auch der *Pfefferminze* aus der Familie der Lamiaceen wieder. Eine altbekannte und beschriebene Pflanze von 30–50 cm Höhe, lebt auf Kalkböden und feuchten Wiesen, teilweise auch in Wasserläufen, die jahreszeitlich austrocknen.

Der vielkantige Stengel trägt gegenständlich eilanzettliche Blätter und violette, in verlängerten Scheinähren stehende Blüten. Volksmedizinisch und historisch ist die krause Minze schon im Altertum kultiviert worden und bereits aus altägyptischen Gräbern (1200 v. Chr. aus Abbildungen) bekannt. In Europa erstmals von dem Engländer RAY 1696 erwähnt, der offenbar auch die Bastardierung vornahm und die Pflanze gegen Magenschwäche und Diarrhoe empfahl. 1775 in England als krampfstillendes Mittel erwähnt. OSIANDER erwähnt den Tee bei der Cholera und Grippe in Rußland 1933. Auch HIPPOKRATES hat die Heilkraft der Minze bereits angesprochen. LONICERUS empfahl sie gegen Verdauungsbeschwerden, BOCK und MATTHIOLUS zusätzlich gegen Geburtsschwäche. Im Arzneischatz HUFELANDS wird sie gegen Dyspepsie gebraucht.

In verschiedenen Kulturbereichen ist sie volksmedizinisch bei Darmschwäche, Bauchgrimmen, Blähungen, gegen Kopfschmerzen und Geschwülste hilfreich. Bis zum heutigen Tag ist die Minze das beliebteste Hausmittel, das vor allem in englischen Kulturen nicht als Würze in der Küche fehlt und in Mitteleuropa als eingeführtes Magen-Darm-Getränk fungiert.

Das **Menthol,** das aus japanischen und chinesischen Drogen gewonnen wird, fällt beim Abkühlen des Öles auf tiefe Temperaturen zu 40% an. Das zurückbleibende mentholärmere Öl wird zur Kosmetik oder als Poho-Öl

verwendet. Aus Öl gewonnenes Menthol ist optisch aktiv rechtsdrehend, das partialsynthetische razemischer Natur. In Bezug auf Geruch und Geschmack soll das natürliche dem isomeren überlegen sein, vor allem die Kühlwirkung ist beim natürlichen intensiver. Wenn die Ausgangsdroge von einer Gallmilbe befallen ist, steigt der Gehalt an Menthofuran an, was auf einen intensiveren Umbau durch die Milbe zu Menthofuran hinweist. Der *Wert* des Öles *steigt* mit dem Gehalt an *Estermentholen.* Der Bestandteil Jasmon ist für die Süße und Aromatik verantwortlich, obwohl nur ein geringer Prozentsatz enthalten ist (0,1%).
Die Pharmakologie und klinische Wirkung des Pfefferminzextraktes ist vor allem auf die Gallensekretion aufgrund der Bestandteile von Phenolsäuren zurückzuführen. Bereits von HEINTZ wurde es um die Jahrhundertwende als das erste bekannte *Cholagogum* bezeichnet. STEINMETZER hat dann an Hunden die vermehrte Gallensekretion verifiziert (1926). In ihrer entzündungswidrigen Eigenschaft hat BRUGSCH die Minze neben die Kamille gestellt und zudem ihre choleretische Wirkung gepriesen.

Vorsicht:

Menthol lähmt in großen Dosen das Zentralnervensystem, speziell die Medula oblongata.

Es wirkt auf den Tonus der glatten Muskulatur erschlaffend und peristaltiklähmend, und zwar stärker, als alle anderen Bestandteile des Öles.
Menthol wird im Organismus mit Glucuronsäure verestert, durch die Niere ausgeschieden und verleiht so dem Harn reduzierende Wirkung.

Vorsicht:

Menthol kann sich lebertoxisch auswirken.

Neben der spasmolytischen Eigenschaft wird bei der cholagogen Wirkung ein Nebenwirkstoff vermutet (ORZECHOWSKI), der als Bitterstoff fungiert. Dadurch wird die Pfefferminze zum Amarum, während dem Gerbstoffgehalt der Gesamtpflanze die *antidiarrhoische* Wirkung zukommt. Die anthelminthische Wirkung ist gegenüber dem Thymol mäßig. Bei der klinischen Anwendung überwiegt innerlich der Infus, gelegentlich auch als Spiritus im Sinne des *Stomachikums. Spasmolytikum* bei Koliken des Magen-Darm-Traktes und der *Galle.* Dabei ist eine mäßige entzündungswidrige Komponente vorteilhaft. Bei *Gallenkoliken* kann es vorübergehend zu einer Verstärkung der Kolik aufgrund einer vermehrten Cholerese kommen. Bewährt auch als Geschmackskorrigens und als Würze bei Mahlzeiten.

Vorsicht:

Bei Behandlung von Kindern mit Menthol besteht die Gefahr eines Glottisödems.

Es ist noch zu erwähnen, daß sich die japanische Minze, die sich heute zahlreich im Handel befindet, *vorwiegend* für die oberen Luftwege im Sinne eines *Inhalativums* und als *Hautreizmittel* eignet. Die Quelle dieses Minzöles ist die Mentha piperascens, die gegenüber den einheimischen Pfefferminzarten bis zu 8% Menthol enthält und damit intensiver im Geruch und in der Anwendung des ätherischen Öles verstanden werden muß. Eine einschlägige Beurteilung ist bereits in früheren Kapiteln geschehen.

Der Tip:

> Spezifischer Gallen- oder Lebertee:
> Folia mentha piperita
> Folia menthae crispae
> ana 100,0
> Radix ononidis
> Radix gentianae
> ana 25,0
> Cortex frangulae 15,0
> 1 Teelöffel auf 1 Glas Wasser.

Artemisia absinthium
Artemisia vulgaris

Die Göttin Artemis, die als Geburtshelferin galt, gab dem *Echten Beifuß* (Familie: Kompositen) seinen Namen und verweist damit schon auf die Frauenleiden. In der Botanik ist der echte Beifuß ein 1–1,5 m hohes Kraut, sein Wurzelstock kriecht, die weißfilzigen Blätter sind gefiedert, mit eingeschnittenen Zipfeln. Der Stengel ist dunkelrot, braun gefärbt, die graufilzigen Blütenköpfchen eiförmig oder länglich, die Hüllblätter am Rande ohne trockenen Saum. Die Blütenkronen gelb oder rotbraun. Die Blütezeit August und September. Das Vorkommen an Wegrändern, Hecken und Schuttplätzen macht den Beifuß zur Alltagspflanze.
Aus der Volksmedizin und der Geschichte sind lediglich die gynäkologischen Leiden erwähnt, wobei der Beifuß im frühen Mittelalter eine heilige bzw. mystische Pflanze war, die man zu allen möglichen magischen Besprechungen heranzog. Nervenleiden, Hysterie und Schlaflosigkeit wurden ebenso geheilt, wie es bereits bei Hippokrates als magenstärkendes, Gelbsucht und Geschwulst heilendes Kraut bekannt war. Haller sprach von Wund- und Mutterkraut. Bei Osiander, Rademacher und Hufeland überwiegen die Empfehlungen gegen Epilepsie und Nervenkrankheiten.
Während die Indikationen für Venenschwäche, Dysmenorrhöe und Uterusleiden im vorigen Jahrhundert noch überwogen, hat sich in den letzten Jahrzehnten die *Amarawirkung* in den Vordergrund geschoben.

Heutige Indikationen:
- Appetitlosigkeit
- Blähungen
- Erkrankungen des Verdauungsapparates
- Eingeweidewürmer

● **Icterus (Cholagogum)**
● Magenschwäche.
Neben der Gewürzwirkung des Beifuß bei fetten Speisen wird hauptsächlich die Tinktur oder die in verschiedenen Aperitifs verarbeitete Droge verwendet.
Von den Inhaltsstoffen und der Chemie sind 0,5% ätherische Öle von der Zusammensetzung Thujon-, Thujol-, Thujyl-Alkohol, den Terpenen, Pinen, Cadinen und Phellandrin sowie Azulon zu erwähnen. Die Bitterstoffe sind glykosidisch gebunden als Absinthiin und in größerer Menge Absinthin. Die *toxische Wirkung* auf das Zentralnervensystem wird dem *Absinthol* zugeschrieben, auch Thujon und Phellandrin wirken sich auf das ZNS toxisch aus.
Pharmakologisch sind die Bitterstoffe und ätherischen Öle als *digestiver Effekt* zu betrachten. Von CHABROL wird eine stark choleretische Wirkung nachgewiesen, BÖHM berichtet über eine Steigerung der Gallensekretion an Hunden. J. CH. BAUMANN gelang schließlich erstmals ein Nachweis am Menschen über die starke Sekretionsbeschleunigung von Bilirubin, Cholesterin und Lipase, so daß hier neben der *cholagogen* Wirkung auch eine *pankreasstimulierende* Komponente nachweisbar war. Die Wirkung ist gegenüber anderen Cholagogas nicht eindeutig gallenspezifisch, sondern mehr digestiv aufzufassen. Bei den klinischen Erfahrungen, die lediglich auf die *Tinktura absinthii* zurückzuführen sind, ist das Mittel *nur in Verbindung mit anderen Cholagogas* in Gebrauch.

Beta vulgaris

Die *Zuckerrübe* aus der Familie der Chenopodiaceen. Eine ein- bis zweijährige Pflanze, etwa 60–120 cm hoch, mit einem aufrechten, kahlen Stengel und einer großen, weißlich-grauen, rübenartigen Wurzel. Die grundständigen Rosettenblätter sind eiförmig, stumpf und wellig. Die Blüten stehen in langen rispenartigen Scheinähren, Blütezeit Juli bis August.
In der Volksmedizin wurde die Beta vulgaris bereits im alten Ägypten angewandt, sie soll das Teutlon melan des TEOPHRASTUS gewesen sein. Im Mittelmeerraum als *Beta maritima* bekannt, wurden die Blätter als Gemüse und zur Behandlung von Rheuma und Geschwüren verwendet. Auch als Purgans ist die Anwendung volksmedizinisch beliebt geworden. Die Inhaltsstoffe der roten Rübe sind von FERENCZI untersucht worden, um eine krebswidrige Wirkung zu studieren. Alle Rübenarten enthalten in Blatt, Samen und Wurzel Saponine, ferner das nach dieser Gattung benannte *Betain,* sowie Asparagin, Raffanol und das Glykosid Coniferin.
Hauptbestandteil ist die Saccharose mit ca. 15%, daneben Melitriose, ein Gummi, das bei der Hydrolyse Arabinose und Galactose bildet. Pararabin, Zitronen- und Aconitsäure, Vanillin, Leucin und Thyrosin runden das Bild ab.
In der Chemie ist Betain ein Derivat der Amino-Essigsäure und kommt im wesentlichen als Naturstoff in der Zuckerrübe vor. Sie ist eine weiße kristal-

line, süßlich schmeckende Substanz, deren Salze gut wasserlöslich sind. Das **Betain** gehört zu den **lebenswichtigen hepatotropen** und lipotropen *Aminosäuren,* die bei den *biochemischen Methylierungen in der Leber* eine entscheidende Rolle spielen. Ohne diese Methylierung ist die im Zusammenhang mit der biochemischen Funktion des Betains einhergehende Mobilisierung der Fette aus der Leberzelle und ihre Umwandlung in transportable Verbindungen, die Phosphatide, nicht möglich. In diesem Methylierungsprozeß spielen das Cholin und das Methionin eine wesentliche Rolle, wobei das Betain als Methyldonator in diesem Umbauzyklus fungiert.
Bei *Störungen des Lipoidstoffwechsels* in der Leber muß nicht ein Mangel an Cholin vorliegen, sondern es kann auch ein *Enzymdefizit* verantwortlich sein, von dem die Cholinoxydase betroffen ist. Dieser Mangel läßt sich ausgleichen, indem Betain als Methyldonator durch direkte Methylierung des Homocysteins die Bildung von Methionin ermöglicht. Es handelt sich also bei der Wirkung von Betain um eine *Transmethylierung.*

Der Tip:

> Betain bei enzymdefizitär bedingten Störungen des Lipoidstoffwechsels.
> Betain wirkt steatosehemmend und verhindert die Zersetzung der Leber mit Fettgranula.

Die steatosehemmende Wirkung greift sowohl im Stadium der Infiltration mit Fettgranula ein, wenn das Protoplasma noch nicht zerstört ist, sondern nur verdrängt wird, als auch im Stadium der Degeneration, wenn die Fettablagerungen durch die Umwandlung des Zellprotoplasmas entstehen.
In der Pharmakologie wurde an Tierversuchen mit Tetrachlorkohlenstoffvergiftungen agiert, die in vergleichenden Untersuchungen an Meerschweinchen das Betaincitrat wirksamer als Cholin und Methionin fanden. *Bei Fettvergiftungen* im Sinne einer experimentiellen Steatose *zeigte sich Betaincitrat wirksam* im Sinne einer protektiven Wirkung. Betain läßt sich einsetzen bei Entgleisungen des Fett-Zucker- und Eiweißstoffwechsels.

> In zahlreichen klinischen Studien erwies sich Betain bei Leberkranken als heilsam.

9.2.1.1 Die Kürbisgewächse in der Hepatologie

Bryonia alba
Bryonia dioica

Die *Weiße* oder *Zweihäusige Zaunrübe,* wurde vorwiegend aus der Homöopathie bekannt. Das Harz wirkt *drastisch* mit Reizung der Darmschleimhaut.
Die Bitterstoffe und übrigen Bestandteile der sicher noch weitgehend geheimnisvollen Pflanze sind bezüglich ihrer Wirkung wenig erforscht. Die

Anwendung in der Homöopathie entspricht der Behandlung seröser Häute, aber auch cholagoge Wirkungen sind zu erwarten. Zudem alle Krankheitserscheinungen gerne auf die **Leber-Galle** zugeschnitten sind und in irgendeiner Verbindung damit stehen. Besonders bewährt bei Entzündungen der Galle mit akuten Stauungen, Verstopfungen und Schmerzen im gesamten **Leberkapsel-** und **Gallenblasenbereich,** sowie generell bei Rechtsseitigkeit.

Colocynthis citrulus

Die *Coloquinte* aus der Familie der Cucurbitaceen. Der Fruchtknoten der krautartigen Kriechpflanze, die in der Wüste vorkommt, sieht apfelartig aus, mit brandiger Schale. Das gelbe Fruchtmarkt ist locker, äußerst bitter und enthält viele Samen. Die Frucht wird in Nord- und Südafrika, Indien, Ceylon und im Mittelmeerraum kultiviert.
Die Volksmedizin gibt die getrockneten Früchte als uraltes Abführmittel an, wobei der ausgehöhlte Apfel mit Wein gefüllt und erwärmt und dann als Medizin gereicht wird. Bei H. Bock erwähnt, zur Behandlung von Magenfieber, Koliken und Wassersucht. Bei Podagra, Wassersucht und Krampfasthma soll es ebenfalls volksmedizinisch erfolgreich gewesen sein.
Die Inhaltsstoffe: Früher nicht näher definierte Gemische von Colocynthin, heute Elaterinid, Elatericin, B-Glukosid, Phenole, 7% Gesamt Cucurbitacine, Chlorogen, Kaffee- und Ferulasäure und reichlich Kalium in der Asche. In der Tiermedizin bei Blähungskoliken angewandt, in der Homöopathie als Spasmolytikum erster Ordnung.

Cucurbita pepo

Auch der *Kürbis* aus der Familie der Cucurbitaceen, dessen Samen man bei *Prostatahypertrophie* anwendet, ist volksmedizinisch altbekannt. In Rumänien setzt man die Samen bei Wurmbefall ein. Allerdings sind hierzu täglich bis zu 500 g und ein anschließendes kräftiges Abführmittel erforderlich.
Die Inhaltsstoffe sind fette Öle und Rohprotein mit einer leichten cholagogen Eigenschaft. Die Wirkung bei Prostatahypertrophie läßt sich in Verbindung mit Stigmasterin bzw. Sitosterin erklären. Nur in der Volksheilkunde als Gemüse mit *blähungswidriger* Eigenschaft bekannt. In der russischen Volksmedizin wird aus dem Samen *Kürbissamenöl* gewonnen mit besonders *günstigen diätetischen* Eigenschaften.

Ecballium elaterium

Aus dem südlichen Europa kommt die *Springgurke* aus der Familie der Cucurbitaceen. Sie ist eine einjährige Pflanze mit rauhhaarig kurzgestielten, herzförmigen Blättern. Ihre Früchte sind 4–5 cm lang, fleischig und stachelig, dreifächrig, vielsamig und mit einem schleimig bitteren Saft gefüllt. Bei Reife werden die Samen durch Berührung der Kapsel herausgeschleudert.
In der Volksmedizin seit Ibn Manzur und Hippokrates bekanntes Heilmittel, diente schon frühzeitig als Drastikum, die Samen und die Wurzel werden in verschiedenartigen Verarbeitungen bei rheumatischen Leiden, Ischias,

bei Hydrops, zur Diureseanregung, als Purgans, aber auch als **gallentreibende** Medizin verwandt. Die Inhaltsstoffe waren früher als **Elaterin** offizinell, ein ungereinigtes Produkt, das Cucurbitacin A und B enthält, während das Ferment als *Elaterase* bekannt ist.

Nebenwirkungen sind zu beachten:
Die Pharmakologie zeigt, daß Elaterium wäßrige *Durchfälle* macht, dunkelgallig und schleimig mit kneifenden Schmerzen im Bauch, vermehrtem hellen Urin und Galleschmerzen im Segmentverlauf. Das Elaterin macht *Speichelfluß, Erbrechen von Schleim und Galle, Aufstoßen, Kollern im Leibe* und ähnliche Erscheinungen. Die gelblich weißen Durchfälle lassen an eine spastische Verhaltung der Gallenflüssigkeit denken, die Schwäche und Leere im Oberbauch an ein Duodenalsyndrom, evtl. mit Beteiligung der Pankreasdrüse.
Elaterium, wie es auch in der Homöopathie genannt wird, hat sich nach STAUFFER und nach der französischen Literatur bei der Behandlung von **Hepatitis** und **Icterus** homöopathisch ausgezeichnet bewährt. Dem kommt entgegen, daß in der Volksmedizin Ägyptens und im Vorderen Orient der Schleim der Samenkapsel geschnupft wird und zur Beseitigung eines hepatitischen Icterus angewandt wird. Auch bei Tieren konnte sich dieser Effekt bewähren. In klinischen Beobachtungen zeigte sich die Beeinflussung einer **Hepatitis A,** später auch bei gemischten Formen der Hepatitis, bei **B** und bei **AB** mit einer erheblichen Verkürzung des Krankheitsverlaufes im Sinne eines raschen **Abbaus der Bilirubinwerte** bzw. einer deutlich *choleretén* und *antitoxischen* Wirkung. Diese Beobachtungen wurden *klinisch bestätigt* und haben auch zu einschlägigen systematischen Untersuchungen geführt. Elaterium wird noch nicht in der Pharmakopöe geführt, es läßt sich nur über die D1-Tinktur der homöopathischen Verarbeitung einsetzen. Aber hierbei zeigt es sehr rasch einsetzende Wirkung beim hepatitischen Icterus u. ä. posthepatitischen Erscheinungen.

Der Tip:

> Elaterin gallentreibend.
> Indikation: Icterus und Hepatitis A, B, AB. Abbau von Bilirubinwerten.
> Nebenwirkungen beachten.
> Derzeit nur in homöopathischer D1-Tinktur erhältlich.

9.2.2 Speziell gallenwirksame Pflanzen, insbesondere Kreuzblütler

Raphanus sativus

Der ursprünglich in Westasien beheimatete *Rettich* wurde inzwischen zu einer wichtigen Kulturpflanze. Allein in Deutschland werden sechs Arten gezüchtet. Alte Tafeln belegen, daß man ihn bereits im antiken Griechenland und Ägypten zum Brot verspeiste.
Bekannt war er in der Volksmedizin wegen zwei Wirkungen, einmal als Hustenmittel und zum anderen als **Gallenmittel.** Bereits in den 20er Jahren

war der *Rettichsaft* in den wichtigsten Lehrbüchern der Inneren Medizin als Gallenmittel erwähnt, bei GUSTAF V. BERGMANN, VON NORDEN u. a.

Die Rettichkur nach GRUMME:

Schwarzen Winterrettich schälen, auf der Reibmaschine reiben und den Brei durch ein Tuch pressen. 100 g von dem Saft in langsam ansteigender Dosierung bis 400 ccm = 2 Tassenköpfe voll pro Tag, 2–3mal wöchentlich trinken. Danach reduzieren auf 3× wöchentlich ½ Tasse über 6 Wochen.

Damit soll es gelingen, **Entzündungen der Gallenwege** abzubauen, **Schwellungen mit Gallenstau** zu beseitigen, **Steine** zur Ruhe zu bringen, ohne den Anspruch auf eine etwaige Auflösung der Steine, aber neue sollen dabei nicht mehr wachsen. Nach dieser Kurempfehlung von GRUMME wurde von K. EIMER und H. HENRIZI aus der Universitätsklinik Marburg eine klinische Nachprüfung veranlaßt, bei der die Frage geklärt werden sollte, ob es sich beim Rettich nur um eine choleretische oder auch um eine cholekinetische Wirkung handelt.
An 29 Versuchspersonen wurde mittels Duodenalsonde festgestellt, daß sowohl eine *Frühwirkung* in Form von heller Lebergalle, als auch eine *Spätwirkung* dunkler Blasengalle zu beobachten war. Diese **cholekinetische Spätwirkung** wurde schließlich auch röntgenologisch bestätigt.
Die Untersuchungen ergaben eine weitere Beobachtung: Die in der Folge organischer **Gallenwegserkrankungen** auftretende **Obstipation** läßt sich mit Rettich sehr gut beeinflussen. Dabei treten keine spastischen Erscheinungen auf, vielmehr macht der Rettichsaft eine milde Tonisierung von Dünn- und Dickdarm, wie dies STALTER nachgewiesen hat.
Wenn man den äußerst hohen Basengehalt des Rettichs bedenkt und die über die Leber-Galle hinausragende Wirkung auf die Diurese, so kann mit diesem Gemüse eine *echte Therapie* betrieben werden. Die wirksamen Bestandteile sind neben dem Kaliumgehalt die *Senföle* mit ihrer *desinfizierenden, choleretischen* und *cholagogen* Wirkung, die auf dem Blutwege zur Vermehrung der Bronchialsekretion und vermehrten Diurese beitragen. Unangenehm ist der Reiz auf Magen mit gelegentlicher Aversion und der eindringliche Geruch, wenn er nicht ganz frisch zubereitet genossen wird, wie es verlangt ist.

Der Tip:

Abbau von Entzündungen der Gallenwege, Beseitigung von Schwellungen bei Gallenstau. Beruhigung bei Gallensteinen. Obstipation nach Gallenwegserkrankung. Nachgewiesene choleretische und cholekinetische Wirkung.

Cheiranthus cheiri

In und auf alten Gemäuern und Burgruinen finden wir den wild wachsenden *Goldlack* aus der Familie der Brassicaceen. Die Blüte besitzt einen kräftig angenehmen Geruch, das Kraut schmeckt stark bitter und erinnert im Geschmack an die Kresse. Es färbt den Speichel rot. Im Volk war der Goldlack als Abführmittel bei Gelbsucht in Anwendung.

Die Blüten waren unter dem Begriff *Flores cheirilutei* officinell, als Wirkstoff nahm man glykosidische Verbindungen der Flavonole, Quercetin und Isorhamnetin an, die mit einem strophantinähnlichen Glykosid Cheirosid A und Cheirotoxin milde herzwirksame Eigenschaften haben. Für eine im Volk langjährige Vorliebe bei **Gelbsucht** und **Gallenleiden** dürfte anfangs eine *Signatur* verantwortlich gewesen sein, wie dies bei fast allen *gelbblühenden* Pflanzen der Fall war. Später hat die offensichtlich immer wieder berichtete Wirkung doch zu Recht bestanden. Das Senfölglykosid *Cheirolin* und *Glykocheirolin,* welches Cheirol und Methylpropylsulfon-Senföl spaltet und das fette Öl, welches bis zu 26% in der Pflanze vorkommt, ist ähnlich dem Rettich Darm- und **Gallenwirksam.**

Cardamine pratensis

Das *Wiesenschaumkraut* aus der Familie der Brassicaceen, wächst auf feuchten Wiesen und gehört, wie alle Kreuzblütler, zu den Senfölgewächsen.

Ein Tee aus den getrockneten Blumen ist in der Volksheilkunde gegen Scharlachfieber beliebt.

Das *Senföl* ist der *aktive Bestandteil* und soll nach den Angaben bei SCHULTZ eine spezielle Wirkung auf den oberen Dünndarm auch in Richtung der Bauchspeicheldrüse besitzen und die diabetische Stoffwechsellage beeinflussen. Eine Nachprüfung dieser Angaben findet sich nicht, lediglich der Hinweis auf eine diesbezügliche Wirkung mit homöopathischer Verdünnung.

Ceanothus americanus

So bezeichnet sich die *Säckelblume* aus der Familie der Rhamnaceen. Ein Strauch mit rot gefärbter Wurzel. Als Zierstrauch in Nordamerika verbreitet, diente die Wurzel früher als Purgans, die Indianer verwendeten die Rinde auch gegen Fieber. Die Blätter werden als Tee-Ersatz unter dem Namen *New-Jersey-Tee* in Amerika gehandelt. 1873 von HALE in die Homöopathie eingeführt, bei Blutungsanomalien verwendet, bei Malaria und vor allem gegen Milzleiden verschiedener Art. Auch **Leberleiden,** Zellschäden in Verbindung mit Diabetes, scheinen behandlungsfähig zu werden.

Der Tip:

> Die Pflanze ist phytotherapeutisch ungenügend aufgearbeitet und momentan primär in der Homöopathie bekannt geworden.

Eupatorium cannabinum

Erneut begegnen wir dem *Wasserdost* aus der Familie der Kompositen, der früher als *Leberkraut* bekannt war und gelegentlich auch *Kunigundenkraut* genannt wird.

Die hellroten, doldigen Blüten sind an Waldrändern mit feuchtem Grund und Bachläufen zu finden und blühen von Juni bis September. Der Wasserdost beinhaltet einen stark und scharf schmeckenden Bitterstoff, der noch nicht näher bekannt ist, daneben Gerbstoffe, Harze und ätherische Öle. Die Blätter wirken **choleretisch,** wie SABROL nachweisen konnte. Daneben besteht eine abführende Wirkung beim Infus in größeren Dosen, eine emmenagoge Wirkung wird im Volke bei dem Wasserhanf neben dem Blutreinigungs-, **Leber-Gallen-** und Milzeffekt geschätzt. Auch soll er bei der Bronchitis wirksam sein.

Sambucus ebulus

An Wegrändern wächst der *Attich* aus der Familie der Caprifoliaceen. Die Volksmedizin beachtet ihn als *Zwergholunder.* Sambucus hat weiße, unangenehm riechende Blüten und schwarze Beeren an den Dolden.

In allen Organen der Pflanze kommt ein noch nicht näher definierter Bitterstoff vor, daneben ätherische Öle und Blausäureglykoside. In der Wurzelrinde befindet sich Saponin. In den Beeren, die häufig zu Vergiftungen Anlaß geben, befindet sich am meisten ein Bitterstoff, der Schleimhautreizung bis zum Magen macht. Erbrechen, Diarrhoee, Schwindel und Bewußtlosigkeit, Zyanose und Mydriasis. Der im Volke nur selten angewandte Dekokt radicis eboli wird als Laxans, Diaphoretikum und **Choleretikum** gebraucht.

Der Tip:

> Bei den Beeren Vergiftungsgefahr:
> Diarrhoee, Bewußtlosigkeit, Erbrechen, Mydriasis, Schwindel, Zyanose können eintreten.

9.2.3 Alkaloidhaltige Leber-Galle-Phytotherapeutika

9.2.3.1 Übersicht und Therapieschema

Tab. 39

Pflanzenfamilie	Art	Pflanzenteil	Chemie	Wirkung	Toxilogie	Anwendungsform
Papaveraceae	Chelidonium majus	Herba Radix	Chelidonin Chelerythrin Berberin	cholekinetisch spasmolytisch	(+)	als Tinktur und in zahlreichen Mixturen
Papaveraceae	Corydalis cava	Radix	Bulbocapnin Protopin Corydalin	Duodenalsyndr. Meteorismus Durchfall	∅	Als Biral u. in der Homöopathie
Papaveraceae	Sanguinaria canad.	Radix	Sanguinarin Chelerythrin Protopin-Berber.	spasmolytisch choleretisch	(+)	als Tinktur und in zahlreichen Mixturen
Papaveraceae	Fumaria offiz.	Herba	Protopin Scoulerin Bulbocapnin	amphocholeret.	∅	Oddibil
Papaveraceae	Dicentra spectabilis	–	Sanguinarin Protopin Chelerythrin	spasmolytisch	(+)	noch nicht in der Heilkunde
Papaveraceae	Eschscholtzia californica	Herba Flores	Loptisin Chelerythrin Protopin-Sanguin	spasmolytisch	∅	Als Schlafmittel in der Heilkunde Requiesan
Papaveraceae	Adlumia fungosa	Herba	Adlumin Protopin	hepatotrop antiuricosurisch	∅	homöopathisch

Tab. 39 (Fortsetzung)

Pflanzenfamilie	Art	Pflanzenteil	Chemie	Wirkung	Toxilogie	Anwendungsform
Berberidaceae	Berberis vulgaris	Cortex Radicis	Berberin	antiprotozoisch choleretisch Cholelithiasis	(+)	Restructa forte Cefarheumin etc.
Berberidaceae	Berberis aquifolium	Cortex	Berberin Oxyacanthin	hepatotoxisch antiuricosurisch	(+)	Psoriasis als Rubisan
Ranunculaceae	Hydrastis canadensis	Cortex	Hydrastin Berberin	spasmolytisch Cholelithiasis	++	Stiegele: Gallenstein Hydrastis-Colitis
Monimiaceen (Lauraceen)	Peumus Boldus	Folia	Boldin aether. Öle Aporphin	cholekinetisch antiuricosurisch anthelminthisch	(+)	Teebestandteil Choleretícum

9.2.3.2 Wirkungsketten im Alkaloidbereich

Alle Mohngewächse führen Alkaloide, deren Erforschung über die beteiligte Mohnpflanze schon frühzeitig betrieben wurde (Sertürner 1806).
Gegenüber den Alkaloiden treten die übrigen Inhaltsstoffe zurück und sind auch weniger bearbeitet (organische Säuren, cyanoge Verbindungen und Acethylornithin). Die Basen sind hauptsächlich in den Milchsäften bei den *Fumariaceen* in den Alkaloididioblasten, bei den *Berberidaceen* in den Rindenanteilen lokalisiert.
Die Alkaloide sind einheitlich *Isochinoline*. Davon leiten sich die einzelnen Varianten ab, die teilweise für die Einzelpflanze innerhalb der Gattung charakteristisch sein können.
Während ein Teil der Opiumalkaloide zu den *Phenantrenderivaten* zählen:
- Codein
- Morphium
- Tebain,

ist der andere Teil den *Benzylisochinolinderivaten* zugehörig:
- Moscapin
- Narcein
- Papavarin.

Nachdem Morphium pharmakologisch zwar eine schmerzlindernde Eigenschaft besitzt, wirkt sich andererseits die *Spasmenneigung am Sphinkter* für die Therapie des **Leber-Gallen-Systems** *unangenehm* aus, was zugleich mit Atropin gekoppelt werden muß. Demgegenüber sind die Wirkungen der Papavarinalkaloiden in Bezug auf den Gallensphinkter als spasmolytisch zu betrachten.
Biologische und pharmakologische Eigenschaften leiten sich aus diesem Verhalten ab. Somit ist von den Isochinolinderivaten eine Spasmolyse zu den Hohlorganen des Gallensystems zu erwarten.
Unter dem Einfluß solcher Medikamente *steigt der Enzymgehalt* auf das 2–3fache. Dabei wird auch die Glucuronyltransferase induziert, was bei einer **chronischen Gelbsucht** therapeutisch genutzt wird. Diese Eigenschaften sind noch nicht im einzelnen belegt.

9.2.3.3 Der therapeutische Einsatz von Chelidonium majus

Die Bezeichnung des *Schöllkrauts* aus der Familie der Papavaraceen leitet sich von Chelidon = Schwalbe ab. Nach Dioskurides läßt sich das auf die Blütezeit anläßlich der Rückkehr der Schwalben zurückführen oder auf die Vermutung, daß Schwalben ihren blinden Jungen mit diesem Kraut das Sehen beibringen.

Botantik:
Die Pflanze ist in ganz Europa und der nördlichen Halbkugel heimisch. Sie wächst an bewohnten Orten, Schuttplätzen, Mauern und Hecken, 30–50 cm

hoch. Der Stengel ist rund, die zarten buchtig gefiederten Blätter unterseits blau und oben hellgrün, am Stengel verteilt. Blatt und Stengel sondern einen gelben Milchsaft ab, der bei längerem Trocknen farblos wird. Die Blüten sind gelb, sie treten in Erscheinung von Mai bis Oktober in Form von Dolden, beim Regen gesenkt. Die Samen werden von Ameisen vertragen, deshalb das häufige Vorkommen an Mauern.

Volksmedizinische Erfahrungen:
Die Volksmedizin beginnt bereits bei DIOSKURIDES und PLINIUS, denen Chelidonium wohlbekannt war. Dioskurides schreibt sinngemäß: Die Wurzel mit Anis und Weißwein getrunken, heile die Gelbsucht und mit Wein als Umschlag Bläschenausschlag. Im Mittelalter wurde die Anwendung weiter empfohlen. In der Schule von Salerno: »Schöllkraut ist den Augen gesund, das wird uns von den Schwalben kund«.
Gelbsucht, Wechselfieber und Wassersucht und nicht zuletzt der Milchsaft gegen Warzen waren die beliebtesten Empfehlungen. Während HILDEGARD VON BINGEN anscheinend nicht viel vom Schöllkraut hielt, lobte es PARACELSUS bei Gelbsucht und als **Gallenmittel.** H. BOCK schreibt, daß der Schöllwurzsaft die **verstopfte Leber** öffne, die Gelbsucht vertreibe, äußerlich eine köstliche Augenarznei sei, Fisteln, Krebs, Wolf und Zahnschmerzen heile. Auch MATTHIOLUS stimmte diesem Lob bei und pries den Milchsaft zur Behandlung der Warzen.
HUFELAND und seine Mitarbeiter wandten es gegen Syphilis, Malaria, **Icterus** und Gichtanfälle an und WENDT berichtete über den großen Nutzen bei Quartanfieber, bei Verhärtungen im Unterleib, besonders der Leber, bei **Icterusgeschwülsten** und Star.
So war es keine Neuentdeckung, daß RADEMACHER in seiner Erfahrungslehre das Schöllkraut als **vorzügliches Leber- und Gallenmittel** fast zum Kernpunkt seiner Arzneierfahrungen machte. Während er anfangs der Arznei wenig vertraute – nachdem die Volksmedizin eine exakte Anwendung verwischte – hat er später eine subtile Beschreibung der **fieberhaften Gelbsucht** gegeben, bei der ihm Schöllkraut hilfreich war. Später kombinierte er *Schöllkraut mit Calciumchlorat* als das Lebermittel schlechthin.
Aufgrund des reichhaltigen Vorkommens in allen europäischen Kulturbereichen hat Schöllkraut, wie kein anderes Pflänzchen, eine große Arzneiverbreitung in der Volksmedizin gefunden. Die Slowaken legen auf den geschwollenen Magen frische Blätter, mit dem Saft bestreichen sie Warzen, die Dalmatiner legen das Schöllkraut bei Fußgeschwüren auf, die Russen verwenden den Pflanzensaft gegen Kornealflecke und verschiedene Hautausschläge, die Wurzel bei Zahnschmerzen und eine Krautabkochung wiederum bei **Gelbsucht.**
Auch in anderen Kulturbereichen wiederholt sich die Anwendung bei Augenleiden, Gelbsucht und Warzen, bei Krätze und syphilitischen Geschwüren sowie anderen Hautausschlägen, als Abortivum, bei Mastitis und Milchknoten, bei Schnittwunden, bei Geschwüren in Verbindung mit Brennessel.

So ist es verständlich, daß sich die Medizin frühzeitig um die Inhaltsstoffe und das *wirksame Prinzip* bemüht hat.

Chemie und Wirkstoffe:
Die Chemie und die Inhaltsstoffe in Milchsaft und Rhizom sind in wechselnder Menge festgestellt worden. Es gibt *20 Alkaloide,* insgesamt 0,66%, die zu 3 Typen gehören:
- Protopin
- Protoberberintyp mit Berberin (Chelidoxantin)
- Benzphenanthridintypus (Chelidonin, Chelerythrin, Sanguinarin).

Neuerdings wurden auch *Spartein* und in den Wurzeln *Coptisin* nachgewiesen. Der Alkaloidgehalt nimmt beim Trocknen rasch ab, in der Frucht fand sich der höchste Alkaloidgehalt, der reife Samen ist alkaloidfrei. Als Nebenstoffe wurden Thyramin, Stylopin, Oxychelidonin, Oxysanguinarin, Methyloxychelidonin, Chelilutin, ätherisches Öl und im Milchsaft neben anderen Enzymen ein proteolytisches Ferment nachgewiesen.

Pharmakologie:
Die Pharmakologie beginnt bereits in den Anfängen des 19. Jahrhunderts, als die Pflanze systematisch untersucht wurde. ORFILA hat 1818 eine toxikologische Zusammenstellung der Chelidoniumwirkung gemacht. Brechreiz, Anästhesie der Haut, Hyperämie der Magenschleimhaut und der Lungen ließen frühzeitig die Wirkung auf Magen-Darm-Kanal und Zentralnervensystem erkennen. Schwindel, Somnolenz, Blasentenesmen, eitrige Exantheme, Nausea und Diarrhoee lassen an die zentral gesteuerte Wirkung denken. LEY hat dem Chelidonin die *morphinähnliche* Wirkung zugeschrieben. Insgesamt waren die Wirkungen alle dem *Papavarin ähnlich.* Die schmerzlindernde Komponente bei der Magenkarzinombehandlung wurde nach LECLERC ebenfalls dem Chelidonin zugesprochen. Auch bakterizide Eigenschaften bei Milzbrand und Staphylokokken sind beschrieben.
Nach ORZECHOWSKI ist Chelidonin schwach zentralberuhigend und analgetisch, an glattmuskulären Organen wirkt es wie Papaverin. Auch am Kreislauf wirkt es bradykard und blutdrucksenkend, ebenso regulierend auf die Herztätigkeit. *Chelerythrin* gilt als das *wirksamste Alkaloid.* Es reizt örtlich, ruft gastroenterische Zustände hervor und führt zur Abnahme der Reflexerregbarkeit und in größeren Dosen zentrallähmend. Die Wirkung des Schöllkrautsaftes ist komplex. Nach neueren Erfahrungen hat der aus dem frischen Rhizom bereitete Extrakt folgende Wirkungen:
- Zentral schwach beruhigend, jedoch ohne eindeutige narkotische oder analgetische Wirkung.
- Spasmolyse auf Darm und Bronchien (Chelidonin).
- Uteruserregend (Berberin).
- Anregung der Herztätigkeit.
- Erweiterung der koronaren Durchblutung.

- Erhöhung des Blutdrucks.
- Blutzucker wird gesenkt (nicht auf Alkaloide zurückzuführen).
- Cholokinetische Wirkung (nicht dagegen choleretische).

Indikationen für Chelidonium	
Indikation	Anmerkung
Erkrankungen des Magen-Darm-Traktes	Bei Beteiligung von Spasmen
Duodenalsyndrom	Heißhunger
Chologene Durchfälle	Bei Duodenaldivertikel
Fermentdyspepsien	Meteorismus
Chronische Colezysto-Hepato-Pankreatopathien	Blindloopphänomen
Römheld'scher Symptomenkomplex	Meteorismus
Cholelithiasis	Mit konsekutiven Dyspepsien
Postcholezystektomie-Syndrom	Tinktur oder auch homöopathische Verdünnung
Hyperemesis gravidarum	Mit Reizung des Gallensystems
Harnsaure Diathese mit Urolithiasis	Kombination mit Berberin
Warzen	Milchsaftbestreichung (lokal)
Leber-Oberbauch-Milz	Hämochromatose
Augenkrankheiten	Nur historisch, keine moderne Entsprechung

Charakteristische Symptome für Chelidonium:

- Schmerz im rechten Schulterblatt als Ausdruck einer
- Leberkapselspannung
- Trockene Haut als Zeichen der veränderten Fettverdauung
- Hellgelbe, tonartige Stühle.

Die Anwendung:
Die praktische Anwendung erfolgt, wenn nicht gleich in der *Tinktur,* meist *in Verbindung* mit zahlreichen anderen Choleretika, wie:

- Berberis vulgaris
- Carduus marianus
- Hydrastis
- Sanguinaria.

Auf dieser Grundlage finden sich auch zahlreiche *Komplexmischungen* mit Chelidonium als tragendem Bestandteil in der Pharmakopöe.
Die *Tinktur* bereitet man aus dem frisch gepreßten Saft mit Alkohol zu gleichen Teilen.
Für den *Tee* empfiehlt sich die *kalte* Zubereitung aus der ganzen Pflanze *ohne Wurzel,* da der Bittergeschmack im kalten Dekokt leichter vertragen wird. Doch ist auch die heiße Zubereitung unbedenklich und bei einem Ansatz von 1 : 100 bleibt der Tee gerade noch genießbar.
Problematisch ist der *Wirkstoffgehalt* beim Tee, da die Pflanze im getrockneten Zustand kontinuierlich an Wirkstoff einbüßt. Der Extraktgehalt des kalten Tees ist nach MADAUS 2,71%, der des heißen Tees 2,67%.
Toxikologisch gibt es keine festgelegten Normen, wenn auch über Todesfälle bei intravenöser Applikation des Extraktes berichtet wird. Bei einem Kind trat eine tödliche Gastroenteritis bei der Gelegenheit auf.

9.2.3.4 Die Behandlung mit Berberis vulgaris

Ausführlich kommen wir jetzt auf die *Berberitze* aus der Familie der Berberidaceen zurück. Die Pflanze ist ein bis zu drei Meter hoher, sommergrüner Strauch. Er hat zähe Wurzeln, die nach Entfernung der Rinde gelb aussehen.
Die Langtriebe sind zu Dornen umgewandelt, in deren Achseln die Kurztriebe stecken. Diese tragen kurzgestielte, scharfgezähnte Blätter, gelbe stark duftende Blüten in hängenden Trauben. Die Blütezeit ist April bis Juni. Die Fruchtknoten bilden länglich rote und saure Beeren. Der Strauch wächst an sonnigen und steinigen Hügeln, Waldrändern und auf Sandböden in Europa und Nordamerika.
Aus der Volksmedizin und der Geschichte ist bekannt, daß sich die Empfehlungen fast alle auf den Kulturbereich Europas und des vorderen Orients beziehen. Die Beeren sind seit Jahrhunderten als *Gegenmittel gegen Opiumrauchen* bekannt. Sie dienen zur Fieberbehandlung und zur Herstellung von Erfrischungsgetränken. LONICERUS, BOCK und MATTHIOLUS bis zu PARACELSUS haben die Früchte und die Wurzeln als Heilmittel häufig gebraucht. Die *antidotische* Wirkung *gegen Morphinismus* wurde von BRIESSEMORET und CHALLAMEL nachgeprüft und bestätigt. Die meisten dieser Empfehlungen sind auf den Magen-Darm, **Leber-Galle** und die Nieren ausgerichtet.
So gibt SCHULZ eine Tinktur der Wurzelrinde bei Darmtuberkulose und Durchfällen, KNEIPP empfiehlt den Tee bei **Leberentzündung, Gelbsucht** und **Gallenstein,** während WITZELMANN *Berberistee* bei Nierenstockung mit Schmerzen und Harndrang gebraucht.
1927 hat VARMA erstmalig über die erfolgreiche Behandlung der *Orientbeule*

(Leishmaniosis) mit Injektionen von *Berberinsulfat* berichtet. Löhe hat dies bestätigt, ähnlich wie Chopra, Dikshit und Chowan. Es steht fest, daß Berberinsulfat noch in einer Dosierung von D5, also 1 : 80 000 in vitro gegen die Protozoen wirksam ist. Aus der zahlreichen Literatur lassen sich als weitere Indikationen Rheuma, Malaria, Lepra, Ulcus ventriculi und duodeni finden, doch fehlt es hierbei an Nachprüfungen und systematischen Beobachtungen.

Chemie und Inhaltsstoffe:
Die Tinktur aus der Wurzelrinde wurde erstmals bereits 1835 mit dem Alkaloid *Berberin* bearbeitet. Dies macht etwa 60% der Gesamtalkaloide aus. Daneben finden sich Berbamin, Berberubin, Oxyacanthin, Isotetranidin und die ebenfalls aus der Colombowurzel isolierten Alkaloide, Palmatin, Columbamin und Jatrorhizin. Die Früchte enthalten neben Oxalsäure auch Karotinoide. Das *Berberin* $C_{20}H_{18}O_4N$ ist unter Zugrundelegung des Berberingerüstes nach AWE als ein 2,3-Methylendioxid-11,12-Dimethoxy-8,9,16,17-Dehydroberberiniumhydroxid zu bezeichnen. Das Alkaloid vermag in zwei tautomeren Formen, nämlich als *Carbinol* und als *Aldehyd* zu reagieren. Es handelt sich um eine Oxyzyclotautomerie, für deren jeweilige Überführung Säuren oder Alkalien erforderlich sind. Es besteht meist ein Gleichgewichtszustand mit der Möglichkeit des Ionenaustausches.

Pharmakologie und Toxikologie:
Die *Giftwirkung* ist auf Berberin und Oxyacanthin zurückzuführen. Bei der akuten Vergiftung treten eine haemorrhagische *Nephritis,* eine Leukozytose und schwere Schädigungen der Ganglienzellen des ZNS auf. Außerdem werden dem Berberinanteil Herz- und Uteruswirkungen ebenfalls wie dem Chelidonin zugesprochen. Eine deutlich nachweisbare Wirkung besteht auf Niere und Blase sowie die Verdauungsorgane.
Aus den Inhaltsstoffen der Wurzelrinde wird über einen antipyretischen Effekt gesprochen (Nikoronow). In den diuretischen Effekten besteht nach den Literaturangaben eine deutliche Dissonanz (W. Zimmermann). Es ist etwa so zu verstehen, daß die meisten Versuche an Meerschweinchen durchgeführt wurden, die keine Carnivore sind und damit keine eindeutige Wirkung auf die Harnsäureausscheidung festgestellt werden kann. Demgegenüber weisen alle klinischen und praktischen Beobachtungen auf einen starken *antiurikosurischen Effekt* hin, der sogar eine beweisende Bedeutung für die Berberinwirkung gewinnen kann (W. Zimmermann). Am Meerschweinchen wurde demgegenüber die starke Vermehrung des Gallenflusses beobachtet. Nach Rentz betrug diese nach Berberineinwirkung 10–15%. Rentz schließt aus seinen Versuchen, daß es sich bei der Berberiswirkung um eine *cholokinetische* Wirkung handelt, also um eine Beeinflussung der Motorik der Gallenblase.
In China wird Berberinhydrochlorid in Tabletten zu 0,05 g als bewährtes Mittel gegen bakterielle Ruhr gespriesen. Schließlich darf noch erwähnt werden, daß Berberis beim Mäusekarzinom wirksam gefunden wurde

(SCHMITZ). Dieses könnte auf die im Molekül vorhandene Stilbyl-Amingruppe zurückzuführen sein, die wie bei Podophyllotoxin und Colchicin mitosehemmende Eigenschaften aufweist.

Symptomenkreise nach klinischen Erfahrungen von W. ZIMMERMANN	
01.	Hepatorenales oder extrarenales Syndrom
	Das von NONNENBRUCH formulierte hepatorenale Syndrom wird auch als extrarenales Syndrom geführt, wonach als Syndrom nur das Erscheinungsbild angesprochen wird und nicht die zahlreichen Möglichkeiten der Ätiologie. Zum Prototyp dieses Syndroms wurden die *Leptospirose Weil, septische* und *infektiöse* Prozesse, *toxische Schädigungen* mit erhöhtem Eiweißzerfall (Insolation, Verbrennung, Strahlenschädigung), *Pilz- und Nahrungsmittelvergiftung,* sowie Leberschädigungen bei *Cholangitis* und *Cholelithiasis* sowie *Leberzirrhose* und das *Karzinom* gezählt.
02.	Harnsäurebelastung im Sinne einer harnsauren Diathese
	Die harnsaure Diathese bezieht die *Gicht* ein, *Uratsteine, Diabetes mellitus* und Folgen von chronischen Infekten wie extra lang dauernde *Osteomyelotiden.* Als Ausdruck dieses Syndroms ist jeweils die *erhöhte Harnsäure* (endogen und exogen) zu bezeichnen. Offensichtlich wird dabei Berberis über das pH-Milieu wirksam.
03.	Hauterkrankungen auf dem Boden harnsaurer Stoffwechselanomalien in Verbindung mit Pigmentveränderung
	Berberis bei der Behandlung von Hauterkrankungen ist eine vornehmlich im homöopathischen Schrifttum verankerte Indikation. Dabei handelt es sich sowohl um prämenstruelle Verschlimmerungen akneiformer Zustände auf dem Boden seborrhoischer Hautveränderungen, als auch um urticarielle Erscheinungen mit dyspeptischen Hintergrund, Purpura rheumatica, Pigmentstörungen, Melanosis und Urticaria pigmentosa, sowie bestimmte Formen der Psoriasis.

Als allgemeine klinische Indikationen gelten außerdem:
- **Chronische Hepatitis** (persistierende)
- Chronische Urticaria
- Dysseborrhoisches Ekzem
- **Gallenkoliken**
- **Gelbsucht**
- Lichen-ruber

- Nierenkoliken
- Nierensteine
- Pfortaderstau mit Hämorrhoidalkomplex.

9.2.3.5 Intervallbehandlung und Prophylaxe mit Fumaria officinalis

Wir begegnen nochmals dem *Echten Erdrauch* aus der Familie der Papavaraceen. Erdrauch heißt er, weil die Pflanze wie Rauch den Ackerstaub aufwirbelt oder beim Verbrennen einen beizenden Rauch gibt.
Die Botanik der 30 cm hohen Staude zeigt eine mehrstengelige, mit gefiederten Blättern und purpurroten, traubenförmigen Blüten ausgestattete Art. Sie wächst auf Ruderalienplätzen und am Wegrand, blüht vom Mai bis in den Herbst, meidet Kalkböden und schmeckt im Kraut bitter.
Die Volksmedizin hat diese Pflanze schon im Altertum gekannt. Dabei wurde beobachtet, daß die Pflanze einen galligen Harn fördert. Arabische Ärzte empfahlen ihn als Blutreinigungsmittel und zur Erzielung einer guten Hautfarbe. Im Mittelalter gegen Melancholie empfohlen, bei *Leber-* und Milzerkrankungen, gegen Podagra, Verstopfung und Augenentzündung, in Rußland von den Kosaken als Aphrodisiakum verwendet.
Im Hortus Sanitatis als Blutreinigungsmittel, bei Leber- und Milzleiden erwähnt, bei PARACELSUS ebenfalls zur Blutreinigung, dabei harn- und schweißtreibend. HUFELAND gebraucht die Pflanze, bei OSIANDER zu Bädern gegen Unfruchtbarkeit empfohlen.
Heute noch wird in der Volksmedizin das Kraut gegen **chronische Obstipation,** hydropische Beschwerden und chronisches Ekzem sowie als Spezifikum gegen Krebs und Lepra angepriesen. Nach MADAUS ist Fumaria ein altbewährtes und vielleicht unser bestes Blutreinigungsmittel, das anregend auf die Ausscheidung der Harn- und Verdauungsorgane sowie der Haut wirkt.

Chemie:
Die Chemie und Inhaltsstoffe beziehen sich hauptsächlich auf das *Fumarin,* ein mit dem Protopin identisches Alkaloid. Daneben gibt es noch 6 weitere Alkaloide, von denen Cryotopin, Aurotensin, und weitere noch nicht definierte Stoffe, Bitterstoffe und Harze sowie Schleim als Nebenwirkstoff vorkommen. Alle Stoffe scheinen keine hohe Toxizität zu besitzen. Vergiftungen wurden bis heute noch nicht bekannt. Die Inhaltsstoffe sind den Berberinalkaloiden verwandt und in ihrer Wirkung dem Chelidonin und Berberin ähnlich.

Pharmakologie:
Das Protopin bewirkt beim Kalt- und Warmblütler erst Krämpfe und dann Lähmungserscheinungen. Bei parenteraler Anwendung kommt es anfangs zu Vaguserregung. Auch uteruserregende Wirkungen sind beobachtet aber noch nicht sichergestellt worden. Die klinische Beobachtung mit *Oddibil,* das den Inhaltsstoff von Fumarin enthält und auf 1,5% Protopin standardisiert ist, weist auf spasmolytische Intervallbehandlungen der Cholelithiasis

und Dauerspasmolyse milden Grades bei **chronischen Cholezystopathien** und **Postcholezystektomie-Syndrom.** Auch bei **Sphinkterspasmus** und in der **postoperativen Papillendysfunktion** bzw. funktionellen Stenosen ist das Mittel äußerst wertvoll und macht erst in größeren Dosierungen eine leichte Mundtrockenheit.

Der Tip:

> Bewährt bei Diätfehlern Gallenkranker, mit leichter Schmerzlinderung.
> Wirksamer in der Prophylaxe als im Anfangsgeschehen.

Adlumia fungosa

Der *Kletternde Erdrauch* aus der Familie der Papavaraceen ist in seiner Botanik identisch mit *Adlumia zirrhosa* und kommt in zwei Arten vor. Eine ist im atlantischen Nordamerika, die andere im ostasiatischen Sibirien beheimatet. Die dreijährige Rankenpflanze besitzt wie der gemeine Erdrauch filigran gefiederte Blätter und entwickelt weiße Blüten, die traubenartig an haarfeinen Stielen hängen. Von den Inhaltsstoffen der Pflanze ist das D-Adlumin und Adlumidin aus der Gruppe der Phtalidisochinolinalkaloide, Bicucin und Bicucullin - ein Stereoisomerer von Adlumidin. Außerdem enthält die Pflanze auch, wie andere *Leberalkaloide,* Protopin, Betahomochelidonin und Alphaalakryptonin, ferner Wein- und Zitronensäure. Die Hauptalkaloide sind im Alkohol schwer löslich.
Die Pflanze wurde nach dem nordamerikanischen Major J. Adlum (1759–1836) benannt, der offenbar diese erst züchtete, vermutlich aus einheimischen Erdraucharten, und als Rankengewächs zu Mauern und Gartenzäunen kultivierte. Deshalb ist auch keine Erwähnung bei Dragendorff für volksmedizinischen Gebrauch zu finden.
Die Anwendung: J. Baier hat erstmals 1976 und später 1979 über eine ausgedehnte homöopathische Prüfung mit dieser Pflanze berichtet, von der man aufgrund dieser Prüfungsergebnisse annehmen kann, daß die Wirkungsrichtung identisch ist mit Berberis oder Chelidonium, sicher aber dem gemeinen Erdrauch Fumaria nahe steht. Es fand sich dabei als Hauptwirkung die Leberfunktionsstörung mit Meteorismus bei erhöhten Werten der Transaminasen und der Gamma-GT im Serum. Athralgien der Fingergelenke und erhöhte Werte der Harnsäure im Serum seien demnach typisch.

Der Tip:

> Leberfunktionsstörung mit Meteorismus.

9.2.4 Bewährte Teerezepte

Blähungswidrig (Hepatopathie) Hb. Millefolii Hb. Cardui Benedicti Hb. Chelidonii frct. Foeniculi frct. Carvi ää ad 100,0 M. f. spez. Heiß übergießen und 10 Min. ziehen lassen 1–2 Tassen nach jeder Mahlzeit.

Duodenalsyndrom und Diabetes Hb. Galegae Cort. Phaseoli frct. fol. Myrtilli Hb. Alchemillae Hb. Violae tric. ää ad 100,0 M. f. spez. Kalt ansetzen, aufkochen und 10 Min. ziehen lassen. Zu jeder Mahlzeit 1 Tasse.

Gallenfluß fördernd: fol. Menthae pip. Hb. Marubii Hb. Absinthii Hb. Asperulae odor. ää ad 100,0 M. f. spez. Heiß übergießen und 10 Min. ziehen lassen. Über den Tag verteilt trinken.

Gallensäure anregend Rad. Taraxaci Hb. Agrimoniae Rad. Cichorii Hb. Fumariae ää ad 100,0 M. f. spez. Kalt ansetzen und aufkochen 1–2 Tassen tgl.

Gallensteinleiden
flor. Gnaphalii
Hb. Centaurii
frct. Foeniculi
fol. Menthae pip.
Rad. Angelicae āā ad 100,0
M. f. spez. Kalt ansetzen, aufkochen lassen und 10 Min. ziehen.
Vor der Mahlzeit je 1 Tasse.

Tee bei Leberleiden
Hb. Silybi Marian.
Hb. Menthae pip.
Hb. Absinthii
Cort. Berberidis vulg.
Fol. Trifolii fibrin. āā ad 100,0
M. f. spez. Kalt ansetzen und aufkochen lassen. 2–3 Tassen täglich.

9.3 Die Therapie des Magen-Darm-Traktes und Pankreas innerhalb der erweiterten Funktionseinheit

9.3.1 Der Verdauungstrakt als Immunorgan

Der Magen-Darm-Trakt hat ständig Kontakt mit einer Vielzahl von Viren, Bakterien und Parasiten. Dazu kommt die Masse der Antigene aus der Nahrung oder die Spaltprodukte im Organismus im Darmlumen. Auch Umwelteinflüsse werden auf diese Art und Weise vom Darm registriert bzw. können als Antigene im Darm ihre erste Reaktion finden. Morphologischen und funktionellen Besonderheiten des *darmassoziierten lymphatischen Systems* wird in den letzten Jahren vermehrt Aufmerksamkeit entgegengebracht (Galt = Gut Associated Lymphoid Tissue). Trotz vieler Funktionen dieses Galt-Systems steht es durch die Wanderung der Lymphozyten in ständigem Kontakt und Informationsaustausch mit anderen lymphatischen Organen.
Die Zellen des Immunsystems findet man im Verdauungskanal in organisierten Strukturen wie z. B. den Tonsillen, die bereits in den Anfang des Verdauungstraktes gehören, die Peyer'schen Plaques und die Appendix vermiformis zählen dazu. Andererseits sind entsprechende Zellen diffus verteilt, wobei die lymphatischen Zellen in der Lamina propria des Darmes und die intraepithelial liegenden Lymphozyten besonders hervorzuheben sind. Es ist zu unterscheiden, daß die Lymphknoten im Magen-Darm-

bereich keine hinführenden Lymphgefäße aufzeigen, die Antigene gelangen durch das Epithel hindurch in den Kontakt mit den Lymphozyten. Bei den Peyer'schen Plaques in der Wand des Dünndarmes findet sich eine Aneinanderlagerung von einzelnen Follikeln, wie der offizielle anatomische Name vermuten läßt (Folikuli lymphatici aggregati). Die morphologischen Grundlagen für eine Immunreaktion sind die Peyer'schen Plaques, sie dienen der Aufnahme und Verarbeitung der Antigene. Die Kooperation von Makrophagen und Lymphozyten, insbesondere T- und B-Lymphozyten, gehören mit in den Bereich der Immunantworten. Schon in der 24. Woche der menschlichen Fötalentwicklung werden Peyer'sche Plaques im Dünndarm gefunden. Sie sistieren bis ins hohe Alter, wenn sie auch dann weniger Aktivität aufweisen. Aber eine ausgesprochene Rückbildung ist durch das Alter nicht gegeben. In dem Retikulum der Lamina propria sind neben eosinophilen Granulozyten, Mastzellen und Markophagen reichlich Lymphozyten und vor allem Plasmazellen zu finden. Von diesen produzieren 70–90% das IGA, das sog. darmassoziierte Immunglobulin und etwa 18% das IGM. Das IGA ist das wesentliche Immunglobulin der Sekrete, es wird in der Lamina propria, wie schon erwähnt, gebildet. Man schätzt in der Darmoberfläche etwa 5× mehr Lymphozyten als sich in der Blutbahn befinden. Die ganz überwiegende Mehrzahl dieser Lymphozyten sind T-Lymphozyten und neueste Untersuchungen zeigen, daß etwa 70% von ihnen zu den Suppressor-T-Lymphozyten zählen.

Auslösung von Immunreaktionen durch Antigene:

1.	Durch die Aufnahme in der Darmwand und dem einschlägigen Transport über die Mesenterialvenen bis zur Pfortader in die Leber. Dort können die Kupfer'schen Sternzellen eine Elimination der Antigene bewirken.
2.	Über die Lymphbahnen gelangen spezielle Makrophagen und Antigene in die Mesenterial-Lymphknoten.
3.	Die Antigenaufnahme im Epithel ist über die Peyer'schen Plaques definiert.

Das IGA im Darm verhindert die Aufnahme von mikrobiellen Antigenen oder Infektionserregern. Ein selektiver Mangel an IGA hat zahlreiche Antikörper im Serum gegen Proteine der Nahrung, was für einen gesteigerten Durchtritt von diesen Antigenen durch die Mukosabarriere spricht. Vor der Entwicklung des IGA-Schutzes übernimmt diese Rolle das IGM, das sich auch mit einer sekretorischen Komponente verbinden kann. Bei selektivem IGA-Mangel, einem der häufigsten Immundefekte, findet man vermehrt IGM-produzierende Plasmazellen in der Lamina propria, die weitgehend die IGA-Funktion übernehmen können. Die lokale Abwehr mit dem sekretori-

schen IGA zeigt kein typisches immunologisches Muster, d. h. es scheint keine IGA-Memory-Zells zu geben.
Bei Kindern und Erwachsenen mit Zöliakie sowie bei der Erkrankung der Dermatitis herpetiformis wurde wiederholt eine erhöhte Anzahl von intraepithelialen Lymphozyten nachgewiesen. Meist zeigen sich jedoch normale Zahlen von Intraepithelial-Lymphozyten bei akuter *Gastroenteritis,* bei *Morbus Crohn und Colitis ulcerosa.* Gerade bei den letzteren Erkrankungen ist meist das sekretorische IGA erhöht, im Sinne einer starken Entzündungsreaktion, während bei immunologischen Prozessen, wie Gluten- und Lactasemangel-Syndrom das sekretorische IGA erniedrigt ist, vor allem bei der atrophischen Gastritis, wie sich bei den Untersuchungen mit Bitterstoff gezeigt hat.
Das *lymphatische System* des Versorgungskanales ist ein *wesentlicher Bestandteil des Abwehrsystems* des Organismus. Für diese Aufgaben sind morphologische Besonderheiten wie das intraepitheliale Lymphozytensystem, die Peyer'schen Plaques und funktionelle Eigenheiten des sekretorischen IGA mitverantwortlich. Aus diesen Parametern läßt sich u. U. eine Therapie ableiten, insbesondere dann, wenn wir wissen, daß die Bitterstofftherapie nach den Arbeiten von W. ZIMMERMANN und GAISBAUER eine wesentliche Besserung der gesamten immunologischen Situation bringen kann.

9.3.1.1 Die Mikrobiologie oder Symbiosetherapie

Gerade in den letzten Jahrzehnten ist es üblich geworden, eine mikrobiologische Therapie des Darmes durchzuführen, wobei nicht zuletzt die immunsupprimierenden Nebenerscheinungen der Antibiotikatherapie weitgehend ein solches Vorgehen erfordern. Die Zeit ist reif geworden für die Therapie im Sinne einer Symbioselenkung, wie sie in einer gegründeten Arbeitsgemeinschaft seit 1954 bekannt geworden ist. Durch Umwelteinflüsse sind erhebliche dysbiotische Verschiebungen in der Darmflora zustande gekommen, schließlich ist auch durch die oft sehr *unkritisch durchgeführte Antibiotikatherapie* die gesunde Darmflora, wie auch die apathogene Begleitflora, die einen gewissen Schutzmechanismus darstellt, vernichtet worden. Dauerbehandlungen sind gerade bei Darmerkrankungen nicht selten, wie man vom Morbus Crohn und bei der Colitis ulcerosa kennt.
Außer Zweifel steht, daß die chronisch entzündlichen Erkrankungen des Gastrointestinaltraktes erheblich zugenommen haben, wobei dem *Antigencharakter der Nahrungsmittel* eine Bedeutung zuzusprechen ist. Es sind aber nicht nur Nahrungs- sondern auch Verschönungsmittel, Konservierungs- und Kondensierungsmittel u. ä. chemische Substanzen, die das Nahrungsangebot zwar attraktiver gestalten, aber wesentlich zu einer unnatürlichen Darmflora beitragen. Veränderungen, die auch mit dem gestörten tagesrhythmischen Verlauf der Ernährung oft genug ihren Anfang machen und im Jahreszeitenverlauf heute wesentlich unterschätzt werden. Sie haben Teil an der Zunahme von chronischen Magen-Darm-Erkrankungen. Das immuno-

logische Wechselspiel zwischen Organismus und Darmflora wurde in den letzten Jahren mit dem Begriff *Symbiose* gekennzeichnet.
Bereits PASTEUR hat sich damit befaßt. Es wurde erkannt, daß ein tierisches Leben ohne Darmbakterien nicht möglich sei, wobei anfangs den Kolibakterien sicherlich zuviel Wert beigemessen wurde. Wird einer normalen Besiedelung des Darmes mit Bakterien das Wort gesprochen, so handelt es sich bei dem Begriff einer Dysbakterie um Präparationen und Stoffwechselprodukte anderer Keime wie Acidophilus, Bifidus, Saccharomyzes und Bakterium subtilis neben den Kolikeimen, die in einer Dysbiose meist das Ungleichgewicht der normalen Bakterienflora zustande bringen. Es ist bekannt, daß eine solche *Fehlbesiedelung* zu häufiger *Infektanfälligkeit*, besonders bei Kindern, führt, daß der Properdintiter- und Complementspiegel, wie das gesamte Immunsystem, durch eine Symbiose nachweislich günstig beeinflußt werden können.
Drei Gruppen sind für die mikrobielle Therapie bedeutsam:

- Die Rachenflora, die aus den Kiemenbogenorganen entstanden ist und Ähnlichkeiten aufweist mit der
- Dünndarmflora (Aerobie)
- Dickdarmflora (anaerob).

Meist wird auf die Diagnostik der Dünndarmflora verzichtet und die Rachenflora nebst der Stuhlflora untersucht. Allerdings muß bei der Stuhlflora nur die aerobe untersucht werden, wobei auch *Pilze* und *Hefen* bedeutsam sind.

Indikationen für eine mikrobiologische Therapie

Indikationen	Anmerkungen
Rezidivierende Infekte	Sowohl bei Kindern wie bei Erwachsenen, speziell nach mehrfachen antibiotischen Behandlungen.
Chronische Krankheiten des Urogenital- und Respirationstraktes	
Mischinfektionen	
Chemotherapieresistente Erkrankungen	Insbesondere des Magen-Darms, der Leber- und Gallenorgane.
Allergische Erkrankungen, besonders im Sinne anderweitiger begleitender Umstimmungsmaßnahmen.	Bspw. Überwärmung, aber auch bei Hauterkrankungen chronischen Charakters infolge allergischer bzw. Magen-Darm-Dysbiosen.

Indikationen	Anmerkungen
Krankheiten des rheumatischen Formenkreises	Speziell chronisch schmerzbehandelte Patienten mit Suppression im Bindegewebe.
Zusatztherapie bei Tumorerkrankungen	Im Intervall einer Chemotherapie und Radiatio
Darmerkrankungen nach durchgemachten Infekten bei Gärungs- und Fäulnisdyspepsie	Meist in Verbindung mit diätetischen Maßnahmen wie Rohkostfasten, eiweißarmen Teildiäten.
Chronische Obstipation	Auch in Verbindung mit Ballaststoffen und entzündungswidrigen Phytotherapeutika sowie Gerbsäuredrogen
Colitis ulcerosa im adjuvanten Sinne	
Enterocolitis	
Morbus Crohn	

Diese Indikationen entsprechen den Erfahrungen der letzten 40 Jahre. Die Diagnostik erfordert mehr aus Gründen der Verlaufskontrollen eine mikrobielle Stuhluntersuchung evtl. in Verbindung mit einem Floratest des Nasen-Rachen-Raumes.

9.3.2 Therapiekonzepte bei chronisch entzündlichen Darmerkrankungen

9.3.2.1 Allgemeine Hinweise

Die Therapie der entzündlichen Darmerkrankungen wird meist nur *symptomatisch* möglich sein und ist gegen den entzündlichen Prozeß und die Folgen der Darmerkrankung gerichtet. Es wird immer wieder die Frage gestellt, welche Möglichkeiten aus dem Bereich der Phytotherapie bestehen, um die chronischen Entzündungen wie *Morbus Crohn* und *Colitis ulcerosa* mit anderen Methoden zu behandeln. Nachdem die Ätiologie und Pathogenese der chronisch entzündlichen Krankheiten, vorwiegend Morbus Crohn und der Colitis ulcerosa, auf epidemiologischem, immunologischem und bakteriologisch-virologischem und pathoanatomischem Gebiet weithin ungeklärt ist, so erstreckt sich auch hier die Möglichkeit in der Phytotherapie nur auf eine Beeinflussung der einzelnen Parameter, seien sie entzündlich, antiphlogistisch oder seien sie immunologisch im Sinne einer Beeinflussung des sekretorischen IGA.

9.3.2.2 Diätetische und ernährungstherapeutische Maßnahmen

- Ballaststoffzufuhr
- Kohlenhydratarme Ernährung
- Chufas-Therapie
- Substitution von Eiweißkonzentraten
- Formuladiät oder Astronautenkost.

Eine größere Möglichkeit besteht in der Ernährung und in der Diät, die besonders bei hochakuten Krankheitsphasen vollwertig und eiweißreich sein sollen, beim *Morbus Crohn* wird dazu eine ballaststoffreiche, schnell aufschließbare kohlenhydratenarme Ernährung empfohlen. Hier eignet sich, wie in dem einschlägigen Kapitel der Ballaststoffe bereits dargestellt, besonders die *Chufas-Therapie,* die mit hochungesättigten Fettsäuren und einem entsprechenden Quellmuster sowie einem entzündungswidrigen Anteil nach unserer Erfahrung einen wesentlichen Beitrag zu einer Konsolidierung der Erkrankung führen kann.

Bei hoher Krankheitsaktivität kann die zusätzliche, allerdings sehr aufwendige, *Substitution von Eiweißkonzentraten* sinnvoll sein. Entzündungsbedingt kommt es dabei auch regelmäßig zu einer exsudativen Enteropathie, wobei der enterale Eiweißverlust auch ein Maß der entzündlichen Aktivität darstellen kann. Die chemisch definierten Diäten kommen für die Praxis mehr in Frage als die Sondenernährungen.

Unter den bilanzierten Diäten ist die *Formuladiät* oder Astronautenkost bereits bekannt geworden, die *Ballaststoffzufuhr* ist daneben noch sinnvoll, insbesondere, wenn wenig Ballaststoffe und Rohprodukte in der täglichen Ernährung angeboten werden. Bei *Untergewicht* und *Kachexie* sind sie vor allem auch bei Morbus Crohn indiziert, besonders dann, wenn die Entzündungserscheinungen des Darmes bereits zu Stenosen geführt haben. In akuten Krankheitsphasen sind sie in der Lage, in gleichhohem Prozentsatz wie etwa eine Kortikoidtherapie die Remission einzuleiten. Ein entscheidender Nachteil ist der Geschmack, der oft zur Ablehnung durch den Patienten führt, sodaß ein Wechsel des Handelspräparates u. U. initial bei Diarrhöe und bei entsprechenden akuten Phasen einschleichend begonnen werden kann.

Der Tip:

> Die bewährten Präparate sind Meritene und Biosorbin oder ähnliche. Chufas

Daneben kommen noch eine Reihe anderer im Handel befindlicher Präparate in Frage, doch sollte man sich erfahrungsgemäß in eine Richtung bewegen und mit *einem* einschlägigen Mittel seine Erfahrungen bei entsprechenden Krankheitsspitzen verwerten. Eine totale parenterale Ernährung ist zwar im postoperativen oder präoperativen Bereich u. U. erforderlich, jedoch für die Praxis nicht sinnvoll. Die *Antidiarrhoika der Phytotherapie,* die sich auf die Stuhlfrequenz ausschließlich richten, sind in Verbindung mit der Gallensäurerückresorption (Cholestyramin) im Sinne von *chologenen Diarrhöen* durch die Bindung an die nichtresorbierbaren Gallensäuren bekannt geworden.

Der Tip:

> Auch Karaya Bismuth wird in schweren Phasen als Antidiarrhoikum angewandt.
> In akuten Phasen dagegen kontraindiziert, da sie die Ausbildung eines toxischen Megacolons begünstigen.

9.3.2.3 Vitamine und Spurenelemente

Bei der Substitution von Mangelernährungszuständen ist an Vitamine zu denken, sowie an den manifesten Zinkmangel, der mit trockener Haut und brüchigen Nägeln und Haarausfall in Erscheinung tritt. In der allgemeinen Praxis sind die *Salazosulfpyridine* bekannt und haben sich auch bereits in bestimmten Phasen bewährt, wenn auch der Wirkungsmechanismus noch weitgehend im Unbekannten liegt. Hinweise auf antientzündliche und immunsuppressive Wirkungen bestehen, die Substanzen der Salizylsäure greifen bekanntlich in den Prostaglandinstoffwechsel ein und reduzieren die Prostaglandin-E2-Bildung durch Hemmung der Cyclooxygenase, in niederen Konzentrationen hemmt sie jedoch auch den Prostaglandinabbau. Auch hier ist die pathophysiologische Bedeutung noch weitgehend ungeklärt. Die antientzündliche Wirkung der SASP in der Therapie der Colitis ulcerosa ist gut belegt, die Wirkung auf Morbus Crohn weniger gesichert.

Der Tip:

> Die antientzündliche Wirkung der Salazosulfpyridine bei der Therapie des Morbus Crohn ist belegt.

9.3.2.4 Glukokortikoide

Bei Exazerbationen des *Morbus Crohn* ist immer wieder an eine intertherapeutische Möglichkeit der Glukokortikoide zu denken, wenn auch die lange dauernde Behandlung keine günstigen Ergebnisse bringt und reichlich mit entsprechenden *Nebenwirkungen* belastet ist. Das gleiche gilt für die immunsuppressive Therapie bei *chronisch aktivem* Morbus Crohn, die zwar einen steroidsparenden Effekt bei den entsprechenden Versuchen zeigt, jedoch auch hier nicht ganz ohne Gefahr von Nebenwirkungen zu bewerten ist.

Die medikamentöse Therapie mit den schulüblichen Methoden ist zu 80% bei Morbus Crohn auf einen operativen Eingriff eingerichtet, auch die Colitis ulcerosa wird heute bei Chronifizierung der Befunde mehr dem Chirurgen überlassen als den Versuchen einer Phytotherapie oder einer alternativen Therapie.

9.3.2.5 Die Therapie mit Bitterstoffen

Immer wieder tauchen hinsichtlich der Therapiemöglichkeiten in **diesem Bereich** die Bitterstoffe auf. Dies ist insofern verständlich, als sie eine lange Geschichte aufweisen, wobei unter den 250 Heilmitteln des HIPPOKRATES bereits 30 Amaradrogen zu finden sind.
Demgegenüber steht die geringere Bedeutung in der Pharmazeutik. Das DAB 7 zählt, im Gegensatz zu früheren Pharmakopöen, nur noch fünf Bitterstoffe auf:

- Chinarinde
- Enzianwurzel
- Pomeranzenschale
- Tausendgüldenkraut
- Wermut.

Im wesentlichen sind diese Drogen Bestandteil der noch gelegentlich gebrauchten Tinktura Chinae compositae und Tinktura Amara.

Der Tip:

> Gentianadekokt 4%ig, 1 Eßlöffel 5–10 Minuten vor der Mahlzeit.
> Tinktura absinthii (Wermuttinktur) 20–30 Tropfen vor der Mahlzeit.
> Condurango, Condurango-Fluid-Extrakt und Condurangowein sind in der Rekonvaleszenz bei Anämien und bei Morbus Crohn hilfreich.

Es ist für das vegetative Nervensystem charakteristisch, daß sich Erregungen in einzelnen Teilbezirken nicht nur auf die erregbaren Zonen erstrecken, sondern die nächste Umgebung implizieren und andere Systeme zum Mitschwingen bringen. Nach der Lehre von SPERANSKI kann ein Reiz, der in der Peripherie wirksam wird, die gleichen Folgen haben, als ein solcher, der zentral zustande kommt. So darf man folgern, daß mit einem entsprechend starken Bittermittel nicht nur eine Erregung der sensorischen Fasern des N. Glossopharyngicus, sondern auch des Trigeminus und des Vagus verständlich wird.
Ein Teil aller beobachteten Effekte im Magen-Darm-Trakt ist auf die nervalen Einflüsse des Vagus zurückzuführen, während Einwirkungen auf die Sekretionsleistung der Drüsen der Verdauungsorgane, auch humoral im Sinne der bekannten Gastrin- und Sekretinleistung, zu diskutieren sind. Hier-

bei wird noch die Sekretionsleistung von Leber-Galle, aber auch der Bauchspeicheldrüse einbezogen.
H. GLATZEL hat auch die Mundspeicheldrüsen in seine Untersuchungen einbezogen, deren Sekretionsleistung unter dem Einfluß von Bittermitteln zunächst gehemmt war, während sich gleichzeitig der Appetit steigert, was sich nur als rezeptorische Leistung über den Nervus Vagus erklären läßt. Nach H. GLATZEL scheint aber jedenfalls der schwierige *Nachweis* gelungen zu sein, daß *Bittermittel* die Magensekretion, Darmsaftsekretion und die *Darmmotorik stimulieren,* so daß er für diese therapeutische Gruppe den Überbegriff **Stomachika** für gerechtfertigter hielt.
Bei den angewandten Bittermitteln der Monoterpenreihe erwiesen sich die oberirdischen Pflanzenteile als sehr instabil in Bezug auf die wirksamen Bestandteile der Wurzel und evtl. Rinde, die einen stabileren Wirkstoffgehalt zeigen. Tatsächlich sind auch die Erfahrungen mit Wurzeldrogen zuverlässiger, wie etwa bei **Gentiana, Chinarinde, Condurango, Harpagophytum.**
In einer Studie wurde von W. ZIMMERMANN und G. u. M. GAISBAUER die Wirkung von Bitterstoffen auf das lokale Immunsystem des Darmes untersucht. Wenn die Auswahl auf Gentiana und China gefallen ist, so deshalb, weil beiden Bitterstoffen in volksmedizinischer Darstellung auffallenderweise unterschiedliche Wirkungen zuerkannt werden. So ist die Wurzel des *Gelben Enzians* bereits bei GALEN und DIOSCURIDES erwähnt und in ihrer Bedeutung als Antifebrilsubstanz und Stomachikum erkannt worden. Heute wird ihr die fiebersenkende Wirkung abgesprochen. Sie wird zum Magenbitter degradiert. In der Volksmedizin ist sie trotzdem noch bis heute geschätzt.
China, die Rinde des Fieberbaumes, wurde erstmalig im 17. Jahrhundert als »Jesuitenpulver« vertrieben. Ihr Wirkstoff, das Chinin, wurde 1925 entdeckt. Bis heute wird es bei Malaria bzw. seine Prophylaxe, bei Herzrhythmusstörungen und Venenschwäche verwendet. Auch das Schicksal dieser Droge endet im appetitanregenden *Bitterwasser.*
Die sekretorische Leistung des Darmes ist an das darmassozierte Immunsystem eng gebunden, im wesentlichen an die Peyer'schen Plaques, den intraepithelialen T-Lymphozyten sowie die Plasmazellen der Magen-Darm-Mukosa. Dabei ist die wichtige Quelle der IGA-Produktion die Plasmazelle.
Es liegen hier unterschiedliche Konzentrationsverhältnisse von Immunglobulinen bei internen und externen Schleimhautsekreten vor. Über 90% des im Darmlumen vorkommenden IGA, das sekretorische IGA, liegen in einer dimeren Form vor. Die sog. »J-Kette«, Joining-Chain, verknüpft zwei IGA-Einheiten miteinander, wobei das sekretorische IGA im Darmlumen sehr widerstandsfähig gegen proteolytische Enzyme wirkt. Dem s-IGA obliegt in seiner Form eine immunregulierende und immunprotektive Wirkung im Rahmen des darmassoziierten Immunsystems.
Im Speichel ist der Anteil an polymeren IGA sehr hoch (96%, davon nur 1,6% durch Transsudation aus dem Serum). Zudem ist es bemerkenswert, daß im Speichel der prozentual höchste Anteil von s-IGA, verglichen mit

anderen Sekreten des Verdauungstraktes, vorliegt. Aufgrund der Leistungsfähigkeit der Produktion von s-IGA im Speichel einerseits und der geringen Beimengung von Plasma-IGA andererseits scheint die Bestimmung des s-IGA aus dem Speichel ein relativ zuverlässiger Parameter für die Leistungskapazität der Schleimhaut des darmassoziierten Immunsystems zu sein. Dabei zeigte sich neuerdings eine pathologische Bedeutung des sekretorischen IGA's, so daß nach HOLTSTOCK eine Verbindung der sIGA-Produktion mit dem Prostaglandinsystem vermutet wird. WALKER und ISSELBACHER konnten zeigen, daß bei oraler Applikation von Fremdproteinen die Konzentration im Blut von den im Dünndarm persorbierten Fremdproteinen schrittweise im Verlauf der Applikationsdauer abnahm. Sie konnten nachweisen, daß diese Abnahme der Persorptionsleistung mit einer Erhöhung von sIGA einherging. Dadurch scheint indirekt gezeigt, daß Proteinsubstanzen zu einer Erhöhung der Konzentration von sIGA des lokalen Immunsystems führen können. BERGMANN konnte diesen Zusammenhang in der Therapie mit Bakterienautolysaten bestätigen. Inhalativ applizierte Bakterienautolysaten führen zu einer signifikanten Erhöhung des sIGA im bronchusassoziierten Immunsystem.

Die Galenik der Bitterstoffdrogen

Im DAB 8 wird nur *Tinktura compositae* aufgeführt:

- 10 Teile Chinarinde
- 4 Teile Gentiana
- Pomeranzenschale
- Zimtpulver
- 70%iges Äthanol

extrahiert.

Der Versuch:

Nachdem die zusammengesetzte Chinatinktur für die Probanden zu stark war, ebenso die Gentianatinktur nach HAB noch einen Arzneigehalt von ⅓ in der Essenz beinhaltet, haben wir uns bei den Untersuchungen auf die Darreichungsform von D1 bei China, entspricht einer getrockneten Zweigrinde zur Tinktur nach § 4 HAB mit 60%, beschränkt. Ebenso wurde Gentiana lutea in der homöopathischen Verdünnung D1 untersucht.

Als Bestimmungsmethode galt das sekretorische IGA über eine einfach radiale Immundiffusion auf Partigenplatten, unter Beziehung auf ein Proteinstandardserum der Firma BOEHRINGER. Um das 98%ig imere Speichel-IGA in direkten Bezug zu dem rein monomeren Serum IGA des Standard setzen zu können, wurde zu beiden Proben das Reduktionsmittel GTT zugesetzt, wobei das sekretorische IGA zu 95% gespalten wird. Konzentrierte Verdünnungen wurden über den Zusatz von NACl zum Speichel bei gründlichem Mischen vorgenommen, eine Konzentrierung war nie notwendig.

Die Ergebnisse der Medikation bei Patienten mit entzündlichen Magen-Darm-Erkrankungen:
Die mit *Gentiana* als Einzeldroge behandelte Patientengruppe mit entzündlichen Magen-Darm-Erkrankungen (n = 19) wies überwiegend *erhöhte Ausgangswerte des sIGA* im Speichel auf und zwar zwischen 20 mmg und 200 mg dl. Nur 5 Patienten lagen darunter. Bei den gesunden Probanden lag die Konzentration von sIGA zwischen 3,5 und 25 mmg pro dl.
Bei der untersuchten Patientengruppe D war nach einer Therapie mit Bitterstoffdrogen ein signifikanter Rückgang der Konzentration von sIGA im Speichel festzustellen, was auch mit der Besserung des klinischen Befundes einherging. Bei diesen Patienten war Morbus Crohn und Colitis ulcerosa angesiedelt, bei dem die hohen Werte von sIGA im Speichel während der Therapie mit Bitterstoffdrogen reduziert werden konnten. Dabei wurde auch der klinische Befund während der Therapiedauer nicht verschlechtert, und nur einige mußten die SAS-Therapie weiter betreiben, die vorher stattfand.
Im Gegensatz dazu war die Konzentration mit *niederen sIGA-Werten* bei der Gruppe, die mit *China D1* behandelt wurde (3× 20 Tropfen), ins Gegenteil verkehrt, dabei zeigte sich in allen Situationen ein signifikanter Anstieg der sIGA-Werte, die vorher im unteren Bereich lagen. Klinisch handelt es sich bei dieser Population um *atrophische Gastritis* und um *Schleimhautschwächen* im Sinne von Dyspepsien, Atrophien u. ä. Verdauungsenzymschwächen.
Zusammenfassend läßt sich sagen, daß ausgehend von der jahrhundertelangen Erfahrung der Therapie mit Bitterstoffen bei Magen-Darm-Erkrankungen der therapeutische Effekt anhand der Bestimmung des sekretorischen IGA im Speichel zu überprüfen war. Dabei zeigte sich bei *entzündlichen Magen-Darm-Erkrankungen* ein *erhöhter sIGA-Spiegel* im Speichel, der mit Konzentrationsverhältnissen gesunder Probanden verglichen wurde. Die Bitterstoffe führten in der Therapie, insbesondere mit *Gentiana,* zu einer signifikanten *Änderung der erhöhten sIGA-Konzentration,* während mit Gentiana bei den gesunden Probanden eine Reduzierung ebenfalls zu erreichen war. Dagegen kam es mit *China zu einer Erhöhung* der vorherigen schwachen Konzentration, die auf dyspeptische und enzymatische Schwächen hinwies.

9.3.2.6 Bezüge der gastrointestinalen Hormone zur Phytotherapie

In einer Reihe von intestinal wirkenden Phytotherapeutika lassen sich taxonomische Zusammenhänge einzelner Pflanzenfamilien finden, die sowohl *Mukosawirkungen* als auch *neurale Ansätze* und hormonähnliche Bedeutung, vor allem an den Verdauungsdrüsenorganen, vereinen. Dafür werden die erst in den Anfängen entwickelten gastrointestinalen Hormone verantwortlich gemacht.
Der Nachweis, daß viele Peptide sowohl in endokrinen Zellen wie im

Nervensystem lokalisiert sind, eröffnet neue Wege im Verständnis der möglichen Mechanismen gastrointestinaler Kontrollfunktionen, was vor allem für die Vielfalt der therapeutischen Ansätze im Sinne der Phytotherapie von Magen- und Darmerkrankungen eine Rolle spielen kann. Es wird heute allgemein anerkannt, daß ein einzelnes Hormon auf dreierlei Weise reagieren kann:

- Als zirkulierendes Hormon (Endokrine Funktion nach der ursprünglichen Definition)
- Als lokales parakrines Hormon
- Als Peptiderger-Neurotransmitter oder Neuromodulator.

Das Verständnis über Physiologie und Pathophysiologie der Verdauung hat in den vergangenen Jahren gerade auf dem Gebiet der gastrointestinalen Hormone große Fortschritte gemacht. Nachdem PAWLOW bereits Ende des vergangenen Jahrhunderts die Wichtigkeit der lokalen Innervation für die Kontrolle der Verdauung erkannt hat, wurde dieses Konzept um die Jahrhundertwende durch die Theorie zirkulierender Hormone als wesentliche Kontrollfunktion in Frage gestellt. Heute gewinnen neben den endokrinen Wirkungsmechanismen das parakrine und das neuroendokrine System zunehmend an Bedeutung.

Die gastrointestinalen Hormone lassen sich nach POLLACK und BLOOM in 2 Gruppen einteilen:

Die erste beinhaltet die *gut etablierten* gastrointestinalen Hormone, die in klassischer Weise im *Blut* zirkulieren. Zur zweiten Gruppe werden die *neueren Peptide* gezählt, die im *Gehirn und Gastrointestinaltrakt* gemeinsam vorkommen.

A. Gastrin

Das synthetisch hergestellte **Pentagastrin** wird seit langem als diagnostischer Test zur Beurteilung der maximalen H-Ionenproduktion des Magens verwandt. Allerdings hat sich herausgestellt, daß eine primäre Rolle des Gastrins in der Verursachung des Ulcus duodeni und Ulcus ventriculi wenig wahrscheinlich ist, und daß die Säuresekretion zur Differentialdiagnose des Magenkarzinoms nicht beiträgt. Pathologisch erhöhte und klinisch bedeutsame ulcerogenwirkende Gastrinspiegel werden vor allem beim Zollinger-Ellison-Syndrom, bei der antralen G-Zellhyperplasie (Pollack-Syndrom) und bei stehengebliebenen Antrumresten im Duodenalstumpf nach Billroth-II-Resektion vorgefunden. Für die Erhöhung der Gastrinspiegel nach Vagotomie, insbesondere nach selektiver proximaler Vagotomie, wird die Durchtrennung cholinerger säurehemmender Fasern diskutiert. Gastrin hat eine *trophische Bedeutung* für die *Schleimhaut des Magens* und *Dünndarms.*

B. Sekretin

Es wird angenommen, daß die entzündete oder vernarbte Duodenalmukosa sekundär zu Veränderungen der Sekretinfreisetzung möglicherweise über eine gestörte Magenentleerung führt. Sekretin ist eine Säurestimulierung bei

Patienten mit **Duodenalulcera.** Die klinische Bedeutung des Sekretins liegt heute noch vorwiegend in seiner Verwendung als spezifischer Pankreasfunktionstest, meist in Verbindung mit einer Gabe von Cholezystokinin.

C. Cholezystokinin

Die Hauptlokalisation des Cholezystokinins liegt im Magen-Darm-Trakt und zwar im **Duodenum** und oberen **Jejunum,** wo Cholezystokinin in den endokrinen I-Zellen gebildet wird. Im **Ileum** und im **Colon** ist Cholezystokinin in den Nerven lokalisiert, im Colon vorwiegend im *Plexus myentericus* (AUERBACH) und im *Plexus submukosus* (MEISSNER). Cholezystokinin wird auch als *neurokrines Hormon* angesprochen, es ist anzunehmen, daß vorwiegend im Bereich der Familie der **Mohngewächse** (Papavaraceen) Cholzeystokinin aktivierende Substanzen vorhanden sind.

D. Pankreatisches Polypeptid

Bei Patienten mit **chronischer Pankreatitis** sind diese Polypeptidspiegel postprandial und nach insulininduzierter Hypoglykaemie erniedrigt. Sie korrelieren jedoch nicht mit der Einschränkung der exokrinen Pankreasfunktion. Bei *Diabetikern* mit autonomer Neuropathie werden diese Pankreaspolypeptide nach insulininduzierter Hypoglykaemie freigesetzt.

E. Pankreasglucagon

Das Pankreasglucagon wird hauptsächlich in den A-Zellen der Langerhans'schen Inseln gebildet. Bei Patienten mit **pankreatogenem Diabetes mellitus** ist die insulininduzierte Glucagonsekretion eingeschränkt, nach totaler Pankreasresektion liegen die Glucagonspiegel unterhalb der Nachweisgrenze. Wegen seiner die gesamte Pankreassekretion hemmenden Wirkungen wurde Glucagon vor etwa 20 Jahren zur Behandlung der **akuten Pankreatitis** eingesetzt. Die bisher erreichten Beobachtungen haben insgesamt *enttäuscht.*

F. Das Motilin

Ein Hormon mit 22 Aminosäuren, dessen klinische Bedeutung zu wenig bekannt ist. Möglicherweise ist es an der Pathogenese und funktionellen Motilitätsstörung beteiligt.

G. Das Somatostatin

Es besteht aus 14 Aminosäuren und weist keine strukturellen Ähnlichkeiten mit den bekannten gastrointestinalen Hormonen auf. Es ist derzeitig wohl das *bedeutsamste gastrointestinale Hormon* und vermag eine Vielzahl von anderen Hormonen zu hemmen, u. a. Gastrin, Sekretin, Cholezystokinin, Insulin und Glucagon.
Die klinische Bedeutung besteht vor allem in einer Therapiemöglichkeit von **Ulcusblutungen** und ebenso bei einer **errosiven haemorrhagischen Gastritis.** Ebenso konnten auch Wirkungen auf die akute **galleinduzierte Pankreatitis** nachgewiesen werden. Hier ist anzunehmen, daß Kompositen aus der Wermut- und Artischockenreihe in diesem Bereich auch wirken.

H. Endorphine und Enkephaline

Diese sind wohl die interessantesten Entwicklungen aus der Neuropeptidreihe seit der Entdeckung der endogenen Opiate. Die bisher am besten charakterisierten beiden Gruppen von endogenen Opiaten sind die Enkephaline und die Endorphine. Die beiden Pentapeptide Met- und Leukoenkephalin unterscheiden sich nur durch ihre COOH-terminale Aminosäure. Sie finden sich in hohen Konzentrationen im Gehirn und im Dünndarm und in geringeren Mengen in der Hypophyse. Im Gastrointestinaltrakt sind die Enkephaline in sehr hohen Konzentrationen im Antrum und Duodenum, in geringeren Konzentrationen im unteren Dünndarm, in Colon, Gallenblase und Pankreas nachweisbar. Alle Wirkungen, die von den Papaveraceen (Chelidonium, Fumaria u. a.) abzuleiten sind, sind über die Endorphinwirkung bzw. Enkephalinwirkung wohl zu verstehen.

I. Neurotensin

Bei **postdigestiven Funktionsstörungen** und Nahrungsaufnahme beim **Dumping-Syndrom** wird das Neurotensin diskutiert. Für dieses Syndrom werden jedoch auch Serotonin- und Bradykininfreisetzung verantwortlich gemacht. Bekanntlich sind die *Zingiberaceen* u. a. Stoffe aus der *Amara-acria-Reihe* hier wirksam.

J. Substanz P:

Die Substanz P war zunächst die erste Substanz, von der ein gemeinsames Vorkommen in Gehirn und Darm nachgewiesen wurde. Die Substanz P findet sich im Plexus myentericus, in der glatten Muskulatur und in endrochromaffinen Zellen des Gastrointestinaltraktes. Im Gehirn ist es in Synaptosomen nachweisbar. Beim Menschen ist die i. v.-Gabe von Substanz P möglich und erhöht die **intestinale Motilität.** Ebenso werden erhöhte Mengen beim **Karzinoid-Syndrom** gefunden und tragen möglicherweise zu den bekannten klinischen Symptomen bei diesen Tumoren bei.

10. Krebs und Phytotherapie

10.1 Pflanzliche Immuntherapie als zentraler Ansatz

10.1.1 Kanzerostatische Pflanzenextrakte

Die bisher bekannten 3 Säulen der Krebstherapie, nämlich *Chemo-, Radio-* und *chirurgische* Therapie sind in den letzten Jahrzehnten um eine 4. Säule erweitert worden, nämlich die *Immuntherapie.* Dort finden sich die Ansätze einer Phytotherapie. Trotz dieser wesentlichen Kenntniserweiterung stagniert die Therapie in Bezug auf ihre Erfolge, wenn von einzelnen Mustern abgesehen wird (kindliche Leukämie, kleinzellige Lungenkarzinome etc.).

Krebs ist keine lokale Krankheit, sondern ein *Allgemeingeschehen,* das u. U. in der Kindheit schon erste Ansätze hat und im immunologischen Ablauf des Lebens seine Merkmale prägt. So ist die T-Zellimmunschwäche nicht nur die Quelle von Infektanfälligkeit, Viruserkrankungen und myobakteriellen Erkrankungen, sondern auch die einer erhöhten Tumor-Inzidenz.

Demgegenüber bedeutet die Verminderung der B-Zellen eine Schwächung der Antikörper, die sich in der Kindheit schon als Infektanfälligkeit für Erkrankungen der oberen Luftwege, Darmstörungen und chronischen Hauterscheinungen manifestieren kann. Gestört sind dabei vor allem die IGA und IgG-Bereiche mit ihrem Einfluß auf die Abdichtung der Mukosabarriere und Aktivierung der zytotoxischen Natural-Killerzellen, die für die zelluläre Immunabwehr bedeutsam sind.

Krebs ist also keine lokale Krankheit, sondern ein Allgemeingeschehen, das auch für seine *Behandlung* den *Ganzheitsanspruch* erhebt. So darf die Zytostase nicht die einzige Möglichkeit sein und erfordert eine Reihe anderer Konsequenzen wie *Diätetik,* die Beeinflussung der *Immunologie,* ohne die es keine totale Zellvernichtung gibt, eine *endokrine* und *neurovegetative Regelung.* So versteht sich auch eine Hyperthermie im Sinne einer Regeneration von Therapieeffekten.

Phytotherapie kann Zytostase sein, wenn es um Pflanzen geht, die in das genetische Gefüge der Zelle eingreifen, wie bspw.

- Colchicum (Herbstzeitlose)
- Podophyllum (Entenfuß).

Sie kann auch *paramunitäre* Merkmale umgreifen, wie etwa die *Impfung,* sie kann, wie in früheren Kapiteln bereits geschildert, *Pflanzenstoffe* anbieten, die am *Immunsystem angreifen* und zwar solche, die sogar eine *spezifische Immunologie* beeinflussen, oder etwa solche, die einen *protektiven Wert* bei einer *Chemotherapie* darstellen.

Phytotherapie kann so Adjuvanstherapie sein im Sinne milder Wirkungen auf das Krebsgeschehen und seine Abwehrbereitschaft. Sie kann aber auch Quelle von neuen Substanzen sein, die aus volksmedizinischer Erfahrung *neue Behandlungsaspekte* andeuten.

Die heutige Onkologie ist eine Therapie nach rein naturwissenschaftlichen Kriterien. Dies wird allein durch die strenge Differenzierung nach dem Kausalitätsprinzip und der Statistik bewiesen. So werden die Ergebnisse objektivierbar, quantifizierbar und reproduzierbar. Das Prinzip ist dabei: »Gleiche Ursachen, gleiche Wirkungen«. GROSS hat einmal formuliert, die Medizin sei angesiedelt zwischen Naturwissenschaft und der Aufgabe des Heilens, die von der Erkenntnis kommt und zuweilen ohne diese auskommen muß. So läßt sich die Erfahrung aus dem täglichen Leben nicht fortdenken, gerade auch in der Medizin, und man muß fragen, warum nicht in der Onkologie, wo man aufgrund der wenig befriedigenden Ergebnisse nicht nur das Recht, sondern auch die Pflicht hat, über die Grenzen des naturwissenschaftlichen Denkens hinauszutrachten.

Catharanthus roseus

Von den kanzerostatischen Pflanzenextrakten dürfte die **Catharanthus-Alkaloidstruktur** am interessantesten sein. Ausgehend von der in tropischen und subtropischen Ländern vorkommenden Strauchform Catharanthus roseus oder benachbart *Vinca rosea* sind 60 Indol-Alkaloide isoliert worden.

Im Kraut der Pflanze mit 0,005% sind Vinblastin und Vincristin enthalten.

Bekannt geworden ist das sogenannte MOOP-Schema, das bei malignen Lymphomen sehr wirksam sein kann.

Der Tip:

> **Vinblastin** und **Vincristin** haben analog Cholchicin therapeutische Bedeutung als Mitosehemmer. Neurotoxische Erscheinungen sind dabei beobachtet worden.

Colchicum autumnale

Es geht um das im Samen der *Herbstzeitlose* zu isolierende **Colchicin.** Das Colchicin hat sich zunächst als Gichtmittel im Anfall bewährt, ist aber als ausgesprochenes Zellgift in der Metaphase der Zellteilung wirksam. Auch hier ist die Indikation bei Leukämie und malignen Lymphomen gegeben, wobei die therapeutische Breite sehr *gering* ist. In der Pflanzenzüchtung findet es als Spindelgift Anwendung.

Conium maculatum

Der *Schierling* aus der Familie der Apiaceen hat sich besonders bei der äußerlichen Behandlung bewährt. Die Piperidinalkaloide sind teratogen.

Der Tip:

> 3,5%ige Coniumsalbe als probate Empfehlung für Hautkrebsbehandlung, Basaliome und Mammakarzinomwucherung lokal.

Podophyllum peltatum

Mit Hilfe von Alkoholextraktion wird aus dem *Entenfuß* (Familie: Berberidaceen) das Podophyllotoxin extrahiert. Anwendung findet Podophyllin in der Homöopathie als Choleretícum und Laxans, in der Onkologie sind aus dem Podophyllotoxin *antitumorale Substanzen* gefunden worden, die in die DNS-Strukturen der Zelle eingreifen und eine Hemmung der Synthese zustande bringen.

10.1.2 Pflanzenstoffe, die am Immunsystem angreifen

10.1.2.1 Die Misteltherapie – Viscum album

Im Vordergrund jeglicher Diskussion über eine alternative Krebstherapie steht die *Mistel,* ein Schmarotzergewächs aus der Familie der Loranthaceae.

Lange wurde die Frage diskutiert, ob etwa die Mistel ein altes Volksmittel sei, was zur Erkenntnis führte, daß die Beschreibungen früherer Krebsbehandlungen an dem unsicheren Begriff Tumor fragwürdig wurden. Auch bei Paracelsus, den man gerne als den Vater der Misteltherapie sehen würde, findet sich kein Ansatz, nachdem Viscus bei ihm als Harz verstanden wurde. Vielmehr war die Mistel in den alten Kräuterbüchern als Allheilmittel angepriesen, wobei mystische Merkmale und religiöse Vorstellungen (Edda-Sage) eine Rolle spielten. Im vergangenen Jahrhundert war die Mistel als Kreislaufmittel eingesetzt, wobei eine blutdrucksenkende Komponente diskutiert war.

Das Gemisch basischer niedermolekularer Proteine, genannt *Viscotoxine,* ist als Inhaltsstoff am längsten bekannt. Es handelt sich um Peptidketten aus 46 Aminosäuren, deren Faltung durch 3 Disulfidbrücken fixiert ist. H. Becker vergleicht in seiner Studie die Wirkung mit den Karditoxinen der Kobragifte, die Bradykardie, Hypotension und eine Verminderung der Kontraktionsfähigkeit des Herzmuskels erzeugen. Schließlich fand man eine gewisse zytotoxische Eigenschaft des Viscotoxins für KB und He-La-Tumorzellen. Bei Anwesenheit von Viscotoxinen wird die native Struktur der DNS vor thermischer Denaturierung geschützt. Der zytotoxische Effekt wurde letztlich durch die Art der Histon-DNS-Bindung verglichen. Schließlich wurde die immunmodellierende Wirkung der Mistelpolysaccharide geprüft und festgestellt, daß diese nicht vergleichbar ist mit den anderen Polysaccharidwirkungen der bekannten Pflanzen (Echinaceae usw.). Die Mistellektine, die als hochmolekulare Polysaccharide anzusprechen sind, wurden in der Pflanze dreifach nachgewiesen und für die hohe Zytotoxizität verantwortlich gemacht. Die A-Kette hat mitogene Eigenschaften, während die B-Kette Makrophagen aktiviert und Lymphokine aus Lymphozyten freisetzt.

> Die zytotoxische Wirkung ist nachweislich auf Tumorzellen stärker als auf normale Zellen.

Neben den Lektinen werden in der Mistel noch nachgewiesen:

- Eleuteroside
- Lignane
- Sinapinalkoholglykoside (Siryngin).

Die Zytotoxizität von Viscum album ist an Tumorzellen der Pleura beobachtet worden, wie überhaupt die Mistel spezifisch unauffallend an Peritoneum und Pleura ihre Wirkungen entfaltet. Die Immunmodulation ist am Tierversuch beobachtet:
Proliferation und Reifung der Thymozyten des Thymuscortex.
Anregung der zellulären Immunantwort in Form von Hypersensitivität vom verzögerten Typ. Aktivierung der Peritonealmakrophagen. Aktivierung der humoralen Immunantwort in Form der IGM-Antikörperbildung.
Interferoninduktion. Nach intrapleuraler Applikation konnte ein kontinuierlicher Anstieg der T-Lymphozyten festgestellt werden.

Neuere Formen der Anwendung:
Hier haben sich in den letzten Jahren Änderungen ergeben. Zunächst war die subkutane oder intrakutane Injektion im lokalen Bereich des Krebsgeschehens üblich.
Heute hat sich das mit Milchsäure verarbeitete **Iscador-Präparat** als Präventivmaßnahme in *vielen Variationen* durchgesetzt.
Das vorwiegend lektin-angereicherte **Helixor** und **Plenosol** hat *tumorhemmende Eigenschaften* und wird nach einer chirurgischen oder Chemo- oder radiologischen Therapie eingesetzt.
Große Verbreitung hat die *hochdosierte Infusionstherapie mit Helixor* gefunden. Dies vor allem bei Patienten mit fortgeschrittener Metastasierung mit ausreichend gutem Allgemeinzustand. Die Infusionen werden mit 50 mg und 5%igen Glukoselösungen begonnen. Die Dosis wird nach guter Verträglichkeit schrittweise gesteigert. Fieberreaktionen und Schüttelfrost können vorübergehend auftreten. Nach 24 Std. sind diese Erscheinungen meist verschwunden. Toxische oder allergische Erscheinungen sind nicht bekannt geworden.

Klinische Ergebnisse:
Es zeigt sich eine nicht zu übersehende *Erhöhung der Überlebensquote.* Dies trifft auch nach vorhergegangener konventioneller Therapie zu. Allerdings sollte dazwischen eine Pause von vier Wochen eingelegt werden, bevor man mit der Mistelbehandlung beginnt.
Die *Progredienz* des Tumorgeschehens ist ebenfalls *verlangsamt* und die *Metastasierung verzögert,* wenn nicht sogar verhindert. Die Misteltherapie ist eine *nebenwirkungsfreie* Therapieform, die dort eingesetzt werden sollte, wo die üblichen Wege beschritten waren, eine Pause der Therapie eingetreten ist, und welche Zeit läßt für eine solche Maßnahme. Sicherlich hängt der Erfolg einer solchen Therapie von vielen anderen Faktoren ab, die zum Teil noch nicht durchschaubar sind, wie es auch nicht statistisch bewertbar ist, ob

eine Mistelbehandlung im einen oder anderen Fall das Leben verlängert hat und die Metastasierung verhindern konnte. Wesentlich ist, daß gerade in der Onkologie auch die Fragwürdigkeit der ärztlichen Maßnahmen überwunden werden muß, selbst mit Methoden, deren wissenschaftliche Signifikanz noch nicht genügend einsehbar ist.

10.1.2.2 Weitere, auf das Immunsystem zielende Pflanzenstoffe

Dionaea muscipula

Die *Venusfliegenfalle,* die anfangs auch als Carnivora im Handel war, ist der Preßsaft der fleischfressenden Pflanze.
In zahlreichen klinischen Prüfungen wurde dieser Preßsaft als *antineoplastisch* erkannt und das *Tumorgeschehen* zum Teil *zum Stillstand* gebracht. Eine *mitosehemmende* Wirkung ließ sich bei Leukämieblut in vitro nachweisen, daneben eine *stimulierende* Wirkung auf das *Immunsystem.* Die Ergebnisse einer Studie wurden von H. Keller berichtet. Danach waren die Erfolge vielversprechend, insbesondere in Bezug auf eine verzögerte Progression und Stationierung des Zustandes. Wenn man dabei bedenkt, daß die Untersuchungen bei Patienten ohne jede weitere therapeutische Möglichkeit durchgeführt wurden, so sind diese Ergebnisse vielversprechend und sollten Anlaß zu weiteren Forschungen geben.

Phytolacca decandra/americana

Die in Nordamerika beheimatete *Kermesbeere,* die in einer Unterform auch in Afrika vorkommt, wurde in der afrikanischen Volksmedizin beim Burkitt-Syndrom verwendet.
Die Früchte und Wurzeln enthalten ein Saponin – *Phytolaccosid* – das sich von Phytolaccageninsäure ableitet. Die Wurzeln enthalten daneben mehrere mitogene Lektine, die auch als Phythaemagglutinine oder sog. *Pockweed-mitogene* bekannt geworden sind. Der mehrfach beobachtete Effekt beim Rheumatismus ist wohl auf die Kombination Lektin und Saponin zurückzuführen. Die Lektine aktivieren bekanntlich das Lymphsystem und zwar je nach botanischer Herkunft in unterschiedlichem Ausmaß. Experimentell ist es gelungen, Lymphozyten von Lektinen dazu anzuregen, körperfremdes Material anzugreifen und zu zerstören. Hierbei gilt auch der Hinweis auf *Phaseolus ruber* (Feuerbohne) und die Lentigene der *Linse,* die in Japan eine Bedeutung erlangt haben. In der Homöopathie wird Phytolacca bei Brustentzündung, bei Tonsillen-Rachen und Pharynxentzündungen eingesetzt. Auch von Milchgangsentzündungen, Mastitiden bis zum Mamma-Carcinom reicht die Palette der Anwendungen.

Der Tip:

> Phytolacca hat sich in der Vorbereitung und Nachbehandlung von Mammakarzinomen bewährt.

10.2 Volksmedizinische Krebsbehandlung

Eichengalle

Hartwell hat 1967 berichtet, daß die Eichengalle im Mittelmeerraum bei Tumoren der Haut Verwendung findet. Auch in Japan wird die Galle der *Glycine Wistera sinensis* zur Behandlung maligner Tumoren empfohlen. Zwischenzeitlich weiß man, daß pflanzliche Tumoren als genetischer Parasitismus durch DNS-gallenbildende Bakterien, Viren und Viridoide aufzufassen sind. Reckeweg hat in seinem Buch »Krebsprobleme« die Möglichkeit nicht ausgeschlossen, diese pflanzliche Tumorgenese auf den Menschen zu übertragen.

Unter den Tumor-bildenden Mikroorganismen hat man zwischenzeitlich einen *Synergismus* feststellen können. Es gibt in der Pflanze konkurrierende parasitäre Gene, die Wachstum beschleunigen, aber auch hemmen können. Davon ausgehend, hat man Pflanzengallen in eine homöopathische Dosierung versetzt und in einem **Krebsmittel JUV 110** eingebaut (Thuja, Haematoxylon, Galle, Mistel, Alnus, Lycopodium und Condurango). Um dieses Mittel ist es zwischenzeitlich still geworden, so daß dieser Versuch mehr aus historischen Gründen erwähnt sein soll.

Ähnliches gilt für die zahlreichen Empfehlungen von Selli, der für ätherische Öle ab D3 die kritische Grenze, ab D4 therapeutische Wirkungen ansprechen will (Thuja occidentalis, Capsicum annuum, Mezereum und Euphorbia), also ähnliche Pflanzensubstanzen, für die bereits Wirkungen im Sinne der Kokarzinogene bekannt sind. Dies gilt nach Hecker auch für Crotonöl u. a. Pflanzenstoffe.

Die Verbesserung der körpereigenen Abwehr, wie sie sich in der Phytotherapie vielfach anbietet, reicht noch nicht aus, von einem Krebstherapeutikum zu sprechen, wenn es auch Maßnahmen sind, die als Adjuvans- und Nachsorgetherapie nicht ohne Bedeutung sein können. Es zeigt sich auch hierbei, daß die Krebskrankheit ein vielschichtiges Problem darstellt, das sicherlich nicht auf eine Weise zu bereinigen ist. Phytotherapeutische Maßnahmen unterstützen jedoch die Möglichkeiten, die sich heute in einem umfassenden Therapieplan anbieten.

Schließlich sei eine Bewertung ausgesprochen, die nicht nur für das Krebsgeschehen, sondern für die vielfachen Möglichkeiten von Volksmedizin, Phytotherapie und Homöopathie gelten: Ärzte sind es ihren Patienten schuldig, auch die kleinste Chance zur Verbesserung ihrer Prognose durch sorgfältige Prüfung neuer Möglichkeiten zu realisieren.

IV.

Phytotherapie der Kinderkrankheiten und Altersbeschwerden

1. Phytotherapie bei Kinderkrankheiten

1.1 Sind alternative Behandlungsmethoden im Kindesalter angezeigt?

Wenn wir die Anamnese eines Patienten aufzeichnen, so beginnt diese zumeist mit der Frage nach den »Kinderkrankheiten«. Fast immer finden die ersten Berührungen mit dem Kranksein in der Kindheit statt und prägen so wesentlich Gesundheit und Morbidität.

Es ist also eine Art Pflichtübung, sich mit Erkältung, Infekt und den vielfachen Einflüssen der häuslichen und großen Umwelt auseinanderzusetzen. Wie aber nehmen dies die Eltern auf?

Das geduldige Abwarten auf Besserung und Heilung, wie es den alten Menschen auszeichnet, wird umgekehrt in die Forderung an den Arzt, den lästigen Einschnitt in das fröhliche Kinderdasein *rasch zu beseitigen.* Ein Schuß Penicillin bringt den fieberfreien Tag, eine Beruhigungstablette den Schlaf der Eltern, eine Cortisonsalbe den juckreizfreien Tages- und Nachtablauf.

In dieser Grundsituation müssen wir uns als Ärzte fragen: Sind naturheilkundliche Behandlungsmethoden im Kindesalter überhaupt angezeigt oder erwünscht?

Diese Frage beantwortet die tägliche Praxis. Der kleine Patient, der schniefend, keuchend, mit verquollenen Augen und Triefnase nach jahrelangen sogenannten Schnellbehandlungen zum Arzt kommt mit einer Mutter, die um andere Wege nachsucht, als jene, die sie jahrelang hinter sich gebracht hat. Gibt es solche Wege, haben wir und die Eltern die notwendige Geduld und Einsicht, diese Wege zu beschreiten? Denn Schnellbehandlungen gibt es zwar, aber sie müssen gekonnt sein und dürfen nicht als Prestigeanliegen – »auch mal Naturheilverfahren« – ausprobiert werden. Natürlich behandeln, heißt abzuwägen, was für eine Art der Erkrankung und für die Konstitution des Patienten mit den Merkmalen einer natürlichen Abwehrbereitschaft der richtige Weg ist.

1.2. Therapietips zur naturgemäßen Behandlung

a) Nach einer längeren konventionellen Behandlung bedarf es zunächst einer Umstellung der Reaktionsbereitschaft des Kindes. Dies sollte *nicht* gerade während einer fieberhaften Erkrankung herausgefordert werden. Selbstheilungskräfte können sich nur aufbauen, wenn der Körper sich nicht akut mit einer Krankheit auseinandersetzen muß.

b) Naturgemäße Behandlungen erfordern Mitarbeit der betreuenden Personen, Gewissenhaftigkeit in der Durchführung der Maßnahmen, aufmerksame Beobachtung der Reaktionen, nachdem Kinder über Grade von Besserung oder Verschlechterung *unsichere Angaben* machen.

c) Pflanzliche Heilmittel oder Homöopathika allein genügen meist nicht für eine umfassende Behandlung:
Ernährungsgewohnheiten und Fehler in der Ernährung müssen erkannt und abgestellt werden.
Klimakuren dienen der Umstimmung bei lymphatischen Kindern und sind mit Ruhe und Wärme wichtige Faktoren neben Wasser (Meer) und Bewegung.
d) Denken wir nicht zuletzt an die genetischen Merkmale, die ein Kind von seinen Vorfahren mitbekommt, an Krankheitsbereitschaften und Folgen chronischer Krankheiten der Eltern oder gar Großeltern (Tbc).
e) Zur Phytotherapie der Kinderkrankheiten ist vorweg festzustellen, daß die ideale Applikationsform eines Arzneimittels die Teeform ist.
f) Günstig sind auch Bäder, Waschungen und Auflagen (Wickel).
g) Tinkturen oder deren Gemische setzen wir, aufgrund ihres starken Alkoholgehalts, mit Vorbehalt ein. Wo sie nicht zu umgehen sind, sollten sie am besten mit Milch verabreicht werden.
h) Gerne und häufig kann man in die Zuckerglobuli ausweichen. Dies gelingt vor allem, wenn es um Pflanzen geht, die auch homöopathisch verwendet werden. Eine Dosierung in einer Potenz von D1 bis D4 kann unbedarft noch als Phytotherapie in milder Dosierung gelten. Bei toxischen Arzneipflanzen muß sogar ausschließlich auf diesem Wege verabreicht werden.
i) Der Nachteil mancher Applikationsarten liegt im Geschmack des Mittels, der oft von Kindern rundweg abgelehnt wird. Beispiel: Succus Liquiritiae in Bronchialpastillen. In diesen Fällen ist mit allen möglichen Tricks zu arbeiten oder das Arzneimittel in Honig oder Kuchen zu »verpacken«.
j) Viel Geduld und Zeitaufwand sind angesagt, wenn man an Brust- oder Wadenwickel denkt, die das Kind als lästig entfernt, sobald es sich unbeaufsichtigt fühlt.

1.3 Die Behandlung häufiger Krankheiten mit Phytotherapeutika

1.3.1 Grippe, Fieber und Erkältung

Zunächst geht es um den sogenannten *banalen Infekt, Fieber, Abgeschlagenheit* und *Gliederschmerzen,* meist auch *Husten, Heiserkeit* und *Schnupfen.* Für den Erwachsenen eine Affäre von 1–3 Tagen, bei Kindern verläuft diese Phase viel stürmischer. Plötzlich nachts auftretendes hohes Fieber, Unruhe bis zu Krämpfen, meist verschlägt sich dieser Anfangszustand in den Bereich der Ohren, der NNH oder der Bronchien, seltener in den Darm oder die Blase. Wichtig ist es, die Art des Fiebers zu orten. Gingen antibiotische Behandlungen voraus, ist früher eine Fieberreaktion unterdrückt worden, oder ist der Vorgang einer Verkühlung nachzuvollziehen?

Einige Grundmittel	
Mittel	Anmerkungen
Aconitum napellus	Homöopathisch, nicht unter D4!
Belladonna	Homöopathisch D4–D6
Contramutan	In der Fieberperiode
Esberitox	Auch parenteral
Infludo	Aconitum + Eupatorium + Eucalyptus
Gripp-Heel	Aconitum + Eupatorium + Lachesis + Bryonia
Engystol	Vincetoxicum
Isonettin	Allium cepa + Centaurium
Perdiphenzäpfchen	In stärkeren Fällen Paracetamol + Eupatorium + Vitamin C
Japanisches Heilpflanzenöl	Bei leichten Erkrankungen (Inhalation)
Echinacea-purpurea-Kombinationen: Pascotox Toxiloges C	Bei stärkerem Krankheitsprozeß und Beschwerden
Lindenblüten- und Holunderblütentees STADA-Grippe-Tee	Erste Maßnahme Bei steigendem Fieber heiß verabreichen, bei fallendem nur warm Enthält Spiraea ulmaria, Verbascum, Chamomilla, Süßholz, Weidenrute

Der Tip:

> In allen Fällen sind Waden- oder Halswickel zu empfehlen.
> Kaltes Wasser mit einem Schuß Essig: ½ Stunde für die Wade, ¼ Stunde für den Hals.

Bei Rachenentzündung:
Häufig Zusammensetzung von ätherischen Ölen, auch Minze ist dabei.

- **Salbeitee**
- **Salviathymol**
- **Salus-Salbeitropfen**
- **Kamillenpräparate.**

Beteiligung der Nasennebenhöhlen:
Diese sind oft mitbetroffen, insbesondere, wenn die Zahnstellung noch nicht perfekt ist.

Der Tip:

> Altes Hausmittel: Kamillentee stark, mit viel Zucker und damit die Nase touchieren.
> Senfauflagen am Trig. II-Punkt (Augenschutz)!!
> **Luffa D4** (DHU-Nasentropfen).
> **Anfokali »forte«** (mit Guajacumharz).

Das *Einpipettieren* von **Emsersalzlösung** mit **Kamille** oder wenige Tropfen **Calendulatinktur** hat sich zur Befreiung der Atmung sehr bewährt.
Daneben *heiße Bäder* oder *ansteigende Fußbäder.*

Beteiligung der Ohren:
Keine Erkältung bei Kindern, bei der nicht auch das Ohr betroffen wäre, besonders, wenn die hypertrophen Tonsillen die Eustachische Röhre verlegen.

Der Tip:

> **Zwiebelbrei** in einem Säckchen hinter dem Ohr für 10–15 Minuten (wie ein Wickel) angebracht, öffnet den Gehörgang und nimmt die Schmerzen.
> In chronischen und hartnäckigen Fällen ein kleines **Cantharidenpflaster** hinter dem Ohr anbringen und über Nacht belassen. Die entstehende Blase mit kleinem Verband versorgen. Die Ergebnisse sind beeindruckend.

Ansonsten eignet sich auch:

- Paprika, verordnet als **Capsicum** D3 oder D4
- **Meditonsin**
- **Tonsiotren**
- **Tonsilgon.**

Bei Mandelentzündungen:

- **Salbeitee,** zum Spülen und Gurgeln
- **Belladonna** D4, bei Rötung ohne Beläge

- **Meditonsin, Tonsilgon** (Mercuriuspräparate)
  bei Stippchen und chronischen rezidivierenden Tonsillitiden.

Bei Husten:
Keine Erkältung ohne Husten, dabei ist das Wirkprinzip der Flüssigkeitszufuhr und eine Sekretolyse angesprochen. So sind der Tee mit Zucker oder Honig oder auch Hustenbonbons mit ätherischen Ölen ein Ausgangspunkt für die Behandlung.

Teemischungen:
Nach dem Verzicht auf den Huflattich verbleiben:
- Spitzwegerichblätter
- Fenchelkörner
- Anisfrüchte
- Eibisch (Radix Althaea)
- Thymiankraut
- Süßholzwurzel (Radix Liquiritiae)
- Knöterich (Polygonum aviculare).

Begleitstoffe von Hustentees (Spastische Komponente):
- Chamomilla
- Flores tiliae
- Hb. Verbascum
- Hb. pulmonaria (Lungenkraut)
- Lichen islandicus
- Radix Ipecacuanha
- Radix Primulae
- Sambucus D4.

Aus diesen Bestandteilen bestehen die meisten Hustentees, man kann sie je nach Empfindlichkeit für einzelne Kinder abschwächen oder mit aromatischen Beigaben versehen (Anis, Minze, Melisse). Eine Vielzahl von Spezialitäten mit und ohne Codein sind als Tinkturen im Handel, von denen das *Eucalyptusöl,* das *Minzöl* und *Terpentinöl* hervorragen (*Ozothin – cave Terpen* – Empfindlichkeit).

Kombinationsmittel:

Thymipin, Ipalat, Pectamed:	Sind mehr für den *chronischen* Gebrauch gedacht.
Escarol:	Der Trockenextrakt aus Asarum europaeum (Haselwurz) zielt gleichfalls auf den *chronischen* Bereich und ist häufig hilfreich.
Prospan:	(Efeu) Ephedrinhaltig, hat sich als *spastische* Komponente bewährt (auch zur Inhalation).

Der Tip:

> Myrtolöl ist m. E. für die Kinderpraxis *nicht* geeignet.
> Bestens bewährt dagegen **Melrosum** (Grindelia, Rosenblüten, Honig), speziell bei Kleinkindern mit Spastikneigung.

Inhalative Anwendungen:
Von der Möglichkeit, auch inhalativ zu behandeln, wird relativ wenig Gebrauch gemacht. Hier bieten sich die *Latschenkieferöle* und *Eucalyptus* an, neben der Möglichkeit, Fertigpräparate zu zerstäuben **(Prospan).**

Quarksäurewickel – Kartoffelbrei:
Nicht zu vernachlässigen ist bei Kindern der Brustwickel mit Monopax und nach Abklingen der Erscheinungen die Abhärtung mit Waschungen.
Wenn sich nach dem einfachen Husten ein *Pseudokrupp* oder ein *Keuchhusten* entwickelt, so denke man an die homöopathische Dosierung mit:
- Drosera D4
- Hepar sulfuris D12
- Rumex crispus (Sauerampfer) D4
- Spongia D2, D3, D4.

1.3.2 Erkrankungen des Verdauungstrakts

Die Verdauungskrankheiten beginnen bereits beim Säugling mit dem Soor im Mund, der sich durch weiße Punkte und Plaques an der Wangenschleimhaut, meist auch im Analbereich zeigt.
Man beginnt die Behandlung mit einer allgemeinen *Immun-Umstimmung:*
- **Borax D4**
- **Echinacin**
- **Salviathymol**

und führt sie weiter mit einer generellen Darmumstimmung im Sinne einer *Dysbiosebehandlung.*

Erbrechen:
Ist bei Kindern häufig, meist in Verbindung mit *Unverträglichkeit* von Milch oder einer anderen Nahrung. Bei *Milch* hat sich
- **Aethusa cynapium D4**

bewährt.
Ist das Erbrechen Folge eines Pylorospasmus, so kommen dafür in Frage:
- **Belladonna D4**
- **Nux vomica D4** (Brechnuß)
- **0,1%ige Kupfersalbe** (Weleda) auf den Oberbauch eingerieben.

Dazu versteht sich, wie bei jedem verdorbenem Magen, *Kamillen-* oder *Pfefferminztee.* Eine kurze Teepause ist sicherlich günstig.

Blähungen:
Diese behandeln wir nach alter Methode, mit:

- Anistee
- Fencheltee
- Kümmel

und deren Mischungen.
Wichtig ist die rhythmische Orientierung der Nahrungsaufnahme und bei großer Belastung die Behandlung der Dysbiose mit einschlägigen Bakterienlysaten.

Durchfall:
Der Durchfall verlangt die Teepause für 1 Tag. Wie beim Erwachsenen können

- Brombeerblätter
- Schwarztee
- Tee aus getrockneten Heidelbeeren

schon viel helfen.
Die Gerbsäuregemische lassen sich erweitern mit:

- **Agrimonium**
- **Potentilla recta.**

Auch der Apfel roh und vor allem gedünstete Karotten als Gemüse in Verbindung mit Reisschleim dienen der Umstellung.

Die Obstipation:
Die Obstipation verlangt ebenfalls eine Umstellung der Nahrungsmittel. Bei Brustkindern ist die Verstopfung ein Zeichen für Hunger, Flaschenkinder können durch Zugabe von Milchzucker oft vom lästigen Übel befreit werden. Ältere Kinder werden dagegen schon mit dem Angebot von Ballaststoffen vertraut gemacht. Zunächst *Pflaumen* und *Feigen,* später Müsli mit Vollkornanteilen *(Chufas).* Immer verlangt die Verstopfung ein Überdenken des Nahrungsangebotes in Richtung Zucker und Süßigkeiten, bzw. Rhythmus (besonders bei Schulkindern). Auch hier ist die *Symbioselenkung* und Umstellung oft ein guter Einschnitt.

1.3.3 Blasen- und Nierenerkrankungen

Die primäre Anwendungsform ist der *Tee.* Alle urologischen Erscheinungen erfordern eine sorgfältige Diagnose. Nur zum Teil klagen die Kinder über Brennen beim Wasserlassen, wenn ein fieberhafter Zustand eventuell eine Infektion signalisiert.
Die klimatischen Übergangszeiten mit einer Kleiderumstellung sind zu beachten.
Wichtig ist, daß das Kind viel trinkt.

Grundlagen der Behandlung:

- **Bärentraubenblättertee** (Birnen-Arbutin)
- **Orthosiphon-Stammineus**
  Indischer Nierentee (Folindor).

Der Tip:

> Gemische von Birkenblättern, Queckenwurzel, Schachtelhalm, Bohnenschalen und Wacholderbeeren eignen sich gut.

Das Bettnässen:
Empfehlenswert ist es, abends die Innenseite der Oberschenkel mit *Johanniskrautöl* einzureiben.
Tee nach PAHLOW:
- Johanniskraut 20,0
- Melissenblätter 10,0
- Orangenblüten 5,0
- 1 Tl. mit ¼ Ltr. heißen Wassers übergießen
- ¼ Stunde ziehen lassen und abseihen
- Morgens und mittags je 1 Tasse Tee trinken

Getränke sollten abends eingeschränkt werden, eventuell ist eine Rückbinde mit Knoten zu erwägen. Gute Erfolge zeigt auch die Akupunktur.

1.3.4 Erkrankungen der Haut

Verletzungen:
Hier gibt es zu den bekannten *Ringelblumen-* und *Arnikasalben* oder deren Tinkturen zu Umschlägen kaum eine alternative Behandlung, wenn man von puren Antibiotika absieht.

Der Tip:

> Bei Arnika – Vorsicht Allergie!

Verbrennungen:
Werden mit der Wund- und Brandessenz von WALA gut versorgt. Aus der Volksheilkunde gilt das angesetzte Öl der *Weißen Lilie.*
Auch *Johanniskrautöl,* dünn aufgetragen, hat sich bewährt.

Insektenstiche:
- *Ledum palustre D4* (Sumpfporst)
  wirkt auch gegen die einschlägigen Allergien;
- *Zwiebelsaftauflagen*
  ein altes, gutes Volksheilmittel.

Akne und Hauteiterungen:
Speziell Akne auf dem Boden einer Seborrhoe, wird mit
- *Walnußblättersud*
- *Juglians regia D4*

behandelt.

Der Tip:

> Gänseblumenköpfchen in 40%igen Alkohol einlegen und 4 Wochen ziehen lassen, als Gesichtswasser.

Dies gehört zu den pflanzlichen Kosmetika und heilt oft in wenigen Tagen eine Akne (100 Blüten auf 100 ccm Alkohol).

Hautekzeme:
Speziell die *Neurodermitis* ist mit einer Reihe von pflanzlichen Mitteln gut zu beeinflussen, wenn auch nicht zu heilen. Dazu bedarf es einer Umstimmungsbehandlung auf der Basis der lymphatischen Bereitschaft.

Bad gegen Juckreiz bei Kleinkindern:
Von **Viola tricolorsud** 1 Ltr. Tee in 5 Ltr. Badewasser. Dazu, je nach Entzündungsgrad 1 Tl. Calendulatinktur geben.

Zusätzlich zum Auftragen:
- Eichenrinde, abgekocht
- Ekzevowensalbe mit gleichen Teilen Penatencreme
- Tormentillkraut.

In einer *Mischung* zum dünnen Auftragen.
Wichtig sind Umstimmungsmethoden wie:
- Echinacinpräparate
- Esberitox
- Eigenblut und Blutnosoden nach IMHÄUSER (= potenziertes Eigenblut)
- Überwärmungsbäder.

Nicht zuletzt bieten sich *Darmumstellung* mit der sogenannten »Rotationskost« und die Symbioselenkung an.

Der Tip:

> Dulcamaratinktur in Form von **Cefabene** ist eines der neuesten Angebote der Phytotherapie.

1.3.5 Das unruhige und nervöse Kind

Kaum ein anderes Wesen reagiert so intensiv auf die Unruhe oder die Unordnung in seiner Umgebung, wie das Kind. Sei dies in Form geänderter Nahrungszeiten oder auf Reisen, fernab vom vertrauten Milieu oder der Wandel einer personalen Zuwendung, Kindergarten oder Großmutter – alles trägt dazu bei, das Kind ängstlich zu machen und ihm die Sicherheit und Geborgenheit zu nehmen, die es nun mal zum Gedeihen braucht.

Erscheinungsform	Anmerkung	Mittel
Endogen bedingte Unruhe in Zahnungszeiten	Rote Backen	**Chamomilla D4**
Exogene Unruhe	Fam. Papaveraceen »Schlafmützchen«	**Eschscholtzia californica (Requiesan)**

Rezept für einen abendlichen Beruhigungstee:

Melissenblätter	10,0
Baldrianwurzel	10,0
Lavendelblüten	10,0
Flores Humuli lupuli	5,0
Passiflora incarnata Hb.	5,0
Von diesem Gemisch 1 Tl. (je nach Alter des Kindes auch nur ½ Tl.) auf 1 Tasse heißes Wasser geben, kurz ziehen lassen und abends verabreichen.	

Wenn die Schlafstörungen mit einem *Blähbauch* zusammenhängen, so empfiehlt sich anstelle von Baldrian und Hopfen jeweils *Fenchel* und *Kamille*. Insgesamt bleibt die beste Therapie die Zuwendung, sorgfältige Ernährung und ein natürlicher Rhythmus des Tagesablaufs.

1.3.6 Bewährte Teerezepte

Bei ängstlichen Spannungszuständen		
Rp.	Fol. Melissae	20,0
	Fol. Menthae pip.	30,0
	Hb. Hyperici	50,0
M. f. spec.		
D. S. Tagsüber 2 Tassen des Aufgusses bei Unruhe.		

Bei Überanstrengung		
Rp.	Flor. Arnica	10,0
	Hb. Rutae	20,0
	Flor. Chamomillae	20,0
	Fol. Melissae	30,0
	Rad. Valerianae	20,0
M. f. spec.		
D. S. 2× tgl. 1 Tasse des Aufgusses.		

Beruhigungstee		
Rp.	Fol. Trifolii fibr.	40,0
	Fol. Menthae pip.	
	Rad. Valerianae	āā 30,0
M. f. spec.		
D. S. Abends 1–2 Tassen des Aufgusses.		

Kindertee zur Beruhigung

Rp.	Frct. Anisi	
	Frct. Anethi	āā 20,0
	Flor. Sambuci	
	Fol. Melissae	āā 30,0

M. f. spec.
D. S. 1 Tasse des Aufgusses abends.

Schlaftee

Rp.	Rad. Valerianae	10,0
	Strob. Lupuli	
	Fol. Melissae	
	Flor. Lavandulae	āā 20,0
	Flor. Chamomillae	30,0

M. f. spec.
D. S. tgl. 1–2 Tassen des Aufgusses.

Verdauungs- und Schlaftee

Rp.	Hb. Rosmarini	25,0
	Fol. Menthae pip.	20,0
	Hb. Lithospermii off.	20,0
	Hb. Chelidonii	30,0
	Hb. Asperulae	35,0

M. f. spec.
D. S. 1 Eßlöffel in 1 Tasse mit kochendem Wasser aufgießen, 10 Min. ziehen lassen. Abends 1 Tasse.

2. Die Arzneipflanzenbehandlung des alternden Menschen

2.1 Die biologischen und sozialen Aspekte des Altersprozesses

Kein Thema hat die Menschheit immer wieder so beschäftigt wie das Prinzip der Verjüngung oder in einem anderen Aspekt, das Altern zu vermeiden; dem unausweichlichen Schicksal des Menschen auszuweichen oder es zu protrahieren.

Altweibermühlen, Verjüngungszauber in Form von Bädern, Salben und Getränken beweisen bis heute den unentwegten Wunsch nach der ewigen Jugend. Dem dient bekanntlich auch das bereits besprochene *Lebenselixier* oder die *Panazee.*

Daß Altern ein Schicksal sein kann, erfahren diejenigen, die aus einem vollen Leistungsdasein in ein Rentenleben einmünden. Daß wir Kulturbereiche kennen, in denen 100 Jahre nicht zur Seltenheit gehören, spricht eigentlich gegen eine Limitierung der Leistungsfähigkeit, ebenso die Tatsache, daß im vergangenen Jahrhundert die Lebenserwartung um 25 Jahre gestiegen ist.

Für die Beeinflussungsmöglichkeiten des Altwerdens gilt der Satz, daß nicht die Zahl der Jahre zählt, sondern das *biologische Alter,* d. h. der Zustand der Gefäße, des Gewebes, der Zustand von familiärem und sozialem Umfeld und nicht zuletzt die Psychologie des alten Menschen. Der Blick auf den Reichtum der späten menschlichen Lebensphasen, zu dem nicht zuletzt das ganzheitliche Erfassen komplizierter Zusammenhänge gehört, die daraus abzuleitende Erfahrung des Alters rechtfertigt eine Hilfe für den alten Menschen, um seine geheimnisvolle Hierarchie des Geistes auszuschöpfen, wie es Portmann formuliert.

Hufeland hat die aktuelle Frage, ob eine Verlängerung des Lebens möglich sei, als 30jähriger Arzt in Weimar in der Freitagsgesellschaft des Herrn von Goethe gestellt und 1785 sein noch immer aktuelles Buch über die »Kunst – das menschliche Leben zu verlängern« – oder *»Makrobiotik«* geschrieben. Dieses Buch ist, wie die Frage dazu, immer aktuell geblieben. Nicht durch Zauberkräfte und Goldtinkturen könne man die uns zugeteilte Summe der Lebenskräfte vermehren, sondern durch ein Verhalten, das er in folgenden Punkten zusammengefaßt hat:

Lebenskräfte und Organe stärken, ihre rasche Abnutzung vermeiden, die Organe fördern und anregen, was er Regenerierung nannte. *Krankheit* sei der *Versuch des Körpers, das Gleichgewicht wieder herzustellen,* sie solle nach Hufeland nicht bekämpft, sondern vom Arzt geleitet werden. Er empfahl anstelle von Medikamenten: Diät, Bäder, Bewegung, vor allem aber Ordnung. Wie Hippokrates sah auch er in der Disharmonie und in der Unordnung die Quelle der Krankheit und die Quelle des langen Lebens zugleich.

Altern ist demnach primär ein soziales Schicksal und erst in zweiter Linie eine Folge von funktionellen und organischen Veränderungen. Dazu kommen psychische Prägungen wie Isolation, Ablehnung von Neuerungen, verminderter Antrieb und gesteigerte Ängstlichkeit. Trotz des Nachlassens der intellektuellen Leistung werden komplizierte Zusammenhänge ganzheitlich erfaßt und durchschaut, was dem Altern den Überbegriff der großen Erfahrung eingeräumt hat und in China das Altern besonders in den Vordergrund rückte.

2.2 Biologische Manifestationen des Alterns als Grundlagen genereller Therapieansätze

a) **Das Gefäßsystem:**
Arteriosklerose, bedingt durch Risikofaktoren wie:

- Aneurysma
- Apoplexie
- Gangraen
- Herzinfarkt
- Hypertonie
- Lipide
- Thrombosen
- Übergewicht

Die Therapie besteht in entsprechenden *gefäßaktiven* Maßnahmen.

b) **Die zerebrale Symptomatik:**
Schwund der Hirnmaße nach dem 60. Lebensjahr, und zwar vorwiegend die parietalen und occipitalen Anteile, während sich die sensorischen Funktionen kaum ändern. Frontale und extrapyramidale Anteile altern frühzeitig.
Hirnrinde und Stammganglien degenerieren in Form von Alzheimerfibrillen und senilen Plaques. Auch der Parkinson gehört in diesen Bereich der Betrachtung.
Mangeldurchblutung steht im Vordergrund der zerebralen Insuffizienz. Der systolische Mitteldruck von 120 kann schon kritisch werden, wenn die Sklerose fortgeschritten ist. Die Folgen sind das organische Hirnsyndrom, pseudoneurasthenische Psycho-Syndrome und die hirnorganische Demens.

Die Therapie des Alterns ist ein geistiges und körperliches Training, eine Steigerung der Durchblutung, eine Aktivierung der Fibrinolyse und Reduzierung der Plättchenaggregation. Außerdem die Behebung der metabolischen Insuffizienz.
Die bescheidene Lebensweise kündet sich in dem berühmten Ausspruch: »Es gibt keinen Jungbrunnen, es sei denn genügsames Leben.«
So wissen wir, daß vom *Fasten* diesbezüglich sehr viel zu halten ist, Fasten in Grenzen gehalten (allerdings nach dem 60. Lebensjahr sollten die Fastenbehandlungen nicht über die 14tägige Dauer hinausgehen). Aber auch hier sind ein- bis zweimal jährliche Einschnitte zum Ausgleich der metabolischen Verhältnisse außerordentlich sinnvoll.
Das kann auch für die Lebensweise in der Diätetik gültig sein, indem durch

bestimmte *Würzen* die Schleimhauterschlaffung und Schleimhautinaktivität angeregt werden kann und damit eine Verbesserung des Stoffwechsels zustande kommt. Dazu gehören die *Bitterstoffe,* auf die noch im einzelnen eingegangen werden muß.

Entwicklungsphasen geriatrischer Krankheitsbilder		
	Phase	Anmerkungen
01.	Altersveränderungen Latenzphase	Weitgehend symptomenfrei, eventuell latente Koronarsklerose oder Zerebralsklerose und beginnende Osteoporose.
02.	Alterskrankheit	Chronisches Stadium mit zunehmender Symptomatik. Angina pectoris, psychoorganisches Syndrom, Wirbelsäulenbeschwerden.
03.	Komplikationen	Sekundärkrankheiten, Koronarthrombose, Herzinfarkt, zerebraler Insult. Wirbelsäuleninfraktion, Schenkelhalsfraktur.

Allgemeine Leitsätze der Alterstherapie nach Franke:
a) Gebrauche keine Medikamente, solange andere Therapiemöglichkeiten bestehen: Diätetik, Bewegung, Hydrotherapie. b) Beachte die verminderte Verträglichkeit der Arzneien im Alter! c) Behandle die Grundkrankheit mit sowenig Medikamenten wie möglich! Exakte Individualisierung ist erforderlich. d) Vermeide eine symptomatische Behandlung der Alterspolypathie! e) Beachte bei einer vielschichtigen Therapie die wechselseitige Beeinflussung der Medikamente!

2.3 Überblick über die phytotherapeutischen Behandlungskonzepte

Tab. 40

Therapierichtung	Mittel	Anmerkung
Durchblutungsfördernd	**Papaverin**	Cholezystokinine Enkephaline
	Teopylline	
	Koffein	
	Ginkgo biloba	
	Secale-Präparate Arnika	Hydroergotamine
Vigilanzsteigernd	**Ginkgo biloba** **Vincamine** **Vincristin** **Circanol**	Ginkgolide
Antiödematöse Wirkung	**Aescin**	(Reparil)
	Sisymbrium officinale	Rauke-Volksmedizin – (Senfölpflanze)
	Viscum album	Viscotoxin etc.
Hautmittel	**Conium maculatum** (3%ige Salbe)	Besonders bei Basaliomen und Keratosen
	Thuja	Bei Warzen, in Verbindung mit Sarsaparilla (D4)
	Malvensud	Bei Alterspigmenten
Osteoporose	**Rheum raponticum** **Cimicifuga** **Kieselsäurederivate** **Sanicula** **Symphytum**	Phytöstrol Phytöstrol Steirocall Steirocall Cefossin
Katarakt	**Cineraria** **Senecio**	Volksmittel Volksmittel
Nieren	**Orthosiphonis-Stamminneus** **Solidago** Equisetum Nuphar luteum (D4–6)	Große Bedeutung: Urogenitalsystem und seine Schwächen, bspw. Prostata. Ansatz der meisten »Verjüngungsmittel« mit Libidoeffekt
»Verjüngungsmittel«	**Allium sativum** **Eleuterococcus** **Ginseng** **Harpagophytum** **Mandragora**	Siehe Kapitel über »Panaceen« und »Lebenselixiere«

2.3.1 Die Pflanzenbehandlung im einzelnen

2.3.1.1 Beeinflussung der Arteriosklerose

Der Arteriosklerose, d. h. der beginnenden Wandstarre des Gefäßsystems kommt im Alter bekanntlich eine große Bedeutung zu. Die Mittel sind vielfältig und zum Teil vielversprechend und sollten nach den verschiedenen Faktoren ausgesucht werden. Dazu gehören

Tab. 41

Therapierichtung	Mittel	Anmerkung
Konstitution	**Crataegus** **Gentiana lutea** **Geranium robertianum**	Antisklerosin
	Myosotis arvensis	Lymphatismus in der Kindheit
	Nasturtium officinale **Scrophularia nodosa** **Teucrium scorodinum** **Umckaloabo**	
Entzündung und Verkrampfung der Gefäße	**Allium sativum**	
	Arnika	Isoskleran
	Rosmarinus	
	Ruta	Arte Rutin
	Secale	Noricaren
	Strophantus	
Degeneration	**Nicotiana** **Tabacum**	Homöopathische Dosierung, vor allem bei langj. Tabakabusus
	Conium **Allium cepa**	
	Allium sativum	Uwobletten
	Oliva **Sisymbrium officinale**	
	Viscum album	Viscratyl
Urikämie	Berberis Colchicum Herniaria Solidago	Probleme des Urogenitaltrakts und bei Niereninsuffizienz

Volksmedizinische Empfehlungen:

Hagebuttenkerne zerquetschen, mit einem Aufguß von Salbei und Brennessel übergießen und ziehen lassen.

Zur Prophylaxe: Täglich 1 rohe Zwiebel auf dem Brot essen; 3× wöchentlich nüchtern Senfkörner mit etwas kaltem Wasser einnehmen.

Der Tip:

Teeverordnung:

Arnika	20 g
Mistel	60 g
Melisse	60 g
Hypericum	60 g

Nüchtern als Tee, 8 Eßlöffel auf 1 Ltr. Wasser.

Ziel aller therapeutischen Bemühungen beim alternden Menschen muß sein, die *Gehirndurchblutung zu fördern* und den Hirnmetabolismus zu normalisieren, d. h. die Zufuhr vasoaktiver Stoffe und die Regulierung der Sauerstoffreserve in Verbindung mit der gestörten Glukoseutilisation des Gehirns zu ordnen.

2.3.1.2 Der Ansatz für die Durchblutungsförderung und Herzleistung

Das reguläre gesunde Altern ist schon vor einer Abnahme der Herzleistungsfähigkeit manifestiert. Die Höchstleistung der jüngeren Jahre ist nicht mehr möglich. So ist der erste Schritt die Behandlung einer *latenten Herzinsuffizienz,* deren Kriterium durch eine gute Resorptionsquote bei raschen Abklingeigenschaften des Kardiakums liegen muß. **Crataegus, Scilla, Strophantin** sind die Mittel der Wahl.

Crataegus

Die Droge leitet bereits über in den Bereich durchblutungsfördernder Maßnahmen, wie sie für die Flavone typisch sind. Die *Procyanide* der Crataeguspflanze, die *Flavone* der *Arnika,* ähnlich dem *Theophyllin* und dem *Koffein,* sind empfehlenswert.

Der Tip:

Bei Hypertonikern ist eventuell ein Sedativum erforderlich.

Ginkgo biloba

Die Blätter des *Entenfuß-* oder Fächerblattbaumes enthalten Flavone *(Ginkgolide* und *Bilobalide).*

Neben durchblutungsfördernden Eigenschaften werden bei Ginkgo auch Neroutransmittersubstanzen und Wirkungen auf den Astrozyten-Stoffwechsel diskutiert. Französische Autoren entdeckten beim Alterungsprozeß der Rassen (GLOSTRE) eine verminderte Durchblutung von Thalamus und Hypocampus, was deutlich durch Ginkgo beeinflußt wird. B. GESSNER hat den Glukoseverbrauch durch Ginkgo ansteigen sehen und darüberhinaus eine Beeinflussung des Kalium/Natrium-Verhaltens festgestellt.

So ist Ginkgo nicht nur *durchblutungsfördernd,* sondern zudem *vigilanzsteigernd.*

Secale cornutum

Secale-Derivate, insbesondere die Ergotoxin sowie Ergokristin-Bestandteile der Droge sind *Alphasympatikolytika = blutflußsteigernd* und gleichzeitig *spasmolytisch.* Sie eignen sich besonders bei:

- Langzeittherapien mit Circanol forte, Decmetabletten- oder -tropfen;
- Peripheren Durchblutungsstörungen in der Folge von diabetischen Gefäßveränderungen.

Der Tip:

> Arteriosklerotische Einengungen bis zu nekrotisierenden Veränderungen der Peripherie sind bekanntlich die Domäne der Secaletherapie.
> Präparat: **Cefadysbasin**, Pontuc.

Vinca minor

Vom *Immergrün* sind die vitalisierenden Wirkstoffe im *Vincamin* bekannt.

Vincamin *fördert* nachweislich die *Durchblutung, senkt* den *Blutdruck* und den *Blutzuckerspiegel* zugleich.

Die Wirkung versteht sich durch die Erschlaffung der peripheren Gefäßmuskeln, was den Blutdruckeffekt erklärt. Man spricht von einer Zweiphasenwirkung, wobei die Vigilanzsteigerung sicherlich über den Durchblutungseffekt zu erklären ist.

Immergrün und ihr Wirkstoff Vincamin sind gründlich erforscht und vielfältig verarbeitet.

Das Vincamin macht eine verstärkte **Durchblutung des Gehirns,** läßt die Muskulatur der Blutgefäße erschlaffen, so daß sie dem pulsierenden Blut weniger Widerstand entgegensetzen. Es eignet sich daher auch gut für die Behandlung des *Bluthochdruckes,* von *Kopfschmerzen* und *Migräne.* Intravenös verabreicht, senkt Vincamin den Blutzuckerspiegel.

Immergrün-Tee:
1 gestr. Eßlöffel Kraut mit 1 Tasse kochendem Wasser übergießen. 5 Minuten ziehen lassen und abseihen.
Zum Abendessen wird jeweils 1 Tasse Tee getrunken.

Der Immergrün-Tee ist *unzuverlässig* bezüglich seiner *Inhaltsstoffe.* Man geht am besten auf standardisierte Formen der Therapie aus der Pharmaindustrie über.

Der Tip:

Vincapront
Vincamin-ratiopharm 20, 30, 60 retard-Tabletten
Esberidin-Cetal retard Infusion

2.3.1.3 Die Beeinflussung der Arteriosklerose und der zerebralen Symptomatik

Die Arteriosklerose kann nur über ihre *Entwicklungsstadien* beeinflußt werden. Dabei ist die *Konstitution* im Sinne einer lymphatischen bedeutsam (homöopathisch empfehlen sich hier die Bariumsalze).

Die anwendbaren Pflanzen im Überblick:

Pflanze	Therapiebereich	Anmerkungen
Allium sativum	Entzündung der Gefäße Endangitische und thrombotische Affektionen	Senfölderivat
Arnika	Flavone	
Gentiana lutea	Magen-Darm	
Geranium africanum	Umckaloabo	
Myositis arvensis	Schleimhautschwäche	
Nasturtium aquaticum	wie Allium	Brunnenkresse Senfölderivat
Rosmarinus	aetherisches Öl-Terpene	
Ruta graveolens	Rutin	pheriphere Durchbl.

Pflanze	Therapiebereich	Anmerkungen
Secale cornutum	Gehirndurchblutung	
Sisymbrium officinale	Altersmittel (Volksmittel)	Wegrauke In ihren Senfölanteilen dem Knoblauch gleichzustellen. Schon im Mittelalter in den Kräuterbüchern
Strophantus	Herztonikum	
Teucrium scorodium		Lauchgamander Bestandteile an Gerb- und Bitterstoffen

Allium sativum

Gerade diese Pflanze wurde in den letzten Jahren am meisten und am gründlichsten untersucht.
Eindeutig sind:

- Verbesserung der Fließeigenschaften des Blutes in der Peripherie
- Die Senkung der Blutlipide
- Thrombozytenaggregationshemmung
- Milde Senkung des Blutdrucks.

Der Tip:

> Senfölderivate müssen hoch dosiert werden.
> 400 mmg Allicin sind erforderliche Tagesdosis (Sapec-Dragees).

Oliva olivarum

Die *Olive* ist aus dem volksmedizinischen Gebrauch abzuleiten. Man geht nicht fehl, hier Eingriffe in den Lipidmechanismus der Blutzusammensetzung zu vermuten.

Crataegus oxyacantha

Zu den bekannten Altersmitteln gehört der schon mehrfach erwähnte *Weißdorn.* Die Droge sollte nicht älter als 1 Jahr sein, dabei ist diese Heilpflanze ein vorzügliches, *auch für den Dauergebrauch* völlig unschädliches Mittel zur Pflege des alternden Herzens. Es *verbessert* die Versorgung der *Durchblutung,* es erfolgt eine mäßige Erweiterung der Koronargefäße und die Flavone verantworten einen purinähnlichen Effekt auf den Kreislauf. Die günstigen Eigenschaften des Weißdorns stellen sich nur ein, wenn die *Dosierung ausreichend* ist und das Heilkraut *über längere Zeit hinweg eingenommen* wird. Es eignet sich auch zum Mischen mit anderen Tinkturen bzw. anderen Teesorten.

Der Tip:

Tee-Zubereitung: 2 Teelöffel Blüten auf 1 Tasse kochenden Wassers. 20 Minuten ziehen lassen und abseihen. Mit Honig süßen. 3× täglich 1 Tasse. Zuverlässig sind die zahlreichen Fertigpräparate.

Rosmarinus officinalis

Auf die Erfahrungen des Pfarrers KNEIPP geht der *Rosmarin,* mit seinen nadelähnlichen Blättern, zurück. Die Pflanze läßt sich bestens in die Alterstherapie einbauen. Rosmarin ist reich an kräftig riechenden ätherischen Ölen. Dieses kampferähnliche Öl *regt den Kreislauf an,* besonders bei Schwächezuständen und bei niedrigem Blutdruck. Rosmarinblätter nimmt man außerdem zu Teeaufgüssen, zu Bädern und zum Ansetzen kreislaufwirksamer Weine.

Der Tip:

Tee: 1 gestrichenen Teelöffel Rosmarinblätter mit 1 Tasse Wasser ansetzen und allmählich zum Kochen bringen. Nach dem ersten Aufwallen sofort abseihen. Morgens und mittags 1 Tasse warm trinken. Rosmarinwein: 1 Zweig des Strauches in eine Weinflasche geben, 4 Wochen ziehen lassen. Abends 1 Glas zur Beruhigung. Rosmarin Oligoplex

2.3.1.4 Beeinflussung der Degeneration der Gefäße

Nicotiana tabacum

Nikotin beeinflußt im klassischen Sinne die Degeneration. Allerdings muß hier auf *Tabacum D4* bis D6 in homöopathischer Dosis zurückgegriffen werden. Eine moderne Möglichkeit ist das *Nikotinpflaster* (Nicotinell TSS-Pflaster).

Conium maculatum

Der *Schierling* gehört zu den bewährten Mitteln bei Altersparästhesien der peripheren Extremitäten, in homöopathischer Dosierung.

Viscum album

Die Immunstimulation der *Mistel* war lange vor der Einführung einer spezifischen Misteltherapie bekannt und wurde im onkologischen Sinne als kreislaufsenkende Therapie empfohlen. Die Wirkung führt man auf Viscotoxin und Flavone zurück.

Berberis vulgaris, Herniaria, Colchicum
Die Urikosämie des Alters oder, wie es der Volksmund nennt, die gichtische Bereitschaft, beruht auf der vermehrten Aktivität der Lymphozyten mit dem anfallendem Pool von Nukleoproteiden. Die wirksame Therapie erfolgt primär mit *Berberinalkaloid* (Restructa forte).

Aesculus, Hamamelis, Solidago
Die *Niereninsuffizienz* im Alter ist bei Männern mit *Prostataleiden* oder mit Venentonusverlust gekoppelt. Die drei obigen Mittel empfehlen sich zur Behandlung (Solidagoren).

Malvensud, Sarsaparilla, Thuja
Hauterkrankungen des Alters sind besonders Pigmentveränderungen, sog. *Altersflecken,* die mit Malvensud zu behandeln sind oder *Warzen* mit Thuja im homöopathischen Sinne und Sarsaparilla.

Conium maculatum als Hautmittel
Bekannt ist auch das *Basaliom* als Alterserscheinung, das mit **Coniumsalbe,** 2–3%ig bei Rezidivneigung, zusätzlich behandelt werden kann. Die *ideale* Therapie ist nach wie vor die Beseitigung auf *chirurgischem* Wege.

Chinesischer Rhabarber, Caulophyllum, Sanicula, Symphytum
Skelettveränderungen sind im Alter verständlich. Es kommt nicht nur zu *osteoporotischen Veränderungen,* vor allem bei Frauen jenseits des Klimakteriums, sondern auch zu degenerativen Arthrosen.
Östrogenähnliche Präparate aus dem chinesischen Rhabarber und Caulophyllum sind bei *Frauen* empfohlen.
Daneben ist Symphytum (homöopathische Dosierung) und Sanicula angezeigt. Nicht zuletzt kann man entsprechende Zusammensetzungen mit *Kieselsäure* und entsprechenden Mineralien wählen (Cefossin, Steirocall).

Aethusa, Cineraria maritima
Bei der Funktion der Sinnesorgane denkt man an die **fragwürdigen** Möglichkeiten, den Altersstar aufzuhalten (Cineraria). Volksmedizinische Empfehlungen sind, abends Petersilienblätter aufzulegen oder Augenbäder mit Wasser, dem 1 Zitrone beigemischt wurde.
Tränende Augen, speziell nach Überanstrengung, werden mit *Fenchelwasserbädern* und *Augentrosttee* behandelt.

2.3.1.5 Die sogenannten »Verjüngungsmittel«

Der Wunsch des Menschen hat ihn immer wieder an die Verjüngungsmittel und Lebenselixiere herangeführt, von denen tonisierende, antitoxische Eigenschaften, aber auch immunologische Möglichkeiten abzuleiten sind. Die einschlägigen Mittel wurden im Kapitel der Lebenselixiere beschrieben, bekannt und interessant sind die *Bitterstoffe:*

- Alpina officinalis (Galgant)
- Gentiana
- Ingwer
- Kalmus,

die bereits in den mittelalterlichen Gewürzempfehlungen auftauchen (Theriaks und Schwedenbitter).

Die Rasayana-Kur

In der *Ayurvedamedizin* gibt es eine bekannte verjüngende Essenz bei der Behandlung des *Rasayana* (Rasa = Essenz, ayana = Durchdringung und Verjüngung = verjüngende Essenz). Es wird dabei nicht die Langlebigkeit verlangt, sondern die Erneuerung von Geist und Körper. Die Verwirklichung eines Lebens von reiner Bewußtheit, natürlicher Kreativität und spontaner Freude.

Die Mittel, die bei Rasayana zur Anwendung kommen, sind Harze verschiedener Provenienz, insbesondere aber **Sesamöl,** mit dem der Patient eingerieben und massiert wird. Daneben kommt es bei dieser 8 tägigen Kur auch zu einem umstimmenden Effekt aufgrund einer sehr präzisen Diätverordnung. Die Einteilung zu diesem Rasayana erfolgt nach Konstitutionstypen und wir sollten uns aus dieser Typologie vergleichsweise ableiten, daß der *Alterungsprozeß* auch *konstitutionsabhängig* ist.

Bezeichnung	Typus	Mittel
WATA	Asthenischer Typ (Luftelement)	Ginseng Kalmus Knoblauch Sowie typische indische Pflanzen
PILA	Muskulöser Typ	Aloe Hydrocotyle asiatica Safran Symphytum
KAPHA	Adipöser Typ	Alant

Das generelle Rasayana wird mit:

- Angelica
- Myrrhe
- Sabal serrulatum
- Sesam
- Süßholz
- Zwiebel

durchgeführt.

2.3.1.6 Die Beeinflussung der Adaptationsfähigkeit im Alter mit der chinesischen Droge Ginseng

Panax Ginseng aus der Familie der Araliaceen, gehört zu den ältesten chinesischen Heilpflanzen und wurde 1294 von Marco Polo in Europa eingeführt. Japanischer Ginseng, koreanischer, chinesischer und sibirischer Ginseng **(Eleuterococcus)** versuchen sich gegenseitig an Wirkung zu verdrängen. Einheitlich bleibt die möhrenförmige Wurzel, die in den frühen Dynastien Chinas bis zu 2 Meter lang wurde. Heute wachsen die Wurzeln in 3–5 Jahren bis zu 20 cm. Die Droge kommt als *weißer* oder *roter Ginseng* in den Handel. Die weiße Wurzel ist durch Trocknung an der Sonne oder bei erhöhter Temperatur zu erhalten. Die rote Wurzel wird mit Dampf oder heißem Wasser behandelt und anschließend getrocknet.
Der echte Ginseng enthält ein Gemisch von 2–3% Saponinen, sog. Triterpensaponinen (Panaxiole) und besteht aus mindestens zehn Einzelverbindungen, den sog. *Ginsenoiden.* Die Wirkung ist vielseitig, **blutdrucksenkend, gefäßerweiternd, gonadotrop, cholesterinsenkend, proteinsynthesestimulierend** u. ä.. Die Droge wird mit Vitaminen als *Geriatrikum* gehandelt. Die Wurzel soll die *Gehirnaktivität stimulieren* und der Vergreisung entgegenwirken. Impotenz, Gedächtnisschwäche und Unterernährung neben Sedierung und Tonisierung versprechen Dekokte aus China und Korea. Im Tierversuch wurde von Brekhmann in Wladiwostok eine langanhaltende Steigerung der physischen Leistung beobachtet, was man bei Menschen auch auf die psychische Leistung ausweitete. Wichtig war die Feststellung einer Verbesserung bei Versuchstieren in Bezug auf Streßverhalten und die damit verbundene Adaptionsfähigkeit. Nach Brekhmann enthalten die Wurzeln, die von wildwachsendem Ginseng geerntet werden, auch Substanzen, die auf die Keimdrüsen wirken. Neuerdings wurde das *homöopathische Ginsengpräparat* bei funktiotropen Beziehungen zum *Vegetativum* vorgeschlagen:

- Abspannung
- Erschöpfung
- Impotenz
- Ischialgie (Urtinktur bis D4)
- Lumbago
- Schwächezustände.

Eleuterococcus

Eleuterococcus oder die *Taigawurzel* ist eng mit dem Ginseng verwandt. Seit 1962 in Rußland bekannt und gefördert, wurde sie ebenfalls als adaptogenes Präparat publik. Wagner hat die Wurzel untersucht und als *Immunstimulans mit hoher Phagozytoseleistung* eingestuft. Universaler Schutz im Tierversuch gegen Stressoren physikalischer, biologischer und chemischer Natur.
Adaptogene Substanzen sind keine Therapeutika sondern **Prophylaktika.** So ist auch Ginseng nach Eleuterococcus (nach Leier und Cebisch) so einzuord-

nen. Beide hemmen die toxische Eigenschaft des Alkohols. BOHN hat im Tierversuch die Aktivierung der T-Zellen beobachtet. Russische Autoren sprechen von einer Schutzwirkung auf ionisierende Strahlen, als *Krebsadjuvans,* Verbesserung der diabetischen Stoffwechsellage u. ä. Begleiterscheinungen, die man einem Allerweltsverjüngungsmittel nachsagen kann.

2.3.1.7 Möglichkeiten der Phytotherapie bei der Parkinson-Krankheit

Dieses Mangelsyndrom des Zentralnervensystems, das immer noch unbefriedigend therapiert werden muß, ist als Basalganglien-Erkrankung auf die Zufuhr von Dopamin angewiesen. Dieser Therapie, die vorübergehend eine Besserung des Krankheitszustandes wie Rigor tremor und Muskelverspannungen und Akinese mit sich bringt, war bislang noch keine Dauerhaftigkeit des Erfolgs beschieden. Versuche in dieser Richtung, phytotherapeutisch neue Aspekte zu erschließen, sind sehr schwierig und insbesondere kaum in einer wissenschaftlichen Sichtung möglich gewesen.

Lolium temulentum

Bereits in der Bibel finden sich Erfahrungen mit dem *Taumellolch,* dem bekanntesten Mittel bei Parkinson-ähnlichen Zuständen. Diese, dem Gras nahestehende Pflanze, kommt als Verunreinigung in Getreidegemischen vor und hat in Form von Zitterwirkungen Vergiftungszeichen geprägt.

Der Tip:

Lolium allein hat nach unserer Erfahrung keine eindeutige Wirkung.
Es muß mit **Conium** (Schierling) **kombiniert werden.**
Beides in homöopathischer Dosierung D2 bis D4 über einen Zeitraum von mindestens 14 Tagen.
Erst, wenn sich nach 3–5 Tagen deutliche Besserung zeigt, ist die Therapie weiterzuverfolgen. Nach einiger Zeit eventuell die Dosierung abschwächen (D4–D6).

Dieser Hinweis ist deshalb wichtig, weil nach der Einführung der **L-Dopa-Therapie** in den 60er Jahren zunächst befriedigende Resultate erreicht wurden, anschließend – bei einer durchschnittlichen Therapiedauer von 3–7 Jahren – bei der Mehrzahl der Patienten eine verkürzte Wirkzeit von L-Dopa eintrat. Nach dem Auftreten von akinetischen Phasen und Zuständen völliger Unbeweglichkeit im Sinne einer Nebenwirkung mußte ein neuer therapeutischer Ansatz gesucht werden.

2.3.2 Bewährte Teerezepte

Arteriosklerose-Tee		
Rp.	Flor. Crataegi	
	frct. Crataegi	
	Hb. Equiseti	
	Hb. Visci albi	āā 15,0
	flor. Arnicae	
	Hb. Millefolii	āā 10,0
	M. f. spez. 1 Teelöffel auf 1 Tasse, aufkochen und ziehen lassen. 2–3 Tassen tgl.	

Durchblutungstee		
Rp.	Fol. Rosmarini	
	flor. Arnicae	
	Hb. Cochleariae	
	Hb. Rutae hortensis	
	Hb. Hyperici	āā 20,0
	M. f. spez. Heiß übergießen und ziehen lassen, tagsüber schluckweise trinken.	

V. Anhang

1. Pflanzen- und Arzneipflanzen-Verzeichnis

2. Präparate- und Heilmittelverzeichnis

3. Verzeichnis der Tabellen und Abbildungen

Abbildungen:

4. Literaturverzeichnis

4.1 Allgemeine Literatur zur Einführung und Erweiterung

Braun, H.: Arzneipflanzenlexikon, 3. Auflage, Stuttgart 1978, Gustav Fischer

Brekhman, I. I. – Kirilov, O. I.: Effect of Eleutherococcus on alarmphase of stress; 1969 Life Sci. Physiol. Pharmacol. 8 (3), 113–121 BA51; 20014

Dragendorff, G.: Die Heilpflanzen der verschiedenen Völker und Zeiten, Stuttgart 1898, Ferdinand Enke, Nachdruck München 1967, W. Fritsch

Glatzel, H.: Therapie der Dyspepsie mit Gewürzdrogen, 1970 Deutsche Apotheker-Zeitung, 110,5

Glatzel, H.: Die Gewürze – ihre Wirkung auf den gesunden und kranken Menschen, Herford 1968, Nicolaische Verlagsbuchhandlung

Hänsel, R. – Haas, H.: Therapie mit Phytopharmaka, Berlin 1983, Springer

Kluthe, R.: Fortschritte in der Diätetik bei Nierenkrankheiten, Stuttgart 1968, Georg Thieme Verlag

Kluthe, R. – Quirin, H.: Diätbuch für Nierenkranke, Stuttgart 1985, Georg Thieme Verlag

Künzli von Fimmelsberg, J.: Das große Kräuterbuch, Olten 1945, Verlag Otto Walter

Lassel, M.: Kräutergold, Rosenheim 1958, Buchverlag Lassel

Madaus, G.: Lehrbuch der biologischen Heilmittel, Leipzig 1938, Georg Thieme Verlag

Mességué, M.: Heilkräuter-Lexikon, Wien–Zürich–München 1976, Verlag Fritz Molden

Mosig, A.: Kurze Systematik der Arzneipflanzen, Stuttgart 1961, Steinkopf

Osiander, J. F.: Volksarzneimittel, Ulm 1957, Haug

Rademacher, J. G.: Rechtfertigung der verstandesgerechten Erfahrungsheillehre, Band 1 und 2, Lorch 1939, Karl Rohm Verlag

Ritter, U. (Hrsg.): Naturheilweisen, Regensburg 1982, Johannes Sonntag Verlagsbuchhandlung

Sklenar, R.: Kombucha, Erfahrungsheilkunde XIII/3, 1964.

Spaich, W.: Moderne Phytotherapie, Heidelberg 1977, Haug

Steinegger, E. – Hänsel, R.: Lehrbuch der Pharmakognosie und Phytopharmazie, 4. Auflage, Berlin 1988, Springer

Wagner, H.: Pharmazeutische Biologie II, 4. Auflage, Stuttgart 1988, Gustav Fischer

Wastlhuber, H.: Die Wirkung einiger ausgewählter Phytotherapeutika auf das Immunsystem, München 1988/89, Promotionsschrift, Universität

Weiß, R. F.: Lehrbuch der Phytotherapie, 6. Auflage, Stuttgart 1985, Hippokrates

Zimmermann, A.: Homöotherapie der Augenkrankheiten, 2. Auflage, Johannes Sonntag Verlagsbuchhandlung, Stuttgart 1992

Zimmermann, W.: Unspezifische Umstimmung und Reiztherapie, in: Consilium Cedip, 4. Auflage, München 1989

4.2 Spezielle Literatur

Baumann, J. C.: Wirkungen von Chelidonium, Curcuma, Absinth und Carduus Marianum bei Hepatopathien, Medizinische Monatsschrift 29/4, 173–180, 1975

Brüggemann, W.: Adaptogene Drogen, Ärztliche Praxis, XXXV. Jahrgang, 15 S. 355 ff., 1983

Dieterle, H. – Kaiser, P.: Inhaltsstoffe

der Curcuma, Arch. Pharm. 270 und 271, 1932 und 1933

Ernst, E.: Beeinflussung der Arteriosklerose durch Allium sativum, Deutsche Apotheker-Zeitung, 123. Jahrgang, 13 S. 625–626, 1983

Fintelmann, V. – Albert, A.: Nachweis der therapeutischen Wirkung von Legalon, Therapiewoche 30, 5589–5594, 1980

Florian, A.: Zur Behandlung des akuten Hämorrhoidalleidens, Medizinische Monatsschrift, 26; S. 35–36, 1972

Fuhrmann, M. et al.: Akzidentelle Akonitvergiftung, Innere Medizin 9, S. 324–327, 1982

Gaisbauer, M. – Schleich, Th. – Stickl, H. – Zimmermann, W.: Die Veränderung immunologischer Parameter durch Echinacea-Extrakt, Naturamed, H 1, 1987

Hänsel, R. – Schulz, J. – Stahl, E.: Prüfung der Baldriantinktur auf Identität, Arch. Pharm. 316, S. 646–647, 1983

Hänsel, R. – Lazar, J.: Kawapyrone, Deutsche Apotheker-Zeitung, 125, S. 2056–2058, 1985

Heubner, W. – Grabe, F.: Chamazulen als Antiphlogisticum, Archiv für experimentelle Path. und Pharmakologie 1939, 171–383.

Hildebrandt, F.: Über die Herzwirkung des Sparteins, Archiv für experimentelle Path. und Pharmakologie, 101 (1924) S. 136–151

Hoff, F.: Fieber, unspezifische Abwehrvorgänge, unspezifische Therapie, Stuttgart 1957, Georg Thieme

Isaac, O.: Fortschritte in der Kamillenforschung, Physikalische Medizin und Rehabilitation, 11 (1975) 223–224

Iwamoto Mitsuaki et al.: Klinische Wirkung von Crataegutt, Planta Medica 1, Vol. 42, 1981

Janszo, N.: Chamomilla-Antiallergie des Azulens, London, 1947, Nature 160, 227

Kalk, H. – Nissen, K.: Untersuchungen über Curcuma, Deutsche Medizinische Wochenschrift 44, S. 1718–21, 1932

Klaus, H.: Der Ginkgobaum – ein lebendes Fossil, Deutsches Ärzteblatt, 82. Jahrgang, 42, S. 3101–3105, 1985

Kretschmar, R. – Teschendorf, H. J.: Pharmakologische Untersuchung des Rauschpfeffers, Chemiker-Zeitung 98, S. 24–27, 1974

Kristen, G. – Schmidt, W.: Antiphlogistische Wirkung der Chamomilla, Archiv der Pharmazie und Berichte der Dtsch. Pharmaz. Gesellschaft, 27; 105, 1957

May, G. – Willuhn, G.: Antivirale Wirkung wässeriger Pflanzenextrakte in Gewebekulturen, Arzneimittelforschung, 28/1, 1978

Mayr, A. – Raettig, H. – Stickl, H.: Paramunität, Fortschritte der Medizin, 97, S. 1159–1165, 1979

Pinot, E.: Die Behandlung von Rhythmusstörungen mit Spartein, Deutsche Medizin, 8. J. S. 31–33, 1957

Schilcher, H.: Ätherische Öle – Wirkung und Nebenwirkung, Deutsche Apotheker Zeitung, 124, 1433–1442, 1984 und Planta Med. 23, 132, 1973

Stern, P. – Milin, R.: Untersuchung über reines und synthetisches Azulen, Arzneimittelforschung 1956/6, 445

Thaler, H.: Leberkrankheiten, Berlin–Heidelberg 1982 Springer

Thies, P. W.: Zum chromogenen Verhalten der Valepotriate, Arzneimittelforschung, 19, S. 319–322, 1969

Trunzler, G. – Gabard, B.: Neue Erkenntnisse zur Crataegus-Pharmakologie, Ärztezeitschrift für Naturheilverfahren, 24. Jahrgang, H 8, S. 407–412, 1983

Vester, F.: Über kanzerostatische und immunogene Eigenschaften von Mistelproteinen, Krebsgeschehen, 1977 S. 106–114

Wagner, H. et al.: Thyraminwirkung von Cactus grandiflorus, Medical Plant Research, Band 1+2, London 1985

Wilhelm, K. – Feldmeier, Ch.: Thermometrische Untersuchungen der Wirksamkeit von Aescin, Med. Klinik 72, S. 128–234, 1977

Zimmermann, B. – Zimmermann, W.:

Senkung erhöhter Blutfette durch Knoblauchpräparat, Der Bayerische Internist, 10/1, S. 40–43, 1990
Zimmermann, W.: Der obere Dünndarm, Therapiewoche J. 35, H 14, 1985
Zimmermann, W.: Berberis vulgaris in: Leeser, O. »Lehrbuch der Homöopathie«, Band 3 »Pflanzliche Arzneistoffe I« S. 694–703 2. A. Heidelberg 1987, Haug
Zimmermann, W.: Cactus grandiflorus, Deutsche Homöopath. Monatsschrift, 10, S. 434–438, 1953
Zimmermann, W.: Toxikologie, Pharmakologie und Therapie der Solanumgruppe, Allgemeine Homöopathische Zeitung, Bd. 208, H. 10, 11, 12; 1963
Zimmermann, W.: Studie zum Capsicumbild, Allgemeine Homöopathische Zeitung, Bd. 208, H 9, 1963
Zimmermann, W.: Über die gerinnungshemmende Wirkung der Umckaloabo-Droge, Ärztliche Forschung, XIV. Jahrgang, H. 5, 1965
Zimmermann, W.: Die Bedeutung der Kartoffel in Ernährung, Diätetik und Therapie, Erfahrungsheilkunde, Band XX, H. 2, 1971
Zimmermann, W.: Pflanzliche Arzneimittel in der Praxis, Zeitschrift für Allgemeinmedizin, 47. Jahrgang, H. 12, 1971
Zimmermann, W.: Pflanzliche Bitterstoffe in der Gastroenterologie, Zeitschrift für Allgemeinmedizin, 52. Jahrgang, H. 23, 1976
Zimmermann, W.: Erfahrungen mit Harpagophytum, Physikalische Medizin und Rehabilitation, 17. Jahrgang, H. 7, 1977
Zimmermann, W.: Phytotherapy of Rheumatic and Arthrotic Illnesses, Herba Polonica, S. 333–342, 1979
Zimmermann, W.: Erfahrung mit der Phytotherapie, Zeitschrift für angewandte Phytotherapie, 1981, H. 2
Zimmermann, W.: Vom Phytotherapeuticum zum Phytopharmakon, Münchener Med. Wochenschrift, 123. Jahrgang, H. 31, 1981
Zimmermann, W.: Grenzen und Möglichkeiten der Phytotherapie, Schriftenreihe der bayerischen Landesärztekammer, Band 66, S. 147–151, 1984
Zimmermann, W.: Bitterstoffe, Der Kassenarzt, 25. Jahrgang, H. 8, 1985
Zimmermann, W.: Wirkung von Bitterstoffdrogen auf das darmassoziierte Immunsystem, Zeitschrift für Phytotherapie, 7, 1986
Zimmermann, W.: Ätherische Öle als Prophylaxe und Therapie, Gesundes Leben, 63. Jahrgang, H. 3 und 4, 1986
Zimmermann, W.: Die Minze ist nicht nur bei Grippe wirksam, Fortschritte der Medizin, 105. Jahrgang, 7, 1987
Zimmermann, W.: Die Mistel in der Therapie, Fortschritte der Medizin, 105. Jahrgang, H. 17, 1987
Zimmermann, W.: Pflanzliche Externa (Teil I) und Pflanzliche Antiphlogistika (Teil II), Fortschritte der Medizin, 105. Jahrgang, H. 23 und 26, 1987
Zimmermann, W.: Schöllkraut und Erdrauch bringen die Galle in Fluß, Ärztliche Praxis, 29. Jahrgang, H. 85, 1987
Zimmermann, W.: Ballaststoffe sind Arzneistoffe, Fortschritte der Medizin, 105. Jahrgang, H. 35, 1987
Zimmermann, W.: Natürliche Urologika, Teil I und II, Fortschritte der Medizin, 106. Jahrgang, H. 3 und 6, 1988
Zimmermann, W.: Heilpflanzen in der Wundbehandlung, Fortschritte der Medizin, 106. Jahrgang, H. 11, 1988
Zimmermann, W.: Phytotherapie in der Inneren Medizin, Internist, 29. 1988
Zimmermann, W.: Geriatrie zwischen Ginkgo und Ginseng, Fortschritte der Medizin, 106. Jahrgang, H. 28, 1988